教育部人文社科重点研究基地山东大学当代社会主义研究所组编

百年中国共产党新征程
与世界社会主义新发展

第五届全国科社与共运专业博士生论坛暨山东大学当代社会主义研究所
2022年学术年会优秀论文集

蒋 锐 主编

山东大学出版社
SHANDONG UNIVERSITY PRESS
·济南·

图书在版编目(CIP)数据

百年中国共产党新征程与世界社会主义新发展:第五届全国科社与共运专业博士生论坛暨山东大学当代社会主义研究所2022年学术年会优秀论文集/蒋锐主编. —济南:山东大学出版社,2023.12

ISBN 978-7-5607-8093-1

Ⅰ. ①百… Ⅱ. ①蒋… Ⅲ. ①中国特色社会主义－学术会议－文集 ②社会主义－世界－文集 Ⅳ. ①D0-0 ②D507-53

中国国家版本馆CIP数据核字(2024)第040991号

责任编辑 谭学秋 刘晓燕

封面设计 张 荔

百年中国共产党新征程与世界社会主义新发展:

第五届全国科社与共运专业博士生论坛暨山东大学当代社会主义研究所2022年学术年会优秀论文集

BAINIAN ZHONGGUO GONGCHANDANG XINZHENGCHENG YU SHIJIE SHEHUI ZHUYI XINFAZHAN

出版发行 山东大学出版社

社 址 山东省济南市山大南路20号

邮政编码 250100

发行热线 (0531)88363008

经 销 新华书店

印 刷 济南华林彩印有限公司

规 格 720毫米×1000毫米 1/16

18.5印张 392千字

版 次 2023年12月第1版

印 次 2023年12月第1次印刷

定 价 58.00元

目　录

中国共产党百年奋斗的成就与经验

中国特色社会主义的创新发展

世界社会主义运动的新态势

百年来中国政治现代化的发展

单灵芝

(铁道党校党建教研部讲师)

1921年7月中国共产党的成立是中国政治现代化的一个里程碑。从政治现代化的角度看,中国共产党的奋斗历程是一个中国政治现代化道路艰难探索的过程。中华人民共和国成立以后,中国的政治现代化进入一个稳定、有序发展的历史阶段,中国走出了一条新的、社会主义的政治现代化道路。中国特色社会主义的政治现代化是近代以来中国人民长期奋斗的历史逻辑、理论逻辑、实践逻辑的必然结果,是坚持党的本质属性、践行党的根本宗旨的必然要求。党的十八届三中全会决定把"完善和发展中国特色社会主义制度,推进国家治理体系和治理能力现代化"作为全面深化改革的总目标。就中国政治现代化的发展历程而言,推进国家治理体系和治理能力现代化,是中国政治现代化不断提升的必然结果。新时代更要坚定"四个自信",不断推进中国政治现代化的发展,实现国家治理体系和治理能力现代化,把中国建设成为富强民主文明和谐美丽的社会主义现代化强国。

一、政治现代化的理路及内涵

(一)现代化进程与政治现代化研究

政治现代化是政治现代性的实现过程,是一个国家和民族现代化的重要组成部分。美国历史学家斯塔夫里阿诺斯断定,1500年以后人类历史开启了现代化的历史进程,结束了各大文明体相对孤立的状态,全球化与现代化相伴而来;而且这一进程是不可逆的,自此而始,不管是主动还是被动,为了生存和发展,世界各民族开启了现代化的进程。最早开始现代化进程的是西方基督教国家。它们首先突破了中世纪身份地位、思想上的枷锁,先后经历了文艺复兴、宗教改革、启蒙运动、资产阶级革命、工业革命等社会经济、政治、文化各方面的运动和发展,率先实现了现代化。

中国自19世纪40～50年代开始,在西方文明的冲击下,被动开启了现代化进程。

从洋务运动中的“师夷长技以制夷”，到后来的“西学东渐”，到1911年的辛亥革命推翻帝制，中国无数先贤为民族的救亡图存前赴后继。1949年，中华人民共和国成立，为中国政治现代化的发展开辟了全新的道路。

从世界范围内来看，二战以后相对和平的国际环境为现代化在西方世界以外的发展提供了有利条件。在这种背景下，20世纪50～60年代，现代化研究成为西方世界尤其是美国人文社会科学学者研究的热点问题。他们先后提出了正统现代化论和现代化修正论。以加布里埃尔·阿尔蒙德为代表的正统现代化论认为，世界各国分为现代化国家和传统国家。早期实现了工业化的以英、美为代表的西方国家是现代化国家，二战后独立的第三世界国家仍属传统国家。传统国家要经过发展，逐步引进和采纳现代化的全部价值标准，摒弃并排除传统社会中对于实现现代化的阻碍因素，在这个基础上过渡到现代社会。以约瑟夫·古斯菲尔德(Joseph Gusfield)、莱因哈德·班迪克斯(Reihard Bendix)等人为代表的现代化修正论者认为，传统性和现代性并非此消彼长的两个对立物，它们之间的关系是复杂而多面的，传统性与现代性之间并不会有一个界限分明的切割，这两种性质共同形塑了一个社会的现实形态，从而形成各具特色的现代性形态。

中国学者的研究基于中国现代化发展的过程和特殊国情，其理论更加贴合中国政治现代化发展的实质。改革开放之后，我国学者开始重视对于现代化课题的引介和研究工作。20世纪90年代，钱乘旦、陈晓律的《世界现代化进程》以及2004年北京大学教授罗荣渠出版的《现代化新论》是对现代化理论的代表性研究。他们认为现代化具有多个面向：在生产方式上指的是工业化代替农业化；在国际环境上指的是资本主义兴起后特定的国际关系格局；在社会意识层面上，现代化是一种心理态度、价值观和生活方式的改变过程。① 基于上述观点，我们可以将现代化总结为由生产力的工业化而带来的人类社会生活其他方面的发展。那么政治现代化则是在此基础上政治领域的主要特征和表现形式，有其特定的内涵和逻辑。

（二）政治现代化的内涵

政治现代化的内涵有两个方面的范畴：主体性和理性。其主体性范畴的表现是政治权力主体的民主化、世俗化，经过对政治权威的祛魅，破除传统社会的政治特权，实现法律面前人人平等。其理性范畴的外在表现是政治制度的现代化，包括政党政治体制的成熟度、民主政治的发展、官僚制度的建立等；内在表现则是政治理论的现代化，启蒙运动赋予了理性在这个过程中的决定性地位。政治现代化打破了西方传统社会的等级藩篱和神学禁锢，以理性构建一个民主化、世俗化的政治秩序，将人类文明引入一个新的时代。

政治主体的民主化是西方政治现代化过程的主要议题。以英国为例，政治主体的民主化经历了相当长的历史，包括议会的建立、权力的扩大，19世纪发生的三次议会

---

① 参见罗荣渠：《现代化新论》，商务印书馆2004年版，第9～15页。

改革;在这个过程中,政治主体不断扩大,政治权力不断向下延伸,民主化程度不断提高。此外,随着科学技术的发展和工业化进程的加快,人们更多意识到政治现代化意味着权威的理性化、政治结构和功能的分化以及广泛的政治参与。① 理性化则从思想上促进了政治主体的民主化,也使之更加深刻。理性化更深层的意义还在于政治现代性的理论逻辑层面上。可以看到的是,20 世纪 60 年代以后政治现代化研究的议题从革命、暴力、秩序、条件等问题转向对政治过程的探讨,更加关注政治现代化的实现途径问题。此时,主要的发展中国家已经通过革命或者其他方式为政治现代化的发展创造了先期条件,政治发展问题或者政治现代化的品质和内容成为主要议题。

现代政治制度代替了传统社会中的价值,并使其合法性建立在理性的基础之上。"在价值的合理性丧失之后,制度的合理化既是世界除魅的征兆,也是世界除魅的条件。"②另外一个方面,现代政治制度的出现使政治现代化在不同的政治体之间具有某种程度的共性。"'现代性'逐渐被广泛地运用于表述那些在技术、政治、经济和社会发展诸方面处于最先进水平的国家所共有的特征。"③再者,现代政党制度是政治现代化的重要制度体现,而政党政治与政治主体的民主化直接相关。

新时代,随着学术视野的开阔、学术使命的更新,我国学者对于中国政治现代化的研究具有新的特色。第一,以马克思主义理论为指导,摆脱了过去那种"以西方为师"的学习姿态,从比较政治学的角度分析我国政治现代化的进路,从政治制度、政治文化、政党性质等方面探讨政治现代化的多重维度。第二,深挖中国政治的传统资源,在实现中华民族的伟大复兴之路上重新发现传统中国留下来的宝贵政治思想财富,更好地构建中国特色的政治现代化。第三,也是最重要的,就是从执政党——中国共产党自身寻求政治现代化的驱动力,推动国家治理体系和治理能力的现代化。

二、百年来中国政治现代化的发展历程

塞缪尔·亨廷顿在其享誉世界的名著《变化社会中的政治秩序》一书中这样描述像中国这样曾经拥有高度政治文明的政治体的政治现代化:"传统制度越接近现代标准就越难产生现代政体。"④中国有着自秦汉以来两千多年的中央集权的政治制度,政权组织严密、运行有效,人才选拔机制合理,保障了人才流动性和社会活力。这些特征是西方国家在 15～16 世纪之后经过几百年的发展才达到的制度水平。中国传统政治的根基牢固、成熟,权力运行环环相扣、秩序井然,而这些特征在整个世界开启了政治现代化的过程后却成为阻挡中国政治现代化的障碍。在中国漫长的封建社会后期,传统政治制度不断趋向于封闭、保守,对于新思想、新制度采取排斥、敌对的态度。在这

---

① 参见[美]塞缪尔·亨廷顿:《变化社会中的政治秩序》,王冠华、刘为等译,上海人民出版社 2008 年版,第 78 页。

② [英]吉登斯:《现代性:吉登斯访谈录》,尹宏毅译,新华出版社 2011 年版,第 71 页。

③ [美]布莱克:《现代化的动力》,景跃进、张静译,浙江人民出版社 1989 年版,第 48 页。

④ [美]塞缪尔·亨廷顿:《变化社会中的政治秩序》,王冠华、刘为等译,上海人民出版社 2008 年版,第 29 页。

种倾向不断加剧的情势下，中国要实现政治现代化，只有通过革命才能创造出必要条件。

1.新民主主义革命时期：探索新道路

新民主主义革命的目的在于为中国政治现代化之路扫清障碍，选择适合中国的现代化的指导思想和领导力量。源于西方现代性成熟时期的马克思主义，在马克思主义指导下建立起现代政党——中国共产党。

政治现代化不会自动实现，需要严苛的条件：体系完备的现代思想意识，强有力的领导力量，统一的政权等。“世界现代化的历史经验表明，由于现代化自身的特点，决定了一个国家欲图顺利有效地推进其现代化进程，必须具备一项重要的前提条件，那就是国家主权的独立与统一。”①20世纪初，中国传统政治体制业已崩溃，思想意识、社会形态面临急剧转型。各种思想流派夹杂着解决诸多社会、政治、经济、文化问题的各种方案纷至沓来，如何选择成为一个重要问题。尤其是在当时复杂多变的国际环境下，“救亡图存”的压力大于解决任何一方面问题。20世纪上半叶接连两次世界大战，世界秩序在纷争中重建，各种意识形态参与其中。1919年五四运动爆发，标志着中国新民主主义革命的开始；1921年中国共产党成立，以马克思主义为指导，领导中国开辟了一条实现政治现代化的新道路。

2.新民主主义社会时期：开创新纪元

新中国的成立为中国政治现代化带来了新的气象。新民主主义社会是新民主主义革命胜利后至社会主义制度基本确立之前的一段历史时期，通常称为“过渡时期”，即从1949年到1956年。新民主主义革命是在马克思主义指导下的一场革命。它的政治诉求是推翻帝国主义、封建主义和官僚资本主义，实现人民民主，建立一个以人民为主体的新政权，反映当时中国社会革命与进步利益群体之利益诉求的政治意识、政治心理、政治观念、政治思想等在内的价值取向和心理取向的总和。② 新民主主义社会就是这时革命诉求的基本体现，在政治架构上也体现了人民民主的本质特色，但这段历史时期并不是一个独立的社会形态。经过短时间的国民经济的恢复之后，中国共产党提出了过渡时期的总路线：“从中华人民共和国成立，到社会主义改造基本完成，这是一个过渡时期。党在这个过渡时期的总路线和总任务，是要在一个相当长的历史时期内，逐步实现国家的社会主义工业化，并逐步实现国家对农业、对手工业和对资本主义工商业的社会主义改造。”③在马克思主义唯物辩证法基本原理的指导之下，中国共产党将政治发展建立在生产力发展的基础上，将社会主义工业化作为主要任务。过渡时期最重要的历史贡献是社会主义制度的基本确立，中国政治现代性从此之后在社会主义制度下成长和发展，开创了中国政治发展的新纪元。

---

① 吴贤辉：《新民主主义革命与中国现代化》，载《华侨大学学报（哲学社会科学版）》1998年第3期。

② 参见李鲁宁：《新民主主义政治文化形成的理性思考》，载《内蒙古农业大学学报（社会科学版）》2008年第6期。

③ 中共中央文献研究室编：《建国以来重要文献选编》第4册，中央文献出版社2011年版，第402页。

3.社会主义建设初期:曲折中发展

中国共产党在28年的新民主主义革命中积累了丰富的政治资源。具体表现在:取得了工农阶级的拥护,团结民族资产阶级和小资产阶级加入革命阵营;实现了马克思主义与中国实际的第一次结合;革命根据地巩固发展,为革命胜利打下基础;党的建设取得巨大成功;等等。这些是中国共产党取得新民主主义革命胜利的关键性因素,在社会主义建设中并不足以支撑国家的现代化发展。在社会主义建设初期,中国在一穷二白的基础上建立社会主义工业体系,急需必要的资金、技术和经验,除了自力更生以外,外部的援助也非常重要。政治现代化也遵循同样的逻辑。社会主义中国的政治架构不可避免地借鉴苏联的政治制度,这对于新成立的社会主义中国具有积极意义,而其弊端也在政治现代化的过程中不断显现。另外,因为经验不足,加之内外环境复杂,社会主义建设初期的政治现代化因为党和国家主要领导人对阶级斗争形势的判断过于严峻,而遭遇到挫折。在制度方面,未发展出有效的纠错机制,致使错误的决策得不到限制,反而无限扩大,社会主义建设事业遭受重大损失;在理论方面,在政治主体已经确立的情况下,依然把主体问题作为政治生活的中心,从而导致政治现代性的发展陷入无序状态,而没有得到提高和改善。

4.改革开放后40余年:走中国特色的新道路

改革开放是在总结社会主义初步探索经验和教训的基础上提出的,是改革开放前30年错误决策生成和运行体制机制的综合纠偏纠错,但仍是在改革开放前的基本政治架构的基础上形成的。正如习近平总书记所强调:“我们党领导人民进行社会主义建设,有改革开放前和改革开放后两个历史时期,这是两个相互联系又有重大区别的时期,但本质上都是我们党领导人民进行社会主义建设的实践探索。中国特色社会主义是在改革开放历史新时期开创的,但也是在新中国已经建立起社会主义基本制度、并进行了20多年建设的基础上开创的。”①

改革开放40余年来,历届党中央总结历史经验,不断探索中国特色社会主义政治现代化的道路。中国的政治现代性开始真正进入有序发展的时期。政治主体性的探讨不再占据政治生活的核心,改变了过去“以阶级斗争为纲”的政治路线。政治现代性主要在道路、制度和理论层面上展现,并逐渐将文化纳入其中。1978年5月11日,《光明日报》发表特约评论员文章《实践是检验真理的唯一标准》,引发一场关于真理问题的大讨论。这场理论讨论实际上是对新中国成立后30年我国政治发展的一场考问。作为马克思主义政党,“实事求是”“以人民为中心”一直是中国共产党的核心理念,也是社会主义政治现代化的价值基础。这场讨论提醒中国共产党要理性、客观地对待政治制度、政治理论和政治领导人。改革开放后,邓小平提出中国特色社会主义概念,从中国现实出发,回答了“什么是社会主义,怎样建设社会主义”的问题。

改革开放后,历届党中央创造性地发展出中国特色社会主义理论体系。中国的政

---

① 《习近平谈治国理政》第1卷,外文出版社2018年版,第22页。

治现代性发展历程走出了一条自己的道路，进入中国特色社会主义的新阶段。人民的主体地位进一步巩固，随着改革开放的深入，其内涵不断丰富和多样化，社会主义政治制度不断发展和完善，理论体系不断完善、升级。

5.新时代：走向美好生活

2017年10月18日，习近平总书记在十九大报告中指出："经过长期努力，中国特色社会主义进入了新时代，这是我国发展新的历史方位。"①中国政治现代性的发展进入新时代。作为21世纪的马克思主义，习近平新时代中国特色社会主义思想对于中国政治现代性的发展有着全方位的促进和指导作用。坚持党对一切工作的领导说明新时代中国政治发展的领导主体是中国共产党，这决定了我国政治现代性发展的本质特征；坚持全面深化改革，不断推进国家治理体系和治理能力现代化，既是政治现代性发展的目标，也是实现政治现代化的手段；坚持人民当家作主再次强调政治现代性的主体是人民；坚持依法治国是法律和制度保障。

新时代政治现代性是人民的美好生活的重要衡量指标，这是我国政治现代性的新体现。新时代，我国社会的主要矛盾发生变化，我国社会主要矛盾已经转化为人民日益增长的美好生活需要和不平衡不充分的发展之间的矛盾。人民对于美好生活的需要呈现多样化多层次多方面的特点，人民群众的民主意识、公平意识、法治意识、参与意识、监督意识、维权意识不断增强，对政治现代性的发展提出了新的要求。

三、中国政治现代化的发展

政治现代性的发展是衡量一个国家现代化程度的重要指标。虽然根据不同的国情，每一国家政治现代性的发展呈现不同的样态，但从一般意义而言，政治现代性会经历一个从低级到高级、从浅层次到深层次的发展过程，会随着本国现代化的进程而具有阶段性和时代性。新中国成立之后，中国政治现代性经历了上述几个发展阶段，总趋势是不断向更高级、更成熟、更完善的现代化方向发展，不同阶段的发展体现出不同的特点。

1.中国政治现代性的主体价值：人民当家作主

百年来，中国政治现代性的主体价值用一句话概括就是：人民当家作主。这一主体价值随着政治现代性的发展不断凸显，社会主义民主制度不断健全。

政治现代性的价值目标是保障人在现代政治生活中的主体价值，以此为基础而构建出现代政治理念和政治制度架构。新中国成立后，尤其是社会主义制度确立以后，人民的主体地位得到了根本的确立。我国《宪法》第一条规定，"中华人民共和国是工人阶级领导的、以工农联盟为基础的人民民主专政的社会主义国家"，这是我国的国体。《宪法》第二条规定"中华人民共和国的一切权力属于人民"，人民代表大会制度是

① 习近平：《决胜全面建成小康社会 夺取新时代中国特色社会主义伟大胜利——在中国共产党第十九次全国代表大会上的报告》，载《人民日报》2017年10月28日。

我国的政体。人民主体性的确立为中国政治现代性的发展奠定了基础。

社会主义制度下，社会的主要矛盾成为中国政治现代性的主体价值的体现形式；随着中国特色社会主义的发展，人的价值不断凸显。人民在政治现代性中的主体地位确立，阶级性或者阶级斗争不再是中国政治现代性关于主体讨论的议题，取而代之的是“人民的需求”的满足成为主体讨论的中心议题。1956 年党的八大提出，“我国的主要矛盾，已经是人民对于建立先进的工业国的要求同落后的农业国之间的矛盾，已经是人民对于经济文化迅速发展的需要同当前经济文化不能满足人民需要的状况之间的矛盾”。这个论断的提出意味着中国政治现代性的发展彻底完成了由革命到建设的转变，开始“以经济变革为主的复合动力系统”①。要满足主体需要，实现人民的主体性，就必须进行经济发展，这是社会主义制度下我国政治现代性发展的核心逻辑。党的十一届六中全会以及党的十九大，根据时代要求两次更改了我国社会的主要矛盾提法，政治现代性的主体的价值不断得到调整。新时代“我国社会的主要矛盾已经转化为人民日益增长的美好生活需要和不平衡不充分的发展之间的矛盾”，在这一论断的基础上，以习近平同志为核心的党中央在精准扶贫、改善民生等方面作出了一系列重大决策，取得了举世瞩目的成就，中国政治现代性的主体性发展更加深入。

人民的主体价值还体现在社会主义民主政治不断发展和健全，为人民的政治参与提供条件。现代民主伴随政治现代化的整个发展历程，是政治现代性的重要条件，是人民主体价值的重要体现。新中国成立后，社会主义民主制度不断发展，并发展出基层民主、协商民主等多种形式的社会主义民主。十九大报告中，习近平总书记提出：“我国是工人阶级领导的、以工农联盟为基础的人民民主专政的社会主义国家，国家一切权力属于人民。我国社会主义民主是维护人民根本利益的最广泛、最真实、最管用的民主。发展社会主义民主政治就是要体现人民意志、保障人民权益、激发人民创造活力，用制度体系保证人民当家作主。”②社会主义民主政治是不同于西方民主制度的新型民主制度，是中国特色的民主制度。社会主义民主制度的不断发展和健全是中国政治现代性发展的重要方面。

2.中国政治现代化的发展：社会主义政治体制的建立、发展与改革

百年来，中国政治现代化理性范畴发展的外在表现是社会主义政治体制的建立、发展与改革。坚持全面深化改革，不断推进国家治理体系和治理能力现代化，走一条中国特色的政治现代性发展道路。

2013 年，党的十八届三中全会提出：“全面深化改革的总目标是完善和发展中国特色社会主义制度，推进国家治理体系和治理能力现代化。”推进国家治理体系和治理能力现代化作为全面深化改革的总目标，对于中国的政治现代性的发展乃至整个中国的社会主义现代化事业来说，具有重大而深远的理论意义和现实意义。

---

① 施雪华、孙发锋：《对中国特色社会主义政治发展道路的理论探索》，载《马克思主义研究》2009 年第 4 期。

② 习近平：《决胜全面建成小康社会　夺取新时代中国特色社会主义伟大胜利——在中国共产党第十九次全国代表大会上的报告》，载《人民日报》2017 年 10 月 28 日。

政治制度的现代化是政治现代性理性范畴的外在表现。新中国成立以来的70年，社会主义政治体制的建立、改革和发展是政治现代性稳步推进的制度保障。在中华民族漫长的历史长河中，统一和分裂交替不断，统一一直是主旋律，整个政治制度史最重要的特征就是中央集权、上下一贯的大一统政治架构，变迁中贯穿着对传统的坚持。新中国成立后，国家治理体系的构建一方面遵循马克思列宁主义的思想指导，另一方面也吸收了我国丰富的传统治理经验。新中国成立初期，虽然建立起一套比较完备的社会主义政治体制，但由于治理经验的不足，制度化、法治化程度不够。改革开放之后，党中央提出政治体制改革的长远目标是“建立高度民主、法制完备、富有效率、充满活力的社会主义政治体制”①。40年来，国家治理体系不断健全，在改革中不断完善和发展中国特色社会主义制度，坚持和完善基本经济制度，形成了全国统一市场体系和公平竞争环境，党和国家机构职能体系不断健全；与此同时，中国共产党运用中国特色社会主义制度有效治理国家的能力不断提高，具体表现在：党的执政能力和执政水平不断提高，国家机构的履职能力不断提升，人民群众的治理能力不断加强。2018年，党的十九届三中全会通过了《中共中央关于深化党和国家机构改革的决定》和《深化党和国家机构改革方案》。随后，经过全国人大批准，改革开放以来的第八次也是迄今为止规模最大的一次机构改革正式启动，是推进国家治理体系和治理能力现代化的一场深刻变革。②

3.中国政治现代性理性范畴的内在表现：中国特色社会主义理论体系的形成和发展

中国政治现代性理性范畴的内在表现是中国特色社会主义理论体系的形成和发展。邓小平理论、“三个代表”重要思想、科学发展观以及习近平新时代中国特色社会主义思想是新时代中国特色社会主义建设事业的指导思想。这一理论体系是中国政治现代性发展的理论成果，具有非凡的历史意义和世界意义。

中国特色社会主义理论体系回答了什么是社会主义、怎样建设社会主义、建设什么样的政党、如何发展等问题。尤其是习近平新时代中国特色社会主义思想作为马克思主义中国化的新飞跃，是当代中国马克思主义、21世纪马克思主义，开辟了马克思主义的新境界。这一理论体系以一系列具有原创性的新思想新战略，讲了许多过去没有讲过的新话，具有强烈的时代气息和现实针对性，以全新视野深化了对共产党执政规律、社会主义建设规律和人类社会发展规律的认识。

习近平新时代中国特色社会主义思想开辟了中国政治现代性发展的新境界，并对整个人类政治文明的进步有着重要意义。以习近平同志为核心的党中央坚持和发展中国特色社会主义一以贯之，续写中国特色社会主义的光辉篇章，把中国特色社会主义与实现社会主义现代化和实现中华民族伟大复兴合为一体，系统阐述了民族复兴的

---

① 中共中央文献研究室编：《中国共产党第十三次全国代表大会文件汇编》，人民出版社1987年版，第42页。

② 参见丁元竹：《深刻认识党和国家机构改革的重要意义》，载《中国机构改革与管理》2018年第4期。

深刻内涵、历史方位、实现路径和战略步骤，为实现中华民族伟大复兴的中国梦提供了强大的精神动力，为中国政治现代性的发展展示了光明前景。

21世纪，全球的现代化进程仍然存在着两大阵营。一方是已经实现了现代化的国家，他们在历史上通过不公正的国际社会秩序从后发展国家获得大量资源，当今仍希望维持由他们主导的旧的、不公正的国际秩序，目的是继续维持他们的利益；另一方是走在现代化进程中的发展中国家，他们希望通过自身的发展实现现代化，同时改变过去国际秩序所带来的受剥夺的国际环境，甚至引导、重塑新型的国际关系。中国属于后者，中国政治现代性的发展走出一条新的道路，为后发展国家提供了中国智慧和中国模式。

政治现代性的发展是我国社会主义初级阶段政治发展的方向和主题。中国特色社会主义理论体系是开放的理论体系，是推进中国政治现代性发展的理论保障。中国的政治现代性必将在中国共产党的领导之下不断发展。

早期马克思主义与中国传统文化精神的融合发展*

马 蕾

（上海社会科学院中国马克思主义研究所博士研究生）

马克思主义在中国的缘起，是“礼崩乐坏”后出现的一种精神断层，抑或是“在观念的废墟上建立起理性的大厦”，还是东方前现代国家以现代性之态对马克思主义的一种拓展和延续？对于上述的质疑，需要将马克思主义在中国的缘起这一问题的考察置于近代中国历史发展境遇和中国传统社会的现代转型的具体实践进程中来理解和阐释。在这场由近代中国的社会转型而来的深刻反省中，早期马克思主义者虽然不可能彻底斩断母体文化情结的纠缠，但在中学崩塌、西学失落和中西杂糅之际，中国共产党人以一种进取的革命意识即马克思主义重新整合当时破碎的社会意识形态，在马克思主义、中国近代社会及传统社会三者转型受持互动中，马克思主义与传统文化融合发展成了中国化了的马克思主义，中国化的马克思主义逐步成为中国主流社会意识形态和先进的革命理论。

一、中国传统社会的失范与民族文化觉醒

汤因比(Arnold Joseph Toynbee)曾言：某一文明在向外扩散之时，其他区域首先受到经济因素的影响，其次是政治因素方面的影响，最后才是文化因素的文化穿透律。[①] 然而纵观人类历史进程，不同质的文明碰撞交流往往取决于各自的特定社会历史要求、具体社会关系，乃至当时人们的主观认知结构及所能达到的文化自觉程度，而不能一概地用某种既定的经济—政治—文化的次序加以概括。在近代资本主义世界的对外殖民扩张历程中，现代国家与后发国家生产力水平存在明显质的差异，因而西方文明的扩散通常表现为器物层、体制层和文化层三要素多重侵蚀并举。作为后发国家的中国，何以在御寇、救亡的基础上，顺利跃进现代文明进程成为占据焦点的问题。与西方的以宗教祛魅为先导的资本主义发展路径不同，中国的社会转型则是伴随着与

---

* 基金项目：上海市教育科学研究一般项目“‘四史’教育融入高校思想政治理论课教学”(C2021075)。

① 参见[英]阿诺德·汤因比：《历史研究》下卷，郭小凌、王皖强等译，上海人民出版社2016年版，第462页。

其他资本主义国家的军事、科技、政治等领域的较量。西方列强的侵略使中国传统文化迅速被侵蚀,并导致民族认同业已接近触底。在"文明落差"所导致的"势差"下,中国人对根植于中国传统社会的文化也渐渐失去了信心。可见,中国传统社会的失范不仅是"整体主义"和"内圣外王"为主要特征的社会运行模式的某种内源性危机,而且是伴随着西学东渐异质文化进入中国后所产生的外源性危机。相较之下,外源性危机明显紧迫得多。所以,近代中国最初是以寻求西方现代性的外在植入作为其目标勘定的。从始于"器物"层的图强变革到"政制"层的维新,再到道统的文化反叛,这一进程总体的思想理路表现为援"西"替"中",由"用"至"体"。其中,出于对西方殖民入侵的直接回应,全盘西化派将中国传统的文化精神看作是社会落后的根本原因。他们以激进的自由主义方式摈弃了中国传统本位的立场,试图以全盘否定传统的决然之姿走欧美的资本主义道路。他们秉持一种观点,即西方国家现代化是在工业文明的环境中逐步自发生成的,故此,一国的现代化进程应当是一种工业的内生性发展路径。反观自身,落后的农耕文明和旧的价值观念必然是其现代转型的阻碍。后发的国家如若进入现代化进程,则不得不走上一条艰难的外生性的社会变迁之路。基于这一理论前提,对于后发国家来说,因内部没有西方那种现代化所需的内在的过程和特有的文明,无力促使社会的现代化转型之发端,唯有抛弃传统,用西方的现代社会结构和价值观来代替原有的传统结构和价值观方能顺利实现社会转型。民族主义的冲动,同样也将当时流行的社会达尔文主义的术语和概念转化成要求变革的意识形态,这样的意识形态促使很多知识分子蔑视过去的制度、思想和价值观念。①

然而,任何社会传统的断裂抑或质的形态的发展,都是其自身的发展脉络的内在要求和其所担负的社会历史转型外在使命的双重因素的共同结果,尤其是后者起到直接的决定意义。一个传统社会的现代化改造之路绝不是全盘否定或抛弃传统,更不是倚靠外来文化的简单移植所能达成。同时,近世中国资本主义天然的各种未成熟性,致使资产阶级实用主义的"科学""民主"和资产阶级共和国意识形态没有定格出鲜明棱角的理论品性,"这种资产阶级思想只能上阵打几个回合,就被外国帝国主义的奴化思想和中国封建主义的复古思想的反动同盟所打退了"②,最终沦为悬浮于空中的泡影。可见,单纯的自我摒弃的自由主义者们无视社会历史和文化的复杂性,除了提供虚无主义的启蒙理念之外,并未给中国社会带来什么实质性的影响。

在国人对于文化的现代启蒙深深求索的同时,一战的爆发使西方的现代性的弊端表征在国人面前。资本的逐利性使历史向世界历史转变。带着一种巨大而深刻的悲剧底色,落后的东方国家被迫纳入世界历史的进程,沦为全球性"边缘"。这种外部环境使国人看清了中国已然不可能重演西方国家的国内剥削、国外殖民的发展路径。这种"客观的不能"从根本上决定了近代以来中国的志士仁人、先知先觉者们最终放弃西

---

① 参见林毓生:《中国意识的危机》,贵州人民出版社 1986 年版。

② 《毛泽东选集》第 2 卷,人民出版社 1991 年版,第 697 页。

方的路径选择，同时亦使中国先进之士对西方现代性大感失望之余改弦更张，探索另外社会进步之可能。与全盘西化派相对的新儒家派认为近代中国的贫困和落后是中国的社会进程滞后和西方殖民主义造成的畸形经济结构和社会结构的结果，提出中国不应非以西方为模版丧失其内在的自为性。张奚若指出："现代化可以包括西化，西化却不能包括现代化。这并不是斤斤于一个无谓的空洞的名词，这其中包含着许多性质不同的事实。复杂的社会情况是不容许我们笼统的。"①他们力图以儒家学说为主体来吸收、融会西学，肯定中国文化的独特价值并通过弘扬中华民族的优秀文化来谋求中国社会、政治、文化等现实出路，增强民族的自尊心和凝聚力，但因其一味拒斥外来思潮而陷入文化保守主义的泥潭，最终亦无法为中国社会的现代启蒙寻求出路。

在多方论争之际，传统中国的现代型变不得不在民族自尊心承受拉锯的阵痛中直面西方文明的洗礼，同时也试图尽可能在自身及他方经验的互动之中寻求突破与转型，并爆发出巨大的激情与活力。被爱国的民族激情所强化的"五四"新文化运动，便是以激烈的、断然决然的姿态对传统社会进行的一场祛魅。这场轰轰烈烈的运动一方面是以社会政治现实为基础，对国外帝国主义与国内封建主义联盟关系的反叛；另一方面则是出自对国家命运的关切与焦虑，国人期望借切断传统社会的关联以达到自我认同。当然，这不单单只是一种决然的"姿态"，从它对于儒家之外的其他传统学派的积极评价中可以看出，反叛实则蕴含着一种寻找传统资源的深刻动机。于是，如何既可以将作为现代民族国家政治建制的复杂特质在实践层面顺利展开，又可以将现代性社会变革纳入自己的传统阐释体系，简言之，如何发展出一种契合中国近代社会之实际的现代转型模式，这一问题长期困扰着国人。诚如李大钊在《"第三"》中所说："第一文明偏于灵；第二文明偏于肉；吾宁欢迎'第三'之文明，盖'第三'之文明，乃灵肉一致之文明，理想之文明，向上之文明也。"②

二、反思论道中的中国传统文化与马克思主义相通之可能

"理论在一个国家实现的程度，总是取决于理论满足这个国家的需要的程度。"③马克思主义进入国人视野，是以中国近代社会摆脱民族危机为现实之渊的。那么，中国传统社会与马克思主义有无相通之可能？马克思与中国传统文化精神内在理路的同构性是什么？中国社会的现代转向是立足于本土文化精神传统，还是主要依靠外来马克思主义？这些问题又摆在国人面前。

有观点认为，近代以来被西方的坚船利炮打开国门后的国人早已失去了文化自信力，经过"五四"新文化运动的全面否定，其自成一体的理论体系被打散，文化正常的发展被无情地阻断，不可避免出现了文化的断层。与此同时中国传统哲学根植于中国传

① 罗荣渠：《从"西化"到现代化：五四以来有关中国的文化趋向和发展道路论争文集》，北京大学出版社1990年版，第458页。

② 《李大钊全集》第1卷，人民出版社2013年版，第340页。

③ 《马克思恩格斯选集》第1卷，人民出版社2012年版，第11页。

统社会的农业文明，无论其心性修养学说还是“内圣外王”的价值追求都随着社会现代转型而丧失其存在的社会价值。所以，二者实无实现相互融通、彼此建构之前提，有的只是文化空场后的马克思主义。

还有的观点认为，由于传统文化受自己所归属的文化结构的规约，只能从自身固有的哲学范式来解读其他外来文化，尽管外来文化对本土文化强势植入下可能催生出外在的新形式，但其内在异常稳定的深层结构导致其与他文化的交融更多存在于浅表层次，而无法触及观念、意识等深层次的领域，马克思主义作为异质文化、外源文化与中国传统文化之间在深层不存在可通约性。倘若不顾历史条件和理论背景，只是将某些儒家经典的道德箴言抽取出来与马克思主义原理作静态的比附，本质上是以“观念论的历史叙述”为基础的。①

可见，要探究马克思主义中国化的缘起，集中的问题在于回答马克思主义是如何超逾了中西文化的论争和复古与西化的对立，作为一种科学的现代性哲学革命思潮中和了中西古今的多元紧张。

的确，如果只是着眼于表象，很容易看到二者存在着明显差异这一直观事实。首先，从二者相遇的具体时空境遇亦可看出，二者分属判然有别的时代维度，的确存在传统与现代的巨大时间差。从内容上看，亦存在着一中一西彼此难以通约的问题。其次，马克思主义在中国的历史出场，恰逢国内激进的“打倒孔家店”的反传统的特定阶段。从这些直观现象中，似乎难以发现二者的相似之处及深层次的内在可通约性。但是，倘若深入至二者的精神原型，从文化形态的元问题层面便可看清二者产生共通的原委及实质。

第一，马克思主义在中国的发展与中国传统的现代转型是一体两面的关系。马克思主义在后发的东方国家实现与本土传统文化的对接融合，并成为社会转型中的社会意识形态。诚然，中国传统文化产生并根植于传统农业文明，其中的一些哲学概念和范畴必然是依附于其产生的社会历史条件，运用于具体的历史语境。离开了特定的历史性的视域，便无法真正理解其独特的文化标识背后的深刻内涵，概念便成了空洞的、抽象的无实物的妄语。“必须从它的本来意义上‘扬弃’它，就是说，要批判地消灭它的形式，但是要救出通过这个形式获得的新内容。”②因此，我们需要从中国传统文化的内在精神和马克思主义的现代范式中寻求共同输出。

谈论传统文化与马克思主义能否通融，不应仅局限于具体的概念、范畴或某些人物理论之间的相似，特别是如果脱离彼此整体的哲学精神和文化原型进行学理分析是毫无意义的。中国化的马克思主义代表着当代中西两种文明形态在哲学这一最高形态上邂逅和碰撞融合的成果。虽然马克思主义与中国传统文化之间在概念、命题、内容上存在差异，但二者之间的共性并不在于某些特定的概念、指称、范畴方面的雷同，

① 参见罗卜：《对一种儒学现代发微法的质疑》，载崔龙水、马振铎主编《马克思主义与儒学》，当代中国出版社 1996 年版。

② 《马克思恩格斯选集》第 4 卷，人民出版社 2012 年版，第 229 页。

而在于彼此内在文化精神的会通。这种“会通”，意味着融合之后的超越传统的可能，即一种“普遍特殊”关系之间的同构。

具体而言，马克思主义中国化是中国传统文化精神内省并走向现代化转型的一种理论自觉。中国传统文化作为包容度很高的思想体系，从历史上儒释道三家合流的过程就可见一斑。作为传统而言，也具有特定的不可离性，其中某些观念和范畴可以脱离具体的历史土壤，在新的社会历史条件下与异质文化因子不断地解构与重构、互动与升华，进而达成融通整合与重叠共识，最终脱离历史局限，实现自身的时代转化。马克思主义传入中国初期，其与中国传统文化中的唯物论、辩证法以及部分历史观的内容有较高的契合性。在哲学实体性层面，中国传统的自然主义与马克思的自然主义的内在理路相似。实体性意义的中国传统文化本于“天人合一”，“天人合一”不同于西方传统哲学的主客二分，它不把外在世界看作独立于人之外的纯粹自在之物，也不抛弃对象的感性及个别存在，而是重精神之探求，关注于人的主体、理智、情感、意志等多种心理机制合为一体。人与外在世界之间不是一种分解式的把握，而是对感性存在人生、世界的一种整体性体验，追求与对象由外至内融为一体的境界，体现了主体对象化、人是目的等丰富的道德哲学的思想内涵。在转型的社会形态发展历程中，“天人合一”摆脱了产生它的社会经济条件的制约，与马克思主义这一现代的哲学精神相结合，发展出它在社会实践中的“价值对象性”。而马克思主义的本质和生命力就在于：将主客问题置于现实的人的历史活动当中，突出人的主体生成和实践的历史维度，而非以抽象的概念思辨演绎去磨合主客二元对立，因而，将“天人合一”置于马克思主义语境，便意味着自然主义与人道主义的彻底统一。因此，马克思曾指出：“它是人和自然界之间、人和人之间的矛盾的真正解决，是存在和本质、对象化和自我确证、自由和必然、个体和类之间的斗争的真正解决。它是历史之谜的解答，而且知道自己就是这种解答。”①可见，与现实的中国近代化发展需求相连接的传统文化形态的转型，需要将中国传统文化的意涵从以西方哲学的思维范式和理论架构为标准的比照中拯救出来，依托与我们本身的内在的文化精神和外在需求相一致的哲学，马克思主义哲学无疑起到了这一作用。同时，中国前现代的存在主义式的辩证思想在近代中国革命转型中，与马克思主义相结合，也获得了某种现代转型契机。马克思主义革命地、现实地“改变世界”的辩证法与中国传统辩证法现代转型进程胶合在一起，共同起到了社会实践对象化的重要功能。中国传统哲学中，“辩证的思维方法同样不承认什么僵硬和固定的界线”②，中国传统的哲学本体论的承诺是天人合一的相辅相成、相互转化的动态性生成，正是这种概念模糊性的辩证法，才能有极大的包容性，这也是中国哲学精神生命力顽强并得以由自发辩证法发展为自觉辩证法，真正体现本体论与方法论的统一、理论与践履的统一的重要原因。

---

① 《马克思恩格斯文集》第1卷，人民出版社2009年版，第185～186页。

② 《马克思恩格斯选集》第3卷，人民出版社2012年版，第909页。

第二，文化的发展过程与其赖以存在的现实基础发展变化对应性不是机械的和形而上学的。中国传统文化尤其是儒学属于农业社会的观念形态，甚至尚未完全摆脱早期依赖自然的“天人”观念。中国近代社会被迫进入现代性社会后，从社会发展阶段看，是缺少一个完善的资本主义阶段和一个发育健全的资产阶级。在近代中国出现了现代化运动的早起与文化的现代性反思晚进相一致的奇特景观。但在某些特定的社会历史发展背景下，文化尤其是思想体系本身还是具有某种相对独立的意识自我发展特征，表现为与其赖以存在的现实基础发展变化的某种不同步性和不平衡性。这种不同步性尤其表现在后发国家的社会历史进程跃进中，传统的思想体系并不因为最初产生它的社会物质条件的消失而立即消失，与此同时某种先进的思想体系在后发的国家的历史进程中却能得以超前进入并与本土的先进文化因素结合，指引该社会的历史发展进程。毕竟经济落后的国家，其精神生产未必一定落后。历史无数次证明了这一点。比如，“经济上落后的国家在哲学上仍然能够演奏第一小提琴：18 世纪的法国对英国来说是如此（法国人是以英国哲学为依据的），后来的德国对英法两国来说也是如此”①。

第三，“会通”更重要的是在适应实践的发展需求的背景之下的相互诠释。任何一种外部性异质思想若想植入并最终融汇于本土文化，除了本土思想本身的开放性特质和现实的社会需要之外，更为根本的在于该思想本身的可接受性以及与本土传统文化之间的深层价值观念契合后，在现实层面实现有效对接。简单地说，也就是外来文化的本土化潜能、本土思想自身的内在需要以及异质文化通过与本土文化传统对接之后而实现某种程度的本土化表征形式，进而完成指导现实的社会实践功能。因为任何形式的文化—意识形态的功能在于创造、传递社会意识形态并说服人们自愿接受意识形态的意义，即实现社会实践的对象化。马克思主义中国化的源起不是对近代中国社会转型的简单“反应”或“记录”，而是作为先进的文化—意识形态，与传统文化现代转型进程胶合在一起，共同起到了社会实践对象化的重要功能。传统文化在一定社会现实诱因下与马克思主义结合并续写中国本土意义的文化—意识形态，而马克思主义在整合古今中西一切文化因素的基础上，经历了一个载体中国化的过程，产生了东方社会民族性的内涵和表现形式，创造性地回答了中国社会转型过程中的各类冲突，给予了文化—意识形态层面的回应和引导，并在社会形态变革中产生了变铸自身的识别符号的学术自觉。

实践往往会走在理论诠释之前。从历史的实际进程看，马克思主义同中国传统文化融合之后成为一支社会批判劲旅，它本着强烈的反帝反封建的批判精神，引领、塑造了中国社会的现代转型。所以，二者的会通和融合早已不再是“是否可能”的质疑，而是“何以可能”的理论诠释。我们需要做的不仅仅是对二者的学脉源承和思想进程进行深层的挖掘，寻求二者契合的内在学理渊源，而是在实践中作出诠释、给出理由。之

① 《马克思恩格斯选集》第 4 卷，人民出版社 2012 年版，第 612 页。

所以引发了种种论争，问题的根本除了认为异制的文化不能进行通约之外，更是在于如何克服中国传统文化的"主体性"叙事在面对社会转型语境中的"身份危机"。马克思主义中国化在这种危机中结合优秀传统文化，通过一种当代的哲学言说方式和政治叙事形式确立自己的合法性叙事向度，并在内生性的文化转型和外来性马克思主义的互动交融中充当着推动社会变革的价值资源和精神动力，从而以建设性的理论姿态面向现代转型，助推后发民族国家进行现代化路径选择。

因此，在马克思主义与中国传统文化的互动过程中，既存在着异质文化因素之间的冲突与纷争，也存在着多元文化因素的互补与和谐融合。这种冲突与互补形成了二者协同发展的内在张力，正是在这种内在张力的作用下，二者在观念和意识形态的核心内涵层面达成了高层次的对话与交融，形成重叠共识。中国传统文化完成了现代思想文化精神的创新转化，不再落后于社会经济政治层面，而是在与马克思主义的通融交汇中充当起了社会转型的理论先导和价值观念的预备；而马克思主义获得了民族的、大众的表现形式，具有了更为成熟的理论解释力与现实指导力。在中西碰撞、新旧杂糅中，中国主流文化意识形态得以重新洗牌，在这场最终演化为社会范围的革命转型中，马克思主义与中国传统文化相结合完成了"儒学"与"西学"所不能完成的革命使命，成为中国人的不二抉择。

三、革命实践中的马克思主义中国化与传统文化精神的双向式发展融合

正如之前所述，如果只是简单地站在各自的立场，认为传统文化需吸收马克思主义的内容方才得以再度复兴，抑或马克思主义用传统文化加以语义包装的提法，本质上都还是将二者的二元异质对立作为问题前摄。二者融合的核心问题不在于如何用马克思主义的现代表达范式和中国文化传统范式融合，而是用中华民族的文化精神和思维模式来习知和发展本土的马克思主义。二者的内通性只有在近代中国革命政治实践中才能实现并被表达。在实践过程中，作为传统文化的本土文化和外来思潮的马克思主义都不是单子似存在，它们彼此之间也不存在封闭的文化壁垒。二者的对流为彼此的更新和转化均带来新的资源和动力，并在不断提高自身的时代价值和实践意义过程中获得新的形态和内涵，最终在变革现实的实践中发展了彼此，成为一个共同体的学术概念。

马克思主义与中国传统文化的融合发展，不是一个中国传统文化形式主义地吸收外来的东西的过程，而是一个通过民族形式和传统内在生成的过程，是中华民族主体长期实践探索的结果。当马克思主义与中国传统文化的结合承担起时代的革命转型重任以满足自新图强的社会需求时，这种文化—意识形态便不是渐进、缓慢常态式的发展，而是在质的飞跃式转变中积极为中国革命建国的政治现代性的正当出路进行论证，提出构建现代民族国家的构想。文化传统在与马克思主义结合过程中，在革命建制中得以表现出向死而生的真正力量和复活式的再发展。中国传统文化尽管在中国近代转型初始阶段中失去了它与中国现代化转型的关联，但随着转型的深入，社会陷

入剧烈变动的无序状态。如何随着社会的转型建立和恢复对现代生活世界的解释功能和革命变革功能，成了当务之急。简言之，马克思主义在中国的缘起，不仅仅停留于文化意识形态的教化领域，更是要同时解决多重危机爆发下的中国民族独立、国家发展等紧迫的现实问题和满足革命进程中的政制架构内的建制性要求。

马克思主义与中国传统文化如何在社会政治革命和现代国家建制中相互交融并发挥出固有的价值和显著的优势呢？

第一，两者在革命实践中彼此融合并激发出革命建制中的家国认同感。

传统社会与现代文明似乎是截然对立的两面。然而，中国作为后发外生型的国家，其社会转型的道路是被迫的、仓促的、异于常态的，新型社会的建制发生于传统断裂的既定现实之中，导致社会发展的绵延脉络出现了程度较深的断裂。因而，在初始阶段，强大的传统惯性使得要想从瓦解的社会层面获得支持力量尤为困难。另外，自身现代性积累的匮乏使得单纯凭借自发的民众力量来启动这一历史进程变得问题重重。因而，必须运用现代国家机器的强大力量，通过一场彻底的革命来加以奠基。于是，中国的现代转型伴随着紧迫的政治斗争，特别是武装斗争中进行民族独立和解放要求下展开的革命历史进路。救亡斗争的兴起和发展，既没有中断，更没有取消本土文化与马克思主义融合的进程，反而产生了真正意义的中国的马克思主义。马克思主义中国化的学术范式不能只关注于自身学说在新的历史条件下的正当性论证，力求把中国传统文化的话语系统和表述方式进行马克思主义的现代范式的转化，而是要追问在资本主义的现代性所开辟的“世界历史”中，中国如何通过革命走出一条摆脱被支配命运和从属性地位的道路。对于世界上其他民族国家而言，如果说现代性是目标，那么民族的认同就是不可或缺的途径，而中国之情形却恰恰相反。中国的民族国家的革命若是要承担起社会转型的历史性责任，不仅仅只是专注器物层面的富足，将革命建制当作一种社会转型启动环节工具性选择和路径需求，更是需要论证由革命转型的正当性源泉需要在文明主体的深层寻求。近世以降，西方文明大规模东渐，在西方的实力政治和近代资本主义文明面前，中国传统农业文明下的王道理想节节败退，旧有家国观念日渐瓦解，中国人陷入了前所未有的家国认同和自我政治身份认同的多重危机。保守主义有中国化之源却难以解开传统与现代之间的古今纠结，未能完成中国社会转型之业。其他的社会思潮如自由主义的缺陷在于，以西方中心主义为核心，一直未能脱出“西化”路径，而终无法深入中国内在革命脉络，有“现代化”之自觉而无中国化之潜能，同样不能成为中国社会转型之中的革命意识形态的担当者，难逃短时勃兴而长时式微之命运。何以应对社会思潮新旧杂糅下“道德失范”、社会的组织离散和价值迷失等种种现象与问题？正是这种复杂的革命语境下，马克思主义与中国传统文化的相遇，使近代中国在革命的“现代文明”层面上找到“中国化”的坐标。在中国近代革命实践历程中，马克思哲学焕发出本土意义的本质和生命力，在现实的“人”的革命的历史活动当中，展现出生成性、实践性、本土性的历史维度。“天人合一”摆脱了产生它的社会经济条件的制约，发展出它的“价值对象性”和其“中国内涵”的民族精神命脉。

因而，“天人合一”自然地内生于马克思语境实现现代意义的时代转型。中国传统文化作为文化资源、工具或营养，在马克思主义中国化的进程中实现了现代转型并成为中国的马克思主义必不可少的构成要素。其无论是在现代文化教化的展开还是革命的政制建构中，均被激活起来，发挥其思想性与建制化的潜力，而非仅仅被解释为一种民族主义的特殊文化符号。对家、国、天下的使命担当和特殊觉解的文化根脉与精神脐带穿透历史，在现代转型的冲击和异质文化的激荡下，从因循守旧、存理灭欲的倾向中走出来，熔铸于革命建设之中，重新焕发出勃勃生机。中国传统文化哲学精神与马克思主义在革命实践中得以真正意义的交融、转型和发展。马克思主义哲学作为一种全新的世界观、认识论和方法论，它摈弃了以“绝对本体”或“绝对精神”为本体论、以客体和直观的形式考察世界为方法论原则，代之以实践这一人的存在的根本方式为中介，立足于现实的、感性的实践生活，把历史与存在看作是随着人的实践不断生成和显现的过程。中国历代的“农民革命”对于社会制度的变更没有任何实质性的推动作用，仅仅充当着改朝换代的工具，从这个角度而言，“农民革命”并非真正意义上的革命。由于传统文化柔弱有余而刚强不足、重视个体心性修养而忽视人群整合等问题，再加上近代的整个中国社会结构松散，民族的整合力和凝聚力均严重不足，在面临列强欺压、民族生存危机的时刻，一直缺乏一种有力的革命指导理论，马克思主义在与传统的中国变革图强的民族精神结合过程中，不光是作为一种富含社会政治理念的革命—意识形态，将传统文化中的强大的道义力量和伦理凝聚力激活起来。

第二，具有某种西方文明的“终结”意义的马克思主义在与革命实践中的传统文化的撞击中产生了它的中国的民族形式。马克思主义本身虽产生于西方的近现代发展的历史境遇，但它深蕴着超越19～20世纪意义上的现代性的可能，马克思主义具有深刻的批判锋芒，从现代工业文明出发，对西方近代启蒙的理性精神和工业文明的异化进行了深入骨髓的鞭笞。体现西方现代文明的先进性的同时又批判了资本主义的弊端，关注全人类的真正意义的解放与发展。正是因为马克思主义在破除了近代资本主义文明的弊端下超越了近代资本主义，因而能为后发国家提供一种强大的思想武器以认识和应对西方文明。它不断为中国传统文化注入现代性因素的同时又规避了彻底西化，创造性地化解了“接受他者”抑或“保存自我”的两难困境，同时更是指明了革命实践的具体路径，即通过坚强有力的无产阶级政党领导下的革命的、斗争的方式整合社会，建构现代民族国家。苏联的十月革命使得马克思主义得以真正植根于并发展壮大于中国大地，来自俄国的直观经验行为的语境替代了以往的语言符号渗透形式，以雷霆万钧之势成为马克思主义传入中国最有力的一条途径。在马克思主义的指导下，落后的东方国家选择一条非西方的文明发展路径成为可能，诚如毛泽东所说的那样，“自从中国人学会了马克思列宁主义以后，中国人在精神上就由被动转入主动……伟大的胜利的中国人民解放战争和人民大革命，已经复兴了并正在复兴着伟大的中国人民的文化。这种中国人民的文化，就其精神方面来说，已经超过了整个资本主义的世界”[①]。马克思主义中国化并不仅仅是一种学说、话语、理论，还是在文化—文明的象征系统中得以建制化的价值事实与革命斗争方式，一种中国近代社会转型下的革命意识形态的必然选择，一种渗透在民族革命中的主观信念。革命的建制化要求使得中国传统文化和马克思主义在共同意识的缔造方面上升到统一性层次，即承担国族认同的使命。中国从此走出一条借鉴西方并赶超西方的超常规发展的文明发展道路。

第三，从社会心理意义而言，马克思主义对社会的彻底批判和对未来社会的美好追求正好满足了广大民众尤其是乡村民间社会对社会变革的传统价值期待，与人们对革命和先进生产力的发展渴望相契合。马克思主义的中国化历程实质反映出近代中国社会新旧对立的两种生产关系的对立与角逐，代表了无产阶级的根本利益。在对现行的半殖民地半封建社会制度破旧立新的基点上合理论证了新民主主义社会—社会主义社会这个新制度的历史必然性。马克思主义内含的人民主权和人民民主基本政治理念和反压迫反剥削、社会平等、社会正义等社会底层的社会道义原则同近代中国社会面临的日趋严峻的社会不平等的现实之间产生了直接而强烈的呼应。共产主义的社会价值理想同“均贫富，等贵贱”的中国社会民本传统之间有着深刻的内在精神契合。传统的中国社会，传统文化的天下大同的乌托邦社会理想可以说是对社会的“批判的武器”，农民起义的暴力正是对现实的“武器的批判”。但无论“武器的批判”还是“批判的武器”，因缺乏马克思主义的历史唯物主义观和彻底的革命精神，都无法使空想变成现实。马克思主义吸纳了人类历史上一切有价值的文化理论成就，并成为一种具有强烈变革性质和对未来文明崇高向往的最高层次的文明，它溶于中国近代社会土壤之后，使得中国传统文化从开始时的被排挤在现代国家建制之外，到在革命过程中得以在国家层面的再建制化，并生长成一种先进的文化—革命政治意识形态，是一种历史现实和学理逻辑的必然。中国化了的马克思主义被无产阶级当成“武器的物质批判”，而无产阶级革命则把中国的马克思主义看作“批判的精神武器”。

第四，中国共产党的成立和蓬勃发展壮大，结束了马克思主义传入中国之初的那种无序和混沌状态。与激烈反传统的“全盘西化派”和保守的“儒学建制派”不同，中国共产党人是民族的精英，他们利用马克思主义的科学的精神对包括儒学在内的传统文化进行辩证的继承与吸纳，积极探索符合中国国情的社会主义革命路径。比如早期的“南陈北李”：李大钊的研究比较宏观和具体，陈独秀的思考则具有直接的鼓动性和可操作性，彼此相得益彰。比如毛泽东思想形成就是马克思主义中国化的第一次历史性飞跃。毛泽东的睿智之见通观中国传统文化，把马克思主义的普遍原理与中国的民族文化和革命实践相结合。同时，其对封建主义针砭的同时发掘传统文化中的超时空和超阶级的“观念论”，吸收了儒学中最有价值的思想财富，如唯物论、辩证法、实践精神、实事求是和知行统一的认识论，在这些普遍真理和共同价值上，毛泽东找到了中国传

① 《毛泽东选集》第4卷，人民出版社1991年版，第1516页。

统文化与马克思主义的结合点。中国共产党人从中国的本土的历史文化传统和现代转型中的革命现实状况及需要出发，发展马克思主义和苏俄马克思主义，从而创造中国本土意义的马克思主义革命理论。如毛泽东指出的那样，“我们说马克思主义是对的，决不是因为马克思这个人是什么‘先哲’，而是因为他的理论，在我们的实践中，在我们的斗争中，证明了是对的。我们的斗争需要马克思主义”①。为了解决中国的革命实践中所遭遇的认识和实践问题，中国共产党人不断探索马克思主义如何在中国的革命实践中加以应用。以毛泽东为代表的中国共产党人在革命实践中用马克思主义的立场、观点和方法来解决革命和建设过程中遇到的理论和实际问题，娴熟地运用中国的马克思主义于其革命思想和策略之中，“把马克思主义应用到中国具体环境的具体斗争中去”②，形成指导革命和建设的新的理论、路线、方针和政策。从此，马克思主义与中国传统文化在革命实践中走向了深度耦合，真正开拓了会通中西、超越古今的现代文明的转换大道。

四、结语

中国选择马克思主义这一先进的社会批判哲学和革命实践运动的指导理论，这既是一种现实的选择，也是一种历史的必然，绝不是所谓偶发情形或者异质文明的强行植入。相较于马克思主义与中国古典文本相结合，更重要的是思考二者在变革中国近代社会的实践中发展了彼此的内在精神向度并走向了融合，传统文化在一定社会现实诱因下与马克思主义结合并续写中国本土意义的文化—意识形态，而马克思主义创造性地回答了现代性转型过程中的各类冲突并给予了文化—意识形态层面的回应和引导。立足于马克思主义内在的批判哲学精神与中国传统文化价值体系的内在对接，以期达成辩证交融，共同重塑国人的价值理念与意义世界，进而从根本上改变近代中国的传统社会制度与政治构架。两者在实践中逐步形成合一的共同体学术概念并随着中国革命和建设历程不断地丰富和发展。而中国特色社会主义革命实践历程则是将两者结合起来的实质性名目。

如果说在马克思主义传入中国的初期，面对传统文化经历了巨大的断裂式变迁，传统文化与马克思主义在社会的现代转型和革命建制的实践中寻找到了各自的现实的理论空间并得以融合发展，推动了中国走向现代文明道路，那么到了新时代下继续探索中国本土文明道路的进程中，马克思主义中国化又迎来了新的理论生长契机。当下，通过几代共产党人和中国人民的不懈努力，马克思主义中国化不仅已然完成民族现代化的历史任务，同时正在积极开启一种新的人类文明类型，民族复兴已然上升到道路文明论的高度。那么，作为社会主义民族国家的中国与文明论中中国传统文化的相遇，必须要超越工具理性层面的短视目光。习近平总书记明确指出：“中华民族在几

① 《毛泽东选集》第1卷，人民出版社1991年版，第111页。

② 中共中央文献研究室、中央档案馆编：《建党以来重要文献选编（一九二一——一九四九）》第15册，中央文献出版社2011年版，第651页。

千年历史中创造和延续的中华优秀传统文化，是中华民族的根和魂。”[①]这是我们党的历史上第一次将中华优秀传统文化做“根和魂”的新定位，中华优秀传统文化不单是一个继承发展的问题，而是发展中国特色社会主义所不可或缺的精神命脉。可见，推进马克思主义中国化、发展中国特色社会主义等问题需秉持一种大历史观，将其放置于中华民族五千多年的历史发展中来认识，中华文明博大精深，马克思主义是关于人类社会发展规律的科学，社会主义是人类文明发展的必然。这些人类文明的源头活水本身就内存于中华五千年文明之中。中华传统文化与社会主义、马克思主义汇通，是人类文明的发展之所向。换言之，马克思主义中国化不能仅仅被解释为民族主义的、承载中国特殊性的政治文化符号，更是人类文明观念创新的思想瑰宝，为此，我们需要不断地结合社会主义新的建设实践，推进马克思主义中国化的历程，不断激活马克思主义中国化理论体系的思想性与建制化的潜力，为实现中华民族的伟大复兴提供源源不断的理论指导和精神动力。

① 习近平:《在庆祝澳门回归祖国15周年大会暨澳门特别行政区第四届政府就职典礼上的讲话》，载《人民日报》2014年12月21日。

马克思主义意识形态概念在革命文学运动时期传播源头的转向*

张道奎

(山东大学儒学高等研究院博士研究生)

在马克思主义的话语体系中,马克思主义文艺理论与马克思主义意识形态理论具有密切关系。甚至在一定程度上可以说,马克思主义意识形态理论的演化决定着马克思主义文艺理论的发展方向。马克思主义文艺理论的这一特点,在民国时期的革命文学运动阶段则更为明显。关于革命文学运动时期马克思主义文艺理论与意识形态理论的关系问题,前辈学者谭好哲①、艾晓明②、王智慧③、王磊④等已经作了全面清晰的论述。这一时期的马克思主义意识形态理论来源于日本和苏俄,这个基本认识也是比较明确的。但是,关于马克思主义意识形态理论传播的阶段性特点及其来源转向的研究,以及由此引发的马克思主义文艺理论的变化问题仍有一些细节尚未明朗,进而革命文学运动中的马克思主义意识形态理论的苏俄和日本两个理论源头,对中国马克思主义"意识形态"概念的传播、文艺理论的发展发挥了什么影响,也尚未有一个清晰的说明。本文以革命文学运动前后马克思主义"意识形态"概念的传播为线索,并同时兼顾马克思主义文艺理论的发展过程,尝试对这一问题作一个初步的回答。

一、民国初期马克思主义"意识形态"概念传播的多元来源

"意识形态"概念的传入,是马克思主义在中国传播过程中最重要的内容之一。根据现已掌握的文献,马克思主义语境下的"意识形态"一词在中文语境中最早出现,是陈溥贤对马克思在1859年发表的《〈政治经济学批判〉序言》(时人称之为"《经济学批评》序文")中的一段话的转译:"这种生产关系的总和,构成社会上经济的构造,就是社

* 基金项目:国家社科基金重大项目"多卷本《20世纪中国史学通史》"(项目编号:17ZDA196)。

① 参见谭好哲:《文艺与意识形态》,山东大学出版社2000年版。

② 参见艾晓明:《中国左翼文学思想探源》,湖南文艺出版社1991年版。

③ 参见王智慧:《二十世纪二十年代"革命文学"研究》,中国社会科学出版社2013年版。

④ 参见王磊:《中国语境下的文艺意识形态论》,知识产权出版社2015年版。

会真正的基础，这是构造法制上政治上的建筑物的真正基础，又是适应社会的意识形态的真正基础。"①陈溥贤在1919年发表于《晨报》上的《马克思的唯物史观》的这篇文章，节译于河上肇的《马克思的社会主义的理论体系》，稍后被《新青年》的"马克思研究专号"转载。从马克思主义传播史上来看，虽然在此前编著的字典如《英华字典》(1866～1869)、《英华大词典》(1908)、《商务书馆英华新字典》(1913)中对英文"ideology"一词已经有"意论、意知""观念学""思想学"等翻译出现②，但尚未有文献证据证明，1919年之前"观念学"等中译词与马克思主义意识形态理论发生了关联。因而1919年陈溥贤的《马克思的唯物史观》一文，仍可以视为是马克思主义"意识形态"概念传入中国的标志性文献。

由此可见，在马克思主义"意识形态"概念最初传入中国时，日本是一个重要的理论中转站。李泽厚就曾明确指出，日本马克思主义学者河上肇在马克思主义传入中国过程中发挥了重要作用。③ 具体来看，马克思主义"意识形态"概念在传入中国初期也基本符合这一判断。在1919～1921年，正是留日旅日学者相对固定地使用了"意识形态"的表述，并且这个译述是与河上肇对马克思《〈政治经济学批判〉序言》中关于意识形态的引用密切关联着的。

除了我们所熟知的陈溥贤《马克思的唯物史观》、李大钊《我的马克思主义观》等文章中的引用外，这一时期中文学界还翻译了河上肇的其他著作并同时使用了"意识形态"概念。例如，范寿康的《马克思的唯物史观》一文，是对河上肇《社会问题研究》第三册《马克思主义的理论体系》的译述，文中转述河上肇的表述认为"社会的意识形态就是说：社会中所行的思想上精神上之主义思潮及其他关于人类意识的状态"④。何松龄翻译了河上肇译著《唯物史观研究》上篇的第一、二、三章，分别为《经济学批评序中之唯物史观公式》《唯物史观公式中之一句》《唯物史观中所谓"生产""生产力""生产关系"的意义》，在介绍意识形态时也引用了《〈政治经济学批判〉序言》中的表述："这些生产关系的总和，构成社会之经济的构造；这经济的构造，是法制上政治上的上部建筑物所借以存立的真实的基础。而且一定的社会意识形态也是和这基础相适应的。"⑤这些文本无一不与日本学者河上肇有直接继承关系。而河上肇此时基于经济学的立场对意识形态的理解⑥，是导致民初中国学者的马克思主义"意识形态"概念认识具有机械唯物主义错误的重要因素之一。

然而这一时期的马克思主义"意识形态"概念传播，仍具有显著的概念翻译的不确定性和概念传播源头的多元性。从"意识形态"中译词上来看，概念翻译的不确定性，

---

① [日]河上肇：《马克思的唯物史观》(录晨报)，渊泉(陈溥贤)译述，《新青年》1919年第6卷第5号。

② 参见李畔、张苹：《"意识形态"术语源流及汉语语境中的演化研究》，载《党史研究与教学》2021年第2期。

③ 参见李泽厚：《试谈马克思主义在中国》，载《中国现代思想史论》，生活·读书·新知三联书店2008年版，第152页。

④ 范寿康、施存统、化鲁译述：《马克思主义与唯物史观》，商务印书馆1924年版，第5页。

⑤ 何松龄等译述：《唯物史观研究》，(上海)商务印书馆1926年版，第7页。

⑥ 参见[日]河上肇：《河上肇自传》上卷，储元熹译，商务印书馆1963年版，第111页。

体现在多语言转换时的词义对应之间的不准确。据张秀琴教授考证，日本学者河上肇在日译文中以日语“意识形态”对应了德语中的“意识形式”，而以“观念上的形态”对应了德语中的“ideologie”，因此中文语境中首先出现的“意识形态”一词并不是马克思所使用的德语“ideologie”，德语“ideologie”在日文中的准确译法是“观念上的形态”。直到1926年版，由栉田民藏、森户辰男翻译的日文版《德意志意识形态》，才把“观念形态”与译音的“イデオロギー”作为同义词使用。[①] 相类似的现象在中文语境中则表现为意识形态相关译词的多样性。据不完全统计，在1919～1924年，意识形态相关概念的中译词有“观念上的形态”“精神的构造”“精神的文化”“社会的自觉”“观念学”“社会思想”[②]等十数种之多，这些中译词的出现则是概念翻译的混乱和对应的不准确的直接表现。

细究其原因，则可以观察到不同概念表述背后的地域差异，即“意识形态”概念传播源头的地域多元性。这一时期对中国马克思主义“意识形态”概念传播影响较大的域外源头，除日本之外则是法国和苏俄。1921年中国共产党成立以后，旅居国外并具有共产主义倾向的留学生纷纷回国——例如李维汉于1922年底自法国、瞿秋白于1923年自苏俄回到中国——这就从法国或苏俄带回来了具有当地色彩的马克思主义意识形态理论。“意识形态”概念在中国的传播也随之呈现出突破“1859年序言”文本局限、日俄欧三方译法并存等新的特点。

这一时期除留日学生群体中的李培天[③]、陈望道、施存统[④]、周佛海[⑤]等人继续相对固定地使用“意识形态”的表述之外，也出现了李维汉的“观念学”、瞿秋白的“社会思想”和“精神工具”以及任国桢的“社会意象学”[⑥]等新的意译形式。这种翻译方式出现的背后，显然是翻译者之间不同的地域学术背景在发挥影响。具体来看，旅法的李维

① 参见张秀琴：《马克思意识形态概念理解史》，人民出版社2018年版，第287～289页。

② 关于上述译词的使用，分别参见[日]河上肇：《马克思的唯物史观》，渊泉译述，《新青年》1919年第6卷第5号；杨匏安：《马克斯主义(Masxism)》，载《杨匏安文集》，广东人民出版社1986年版，第132页；光亮(施存统)：《唯物史观在中国底应用》，载《民国日报·觉悟增刊》1921年第9卷第8号；郭泰：《唯物史观解说》，李达译，中华书局1921年版，附录第4页；李维汉：《观念史观批评(续第三号)》，载《新时代》1923年第1卷第4号；瞿秋白：《灰色马与俄国社会运动》，载《小说月报》1923年第14卷第11号。

③ 李培天较为完整地翻译了河上肇1919年在日本信州和东京作的关于近世经济思想的演讲，命名为《改订近世经济思想史论》于1924年由上海学术研究会总会丛书部发行。书中第三讲为《加尔·马克思》，介绍了社会主义经济学、唯物史观、资本主义的经济组织之批评、社会民主主义等内容，在书中唯物史观部分中3次使用“意识形态”一词。本文关于“意识形态”的统计数字皆出自“瀚文民国书库”(www.hwshu.com)。该书库同时提供了部分相关民国图书的查阅服务，在此一并表示感谢。

④ 由波格达诺夫著，陈望道、施存统合译的《社会意识学大纲》于1929年由上海开明书店首次出版，陈望道在译者序言中表示，“译时是施先生用的力较多”，因此“意识形态”的用法很可能是施存统的翻译。在1930年《社会意识学大纲》的译本中，“意识形态”的使用频率已达到164次。参见[苏]波格达诺夫：《社会意识学大纲》，陈望道、施存统合译，上海大江书铺1930年版。

⑤ 波格达诺夫著的《经济科学大纲》，先后有了周佛海1926年商务印书馆中译本、施存统1927年新青年社中译本以及施存统1930年大江书铺中译本(施存统的《经济科学大纲》译本再版了3次以上，影响很大)，书中均已准确使用“意识形态”表述。

⑥ 参见任国桢编译：《苏俄的文艺论战》，上海北新书局1927年版。

汉所使用的"观念学"的译法，毫无疑问更贴近于"意识形态"概念的创造者德·特拉西在观念论哲学上的原意。德·特拉西声称："如果人们只考虑主题，也许可以把这门科学称为意识形态；如果人们只考虑它的方法，则可以称它为普通语法；而如果人们只考虑它的意图，则可以称它为逻辑学。……这门有关观念的科学既包括关于这些观念的表达的科学，也包括关于这些观念的起源的科学。"[①]同时，李维汉承接了法国自拿破仑以来对"意识形态家"(即李维汉所说的观念论者)的批判态度，以及法国共产主义者的意识形态观点[②]，所以是在否定的意义上使用"观念学"概念的——李维汉把历史科学和观念学称为"更不完全的第三组科学"，由观念学发展而来的观念史观"是抽象科学底演绎法对于历史学科不幸的应用"。李维汉认为，观念论者从"观念或影像是一个或数个简单的或联合的感觉作用底记忆底结果"或"某些观念由于天赋"的认识出发，"把观念当做社会底原动力"，却不承认观念"不产生历史的史实，却是社会现象底结果，社会现象于他自己变化时创造之，修改之，刷削之"这一基本事实。[③] 也即是说，李维汉关于观念学及观念史观的批评，是在进一步阐释马克思关于资产阶级"虚假意识"观点的理路上进行的，此时李维汉的"观念学"尚未有列宁的"共产主义意识形态"的正面意义。

旅俄的瞿秋白[④]对"意识形态"的"社会思想""精神工具"译法，则更符合苏俄国内的马克思主义的理论面貌，特别在一定程度上受到了列宁和布哈林[⑤]的影响。布哈林在普列汉诺夫对心理与意识形态作出明确区分的基础上更进一步地提出："观念形态学是凝结的社会心理学。……实际的历程是社会观念形态学的逐渐的自社会心理学的凝聚，固结和结晶。社会心理学的改变的结果自然有社会观念形态学的改变与之相应。"[⑥]而瞿秋白在《社会科学概论》中把社会建筑"一分为三"，划分为社会思想(哲学与科学)、社会心理(宗教、艺术、道德、法律等)、社会制度[⑦]，同时特别强调"各种社会

---

① [法]德·特拉西：《意识形态的要素》(巴黎，1817 年第 3 版)第 4 页脚注，转引自[匈牙利]卡尔·曼海姆：《意识形态和乌托邦：知识社会学引论》，霍桂桓译，中国人民大学出版社 2013 年版，第 77 页。

② 李维汉在法国勤工俭学期间，正是通过华法教育会的《旅欧周刊》、旅法华工会的《华工旬刊》、法共的《人道报》等刊物以及一些法语的共产主义小册子来了解社会主义学说的。当时无政府主义和工学主义还有很大影响，列宁的革命理论在旅法团体中尚处于初步认识的翻译介绍阶段，这个译介工作主要是蔡和森等人完成的。参见李维汉：《回忆与研究》，中共党史出版社 2013 年版，第 10～12 页。

③ 以上内容参见李维汉：《观念史观批评》，载《新时代》1923 年第 1 卷第 2、3、4 号。

④ 瞿秋白 1917 年考入北洋政府外交部部立俄文专修馆学习俄文，1920 年以《晨报》特派记者身份赴苏俄，1923 年应陈独秀要求回国参加革命。大革命失败后担任中共中央临时政治局常委，1928 年为组织并参加在莫斯科召开的中共六大再次赴苏联，1930 年受共产国际委派回国。参见张秋实：《解密档案中的瞿秋白》，东方出版社 2011 年版。

⑤ 布哈林作为列宁之后的苏共最重要的理论家，被认为是列宁与斯大林之间的理论桥梁，"布哈林的事业跨过布尔什维主义史上的一个时期，即布尔什维主义的意识形态还处于过渡状态的时期"([美]悉尼·海特曼：《列宁和斯大林之间：尼古拉·布哈林》，载苏绍智等主编：《世界评布哈林》，东方出版社 1988 年版，第 12 页)。

⑥ [苏]布哈林：《社会心理学与社会观念形态学》，武者译，载《明天》1929 年第 2 卷第 7 期。

⑦ 参见瞿秋白：《社会科学概论》，文化书社 1924 年版，第 77～78 页。该版本参见《民国丛书》第一编第 14 册，上海书店 1989 年版。

思想都是这些社会心理的反映，综合而成较有系统的”①。瞿秋白对意识形态的这种理解与布哈林的相关论述如出一辙②，而把意识形态作为阶级斗争的“精神工具”的认识，正是列宁提出的向工人灌输阶级意识等系列主张的翻版。

这一时期“意识形态”概念呈现出的多种中译词并存的局面，是马克思主义“意识形态”概念在传入中国的初期的显著特点之一。总的来看，正是因为多种马克思主义“意识形态”概念输入渠道的并存，才导致了“意识形态”概念译词和概念指意的多元共存的复杂面貌。

二、革命文学运动早期“意识形态”概念传播的日本来源

马克思主义“意识形态”概念早期传播中的翻译和使用的这种多元共存、莫衷一是的局面，到1928年发生了一个明显的转变。

中国马克思主义“意识形态”概念形成中译词表述和意义指向上的基本共识的过程，是伴随着中国无产阶级文学运动的发起和高涨的具体进程的。这是因为革命文学运动是在马克思主义的话语体系内发生的，所以在革命文学运动发起之初即存在一个重要基本共识，即文学文艺是作为意识形态的重要组成部分而存在的。③ 在革命文学运动“意识形态”概念传播的初期阶段，日本无产阶级文艺理论发挥了重要的引领作用。④ 有学者已经指出：“中国革命文学运动的开展，深受世界无产阶级文艺运动的影响，尤其是苏联与日本。”⑤若细作区分，苏俄与日本的理论影响仍具有一定的阶段性特点。

就马克思主义“意识形态”概念的传播来看，日本的理论中转站的作用仍是显著的。早在中国革命文学运动的发起性文章《从文学革命到革命文学》中，成仿吾就已大声疾呼：“我们要努力获得阶级意识，我们要使我们自己的媒质接近农工大众的用语。”⑥成仿吾的使大众获得无产阶级“意德沃洛基”的号召，在大量留日青年加入创造社后才真正得以推进。在成仿吾的邀请下，1927年底李初梨、冯乃超、彭康、朱镜我、李铁声等留日学生（稍后有王学文、傅克兴、沈起予等人）陆续回国参加改革创造社、宣传无产阶级文学的工作。⑦ 大量年轻的左翼作家自日本回国，从而把日本无产阶级文艺理论引入中国。“1928年是中国普罗文学主张它的存在权的年头”⑧，而作为无产阶

① 瞿秋白：《社会科学概论》，文化书社1924年版，第45页。

② 德里克甚至认为，瞿秋白的《社会科学概论》是布哈林《历史唯物主义》的“中文改编本”。参见[美]德里克：《革命与历史：中国马克思主义历史学的起源：1919～1937》，翁贺凯译，江苏人民出版社2008年版，第28页。

③ 参见李清崑：《唯物史观与哲学史：普列汉诺夫哲学思想研究》，中国社会科学出版社2016年版。

④ 参见王智慧：《福本和夫主义、新写实主义之于中国“革命文学”》，载《山东社会科学》2004年第5期。

⑤ 王智慧：《论革命文学运动中文学与政治的关系》，载《天津社会科学》2005年第5期。

⑥ 成仿吾：《从文学革命到革命文学》，载《创造月刊》1927年第1卷第9号。

⑦ 参见郑伯奇：《创造社后期的革命文学活动》，载饶鸿競等编：《中国文学史资料全编·创造社资料》（下），知识产权出版社2010年版，第738～739页。

⑧ 林伯修：《1929年急待解决的几个关于文艺的问题》，载《海风周报》1929年第12期；另参见赵新顺：《太阳社研究》，中国社会科学出版社2010年版，第43页。

级意识形态内容之一的普罗文学，正是作为“普罗底一种武器”而传入中国的。也有学者明确指出，大革命失败后，中苏之间的交往渠道被切断，日本就“成为中国左翼文坛获取苏联文艺信息的重要渠道”[①]。

“意识形态”“观念形态”和音译形式的“意德沃洛基”这两种译词在中国的风行，与中国无产阶级革命文学的兴起有着共同的渊源，胡秋原明确指出：“在中国突起勃兴的革命文艺，他的模特儿完全是日本，所以实际上仅是日文无产文学运动的一个支流。这并不仅是因为中国革命文学的大将都是留日学生；就在‘普洛特利亚特’‘意德沃洛基’的口号以及理论及创作底形式与内容之根据上，也可以看出了。”[②]在马克思主义“意识形态”概念传入中国的初期，日本充当了重要的“中转站”的作用。同时，我们也能够从胡秋原的列举中认识到，在1928年中国兴起的革命文学运动中，“普罗特利亚特”“意德沃洛基”显然是最响亮的两个口号。同时，创造社使用的其他理论术语“把握唯物辩证法”“目的意识”等，“都来自日本左翼文化界”。[③] 因而，当无产阶级文艺理论通过创造社、太阳社创办的一系列刊物在中国产生巨大影响的时候，日语中的“意识形态”“观念形态”及其音译“意德沃洛基”等译词形式也随之席卷中国文坛。

在源自日本的“意识形态”“观念形态”等中译词在中国重新扩大它们的影响力的过程中，鲁迅发挥了重要的引领作用。首先需要指出的是，在马克思主义语境中，革命文学中的文艺问题就是意识形态问题，文艺战线是观念形态战线的组成部分。1928年对“意识形态”概念在中国传播的特殊意义还在于，正是这一年，鲁迅发表了根据日本学者藏原惟人和外村史郎辑译的部分文章转译的《观念形态战线和文艺》，稍后鲁迅等人又根据日文翻译了《苏俄的文艺政策》[④]，这几部译作对传播马克思主义的文艺理论、“意识形态”概念具有重要作用。其中《观念形态战线和文艺》一文是对《第一回无产阶级作家全联邦大会的决议》的部分内容的翻译，1925年1月《第一次无产作家全联邦大会决议》通过，同年7月1日《真理报》全文发表。藏原惟人于1927年5月将其介绍到日本，1928年5月，鲁迅根据藏原惟人和外村史郎所辑日文本转译为中文，1928年6月20日《奔流》杂志创刊，即在此刊发表。[⑤] 藏原惟人、青野季吉等人是鲁迅理解“观念形态”概念与马克思主义文艺理论的重要来源。[⑥] 鲁迅同时也说明了，翻译时只有一种译本（日译本），没有其他文本可以参考。[⑦] “鲁迅翻译的《苏俄的文艺政

---

① 谭好哲：《文艺与意识形态》，山东大学出版社2000年版，第417页。

② 胡秋原：《日本无产文学之过去与现在》，载《语丝》1929年第5卷第34号。

③ 谭好哲：《文艺与意识形态》，山东大学出版社2000年版，第418页。

④ 1930年6月，水沫书店集结了《关于文艺政策评议会速记录》（瓦浪斯基、布哈林、阿卫巴赫、雅克波夫斯基、普列忒内夫、托罗兹基、罗陀夫等在文艺政策讨论会上的发言）、《观念形态战线和文艺——第一回无产阶级作家全联邦大会的决议》和《关于文艺领域上的党的政策——俄国共产党中央委员会的决议》等文章，加上日本冈泽秀虎著、冯雪峰译的《以理论为中心的俄国无产阶级文学发达史》一文，这些文章以《苏俄的文艺政策》为书名出版了单行本。

⑤ 参见姚辛：《左联史》，光明日报出版社2005年版，第664页。

⑥ 参见陈朝辉：《文学者的革命：论鲁迅与日本无产阶级文学》，光明日报出版社2016年版，第162～168页。

⑦ 参见鲁迅：《〈奔流〉校编后记》，载《集外集》，北京联合出版公司2014年版，第143～146页。

策》对30年代中国的左翼文学是影响巨大的”[①]，因而鲁迅在翻译中使用的“观念形态”的译法，也就随之被中国的左翼文学青年所了解，并在大众阅读中得到广泛关注。鲁迅翻译的一系列宣传苏共最新的马克思主义文艺与意识形态的理论进展的文章，也包括翻译的普列汉诺夫《艺术论》[②]、卢那察尔斯基《艺术论》[③]等，对中国的马克思主义“意识形态”概念传播具有重大的历史意义。

同样是在1928年，由瞿秋白、郑超麟等人主持的中共机关刊物《布尔塞维克》第2卷第1号翻译发表了《共产国际第六次世界大会宣言》以及布哈林在共产国际六大上作的《国际形势与共产国际之任务》的大会报告。显而易见的是，《布尔塞维克》的编者并未使用直接译自苏俄的“精神工具”“社会思想”一类的中文词，有左联背景又直接参与中国共产党机关刊物《布尔塞维克》翻译的李一氓在翻译《共产国际第六次世界大会宣言》和《共产国际纲领》时依据的是英文版，但李一氓同时也关注鲁迅他们的《语丝》和创造社的《洪水》《创造周报》等刊物[④]，因此也参考了日本的“意识形态”译法。这也从一个侧面证明“意识形态”一词传播使用的广度。而在上述一系列文章中，苏俄马克思主义理论家对“帝国主义的意识形态”的批判，对资本主义内部的“改良主义的意识形态”“社会民主派的意识形态”的分析，与无产阶级革命文学一道，为陷入低谷、急需理论指导的中国革命注入了新的活力，因而相关文献也就获得了中国马克思主义者的高度重视。在这种党的宣传工作的推进过程中，“意识形态”“观念形态”两种译词也就在上述文献的翻译和使用过程中逐步取代了此前出现的“观念上的形态”“精神的构造”“社会的自觉”“观念学”“社会思想”“社会意象学”等多种中译词，而成为相对固定的中文表述。

正是创造社的成仿吾、李初梨，太阳社的蒋光慈、林伯修，左翼作家鲁迅等人在革命文学运动时期稳定地使用了“观念形态”的中文表述，这一相对准确的中文译名才在相当长的时间内与党的宣传家瞿秋白、郑超麟、李一氓等使用的“意识形态”的表述并驾齐驱。源自日语的“意识形态”“观念形态”的用法，在稍后通过艾思奇的《哲学选辑》、李达的《社会学大纲》等著作的使用，而逐渐进入中国马克思主义理论家们的视野中。[⑤]

在社会知识界的一般使用上，“意识形态”“观念形态”的用法也得到较为广泛的传播。到1932年，《申报月刊》就已经把“观念形态学”作为一个新名词向大众作了简要介绍，在译法上有音译“伊地奥逻辑”，“也有人译作‘社会意识学’‘意识形态学’等”，在意义上，“据左派的思想家说，是研究社会意识的科学”。[⑥] 1934年新生命书局出版的

① 姚辛：《左联史》，光明日报出版社2005年版，第664～665页。

② 参见蒲力汗诺夫：《艺术论》，鲁迅译，上海光华书局1930年版。

③ 参见卢那卡尔斯基：《艺术论》，鲁迅译，上海大江书铺1929年版。

④ 参见《李一氓回忆录》，人民出版社1993年版，第94、43页。

⑤ 参见《毛泽东哲学批注集》，中央文献出版社1988年版，第210、226、310页。

⑥ 《新辞源・观念形态学》，载《申报月刊》1932年第1卷第4号。

邢墨卿编《新名词辞典》随即收入了“意识形态”词条:“‘意识形态’或‘观念形态’即人类的观念之中所造成的存在物——社会心理社会思想被条理化了而适应于一定社会生产关系之精神生产的体系。如哲学、科学、艺术、道德、法制、宗教等便都是观念上的各种形态。”这就表明,源自日本的“意识形态”和“观念形态”的中文译词不晚于1934年就已经在中文语境中取代了其他译词,成为“ideology”“идеология”等外文词稳定的中文译词形式。“意识形态”和“观念形态”的表述在中文语境中尤其是在中国共产党的话语体系中的基本定型,正是由大革命失败后兴起的无产阶级革命文学运动在1928年以后逐步促成的。

具体到“意识形态”概念的具体意涵的传播上,在1928年以前中国学者了解马克思主义意识形态理论的主要中转站是日本,因而对意识形态的理解一直受日本学者解释立场的支配。在“意识形态”概念传入早期,河上肇对意识形态理解的机械唯物论立场[①],以及永田广志对意识形态的超阶级解读[②]的立场,对民国学者理解“意识形态”概念曾产生了巨大影响。直至革命文学运动的初期,鲁迅在文艺理论上摆脱托洛茨基否定文艺阶级性的立场仍是受到福本主义的影响[③],而创造社的李初梨在讨论无产阶级文学和无产阶级意识并展开对鲁迅的批判时所凭借的仍是福本和夫[④]的相关理论。[⑤]

由上述讨论可见,正是在革命文学运动的初期即1928年前后的创造社和太阳社的活动阶段,“意识形态”相关中译词的多元共存局面发展为“意识形态”和“观念形态”的平分天下。在这一时期,日本是传入中国的“意识形态”概念的主要来源地。因而,在“意识形态”“观念形态”的中文表述明确之后,如何摆脱日本左翼文艺界对“意识形态”概念的具有本土色彩的独特解读,回归苏俄马克思主义理论的正统轨道,就成为革命文学运动后期“意识形态”概念传播中的理论课题之一。

三、革命文学运动中后期“意识形态”概念流变的苏俄因素

当革命文学运动中“意识形态”和“观念形态”的表述基本定型之后,日本左翼文学

---

① 参见赵利栋:《略论20世纪20年代中国马克思主义的思想资源》,载中国社会科学院近代史研究所编:《中国社会科学院近代史研究所青年学术论坛(2003年卷)》,社会科学文献出版社2005年版,第595～596页。

② 永田广志试图以“世界观”来统合意识形态——“各个时代,更正确地说各种阶级意识形态底形态,也互相在关联着统一着,形成一个全体”,这个全体就是世界观。参见永田广志:《唯物史观讲话》,阮均石译,新知书店1938年版,第301～303页。

③ 参见黎活仁:《福本主义对鲁迅的影响》,载《鲁迅研究月刊》1990年第7期。

④ 参见靳明全:《1928年中国革命文学兴起的日本观照》,载《文学评论》2003年第3期。

⑤ 在1925年之前的苏联理论界,在文艺等意识形态领域内托洛茨基的“不能像对待政治那样对待艺术”([苏]托洛茨基:《文学与革命》,刘文飞、王景生、季耶译,外国文学出版社1992年版,第551页)的认识曾风行一时。托洛茨基明确提出:“无产阶级文化不仅现在没有,而且将来也不会有。”(托洛茨基:《文学与革命》,第172～173页)普列汉诺夫也曾坚持“艺术价值的独自性”(参见胡秋原编《唯物史观艺术论——朴列汗诺夫及其艺术理论之研究》,上海神州国光社1932年版,第395～405页)的观点。托洛茨基、普列汉诺夫的意识形态观点,曾在民国时期有过大量信徒,也曾是左翼作家接受马列主义意识形态论的理论桥梁。民国时期意识形态观念的演化,是苏俄意识形态理论发展过程在中国的理论映射。

界对“意识形态”的偏颇且混杂不成体系的具有日本本土色彩的理解，已经不能指导中国无产阶级革命文学的发展和无产阶级阶级意识的觉醒，也无法适应于中国马克思主义革命理论与苏俄马克思主义理论演化对接的新要求。因而中国“意识形态”概念的传播，必然走向与苏俄马克思主义“意识形态”概念的理论内涵演化轨道相靠拢的阶段。

这一局面的初步扭转的具体表现，是中国文艺理论家绕过日本学者对俄语文本的解读和加工，直接翻译、宣传苏俄的意识形态领域的相关理论决议。① 典型案例则是1928年鲁迅翻译的《观念形态战线和文艺——第一回无产阶级作家全联邦大会的决议》和瞿秋白等主持翻译的《共产国际第六次世界大会宣言》等文献。这一阶段的主要理论特点是明确了意识形态的阶级属性。

在上述相关文本中，对布哈林关于“观念形态底阶级性”主张的宣传，和对托洛茨基“否定着阶级底无产者文学和艺术的可能性”主张的批判、对普列汉诺夫的“文艺自由论”的批判②，从正反两个方面推动了中文语境中“意识形态”概念阶级属性的凸显。③ 中文语境中对托洛茨基和瓦浪斯基“文学、艺术是超阶级的”观点的批判，是以学习宣传1925年的《第一次无产阶级作家全联邦大会的决议》中布哈林对托洛茨基的批判实现的。布哈林与托洛茨基关于意识形态与阶级关系的矛盾认识，根源于对意识形态与阶级在理论优先级上何者为先的不同认识。布哈林是主张阶级性优先的，他认为，“观念形态学是凝结的社会心理学……显然没有永久的，一致的，整体的‘社会心理学’存在于阶级社会……阶级心理学受阶级生活情形——依存于一般经济的情形——全体的规定的事实，不许我们以个人的自私自利描写阶级心理学，因为那样是很容易错误的”④。而在托洛茨基等人的认识中，文化和文学等意识形态的东西，是比阶级更具有理论优先级的。托洛茨基认为，“对于有产阶级文化和有产阶级艺术，使无产阶级文化和无产阶级艺术来对立，是根本底错误的。……因为无产阶级的统治是一时底的事，过渡底的事”⑤。在苏共党内对托洛茨基的文艺理论的批判，主要立场也正是认为“没有自己的独立底文化，没有自己的文学，无产阶级即不能确保对于农民的主权”，这就必然意味着“主宰的职掌，于是全然剩在旧的有产阶级文化的代表者的手里”。⑥

---

① 参见毛剑：《“左联”时期马克思主义文艺理论的引进与发展研究》，山东大学博士学位论文，2006年，第25～27页。

② 中国对普列汉诺夫文艺理论的引介，先后有任国桢翻译的《苏俄的文艺论战》中的《蒲力汗诺夫与艺术问题》、章子健翻译的《马克思主义底哲学问题》（蒲列罕诺夫著，1930年乐群书店版）、胡秋原编著的《唯物史观艺术论——朴列汗诺夫及其艺术理论之研究》（1932年神州国光社版）等。普列汉诺夫和胡秋原的“文艺自由论”遭到瞿秋白、冯雪峰等左翼作家的批评。相关研究参见吴述桥：《胡秋原与普列汉诺夫文艺理论在中国的传播和接受》，载《中国文学批评》2020年第4期。

③ 关于相关论战在中国的反响，参见艾晓明：《中国左翼文学思想探源》，湖南文艺出版社1991年版。

④ ［苏］布哈林：《社会心理学与社会观念形态学》，武者译，载《明天》1929年第2卷第7期。

⑤ 《观念形态战线和文艺——第一回无产阶级作家全联邦大会的决议》，载《奔流》1928年第1卷第7期。

⑥ 《观念形态战线和文艺——第一回无产阶级作家全联邦大会的决议》，载《奔流》1928年第1卷第7期。

与此接近的普列汉诺夫"艺术价值的独自性"[①]的主张,是在承认文艺等意识形态领域的阶级属性的基础上,强调"艺术虽有协助经济政治统治的机能,虽带阶级性,但只是表现在社会心理上,通过心理而间接地曲折地表现着的"[②],普列汉诺夫的文艺理论被胡秋原继承和引申发挥,又遭到瞿秋白、冯雪峰等左翼作家的批评,由此在中国引发了关于文艺的阶级属性[③]、文艺创作的独立性问题的"文艺自由"论争。[④] 在相关论争过程中,瞿秋白显然是继续坚定地站在列宁、斯大林意识形态阶级斗争的理论立场:"旧社会里新阶级的势力膨胀,自然创造自己阶级斗争的'精神工具'(书中同样使用了"精神上的武器"——引者注):发现新政治理想,鼓励群众的社会心理,凡此一切都不过新阶级取得政权的预备——革命工具不完备,当然革命难以成功,所以政治理想及社会心理当然是革命及其他变革的必要的助缘。"[⑤]基于这一认识,瞿秋白特别强调作为"精神工具"的无产阶级意识形态在革命文学运动中的作用:"无产阶级的革命的意识,要去争取劳动民众,要去打击和肃清地主资产阶级的影响,在文艺上就必须开展一个新的文化革命的剧烈的斗争。"[⑥]这就以革命文艺理论的阶级斗争立场明确了"意识形态"概念的阶级斗争立场。革命文学运动中后期左翼文艺界对列宁主义意识形态理论中的阶级斗争观点的广泛接纳,为大革命失败后中国新民主主义革命道路的新探索提供了必要的理论支撑。[⑦]

革命文学运动发展到左联成立前后,马克思主义文艺理论的传播已经进入了一个全新的发展阶段。这在"意识形态"概念传播和理论引介上也有新的表现。谭好哲明确指出:"1932 年以后,翻译介绍的马克思、恩格斯、列宁三大经典文论家的文艺论著逐渐多了起来,在中国马克思主义文艺理论的建设与批评实践中,经典文论家的思想和观点越来越占据了主导地位。"[⑧]这一状况不仅进一步建立起中国革命文学运动走向深入的理论基础,更带动了"意识形态"概念意涵的进一步向列宁斯大林主义意识形

---

① 参见胡秋原:《唯物史观艺术论——朴列汗诺夫及其艺术理论之研究》,神州国光社 1932 年版,第 395～405 页。

② 胡秋原:《唯物史观艺术论——朴列汗诺夫及其艺术理论之研究》,神州国光社 1932 年版,第 377 页。

③ 参见梅子:《非"革命文学"》,上海光明书局 1929 年版。关于文艺是否具有阶级属性的争论一直持续到 20 世纪 30 年代,瞿秋白、周扬与胡秋原、杜蘅仍就文艺的阶级性、真实性与倾向性之间的关系等问题展开了激烈论战。参见谭好哲:《文艺与意识形态》,山东大学出版社 2000 年版,第 165～171 页。

④ 相关讨论参见谭好哲《文艺与意识形态》,山东大学出版社 2000 年版,第 165～171 页;吴述桥:《胡秋原与普列汉诺夫文艺理论在中国的传播和接受》,载《中国文学批评》2020 年第 4 期。

⑤ 瞿秋白:《社会科学概论》,长沙文化书社 1924 年版,第 37～39 页。

⑥ 瞿秋白:《大众文艺的问题》(1932 年 6 月),载《瞿秋白文集(文学编)》第 3 卷,人民文学出版社 1989 年版,第 14 页。

⑦ 德里克认为,20 世纪中期的中国革命运动"使得阶级冲突在中国由一个抽象的概念变为一个现实的问题,迫使中国的马克思主义者不得不全面地面对马克思主义理论问题"([美]德里克:《革命与历史:中国马克思主义历史学的起源:1919～1937》,翁贺凯译,江苏人民出版社 2008 年版,第 18 页)。

⑧ 谭好哲:《文艺与意识形态》,山东大学出版社 2000 年版,第 422 页。

态论的转向。在鲁迅、郁达夫、冯雪峰、李一氓（笔名民治，创造社）、徐玉诺（明天社）[①]等人创办的《奔流》《拓荒者》《明天》《语丝》《流沙》等刊物上翻译、介绍了一批苏俄马克思主义理论家的文艺与意识形态的论著，如卢那卡尔斯基的《意识形态与艺术》（载《拓荒者》1930年第1卷第1号）、布哈林《历史唯物主义》的节译《社会心理学与社会观念形态学》（载《明天》1929年第2卷第7期）、《叶赛宁倾向底清算》（载《语丝》1929年第5卷第23期）、《革命十年间苏俄的诗的轮廓》（载《语丝》1930年第5卷第48期）、《苏俄普罗文艺发达史》（载《语丝》1930年第5卷第44期）等。在这一过程中，中文语境中的“意识形态”概念就彻底摆脱了永田广志对意识形态的超阶级论错误理解的阴影和逐步克服了福本和夫对意识形态的“混合论”[②]等左倾认识的影响，走向了苏俄的意识形态阶级斗争的立场。

在中国共产党的推动下[③]，此时相当一部分左翼作家已经具有清晰的宣传无产阶级的阶级意识的革命自觉，所以才能够在大革命进入低潮时明确提出“我们文学运动的目的在求新兴阶级的解放……确立马克斯主义的艺术理论及批评理论……从事产生新兴阶级文学作品”[④]的主张。左联成立大会确定的艺术立场是反封建阶级、反资产阶级、反小资产阶级，立足点就是无产阶级艺术，“我们不得不站在无产阶级的解放斗争的战线上，攻破一切反动的保守的要素”[⑤]。此时左联作家群体的文艺理论已经“布尔什维克化”了，并明确提出了建立无产阶级的阶级意识的主张。[⑥]

文艺界左翼作家群体对于“布尔什维克化”的无产阶级革命文学理论的认同和宣传，与此时中共党内理论家们从苏俄引入马克思列宁主义的革命理论具有相同的革命关切。“意识形态”概念在革命文学运动时期的这一理论发展成果，对中国无产阶级的马克思主义意识形态理论建构具有重要影响[⑦]，其基本立场基本认识最终反映在如毛泽东《在延安文艺座谈会上的讲话》《新民主主义论》等经典文本之中。

四、结语

历史地看，中国马克思主义“意识形态”概念的传播演化过程，也大致地符合苏俄马克思主义意识形态理论的发展过程，中国马克思主义文艺理论的演化也并未超出这个脉络之外。在这个过程中，马克思主义“意识形态”概念理论源头的转向，直接决定

---

① 参见程中原：《关于“明天社”》，载《新文学史料》1983年第3期；严恩图：《“五四”时期皖籍作家与新文学团体“明天社”》，载《阜阳师范学院学报（社会科学版）》2003年第6期。

② 参见靳明全：《1928年中国革命文学兴起的日本观照》，载《文学评论》2003年第3期。

③ 1928年前后中国共产党的文化政策对左翼文学发展的作用，可参见卢毅：《二十世纪三十年代左翼文学兴盛原因再考察》，载《中共党史研究》2020年第3期。

④ 《中国左翼作家联盟的成立》，载《拓荒者》1930年第1卷第3期。

⑤ 《中国左翼作家联盟的成立》，载《拓荒者》1930年第1卷第3期。

⑥ “意识形态”概念在革命文学运动中内含着无产阶级文艺理论的“政治性、阶级性及其实践性品格”。参见王磊：《中国语境下的文艺意识形态论》，知识产权出版社2015年版，第56～63页。

⑦ 相关讨论可见拙文《马克思主义意识形态理论在民国时期的传播与建构》（待刊稿）。

了"意识形态"概念内涵的转换，最重要的理论内涵即是意识形态阶级斗争意涵的明确。换言之，中文语境下意识形态阶级斗争意涵的逐步获得，伴随着马克思主义意识形态与文艺理论从日本来源到苏俄来源的转向过程。如果进一步追溯意识形态阶级斗争理论传入我国的标志性事件，则是1928年左右发起的革命文学运动，马克思主义意识形态与文艺理论演化过程中的重要理论转向正是在这一时期完成的。

这个转向的理论意义就在于，不仅使得马克思主义意识形态理论的传播发展摆脱了日本马克思主义理论界的理论影响，即摆脱了永田广志、青野季吉、福本和夫的具有个人立场的理论形态的束缚，而且实现了直接与苏俄马列主义意识形态理论的接轨，进而确立了马克思主义的意识形态阶级斗争理论的正统地位。这一理论立场的确立，在中国产生了持续近半个世纪的影响力。从这个意义上讲，革命文学运动在马克思主义意识形态发展史上、在马克思主义中国化理论进程中的历史地位仍有待进一步挖掘。

1949年干部南下后山东解放区的组织困境及其应对

董　昊

（南京大学政府管理学院博士研究生）

解放战争中后期，随着中共在长江以南地区的军事胜利，广大新解放区急需大量干部接管建政，以完成从军事占领到政治生根的转变。在此情况下，华北解放区、山东解放区等北方老解放区便承担了主要的干部外调任务，由此形成了一个庞大的南下干部群体。据统计，南下干部有十余万人，加上留驻南方的部队以及随迁的干部家属，总人数接近千万，“几乎形成了中国历史上又一次大规模的人口南迁的浪潮。它对新中国的政治、社会和文化影响之大，亦可想而知”[①]。

考察现有研究，在议题上学者多关注对南下干部的动员以及南下干部对新解放区的接管与改造，对干部南下在老解放区所产生的影响鲜有涉及；在地域范围上则较多关注华北解放区南下干部，对山东解放区南下干部关注不足。[②] 如此大规模的干部调动与人口迁移，不仅深刻改变了南下目的地的政治、社会和文化，同样也对南下出发地的政治发展和社会生活产生了巨大影响。因此，只有同时关注干部南下对新解放区和老解放区的影响，才能呈现出南下的完整面相，完善对干部南下这一影响深远的历史事件的认知。此外，与其他解放区干部南下的目的地多为西南小城市和县城相比，山东解放区干部南下的主要目的地则为江浙沪一带，不同目的地之间的社情和环境差异亦成为南下战略产生不同影响的重要因素，并由此产生了不同解放区之间有关干部南

---

① 杨奎松：《建国初期中共干部任用政策考察——兼谈1950年代反“地方主义”的由来》，载华东师范大学中国当代史研究中心编：《中国当代史研究》第1辑，九州出版社2009年版，第26页。

② 有关南下干部在新解放区的接管建政研究，参见代雅洁：《华北解放区南下干部与南方新区乡村土改研究（1948～1952）》，载《中国经济史研究》2019年第2期；代雅洁、杨豪：《华北解放区南下干部与南方新区征粮实践研究（1948～1950年）》，载《安徽史学》2020年第4期；何志明：《从乡村到城市：1950年代晋绥南下干部对成都的接管与改造》，载《成都大学学报（社会科学版）》2022年第1期等。有关南下干部的动员研究，参见刘大可：《解放战争时期山东干部南下的组织调配与派遣》，载《东岳论丛》2014年6期；代雅洁：《“组织”的力量：1949年华北解放区南下干部的政治动员实践研究》，载《民国档案》2022年第1期；焦帅帅、张侃：《解放战争时期太行太岳区南下干部的抉择与调适》，载《党史研究与教学》2022年第1期等。

下的地域性知识。

鉴于此，本文利用档案、报刊、资料汇编等材料，考察山东解放区对南下战略的执行情况、干部南下对山东解放区的组织影响、山东解放区的应对措施以及内含其中的组织运作机制等问题，为老解放区干部南下补充一个"后史"，以使老解放区在干部南下前后的情形得到完整呈现。

一、"输血"新区

进入 1948 年下半年后，解放战争的形势快速发展，胜利的天平已开始倾斜。为总结过去工作、布置将来任务，1948 年 9 月，中共中央政治局在西柏坡召开扩大会议，又称"九月会议"。会议指出，为了完成夺取全国政权的任务，必须要迅速地有计划地训练大批能够管理军事、政治、经济、党务、文化教育等工作的干部。具体计划为"战争的第三年内，必须准备好三万至四万下级、中级和高级干部，以便第四年内军队前进的时候，这些干部能够随军前进，能够有秩序地管理大约五千万至一万万人口的新开辟的解放区"。干部的来源，虽然中共中央强调要"注意从国民党统治的大城市中去吸收"，但目前大部分还是"应当依靠老的解放区"。[①]

为落实"九月会议"的决策，10 月 28 日，中共中央向各中央局发出《关于准备五万三千个干部的决议》。中共中央预计到战争第四年末尾，"我们可能从现有的一万〈万〉六千八百万人口和五百八十六个县市发展到三万〈万〉三千万左右的人口和一千个左右的县市"，因此"应从这个可能的发展前途来准备我们的干部"。根据以往的经验，维持各级机构运转所需最少人数为：县级（包括区级）75 人，地委级 60 人，区党委级 80 人，中央局级 300 人。按照老解放区的组织架构，500 个新解放的县需要 100 个地委、17 个区党委、4 个中央局。因此，中央估计各级组织加上若干大城市所需的党政军民学等各类干部约 53000 人。华东局被分配 15000 人，而且"必须包括担负各项工作的主要责任的干部"，其中中央局级 48 人，区党委级 75 人，地委级 300 人，县级 1050 人。[②]

12 月，华东局召开各区领导人会议，讨论部署干部调动问题，并在会后发出《关于执行中央准备五万三千名干部决议的指示》。考虑到华中干部人数短缺的情况，华东局决定此次所分配的 15000 名干部全部由山东负责。根据表 1 可见，此次干部分配以鲁中南区、胶东区、渤海区和华东局直属机关为主，济南市、昌潍特区和潍坊市为辅。各地抽调之干部，分作两期集结。第一期先行抽调 3000 人于 1948 年 12 月底集结，剩余的 12000 人于 1949 年 2 月底集结。[③]

---

① 《中共中央关于九月会议的通知》（1948 年 10 月 10 日），载中共中央文献研究室、中央档案馆编：《建党以来重要文献选编（1921～1949）》第 25 册，中央文献出版社 2011 年版，第 553、557～558 页。

② 参见《中共中央关于准备五万三千个干部的决议》（1948 年 10 月 28 日），载中央档案馆编：《中共中央文件选集》第 17 册（1948），中共中央党校出版社 1992 年版，第 426～428 页。

③ 参见华东局：《关于执行中央准备五万三千干部决议的指示》（1948 年 12 月 25 日），山东省档案馆藏，档案号：G046-01-0245-010。

表 1　南下干部应调与实调对照表　　单位：人

	应调人数	实调人数	变化
鲁中南区	3680	4422	742↑
胶东区	3650	3670	20↑
渤海区	3456	4698	1242↑
济南市	576	884	308↑
昌潍特区	404	607	203↑
潍坊市	225	333	108↑
华东局直属机关	3009	8354	5345↑
总计	15000	22968	7968↑

根据华东局《南下干部统计表》(1949 年 4 月)制作。资料出处：山东省档案馆藏，档案号：G046-02-0349-001。

此时山东解放区的干部状况并不乐观，各地面临着干部缺乏的问题，并由此导致了干部调动初期的“地方主义”倾向。自 1947 年下半年国民党重点进攻以及相继遭遇水灾、旱灾、蝗灾以来，山东解放区财政经济状况严重恶化。为走出困境，华东局制定了以精简编制、调整供给标准和清理资财为中心的“三大方案”。其中“精简编制”要求精简、裁减和紧缩不必要的机构，减少重叠机关。① 人员编制上“减去五分之二，留五分之三，更进一步减去现在人数的一半”②。方案实施后，据 1948 年上半年对军队系统外脱产干部和勤杂人员的统计，鲁中区减少 35659 人，占总人数的 46%；滨海区减少 23415 人，占总人数的 50%。③ 从 1948 年下半年开始，随着山东解放区财政经济状况的好转，诸如司法科、民政科、教育科等部分被裁撤的部门恢复设置，以及华东战场对后方人力、物力等战争资源需求的扩大，干部数量不足的问题逐渐浮现，提拔干部成为重要工作之一。④ 但各地贯彻实施“三大方案”的运动结束未久，从精简干部到补充干部的转变难以一时完成，地方领导干部也大都缺乏从整个山东解放区乃至华东全局出发的战略眼光。因此，各地虽有零星的干部提拔活动，但相比巨大的干部缺额无异于杯水车薪。例如，1948 年 12 月，北海地委实缺干部 1932 人，而同期只提拔了 40 名干部。总结问题所在，北海地委认为“一方面狭隘地单从北海这一角落里看问题，缺乏

① 参见《中共华东中央局关于贯彻高干会精神及具体执行三大方案的决定》(1947 年 10 月 30 日)，载山东省财政科学研究所、山东省档案馆合编：《山东革命根据地财政史料选编》第 3 辑，1985 年内部印刷，第 206～208 页。

② 《目前渤海区的财政问题及克服办法——邓子恢政委在华东局工委高干会议上的政治报告(第四部分)》(1947 年 10 月)，载山东省财政科学研究所、山东省档案馆合编：《山东革命根据地财政史料选编》第 3 辑，1985 年内部印刷，第 223 页。

③ 参见《中共华东中央局整编委员会关于整编工作的基本总结》(1948 年 5 月)，载山东省档案馆、山东社会科学院历史研究所合编：《山东革命历史档案资料选编》第 20 辑，山东人民出版社 1986 年版，第 204 页。

④ 提拔干部的指示要求，参见华东局组织部：《关于提拔培养干部问题的初步意见》(1948 年)，山东省档案馆藏，档案号：G046-01-0072-008。

整体观念，而另一方面以三大方案的陈旧观点来认识干部任务”①。在此情况下，部分地区为了本地工作的稳定，将入党时间久、政治觉悟高、工作能力强的干部留下，而将部分历史不清楚、工作能力较弱甚至身体残疾无法工作的干部选入南下名单。如鲁中南区一地委一个县“调九个干部，其中有六个有历史问题尚未弄清楚，其中有一个参加过国民党”②。还有的地方将不适合长途行军的小脚妇女干部选入名单以充数，如东海地委将“一部分不识字的家庭妇女、小脚妇女也作为干部而顶名，应付公事”③。

为实现“照顾新区发展为主，又照顾老区巩固”④的干部调动目标，华东局在讨论干部准备工作时便已提出“从思想上组织上行动起来，必须与本位主义、保守主义、漠不关心的倾向作斗争”⑤。为纠正干部调动中“去弱留强”的偏差，各地从思想、组织和流程等方面开展了反对“地方主义”的活动。首先，通过学习《将革命进行到底》《中共中央毛泽东主席关于时局的声明》等文件，对干部进行以“接管天下”为中心的形势教育，“自始至终强调为适应新形势要决心抽调干部开辟新区工作”，指出“我们要大军南下，打倒蒋介石，夺取全国政权，建设新中国，因此需要大批干部过江南下，新区群众在等待着去领导他们翻身过好日子”，在此基础上树立战争观念和整体观念，明确干部南下不仅是组织任务，更是政治任务。其次，加强组织纪律教育，强调“服从组织分配，反对山头主义”。有的地区还从共产党的性质出发，“说明我们的党是无产阶级的先锋队，是国际性的党，不仅要解放海阳，而且要解放全中国和全世界”，从而反对“不愿调好干部到新区的本位观念”，提高干部的组织观念。⑥ 最后，在南下干部批准手续上加以细致了解和严格审查。如胶东区在确定南下名单时，县委部长以上干部须经地委讨论后上报区委批准，分区委员以上干部须经县委讨论后上报地委批准，地委以上干部须经区党委研究后上报华东局批准。⑦

经过上述教育后，各地在干部调动中“去弱留强”的倾向得到抑制，在“新区为主”

---

① 北海地委组织部：《关于干部工作报告》（1948 年 12 月 16 日），山东省档案馆藏，档案号：G024-01-0295-006。

② 鲁中南区党委组织部：《第一批南下干部初步总结报告》（1949 年 1 月 21 日），山东省档案馆藏，档案号：G030-01-0059-001。

③ 东海南下干部大队党委会：《关于南下干部中的几个情况》（1949 年 12 月 29 日），山东省档案馆藏，档案号：G024-01-0332-004。

④ 山东分局组织部：《山东分局调一万五千干部情况补充报告》（1949 年 4 月 29 日），山东省档案馆藏，档案号：G046-01-0200-009。

⑤ 华东局：《关于准备一万五千个干部讨论提纲》（大约 1948 年 12 月），山东省档案馆藏，档案号：G046-01-0072-004。

⑥ 参见北海地委组织部：《南调干部工作总结》（1949 年 2 月 27 日），山东省档案馆藏，档案号：G024-01-0332-012；东海地委组织部：《南下干部简单情况汇报》（1949 年 2 月 25 日），山东省档案馆藏，档案号：G024-01-0332-003；胶东区党委组织部：《关于抽调新区干部汇报》（1949 年 2 月 21 日），山东省档案馆藏，档案号：G024-01-0305-007；山东分局组织部：《山东分局调一万五千干部情况补充报告》（1949 年 4 月 29 日），山东省档案馆藏，档案号：G046-01-0200-009；海阳县委组织部：《这次干部南下的几个情况报告》（1948 年 12 月 17 日），山东省档案馆藏，档案号：G024-01-0271-006。

⑦ 参见胶东区党委组织部：《南下干部的准备情况》（1949 年 2 月 20 日），山东省档案馆藏，档案号：G024-01-0305-005。

与“兼顾老区”的原则中呈现出过分重视前者的现象，为干部南下后山东解放区的组织困境埋下了伏笔。例如，牙前县在干部调动中的原则为“新老区并重，老区应服从新区”，因此“抽调之干部一般是老干部、一套干部”。① 渤海区四地委在此问题上表现更为典型。四地委部分县在干部调动初期曾发生过隐匿干部数量并向上级要求补充干部的现象，经反对“地方主义”“本位主义”后，“各县在执行抽调干部任务上正确掌握并遵照了华东局的决议，以前方为主，强调精干，保证自觉而又能胜任”。选派的南下干部“区级的比留后方的水平要高，县级主要干部前后相等，但数目上足额比后方多”。尽管“各县干部已经山穷水尽，后来南下干部千方百计报缺额要干部，地委向各县调，县委一面诉苦一面还是执行”。②

由表1可以发现，各地均超额完成了干部调动任务。原计划15000人，实际南下22968人，超额7968人，超过原定计划半数以上。各地还在干部紧张的情况下选派了领队干部负责南下干部的集结和交接工作。如鲁中南区党委不仅超额完成任务，并且“认真负责地派了代表带领干部，同时到集中地点，向华东局组织部作各种详尽的交代”③。此外，在抽调干部南下同时，各地还抽调了大批勤杂人员并调集了大量物资一同南下支援新解放区。如昌潍特区抽调了勤杂人员194人，筹集牲畜15头、脚踏车17辆、步枪97枝、匣子枪84枝、手枪111枝、生产红利855万元(北海币)。④

在南方新解放区不断扩大、干部短缺的情况下，此次山东解放区的干部南下无异于向新解放区大量“输血”，保证了中共党政机构在组织基础薄弱地区的快速展开。尽管在干部调动过程中产生过“地方主义”的倾向，但中共的组织纠错能力保证了干部调动目标的最终实现乃至超额完成。在之后向中共中央的报告中，华东局对此次山东“各级党委这种执行中央调动干部任务的负责精神，深感满意”⑤。

二、“失血”后的阵痛

向新解放区“输血”，也意味着山东解放区自身的“失血”。此次抽调干部南下任务留给各地的准备时间较短，加之抽调人数超过原定计划较多，由此进一步加剧了山东解放区本就严重的干部短缺问题，甚至县区一级“抽出大批干部之后，已相当混乱，而且工作已受到严重损失”⑥。

---

① 牙前县委组织部：《关于往新区抽调干部工作总结》(1949年2月24日)，山东省档案馆藏，档案号：G024-01-0344-008。

② 垦利地委组织部：《抽调南下干部工作报告》(1949年2月28日)，山东省档案馆藏，档案号：G026-01-0126-002。

③ 华东局组织部：《关于南下干部情况给中央的报告》(1949年5月18日)，山东省档案馆藏，档案号：G001-01-0127-006。

④ 参见高峰：《探秘昌潍专区干部南下》，载《山东档案》2020年第5期。

⑤ 华东局组织部：《关于南下干部情况给中央的报告》(1949年5月18日)，山东省档案馆藏，档案号：G001-01-0127-006。

⑥ 垦利地委组织部：《抽调南下干部工作报告》(1949年2月28日)，山东省档案馆藏，档案号：G026-01-0126-002。

各地接到干部南下的指示后,大多仅有一个月的时间来开会传达指示、布置工作,既要确定和动员南下干部,又要提拔配备新干部补充缺额,时间紧迫。[①] 更不利的条件则是地方上"对整个形势认识不足",同时实行"三大方案"后精简思想"没彻底肃清",因此"面对突如其来的调干部南下,而没有充分的思想与组织的准备"[②],导致"没有达到按提拔干部补充缺额的计划如期补充齐全"[③]。1948年底,胶东区"干部数目缺少尤为严重,按现有编制计算,全胶东尚缺4500至5000人",如果再加上"出夫运粮、参军之干部,和为准备供给解放区的干部,则缺少的总数约在一万人上下"。[④] 进一步考察胶东区下属各个地委的干部情形,可以更加具体、清晰地看到干部南下对干部数量的影响。北海地委截至1948年12月的干部缺额为1932人,另加计划南下干部600人,合计2532人。[⑤] 自1948年10月起至1949年3月为止,北海地委共提拔干部2638人。[⑥] 对比之下,北海地委的干部缺额问题应已得到解决。但是,干部实际南下数量超过计划数量,县区"干部抽调已抽垮了",导致北海地委分区级以上干部仍缺900人。[⑦] 东海地委干部缺额更为严重。自1948年12月下旬至1949年1月上旬,东海地委经过提拔配备新干部后,分区级以上干部达到4229人,尚缺803人。南下干部走后,缺额数上升为1380人。[⑧]

要害部门和专业机构内的干部尤为缺乏。由于各地在抽调干部南下过程中所把握的原则为"老区优先",南下干部一般比留下的干部"不仅质量上强,而且数量上各超出十余名"[⑨],组织、宣传等要害部门干部以及财粮机构的会计等专业人员甚至全部南下。主要领导干部和经验丰富的老干部严重缺乏,新干部又未及时补充到位,严重影响了日常工作的运行。如西海地委组织部"老同志多数南下,留下的仅有两个做平日工作的同志,却又都是到县帮助工作刚回来,因此对各方情况均不了解",较长时间未能执行请示汇报制度,导致上级对这一时期的工作无处了解。[⑩] 渤海区四地委则"在财粮干部的抽调上也未照顾后方,把一些粮库主任会计及财科粮局的主要会计抓来,许多账目乱了头绪"[⑪]。县区一级的情况也不容乐观,如昆嵛县在干部南下后分区级

---

① 参见东海专署:《二月份干部工作报告》(1949年2月28日),山东省档案馆藏,档案号:G031-01-0646-004。

② 沧南地委组织部:《南调干部前后的干部工作综合报告》(1949年),山东省档案馆藏,档案号:G026-01-0123-009。

③ 昆嵛县委组织部:《二月份组织工作汇报》(1949年3月4日),山东省档案馆藏,档案号:G024-01-0343-001。

④ 胶东区党委组织部:《关于提拔与培养干部的计划》(1948年11月26日),山东省档案馆藏,档案号:G024-01-0260-003。

⑤ 参见北海地委组织部:《关于干部工作报告》(1948年12月16日),山东省档案馆藏,档案号:G024-01-0295-006。

⑥ 参见北海地委组织部:《干部工作总结》(1949年4月19日),山东省档案馆藏,档案号:G024-01-0332-013。

⑦ 参见北海地委组织部:《干部工作总结》(1949年4月19日),山东省档案馆藏,档案号:G024-01-0332-013。

⑧ 参见东海地委组织部:《一月来东海各级干部提拔与配备情况汇报》(1949年2月4日),山东省档案馆藏,档案号:G024-01-0332-001。

⑨ 北海地委组织部:《干部工作总结》(1949年4月19日),山东省档案馆藏,档案号:G024-01-0332-013。

⑩ 参见西海地委组织部:《关于南下干部问题的报告》(1949年3月2日),山东省档案馆藏,档案号:G024-01-0332-017。

⑪ 垦利地委组织部:《抽调南下干部工作报告》(1949年2月28日),山东省档案馆藏,档案号:G026-01-0126-002。

正副职干部的缺额数达40%以上，“特别是缺组宣（组织、宣传——引者注）干部很多，如区宣传委员需13名，而现在只有2名”[①]。更有甚者，如桓台县所属9个区的组织委员和宣传委员“原有的走了”，现在一个都没有，仅靠本地力量“干部难以配备齐全”，需要地委派人帮助。[②]

干部南下前，虽然山东解放区面临着干部数量不足的问题，但干部质量却相对较高。例如，沧南地委在执行“三大方案”时依据工作能力、思想觉悟、文化水平等条件对干部进行了精简，因此“一般地说县区的领导骨干是质量较高的”，不仅资历老，而且工作作风好、阶级觉悟高、政治立场鲜明、干群关系密切。[③]

为应对干部南下，各地突击提拔了一批新干部。由于时间仓促且缺额较多，提拔干部的过程中出现了充数、“拉夫”的倾向，以致提拔出的部分新干部能力差、年龄大、身体弱、觉悟低。如鲁中南区邹县“急需要干部工作，遂发生不择对象的滥竽充数等拉夫现象”，将公安局之前精简下来的流氓兵痞提到分区当干部。[④] 渤海区四地委在干部南下前后为大量提拔干部，发生“只要愿意脱离生产就可当干部”的现象，新干部中“老弱残疾、聋瞎白痴都有”。[⑤] 部分地区的新干部中甚至有国民党敌特人员，如西海地委“有的地方‘来者不拒’”，未经认真审查便提拔隐藏的国民党“谍报人员去做会计工作”。[⑥]

确定南下名单时，南下的“质量一般比留职者为强”[⑦]，甚至新提拔的干部“完全不调”[⑧]，因此干部南下后山东解放区的干部成分发生极大变化。根据胶东区的统计，干部南下后东海地委的县委书记新提拔者占96.2%，原职者占3.8%；县委部长和县府科长新提拔者占91.6%，分区书记新提拔者占82.5%，甚至“个别县份之主要干部完全是新提拔的”。[⑨] 县区新干部比例急剧上升，最直接的影响便是干部质量遭到

① 昆嵛县委组织部：《二月份组织工作汇报》（1949年3月4日），山东省档案馆藏，档案号：G024-01-0343-001。

② 参见清河地委组织部：《三月份组织工作汇报》（1949年3月23日），山东省档案馆藏，档案号：G026-01-0125-006。

③ 参见沧南地委组织部：《南调干部前后的干部工作综合报告》（1949年），山东省档案馆藏，档案号：G026-01-0123-009。

④ 参见《各地提拔干部的偏向》（1949年1月20日），载新华社鲁中南分社编印《情况通报》第12期。

⑤ 参见垦利地委组织部：《十二月份组织工作综合报告》（1949年），山东省档案馆藏，档案号：G026-01-0108-001。

⑥ 参见西海地委组织部：《一九四九年组织工作总结》（1950年2月28日），山东省档案馆藏，档案号：G024-01-0328-024。

⑦ 山东分局组织部：《山东分局调一万五千干部情况补充报告》（1949年4月29日），山东省档案馆藏，档案号：G046-01-0200-009。

⑧ 文登县委组织部：《关于南下干部思想情况汇报》（1949年2月21日），山东省档案馆藏，档案号：G024-01-0346-005。

⑨ 参见山东分局组织部：《山东分局调一万五千干部情况补充报告》（1949年4月29日），山东省档案馆藏，档案号：G046-01-0200-009。

削弱。[①]

首先，新干部的党龄、工龄较短。革命战争年代，成为中共党员参加革命工作，在荣耀之外，也往往意味着与危险为伴。因此，党龄、工龄的长短是衡量一名干部革命理想、政治觉悟、工作能力等关键要素的重要指标，这也是中共如此看重干部个人历史的原因所在。1948 年上半年“三大方案”完成后，各地的干部质量得到较大提升，如沧南地委的干部一般都“组织纯洁历史较长并清白”，具体体现为“一般的区委书记都三年半以上的党龄”。[②] 干部南下后，由于新干部增多，“老干部”的判定标准也发生了变化。有的地区“所谓老干部是指出来三年二年的”[③]，而干部南下较多的地区“如说是有老干部，那么 1948 年 10 月前或 12 月以前出来的就算做是老干部”[④]。即便如此，有的县一个分区也不过“只剩一二老干部，能力差从来没有做过领导工作”[⑤]。

其次，新干部的工作能力较弱，文化水平较低，影响日常工作的开展。如北掖县委组织部“由部长到干事都是从今春大批干部应调南下后重新提拔与配备起来的，对组织工作多不熟悉，又加上南下干部走的仓促，工作交代简单”，造成“一时的混乱现象”。[⑥] 县级党政部门的干部大多是由分区级干部提拔而来，工作能力虽弱但仍有一定经验；与之相比，分区级党政部门的干部大多由村干部提拔而来，几乎毫无机关工作经验，从而使工作陷入停滞。如文登县某分区只有区长是老干部提拔的，其余皆为新干部，对发展党员和提拔干部的手续“根本弄不懂”，甚至“连个介绍信都不会开”，工作能力的欠缺使新干部“造成苦闷，工作无法搞”。[⑦] 部分新提拔的分区级干部甚至被老村干轻视：“那个区长还行吗？什么问题也不懂！”[⑧]文化水平低也是干部南下后新提拔干部普遍存在的问题，尤以分区级干事最为严重。如临淄提拔的 27 个新干部中“即有 20 个不识字的”，广饶的 9 个统计干事中仅有 4 个勉强识字，其余皆是文盲。[⑨] 此种情况使新干部自己也失去了工作信心，认为“长翅的都走啦（即能力高工作办法多），留

---

① 参见《中共中央关于布置抽调三万八千名干部问题的指示》（1949 年 6 月 11 日），载中共中央文献研究室、中央档案馆编：《建党以来重要文献选编（1921～1949）》第 26 册，中央文献出版社 2011 年版，第 460 页。

② 参见沧南地委组织部：《南调干部前后的干部工作综合报告》（1949 年），山东省档案馆藏，档案号：G026-01-0123-009。

③ 海阳县委组织部：《三月份组织工作简单情况》（1949 年 3 月 21 日），山东省档案馆藏，档案号：G024-01-0345-002。

④ 西海地委组织部：《干部工作总结》（1949 年 4 月 22 日），山东省档案馆藏，档案号：G024-01-0332-007。

⑤ 黄县县委组织部：《一九四九年组织工作总结报告》（1950 年 2 月 22 日），山东省档案馆藏，档案号：G024-01-0348-014。

⑥ 参见北掖县委组织部：《一九四九年组织工作总结报告》（1950 年 2 月 5 日），山东省档案馆藏，档案号：G024-01-0338-025。

⑦ 参见文登县委组织部：《二月份工作概况汇报》（1949 年 3 月 4 日），山东省档案馆藏，档案号：G024-01-0346-001。

⑧ 文登县委组织部：《关于南下干部思想情况汇报》（1949 年 2 月 21 日），山东省档案馆藏，档案号：G024-01-0346-005。

⑨ 参见清河地委组织部：《三月份组织工作汇报》（1949 年 3 月 23 日），山东省档案馆藏，档案号：G026-01-0125-006。

在后方的净些红肉蛋(即能力弱办法少)”①。

再次,部分新干部作风存在问题,损伤了中共在群众中的形象和威信。理论与实践相结合、密切联系群众以及自我批评的作风是马克思列宁主义与中国革命的具体实践相结合的产物,也是“中国人民百战百胜的武器”②。毛泽东强调,如果作风有问题,小则“个人无成就,大则会使革命丧失前途”③。如渤海区四地委部分新提拔的干部未经过土改整党的鉴定和教育,在工作中存在着强迫命令的作风,据不完全统计,“干部打人吊人即有一百七十九个”,部分干部“贪污自私、堕落腐化,个别分区书记搞女人到一二十人之多”。由于与群众接触较多的分区级干部作风不正,导致“很多群众对我们不满,说我们‘瞎眼’(意思是说我们用坏人当干部)”。④

最后,干部的身体状况也是衡量干部质量的重要标准。革命工作长期干下去需要“有一个很好的健康条件”⑤,若“没有好的身体,空有革命理想和热情,是不行的”⑥。由于南下路途遥远,“调走的干部多数是身体强壮”⑦,加之干部提拔中的偏差,导致部分未南下干部和新干部年龄较大、身体较差,难以长期坚持工作,不仅无法应对当前动员参军、生产支前的繁重任务,从长远考虑也不利于干部结构的优化。据莱芜县1949年4～6月份的统计,全县除银行、稽征所、邮局之外的领导干部共计87名,其中有荣军干部15人、有胃病肺病的23人、年龄过大的10人,占总数一半以上。⑧ 正如临淄组织部门的负责人所抱怨的那样:“南下的身强力壮,留下的老弱残疾。”⑨

南下背景下干部数量和质量的猛烈变动,对未南下干部的思想造成了多种不同影响。

新干部“怕南下”。以土地为本的中国传统乡村社会具有极强的稳定性,人口流动率极低,“人们在熟悉的环境中长大,代代相传的社会习俗指导着他们的行为”⑩。山东长久以来深受儒家文化影响,“安土重迁”的思想极为浓厚。因此,对于南下这种“抛家舍业”的任务,大多数干部(尤其是新干部)表现并不积极甚至是恐惧和抵触。新干部“因有家庭顾虑和乡土情怀,害怕调动南下,不安心工作”⑪。特别是当新干部看到

---

① 海阳县政府:《鉴定工作及南下干部思想总结》(1949年2月20日),山东省档案馆藏,档案号:G031-01-0649-014。

② 《毛泽东选集》第3卷,人民出版社1991年版,第1093～1094页。

③ 《毛泽东文集》第3卷,人民出版社1996年版,第97页。

④ 参见垦利地委组织部:《十二月份组织工作综合报告》(1949年),山东省档案馆藏,档案号:G026-01-0108-001。

⑤ 任弼时:《在军委二局全局大会上的讲话》(1947年1月13日),载中共中央文献研究室、中央档案馆编:《建党以来重要文献选编(1921～1949)》第24册,中央文献出版社2011年版,第34页。

⑥ 徐向前:《历史的回顾》,人民出版社2016年版,第413页。

⑦ 清河地委组织部:《三月份组织工作汇报》(1949年3月23日),山东省档案馆藏,档案号:G026-01-0125-006。

⑧ 莱芜县政府:《一年来干部工作总结》(1949年12月20日),山东省档案馆藏,档案号:G038-01-0634-026。

⑨ 清河地委组织部:《三月份组织工作汇报》(1949年3月23日),山东省档案馆藏,档案号:G026-01-0125-006。

⑩ 费孝通:《乡土中国》,生活·读书·新知三联书店1985年版,第28页。

⑪ 《建立正规学习制度》,载《大众日报》1949年3月2日。

老干部大量南下后，认为“老干部调没了就调着咱了”，产生恐惧心理，要求复员回家甚至不告而别，如沂源县张庄区30多个新干部中，“只有三个能调到新区工作的，三个能在本县其他地区工作的，其他一律怕调动，怕离家远了，愿在本区本乡甚至本村工作更好”。① 渤海区三地委的干部普遍“存在着怕南下思想”，其中“大部分是新干部，也有个别的较老干部”；临淄高阳区9个乡的干部表示可以只做工作不领粮食，原因是“怕吃了公家的粮食叫他脱离生产”；邹平县则“有一农会主任因怕南下现在辞职不干了”。②

老干部“盼南下”。首先，与华北解放区干部南下的主要目的地为西南中小城市及县城不同，山东解放区干部南下的主要目的地为江浙沪地区。进城“开开眼界”的想法促使部分未南下干部“盼南下”，对工作抱有临时观点，“不安心工作，等待再调”，如西海地委“一般干部今天都愿意与要求到大城市，但去的目的并不是为了工作，而是要去开开眼看看光景、电灯、火车、洋楼等”。③ 其次，干部南下对山东解放区干部质量和数量的削弱，使部分老干部对本地工作失去信心，认为南方新解放区工作容易，希望南下。如沂源县干部“盼南下”的原因是“对当前工作发愁，认为老干部一天天地减少，任务仍是复杂艰巨，新干部质量低，恐完不成工作任务对个人影响不好。认为到新区工作单纯，到新区的又光老同志，工作好做”④。最后，解决婚姻问题也是部分干部“盼南下”的动机之一。由于在南下动员时对干部的离婚或结婚采取了较宽松的政策，因此部分未南下干部也想借南下的机会解决婚姻问题。如鲁中南公安局“四专局一般老同志（甚至是些负责同志）不安心工作积极要求南下，为了摆脱旧婚姻”⑤。

此外，新老干部之间的矛盾也影响了干部的团结稳定和工作的开展。新干部“一般是觉得自己不行，找不到头绪”，因此“有事都去找负责同志”。⑥ 而老干部认为新干部太弱，领导和教育需要花费较长时间，“觉得有教给新同志的时间，自己可以干出几个人的活还多”，造成“老干部累得很，新干部闲得很”。⑦ 这种情形使新老干部之间互相埋怨，“关系上不融洽”⑧。

---

① 参见沂源县委组织部：《关于十二月份到现在一段干部党员思想偏差与提拔干部中几个偏差问题的报告》（1949年2月11日），山东省档案馆藏，档案号：G030-01-0066-005。

② 参见清河地委组织部：《三月份组织工作汇报》（1949年3月23日），山东省档案馆藏，档案号：G026-01-0125-006。

③ 参见西海地委组织部：《关于南下干部问题的报告》（1949年3月2日），山东省档案馆藏，档案号：G024-01-0332-017。

④ 沂源县委组织部：《关于十二月份到现在一段干部党员思想偏差与提拔干部中几个偏差问题的报告》（1949年2月11日），山东省档案馆藏，档案号：G030-01-0066-005。

⑤ 鲁中南公安局：《四九年干部思想中存在的几个主要问题的报告》（1949年），山东省档案馆藏，档案号：G042-01-0310-016。

⑥ 参见牟平县政府：《五月份干部工作汇报》（1949年5月21日），山东省档案馆藏，档案号：G031-01-0649-007。

⑦ 参见荣成县委组织部：《二月份工作汇报》（1949年3月3日），山东省档案馆藏，档案号：G024-01-0341-002。

⑧ 威海市委组织部：《五月份组织工作总结汇报》（1949年5月30日），山东省档案馆藏，档案号：G024-01-0336-003。

三、组织的自我修复

面对干部南下后老解放区的组织困境，继续提拔干部补充缺额是各级组织的第一要务。提拔干部的方式主要有从县学中物色、自报公议等。从县学中物色是最为便利也是最为常用的方式。将村干部集中到县学，进行政策、形势、政治等方面的教育，提高思想认识后再加以个别动员，结业时经县委批准直接分配到分区工作。此种方式因为是在集中教育的基础上提拔，在校时很容易被动员，因此被有些地区“当成提拔干部的唯一方式”。但缺点是对村干部缺乏具体细致的了解，以及村干部回村后容易反悔。如平西县某区通过县学提拔村干部 21 人，但“回来后只出来 8 名”。① 自报公议是动员效果最好的方式。首先召开各种类型的党内外会议，对党员、干部、群众进行时局教育，同时了解他们的顾虑和困难，在思想提高的基础上，采取个人报名、全员讨论、领导批准的步骤提拔干部。这种“领导上与群众路线相结合提拔出来的干部，工作更加积极热情，工作上的责任心强”②。

提拔干部之外，还处理了部分“铺张浪费、投机取巧、不服从组织的阶级异己分子”。如莱芜县 1949 年共有 6 人被纪律处分、12 人被撤职、1 人被开除党籍，此外还动员回家若干不能工作的干部。在处理过程中“基本上掌握了德才资，实行了赏罚分明”。③

如何稳定未南下干部和新提拔干部的情绪并统一思想，是干部工作的中心环节之一。④ 山东各地党组织根据自身情况的差异，采取了多种不同措施。

会议是中共组织发展和运作的重要工具，并且根据环境和任务的不同发展出多种形态，不仅可以传达布置任务，也可以完成政治动员和党员教育。干部南下后，为了稳定未南下干部的思想和情绪，使其安心工作并坚定正确的工作方向，有的地区开展了小型座谈会。例如，龙口市政府由支部布置座谈会，首先进行形势与时局教育，说明“现在正是形势如虹全国胜利蒋介石死亡的时候了”，广大新解放区需要干部“帮助群众翻身”，使新干部理解南下的意义，减轻其“怕南下”的思想。其次，在座谈中使干部认识到“今天我们工作多了，必须积极工作，担当起同志们南下遗留的工作任务”，不仅南下是光荣的，“在本地工作同样是光荣的”。经过多次座谈后，“现在干部大部是安心工作”。⑤ 此外，有的地区还将“大会”与“小会”相结合，先召开“大会”澄清思想、布置任务，再通过“小会”加以细化和贯彻。如文登县在干部南下后针对干部思想混乱的情

---

① 参见西海地委组织部：《干部工作总结》(1949 年 4 月 22 日)，山东省档案馆藏，档案号：G024-01-0332-007。

② 牙前县委组织部：《五月份干部工作总结》(1949 年 5 月 31 日)，山东省档案馆藏，档案号：G024-01-0344-009。

③ 参见莱芜县政府：《一年来干部工作总结》(1949 年 12 月 20 日)，山东省档案馆藏，档案号：G038-01-0634-026。

④ 参见山东分局组织部：《山东分局调一万五千干部情况补充报告》(1949 年 4 月 29 日)，山东省档案馆藏，档案号：G046-01-0200-009。

⑤ 参见龙口市政府：《二月份干部思想总结汇报》(1949 年 9 月 29 日)，山东省档案馆藏，档案号：G031-01-0651-004。

况,召开了县区扩大干部会议,由政委进行政治动员,其目的和要求是"弄清形势、澄清思想、提高觉悟"。各支部接到任务后即召开座谈会,分析当前存在的困难之后提出包括坚持党的正确领导、发挥支部作用、加强干部学习等在内的几点要求,"解决了思想困难"。①

文件的传达和学习机制是中共组织运作的另一"法宝"。统一的文件和学习材料保证了各地和各级组织之间在文本层面上接受上级指示的一致性,有助于统一思想、规范行为。中共将干部南下前后产生的思想问题归因于无组织、无纪律、无政府思想的泛滥,因此各地开展了新一轮的纪律学习活动。鲁中南区委下发了干部学习文件,包括《关于增强党性的决定》《左派幼稚病第二章》《重印左派幼稚病第二章前言》《反对经验主义》等,以自学为主,结合领导干部的辅导。学习之后,"各级干部较前提高了一步,澄清了混乱思想",并且"工作走向正规"。② 北海银行昆嵛办事处不仅学习了反对无纪律的文件,同时还学习了党员的义务和权利,明确党员必须"一心一意为党、为人民事业而打算"。学习之后,干部在南下问题上"都表示坚决执行组织调动,服从分配",并且工作"都是安心的,仍是如常的推进"。③

干部的数量增加和思想渐趋稳定,为山东解放区工作的恢复与发展奠定了组织基础,在此基础上,如何进一步提高干部的工作能力,则是更为关键的一环。

提高干部的文化水平,增强对政策的理解,是提高工作能力的基础。开展党校教育,"讨论其学习,负责其教育,这是目前训练干部有效方式"。④ 山东解放区各级党委都开办了党校或党训班,用以培训不同级别的干部。其中县学以村级干部和有发展前途的积极分子为主,地委党训班以乡级主要干部和分区级一般干部为主,区委党校以分区主要干部及县的一般干部为主。各级党校或党训班"教育内容也不十分一致,但一般都进行了政策教育与党的基本知识(党章)的教育",其中县学"因新干部多,也进行了时事与为人民服务的教育"。⑤ 如临沭县委举办了区乡干部轮训班,每期一个月,教育内容包括形势前途、革命人生观、新民主主义的生产方向、生产的政策与任务、党的基本知识等。学习的方式包括酝酿、讲解、讨论和测试,力求通俗易懂、简洁明了,以适应新干部的接受能力。⑥

在职教育同样是提高新干部工作能力的重要手段,其中以上大课最为普遍。顾名

---

① 参见文登县委组织部:《二月份工作概况汇报》(1949 年 3 月 4 日),山东省档案馆藏,档案号:G024-01-0346-001。

② 参见鲁中南行署人事处:《四五六月份干部工作简报》(1949 年 7 月 7 日),山东省档案馆藏,档案号:G038-01-0257-002。

③ 参见昆嵛办事处:《关于干部调动情形与思想情况汇报》(1949 年 2 月 5 日),山东省档案馆藏,档案号:G039-01-0172-010。

④ 参见渤海区党委组织部:《关于一九四九年上半年干部工作计划》(1948 年 11 月 8 日),山东省档案馆藏,档案号:G026-01-0121-001。

⑤ 参见《山东分局宣教工作情况——彭康同志在华东一次宣教会议上的汇报》(1949 年 8 月),山东省档案馆、山东社会科学院历史研究所合编:《山东革命历史档案资料选编》第 20 辑,山东人民出版社 1986 年版,第 367 页。

⑥ 参见《有计划地教育新干部》,载《大众日报》1949 年 4 月 22 日。

思义，上大课即是将某区域或机构内的新干部集中起来，由领导干部将一些重要的指示、文件以及自身经验教授给他们，并在课后进行讨论、分析和总结。有的地方在上大课前还会提前集合老干部进行学习，确保他们正确领会政策和指示之后再给新干部上课。此举实现了新老干部的共同进步。新干部反映："这样学习以后，再到庄里工作，有话说也有办法了。"[①]建立正规的学习制度，是在职教育的另一重要方式。如莒南县岭泉区规定：每三天以乡为单位集会一次，总结汇报工作，提出未来三天的工作计划，同时测试文化水平；每五天开一次党的小组会，开展批评与自我批评，提高思想理论水平；每七天以三个乡（共六个乡）为单位集会一次，区委领导开展政策学习和时局教育。这种定期集中讨论学习的办法解决了新干部因工作水平低而苦闷的情绪，有人说："过去我以为那些老干部大部调走后，工作一定没法搞，未想到这样一来还真行嘿！"[②]

此外，老干部与新干部结对，在日常工作中随时指导和言传身教，以"带徒弟"的方式逐步提高新干部的工作能力，也是各地普遍采用的方式。如鲁中南区多个县份指定专门的老干部负责帮助新干部的工作与学习，解决他们在工作中遇到的困难。此外，老干部还定时将工作中的问题和困难向上级汇报，以得到上级的指示和帮助。在这个过程中，老干部必须耐下心来循序渐进地帮助和教育新干部，即"教一点，学一点；学一点，做一点"。[③] 这些措施使新干部"感到有依靠，而大胆放手工作，免除了有些刚脱离生产干部怕做错了事而束手无策的思想"。[④]

经过以上举措，山东解放区的干部数量得到补充，干部的思想和能力也获得提升，顺利走出了干部南下造成的组织困境，为后续工作的展开奠定了基础。如西海地委1949年从农村中共提拔干部2859人，在职干部普遍提拔了半级或一级，"基本上充实了各级的组织机构"。干部南下后的"支前参军、生产救灾等艰巨任务能较好完成，这是主要原因之一"。[⑤]

四、组织发展的弹性与技术

对于一个具有严密组织形态的动员型革命党而言，组织发展不仅要有形而上的思想理念，更需具备应对不同革命形势的弹性空间以及多种行之有效的技术。在大革命、土地革命和抗日战争等不同阶段，中共曾多次遭受严重的组织损失，但均化险为夷并实现了组织的恢复与壮大。面对干部南下后老解放区的组织困境，中共在长期斗争中所积累的经验和技术得到充分施展。正是这些组织发展的微观机制，保证并推动了

---

① 参见北海地委组织部：《关于干部工作情况的报告》（1949年5月13日），山东省档案馆藏，档案号：G024-01-0332-014；《鲁中南各地培养教育新干部的经验》，载《大众日报》1949年3月11日。

② 参见《建立正规学习制度》，载《大众日报》1949年3月2日。

③ 参见昆嵛县委组织部：《三月份组织工作汇报》（1949年3月29日），山东省档案馆藏，档案号：G024-01-0343-002。

④ 参见《鲁中南各地培养教育新干部的经验》，载《大众日报》1949年3月11日。

⑤ 参见西海地委组织部：《一九四九年组织工作总结》（1950年2月28日），山东省档案馆藏，档案号：G024-01-0328-024。

前文述及的多方面举措的顺利实施。

中共的先锋队性质加之中国的社会现实，使其在组织发展过程中始终面临着理想与现实之间的两难问题。平衡二者间的关系，既保持革命理想的根本追求，又适应革命现实的迫切需要，组织发展中的弹性空间便显得尤为重要。干部南下后，老解放区面临着干部数量不足和质量较弱的问题。在最初提拔干部补充缺额的过程中曾发生两种偏差："一是不要条件（脱离生产即行）之'滥的倾向'，另一种即是条件过高（以能力各方面都强为条件）的'严'的倾向。"[①]短暂的混乱过后，中共重新矫正了干部提拔的路线，通过向各级党组织阐明干部提拔中数量与质量之间的辩证关系，拓展了组织发展的弹性空间。

1949年1月24日，《大众日报》发出社论，要求各地在干部南下、接管新解放区的局势中"必须正确、积极大胆提拔干部"。[②] 社论发出后，各地在学习社论的基础上，结合中央领导人有关干部标准的论述，明确了以"德才资"为原则，以"宁弱勿缺、宁缺毋滥"为方针的干部提拔政策。沧南地委检查过去干部提拔工作后认为，不能只是"静止地等待他有领导能力"，要将干部大胆地提拔出来，以实际工作加以锻炼，"只有这样才会使干部逐渐提高"。[③] 在对"德才资"的掌握和实践中，明确以"德"为主，"消除三个条件并立的看法"[④]，考虑干部才能的"发展前途与客观条件"，避免"单纯以历史长短去确定干部的职责"[⑤]。可以看到，新的政策体现了组织发展的弹性，但是原则性也进一步被强化。"缺"与"弱"之间，更重视解决"缺"的问题，因为"弱"可以通过教育的方式提高；而"缺"与"滥"之间则果断抛弃了后者，守住了组织纯洁性的底线。

如果说弹性空间赋予了组织发展的活力，那么一系列技术手段的运用则为组织发展提供了落到实处的抓手。

革命实践中，改造乡村社会的同时，也会吸收、借用传统的习俗、观念等本土资源。"知恩""报恩"等观念是中国传统社会中最重要的道德规范之一，构成了人际关系的基础并影响着个人的行为选择。山东解放区的党员干部多数为农民出身，深受此种观念的影响。土地改革的实施，在中共与农民党员干部之间形成了一种类似"施恩"与"受恩"的关系，这一关系隐匿在党员干部的情感之中，一旦需要，随时可以被调动起来。为推动党员脱离生产参加工作以及积极认真学习，中共采用"诉苦""忆苦思甜"等方式，通过回忆对比革命前后的生活水平、政治地位等方面的改变，使部分党员干部对自己未能积极响应党的号召产生了极大的愧疚感，进而积极响应党的号召。文登县在党

① 渤海区党委：《关于大批提拔培养干部的指示》（1948年11月25日），山东省档案馆藏，档案号：G026-01-0109-012。

② 参见《提拔和培养大批干部迎接全国革命胜利！》，载《大众日报》1949年1月24日。

③ 参见沧南地委组织部：《南调前后的干部工作综合报告》（1949年），山东省档案馆藏，档案号：G026-01-0123-009。

④ 参见山东省立托儿所：《提拔干部总结》（1949年1月27日），山东省档案馆藏，档案号：G005-01-0048-011。

⑤ 参见北掖县委组织部：《一九四九年组织工作总结报告》（1950年2月5日），山东省档案馆藏档案号：G024-01-0338-025。

员中发动“诉苦”，通过回忆过去遭了哪些罪来检讨“我们的工作干的什么样子”。松山区一位村支书检讨自己翻身后却未能好好工作，“对不起党和人民”。一位青年党员表示：“过去旧社会的压迫很多，遭了很多罪，今天不干多会干？咱们不干等谁干？一定干！出来干！”[①]龙口有的干部“想到过去要不到饭而偷吃人家的狗食”，表示“今天翻了身，不能忘本，必须革命到底”。[②]

党员的情感被调动起来后，及时评比先进和树立典型，以先进带动后进的方式，实现更大范围的响应。胶东区在训练村干部的指示中指出：“注意选择与介绍典型经验，让学员自己作报告，着重发挥好的典型与适当批判坏的例子，以恰当的生动的事例教育大家。”[③]招北县对党员进行教育后，积极分子发言说：“老干部千辛万苦干了这几年，今天又要到江南去接收新区，家里咱不干叫谁干？”受此发言的影响和刺激，有的党员报名要求工作，“六区自动报名要求参加工作的九十余名，其余的党员说叫谁出来谁就出来，一定服从组织分配”。[④] 评比先进同样推动了干部学习的热情。黄县为了提高干部的学习热情，“采用了评比办法，按时评比一下谁学的好，谁进步快”，同时提出“不当学习二流子”的口号，促进了干部“安心学习不挂家、讲课好好听、遵守纪律”。[⑤]

历经土地革命和抗日战争时期的本土化调适，批评与自我批评已成为中共发展和整顿组织中一项重要的技术手段，其批评对象“从组织问题到个体问题、从对事到对人、从事实到思想，着力展示个体全面且本质性的错误事实”[⑥]。如果说在情感调动和模范带头中“报恩”“面子”等非党要素还发挥着相当程度的作用，那批评与自我批评的展开，则为组织观念在个体思想中持续深入且发挥影响提供了机会。鲁中南区在布置干部学习时指出：“学习重点在于展开批评与自我批评，认真检查思想、检查所属工作，提出改善领导、改善所属工作、改造个人思想的各种积极意见。”[⑦]在具体实践中，批评与自我批评的开展加强了党员的组织观念和纪律意识，个体的进步和团结带动了组织的恢复与发展。如牟平县粮食局会计股中新老干部之间“有些矛盾，思想不一致，互相歧视”，在批评与自我批评中“个人作了深刻的检讨，互相交换了意见，开展了思想斗

---

① 参见文登县委组织部：《二月份工作概况汇报》(1949年3月4日)，山东省档案馆藏，档案号：G024-01-0346-001。

② 参见胶东区党委：《最近时期的干部思想情况汇报》(1949年2月25日)，山东省档案馆藏，档案号：G024-01-0301-001。

③ 胶东区党委：《关于今冬开办村干训练班的指示》(1948年11月28日)，山东省档案馆藏档案号：G024-01-0258-010。

④ 参见北海地委组织部：《一九四九年组织工作总结》(1950年2月10日)，山东省档案馆藏档案号：G024-01-0329-003。

⑤ 参见北海地委宣传部：《北海村干训练班总结报告》(1949年2月25日)，山东省档案馆藏档案号：G024-01-0403-007。

⑥ 黄江军：《整风运动的技术史——以批评与自我批评为中心》，载《抗日战争研究》2022年第1期。

⑦ 鲁中南区党委：《关于目前干部教育及干部学习的指示》(1949年5月8日)，山东省档案馆藏档案号：G030-01-0090-006。

争，大家都觉得很愉快，关系亦融洽了”。[①]

五、结语

干部南下是中共中央从全国革命形势出发作出的重大战略决策，山东解放区作为南下干部的主要派出地之一，为南方新区的接管与改造作出了重要贡献。山东解放区通过反对“地方主义”，克服了各地在南下干部选择中“去弱留强”的倾向，超额完成中央和华东局交予的干部南下任务。如此大规模的干部跨地域流动，对流出地和流入地的组织发展均造成极大影响。干部南下后，山东解放区一时之间陷入了干部数量少、质量差、思想乱的组织困境。通过采取针对性举措，山东解放区在较短时间内完成了干部的补充与提高。在这一过程中，中共展现了辩证法基础上的组织发展的弹性空间以及多项娴熟的组织发展技术，二者共同构成了中共推动组织发展的微观机制。一方面，老解放区以牺牲部分自身利益为代价坚决执行中央决议，展现了中央对地方的掌控以及地方对中央的响应与服从；另一方面，老解放区对干部南下后组织困境的解决，体现了中共组织发展的日臻成熟，二者共同构成了革命成功的关键密码。

---

① 参见牟平县政府：《二月份干部工作汇报》(1949年2月28日)，山东省档案馆藏档案号：G031-01-0649-007。

科学社会主义在当代中国的逻辑演进与启示*

邱春林

[中共山东省委党校(山东行政学院)副教授]

习近平总书记在建党100周年大会上发表重要讲话指出:走自己的路,是党的全部理论和实践立足点,更是党百年奋斗得出的历史结论。中国特色社会主义是党和人民历经千辛万苦、付出巨大代价取得的根本成就,是实现中华民族伟大复兴的正确道路,中国共产党在中国特色社会主义建设探索中,把马克思主义同中国改革实践相结合,实现了马克思主义的与时俱进,形成了中国特色社会主义理论体系,是科学社会主义在当代中国的最新发展,是当代中国的马克思主义。中国特色社会主义理论体系又是一个开放的发展的体系,习近平新时代中国特色社会主义思想是马克思主义中国化的最新理论成果。梳理总结科学社会主义在当代中国的新发展的逻辑进程与现实启示,无疑对于推进全面建设社会主义现代化国家具有重要意义和现实价值。

一、科学社会主义在当代中国发展的动因

中国特色社会主义理论体系是科学社会主义在当代中国的最新发展成果。中国特色社会主义理论体系本质上是一套关于社会主义如何实现现代化的话语体系,以中国特色社会主义理论体系为根本理论指南,以建设中国特色社会主义为主题,以实现社会主义现代化为中心内容,从而使社会主义实现了对传统社会主义模式及其观点的超越,使现代化摆脱了对西方路径的依赖,这一成果本质上是一套崭新的关于社会主义国家实现现代化的话语体系,它的形成发展不是一蹴而就的,而是中国共产党在长期推进社会主义建设实践中、在不断深化社会主义建设规律的认识过程中逐步形成的,形成逻辑演进的原因是多方面的,其形成原因至少是有这样几个方面:对苏联模式

* 基金项目:教育部人文社科研究规划基金项目“新时代中国特色乡村治理体系现代化研究”(19YJA710031)、山东省社科规划项目“乡村治理体系现代化齐鲁样板研究”(18CDCJ16)。

的反思,对中国社会主义建设历史经验教训的总结,对时代主题转换和世界发展潮流的回应,对改革开放实践新鲜经验的概括。

1.对苏联模式的反思

近代以来,从鸦片战争开始,中国开始逐步沦为半殖民地半封建的国家,近代中国社会面临的两大主要矛盾,一是帝国主义和中华民族的矛盾,二是封建主义和人民群众的矛盾;与之相适应,近代中国的两大历史任务,一是争取民族独立、人民解放;二是实现国家富强、人民富裕。第一个任务通过28年的新民主主义革命已经实现了。新中国成立之初,我们没有经验,没有雄厚的家底,加之西方国家的仇视封锁,我们只能是“另起炉灶”“一边倒”“打扫干净屋子再请客”。毛泽东曾发出这样的感慨:“现在我们能造什么?能造桌子椅子,能造茶碗茶壶,能种粮食,还能磨成面粉,还能造纸,但是,一辆汽车、一架飞机、一辆坦克、一辆拖拉机都不能造。”[①]

新中国成立之初,我们向苏联全面学习,是不是适合中国呢?是不是与我们的国情相适应呢?事实证明,这里面存在一些问题:在政治方面表现为权力高度集中,党政不分,缺少群众监督,忽视民主和法制;经济上表现为计划经济一统天下。随着苏联模式的逐步僵化,社会缺乏生机和活力,特别是在斯大林逝世以后问题进一步暴露,赫鲁晓夫在苏共二十大上作了《关于个人崇拜及其后果》的秘密报告,对斯大林全盘否定,无疑给苏东剧变埋下了伏笔。反观国内,中国的社会主义建设道路到底应该怎么走,促使我们进行反思。1956年4月,毛泽东在中央政治局扩大会议上作了《论十大关系》报告,指出:“最近苏联方面暴露了他们在建设社会主义过程中的一些缺点和错误,他们走过的弯路,你还想走?过去我们就是鉴于他们的经验教训,少走了一些弯路,现在当然更要引以为戒。”[②]1959年12月至1960年2月,毛泽东在读苏联《政治经济学(教科书)》时说:“解放后,三年恢复时期,对搞建设,我们是懵懵懂懂的。接着搞第一个五年计划,对建设还是懵懵懂懂的,只能基本上照抄苏联的办法,但总觉得不满意,心情不舒畅。”[③]为此,他提出要进行第二次结合。无疑,毛泽东提出的这些观点和探索实际上就是在寻找适合中国国情的社会主义道路。邓小平作为第一代领导集体的重要一员,在“文革”结束后很快就力促推进改革开放,这与第一代领导集体对苏联模式的反思具有直接关系,也是中国特色社会主义理论体系形成的一个重要根源。

2.对中国社会主义建设历史经验教训的总结

1956年三大改造完成以后,我国进入了社会主义社会。如何进行社会主义建设呢?毛泽东、刘少奇、周恩来、陈云、邓小平等带领人民群众在不断进行着这一探索,这些探索集中体现在八大前后我们取得了一些显著成效,具体表现在:一是大会提出生产资料私有制的社会主义改造基本完成以后国内的主要矛盾已经发生变化,“人民对于建立先进的工业国的要求同落后的农业国的现实之间的矛盾,已经是人民对于经济

① 《毛泽东著作选读》下册,人民出版社1986年版,第712页。

② 《毛泽东文集》第7卷,人民出版社1999年版,第23页。

③ 《毛泽东年谱(1949—1976)》第4卷,中央文献出版社2013年版,第318页。

文化迅速发展的需要同当前经济文化不能满足人民需要的状况之间的矛盾”①。二是大会作出了党和国家的工作重点必须转移到社会主义建设上来的重大战略决策。三是提出了既反保守又反冒进、在综合平衡中稳步前进的经济建设方针，陈云在八大上作了题为《关于资本主义工商业改造高潮以后的新问题》的报告，在这个报告中，提出了著名的“三个主体”“三个补充”的经济思想。四是加强民主政治建设。八大修改了党章，加强民主政治建设，反对个人崇拜。应该说所有这些有益探索促使我们党进一步思考社会主义的建设问题。

当然我们说在这之后探索也出现了一些曲折。1957 年 6 月，反右派斗争出现扩大化趋势；1957 年 9 月，中共八届三中全会通过了《农业发展纲要四十条》，实际上成为农业“大跃进”的纲领；1958 年 5 月，中共八大二次会议正式通过了“鼓足干劲，力争上游，多快好省地建设社会主义”的总路线；1958 年 8 月，北戴河会议中央通过了《关于在农村建立人民公社问题的决议》，10 月底，全国 74 万个农业生产合作社迅速改为 2.6 万个人民公社，参加公社的农户 1.2 亿户，占全国总农户的 99%，刮起了“一平二调三收款”的共产风。从 1958 年 11 月第一次郑州会议、1959 年 2 月第二次郑州会议、1959 年 7 月庐山会议，到 1961 年 1 月提出“调整、巩固、充实、调高”八字方针，再到 1961 年 3 月广州会议，虽对部分问题进行了纠正，但没有彻底完成纠“左”任务，对社会主义建设的探索进入误区。一系列“左”的行动，实际上都反映了一个问题，那就是对什么是社会主义、怎么建设社会主义这个问题认识不清。1987 年 4 月 26 日，邓小平在《社会主义必须摆脱贫穷》中谈到坚持社会主义时指出：“考虑的第一条就是要坚持社会主义，而坚持社会主义，首先要摆脱贫穷落后状态，大大发展生产力，体现社会主义优于资本主义的特点。”②1988 年 5 月 25 日，邓小平指出：“改革开放必须从各国自己的条件出发。每个国家的基础不同，历史不同，所处的环境不同，左邻右舍不同，还有其他许多不同。别人的经验可以参考，但是不能照搬。过去我们中国照搬别人的，吃了很大苦头。中国只能搞中国的社会主义。”③同年 6 月，在《要吸收国际的经验》的讲话中，邓小平进一步指出：“二十年的经验尤其是‘文化大革命’的教训告诉我们，不改革不行。”④无疑，对中国社会主义建设历史经验教训的总结和反思是推进中国特色社会主义建设、形成中国特色社会主义理论体系的重要因素所在。

3.对时代主题转换和对世界发展潮流的回应

中国特色社会主义理论体系的形成也是对时代主题的转换和对世界发展潮流的一个回应。在马克思主义经典作家中，第一个提出时代理论的是列宁，列宁曾根据 19 世纪末 20 世纪初资本主义从自由竞争发展到垄断阶段的现实，冷静地分析了世界形

① 中央档案馆、中共中央文献研究室编：《中共中央文件选集（一九四九年十月～一九六六年五月）》第 24 册，人民出版社 2013 年版，第 248 页。

② 《邓小平文选》第 3 卷，人民出版社 1993 年版，第 223～224 页。

③ 《邓小平文选》第 3 卷，人民出版社 1993 年版，第 265 页。

④ 《邓小平文选》第 3 卷，人民出版社 1993 年版，第 266 页。

势，指出帝国主义阶段存在着三大矛盾，随着各种矛盾日益激化，终将导致帝国主义战争，而战争必将引起革命。基于这一判断，列宁提出了帝国主义和无产阶级革命时代的理论，这个时代的主题是战争与革命。

由于时代主题揭示的是世界基本矛盾的问题，随着世界基本矛盾的运动和发展，时代的主题也会发生变化，对这一问题的认识也应作出相应调整。邓小平根据战后国际形势的发展以及世界基本矛盾的变化，重新认识我国社会主义建设所面临的外部环境，不失时机地提出和平与发展是当代世界的两大问题，从而为新时期我党实现工作重心的转移提供了依据。从战争与革命到和平与发展，这个时代主题在悄然发生变化，20 世纪 60～70 年代，世界经济发展进入一个黄金期，主要的资本主义国家经济发展进入快车道。基于对世界经济社会发展的前瞻性判断，1985 年，邓小平对当今世界形势作出高度概括，他说："现在世界上真正大的问题，带全球性的战略问题，一个是和平问题，一个是经济问题或者说发展问题。和平问题是东西问题，发展问题是南北问题。概括起来，就是东西南北四个字。南北问题是核心问题。"[①]党的十三大进一步把"和平与发展是当代世界的主题"观点列入党的一系列科学理论观点中，党的十四大报告对这一观点再次确认。邓小平在深刻洞察世界格局变化的基础上抓住世界的主要矛盾，并精辟地概括为"和平与发展"两大问题，从而明确无误地告诉全党：我们面临的将是一个以和平与发展为主题的时代。也正是基于此，对时代主题的转换和适应世界发展潮流的一种回应，促使我们进一步探索中国社会主义建设的出路问题。

4.对改革开放实践新鲜经验的总结

改革开放既是形成中国特色社会主义理论体系的实践源泉和逻辑起点，又为中国特色社会主义理论体系的形成提供根本依据和强大动力。

改革开放以来，我们党已召开九次党的全国代表大会。从党的十二大提出"有中国特色的社会主义"开始，中国共产党始终坚定不移地走中国特色社会主义道路，从理论和实践的结合上不断深化对中国特色社会主义的认识，推动党和国家事业从胜利走向新的胜利。譬如十三大就在此基础上总结了十大经验：坚持以邓小平理论为指导，不断推进理论创新。坚持以经济建设为中心，用发展的办法解决前进中的问题。坚持改革开放，不断完善社会主义市场经济体制。坚持四项基本原则，发展社会主义民主政治。坚持物质文明和精神文明两手抓，实行依法治国和以德治国相结合。坚持稳定压倒一切的方针，正确处理改革发展稳定的关系。坚持党对军队的绝对领导，走中国特色的精兵之路。坚持团结一切可以团结的力量，不断增强中华民族的凝聚力。坚持独立自主的和平外交政策，维护世界和平与促进共同发展。坚持加强和改善党的领导，全面推进党的建设新的伟大工程。这十条是党领导人民建设中国特色社会主义必须坚持的基本经验。

正是基于对苏联模式的反思、对中国社会主义建设历史经验教训的总结、对时代

---

① 《邓小平思想年谱(一九七五——一九九七)》，中央文献出版社 1998 年版，第 309 页。

主题转换和世界发展潮流的回应，加上对改革开放实践新鲜经验的总结，才有了中国特色社会主义理论体系的形成发展与深化。

二、科学社会主义在当代中国发展的逻辑进路

“理论的生命力在于不断创新，推动马克思主义不断发展是中国共产党人的神圣职责。”①作为科学社会主义在中国发展的最新成果，其在当代中国的发展逻辑进程可以分为开创、丰富、拓展和深化四个阶段，并形成了相应的标志性成果：邓小平理论、“三个代表”重要思想、科学发展观和习近平新时代中国特色社会主义思想。正如习近平总书记所指出：“社会主义从来都是在开拓中前进的。坚持和发展中国特色社会主义是一篇大文章，邓小平同志为它确定了基本思路和基本原则，以江泽民同志为核心的党的第三代中央领导集体、以胡锦涛同志为总书记的党中央在这篇大文章上都写下了精彩的篇章。现在，我们这一代共产党人的任务，就是继续把这篇大文章写下去。”②

1.逻辑开创：邓小平理论

“文革”结束以后，我们面临的形势是什么样的呢？党史上一般称之为“徘徊期”，这与“两个凡是”有非常密切关系。“两个凡是”一提出，邓小平就明确表示反对，指出：“我们必须世世代代用准确的完整的毛泽东思想来指导我们全党、全军和全国人民。”③对“两个凡是”进行系统批判始于中央党校的《理论动态》第60期上发表了《实践是检验真理的唯一标准》，继而在党的领导下在全社会掀起了真理标准问题的大讨论，重新确立了解放思想、实事求是的思想路线，科学评价毛泽东和毛泽东思想，把中国共产党和中国的工作重心转移到经济建设上来，在领导中国人民进行社会主义建设的伟大实践中制定了以经济建设为中心、坚持四项基本原则、坚持改革开放的基本路线，开辟了建设中国特色社会主义的新道路，赋予中国社会主义和民族复兴的伟大事业以新的起点与动力，创立了邓小平理论。

邓小平理论是中国特色社会主义理论体系的一个开创阶段，原因就在于它主要回答了什么是社会主义、怎么建设社会主义这一问题。具体来说，邓小平理论分成三个阶段：第一阶段是20世纪70年代末到80年代初，这一阶段是孕育期。第二阶段是80年代中期到十三大，是形成时期。三是成熟时期，从90年代初期到南方谈话。

第一阶段是邓小平理论的孕育期。推动社会主义建设，首先要搞清楚什么是社会主义，怎么建设社会主义。1977年12月，邓小平在会见澳大利亚客人时指出：“怎样才能体现列宁讲的社会主义的优越性，什么叫优越性？不劳动、不读书叫优越性吗？人民生活水平不是改善而是后退叫优越性吗？如果这叫社会主义优越性，这样的社会

① 《习近平谈治国理政》第3卷，外文出版社2020年版，第76页。

② 《习近平谈治国理政》第1卷，外文出版社2018年版，第23页。

③ 中共中央文献研究室编：《十五大以来重要文献选编》(上)，人民出版社2000年版，第333页。

主义我们也可以不要。”[①]1978年3月10日，在国务院第一次全体会议上邓小平指出：“什么叫社会主义，社会主义总是要表现它的优越性嘛。它比资本主义好在哪里？每个人平均六百几十斤粮食，好多人饭都不够吃，二十八年只搞了二千三百万吨钢，能叫社会主义优越性吗？”[②]1978年9月13～20日，邓小平在率中国党政代表团参加朝鲜民主主义人民共和国成立30周年庆祝活动回国后，在北方地区进行了为期8天的视察，从辽宁到黑龙江、吉林，再到河北、天津，邓小平走一路讲一路，先后在本溪、大庆、哈尔滨、长春、沈阳、鞍山、唐山、天津等地发表一系列重要谈话，史称“北方谈话”。邓小平的“北方谈话”是坚持马克思主义普遍原理与中国实际相结合、推进马克思主义中国化第二次历史性飞跃的重要成果，是中国特色社会主义理论体系乃至开辟中国道路的破题开篇之论，他指出：“我们太穷了，太落后了，老实说对不起人民。”“外国人议论中国人究竟能够忍耐多久，我们要注意这个话。我们要想一想，我们给人民究竟做了多少事情呢？我们一定要根据现在的有利条件加速发展生产力，使人民的物质生活好一些，使人民的文化生活、精神面貌好一些。”[③]实际上就点出了发展生产力，要用发展的办法来解决前进中的问题。

那么，中国的社会主义道路到底应该怎么走？在邓小平看来，就需要把握这样几点：首先就是解放思想。在1978年11月的中央工作会议上，邓小平以《解放思想，实事求是，团结一致向前看》为题作了总结讲话，实质上这一讲话也成为十一届三中全会的主题报告，从而实现了把工作重心转移到现代化建设上来。其次就是要解决历史遗留问题。在邓小平、胡耀邦主持下，十一届六中全会通过了《建国以来党的若干历史问题的决议》，决议比较好地体现了邓小平谈到的三点原则：第一，确立毛泽东同志的历史地位，坚持和发展毛泽东思想，这是最核心的一条。不仅今天，而且今后，我们都要高举毛泽东思想的旗帜。第二，对新中国成立30年来历史上的大事，哪些是正确的，哪些是错误的，要进行实事求是的分析，包括一些负责同志的功过是非，要作出公正的评价。第三，通过这个决议对过去的事情作个基本的总结。无疑，这一决议具有非常重要的历史意义，具体表现在四个方面：第一，我们的社会主义制度还是处于初级的阶段。第二，我国所要解决的主要矛盾是人民日益增长的物质文化需要同落后的社会生产之间的矛盾，党和国家工作的重点必须转移到以经济建设为中心的社会主义现代化建设上来。第三，社会主义经济建设必须从我国国情出发，量力而行，积极奋斗，有步骤分阶段地实现现代化的目标。第四，社会主义必须有高度的精神文明。

第二阶段是邓小平理论的形成时期。在这一阶段明确提出了“有计划的商品经济”概念，提出了社会主义与改革开放的关系原则，对时代主题有了新的认识，提出了初级阶段论、党在社会主义初级阶段的基本路线。在党的十二大开幕词中，邓小平指出：“把马克思主义的普遍真理同我国的具体实际结合起来，走自己的道路，建设有中

---

① 《邓小平年谱(一九七五——一九九七)》上卷，中央文献出版社2004年版，第250页。

② 《邓小平年谱(一九七五——一九九七)》上卷，中央文献出版社2004年版，第277页。

③ 《邓小平年谱(一九七五——一九九七)》上卷，中央文献出版社2004年版，第380页。

国特色的社会主义，这就是我们总结长期历史经验得出的基本结论。”[①]这是我们党首次提出“有中国特色的社会主义”概念。

我国改革首先从农村开始，进一步推到城市。到20世纪80年代中期，我国的经济体制发展出现一系列弊病，主要表现在四个方面：一是政企不分，二是条块分割，三是用指令性计划来管理经济，四是分配中的平均主义非常严重。这些问题怎么办？这些都严重影响了我们的进一步改革发展。在十二届三中全会前夕，邓小平就谈到了三中全会的中心议题：“最理想的方案是通过一个改革文件。十一届三中全会在政治上、经济上都起了很多的作用，这次三中全会能否搞一个改革文件？这个文件将对全党起巨大的作用。就搞这个文件，别的就不搞了。”[②]经过努力，十二届三中全会通过了《关于经济体制改革的决定》，也标志着从农村到城市改革的转变，指出：进一步解放思想，走自己的路，建立起具有中国特色的、充满生机和活力的社会主义经济体制，促进社会生产力的发展，这就是我们这次改革的基本任务。对此邓小平给予了高度评价：“这次经济体制改革的文件好，就是解释了什么是社会主义，有些是我们老祖宗没有说过的话，有些新话。”[③]这里提到的就是公有制基础上有计划的商品经济，个体经济是社会主义经济必要有益的补充。党的十三大对此作了进一步总结，明确提出沿着有中国特色社会主义道路前进，建设有中国特色社会主义理论，并概括成为十二个基本点。

第三阶段是20世纪90年代初期到南方谈话。20世纪80年代末90年代初，面对西方对我国的全面封锁，面对国内“姓资姓社”问题的争论、家庭联产承包的问题、乡镇企业的问题、一部分人先富起来的争议、对外开放就是引进资本主义的问题、“三资”企业到底姓什么等诸多争议与问题，实际上我国就处在发展的十字路口，在这个关键时刻，邓小平才有了南方谈话来理清这些问题。

1990年，邓小平同几位中央负责同志的谈话指出：“我们必须从理论上搞懂，资本主义与社会主义的区分不在于是计划还是市场这样的问题。社会主义也有市场经济，资本主义也有计划控制。资本主义就没有控制，就那么自由？最惠国待遇也是控制嘛！不要以为搞点市场经济就是资本主义道路，没有那么回事。计划和市场都得要。不搞市场，连世界上的信息都不知道，是自甘落后。”[④]1991年春节，邓小平特别指出：“不要以为，一说计划经济就是社会主义，一说市场经济就是资本主义，不是那么回事，两者都是手段，市场也可以为社会主义服务。”[⑤]党的十四大最终确立了改革的取向就是社会主义市场经济，十五大把邓小平理论确立为我们党的指导思想写入党章。

邓小平理论开创了中国特色社会主义，表现在回答了什么是社会主义，怎么建设社会主义。2013年1月5日，习近平总书记在新进中央委员和候补委员十八大精神

---

① 中共中央文献研究室编：《改革开放三十年重要文献选编》（上），人民出版社2008年版，第260页。
② 高尚全：《中国改革开放四十年：回顾与思考》（上），人民出版社2018年版，第258页。
③ 《邓小平年谱（一九七五——一九九七）》下卷，中央文献出版社2004年版，第1008页。
④ 中共中央文献研究室编：《改革开放三十年重要文献选编》（上），人民出版社2008年版，第644页。
⑤ 《邓小平文选》第3卷，人民出版社1993年版，第367页。

研讨班上的讲话对此有个概括:“邓小平同志开创了中国特色社会主义,第一次比较系统地初步回答了在中国这样经济文化比较落后的国家如何建设社会主义、如何巩固和发展社会主义的一系列基本问题,用新的思想观点,继承和发展了马克思主义,开拓了马克思主义新境界,把对社会主义的认识提高到新的科学水平。”①

2.逻辑推进:“三个代表”重要思想

以江泽民同志为核心的中国共产党第三代中央领导集体,坚持毛泽东思想、邓小平理论的指导,坚持改革开放,与时俱进,提出了“三个代表”重要思想,带领中国共产党和中国人民捍卫和发展了中国特色社会主义事业,并成功地把它推向21世纪。“三个代表”重要思想是中国特色社会主义理论体系的一个丰富发展阶段,它所解决的主要问题是建设什么样的党、怎样建设党的问题。自十三届四中全会以来,党面临着国内外各种形势的严重考验,国内争论计划与市场、先富与共富等一系列的关系,中国道路怎么走?特别是随着国际形势的日益复杂化,1993年银河号事件、1996年台海危机、1999年我国驻南斯拉夫大使馆被炸、2001年中美南海撞机等一系列的事件,都考验着党的第三代领导人的智慧。

1992年10月12～18日,党的十四大召开,江泽民代表党中央作了《加快改革开放和现代化建设步伐,夺取有中国特色社会主义事业的更大胜利》的报告。大会对邓小平建设有中国特色社会主义理论作了新的概括,确立其在全党的指导地位,并把这个理论和党的基本路线写进党章。十四大报告从社会主义的发展道路、发展阶段、根本任务、发展动力等十个方面系统阐述了建设有中国特色社会主义理论的主要内容,报告提出:“我们要在九十年代把有中国特色社会主义的伟大事业推向前进,最根本的是坚持党的基本路线,加快改革开放,集中精力把经济建设搞上去。同时,要围绕经济建设这个中心,加强社会主义民主法制和精神文明建设,促进社会全面进步。”②1997年9月召开的党的十五大上,江泽民代表中央作了《高举邓小平理论伟大旗帜,把建设有中国特色社会主义事业全面推向二十一世纪》的报告,大会将“建设有中国特色社会主义理论”称为“邓小平理论”,并确立为党的指导思想。十五大进一步明确了什么是社会主义初级阶段有中国特色社会主义的经济、政治和文化,怎样建设这样的经济、政治和文化等问题,提出了党在社会主义初级阶段的基本纲领,规划了跨世纪发展的奋斗目标和任务。大会要求全党要毫不动摇地坚持党在社会主义初级阶段的基本路线,把以经济建设为中心同四项基本原则、改革开放这两个基本点统一于建设有中国特色社会主义的伟大实践。

党的十六大于2002年11月召开,报告主题为《全面建设小康社会,开创中国特色社会主义事业新局面》,正式将“有中国特色社会主义”改为“中国特色社会主义”。大会把“三个代表”重要思想写入党章并作为党必须长期坚持的指导思想,丰富了中国特

---

① 《习近平谈治国理政》,外文出版社2014年版,第22页。

② 中共中央文献研究室编:《改革开放三十年重要文献选编》(上),人民出版社2008年版,第658页。

色社会主义理论。十六大报告科学总结了改革开放以来特别是十三届四中全会以来党带领人民建设中国特色社会主义的基本经验，明确提出了党在21世纪头20年的奋斗目标和推进各方面工作的方针政策，深刻回答了关系党和国家长远发展的一系列重大问题，对建设中国特色社会主义经济、政治、文化和党的建设等各项工作作出全面部署。十六大还总结了包括坚持以邓小平理论为指导、不断推进理论创新，坚持以经济建设为中心、用发展的办法解决前进中的问题等十条基本经验，这十条基本经验实际上最关键的一点就是体现了与时俱进，体现了马克思主义和中国改革实际相结合。

"三个代表"重要思想同时代发展新形势、广大人民群众新要求、我国改革开放和社会主义现代化建设新实践紧密结合。以邓小平理论为基础，围绕改革、发展、稳定、内政、外交和国防、治党、治国、治军等问题，围绕发展道路、发展阶段、发展战略、根本目的、根本任务、发展动力、依靠实力、国际化战略、建设有中国特色社会主义新时代党的建设，以一系列紧密相连、相互联系的新思想、新观点、新论断，进一步回答了什么是社会主义、怎样建设社会主义的问题，创造性地回答了新的历史背景下建设什么样的党、怎样建设党的问题。"三个代表"重要思想作为加强和改进党的建设、推进我国社会主义自我完善和发展的有力思想理论武器，是实现全面建成小康社会宏伟目标的根本方针，继续引领中国特色社会主义朝着正确方向破浪前行。

3.逻辑拓展：科学发展观

在改革开放以来的新时期，中国的社会主义现代化建设取得了巨大成就，既面临着可以大有作为的战略机遇期，又面对着以高投入、高消耗、高排放、低效率、低产出为特征的粗放经济增长方式与能源、资源、环境的矛盾日益尖锐以及在发展过程中贫富差距不断拉大等严峻挑战的矛盾凸显期。以胡锦涛同志为总书记的党中央从自身和中国国家事业发展的全局出发，总结中国发展实践，借鉴国外发展经验，适应新的发展要求，提出了科学发展观，进一步回答了实现什么样的发展、怎样发展等中国面临的问题，赋予马克思主义关于发展的理论，以新的时代内涵和时代特色，进入中国特色社会主义理论体系的拓展阶段，进一步丰富和发展了中国特色社会主义理论体系。随着国内经济发展，邓小平也曾经指出，"过去我们讲先发展起来。现在看，发展起来以后的问题不比不发展时少"[①]，尤其是人与自然的环境关系问题、贫富差距的问题、腐败的问题等。在这种情况下，以胡锦涛同志为总书记的党中央提出相应的解决方案，这就是科学发展观，从而进一步拓展了中国特色社会主义理论体系的内涵。

4.逻辑深化：习近平新时代中国特色社会主义思想

党的十八大以来，以习近平同志为核心的党中央科学把握当今世界和当代中国的发展大势，形成了一系列治国理政新理念新思想新战略，为中国特色社会主义理论体系的发展注入了时代精神和新的内涵，引领党和国家事业发生历史性变革，开创了中国特色社会主义事业崭新局面，推动中国特色社会主义进入新的发展阶段。

---

① 《邓小平年谱》(下)，人民出版社1993年版，第1364页。

这一阶段我们要解决的问题是什么呢？在新时代我们要坚持和发展什么样的中国特色社会主义？怎样坚持和发展新时代中国特色社会主义？习近平总书记高瞻远瞩，胸怀大局，创造性地提出了新时代中国特色社会主义思想。习近平新时代中国特色社会主义思想，是对十八大以来我们党的理论创新成果的最新概括和表述，系统回答了新时代坚持和发展什么样的中国特色社会主义、怎样坚持和发展中国特色社会主义等重大问题，这是全党全国各族人民为实现中华民族伟大复兴而奋斗的行动指南。十九大以“八个明确”“十四个坚持”为四梁八柱，阐释了习近平新时代中国特色社会主义思想的具体展开和内涵逻辑，从世界观和方法论的高度，系统全面地回答了中国特色社会主义进入新时代后中国共产党的“新目标”“新使命”、面临的“新矛盾”等一系列带有根本性的问题，可以把其概括为四个方面：一是我们进入新时代；二是提出了四个全面战略布局，三是提出了国家治理体系和治理能力现代化的任务；四是重视生态建设，提出了“两山论”；五是开启全面建设社会主义现代化国家新征程。中国特色社会主义进入新时代，“意味着近代以来久经磨难的中华民族迎来了从站起来、富起来到强起来的伟大飞跃，迎来了实现中华民族伟大复兴的光明前景；意味着科学社会主义在二十一世纪的中国焕发出强大生机活力，在世界上高高举起了中国特色社会主义伟大旗帜；意味着中国特色社会主义道路、理论、制度、文化不断发展，拓展了发展中国家走向现代化的途径，给世界上那些既希望加快发展又希望保持自身独立性的国家和民族提供了全新选择，为解决人类问题贡献了中国智慧和中国方案”①。

作为一个理论体系，在哲学上一般表现为三个典型要素：共同的哲学思想基础、共同的理论主题、共同的一些重要基本观点。中国特色社会主义理论体系也是如此，从邓小平理论、“三个代表”重要思想、科学发展观，到习近平新时代中国特色社会主义思想，四个部分之间的关系可以概括为一脉相承、与时俱进的关系。习近平新时代中国特色社会主义思想与治党治国治军的各方面工作紧密相连，既有理论高度，更具实践价值，将指导我们更好地坚持和发展中国特色社会主义，从而进一步丰富和发展了中国特色社会主义理论体系，实现了中国特色社会主义理论体系的与时俱进，是马克思主义中国化的最新理论成果。

三、科学社会主义在当代中国发展的现实启示

中国特色社会主义理论体系是马克思主义在中国发展的新阶段，是当代中国的科学社会主义，是当代中国发展进步的旗帜，是全党全国各族人民团结奋斗的思想基础。中国特色社会主义理论体系从邓小平理论到“三个代表”重要思想、科学发展观，再到习近平新时代中国特色社会主义思想的发展，实现了马克思主义理论的与时俱进，给我们留下深刻的现实启示。

---

① 习近平：《决胜全面建成小康社会　夺取新时代中国特色社会主义伟大胜利——在中国共产党第十九次全国代表大会上的报告》，人民出版社 2017 年版，第 10 页。

1.坚持党的领导是科学社会主义在当代中国实现发展的政治保证

一个团队要想发展取得成功，首先就必须有一个核心。一个党、一个国家、一个民族也是这样，必须要有一个核心，才能更好地带动这个党、这个国家、这个民族的发展。马克思曾指出："一个单独的提琴手是自己指挥自己，一个乐队就需要一个乐队指挥。"[①]恩格斯也强调了核心的重要性，他指出："没有权威，就不可能有任何的一致行动。"[②]同样，在推动中国革命、建设和改革的发展中也需要党有个核心并自觉维护好这个核心。对此，毛泽东指出："中国共产党是全中国人民的领导核心。没有这样一个核心，社会主义事业就不能胜利。"[③]邓小平同样也对此有深刻的认识，他指出："任何一个领导集体都要有一个核心，没有核心的领导是靠不住的。"[④]

40多年的改革开放与发展，一路走来，充满艰辛和挑战，从以邓小平为核心的第二代领导集体对什么是社会主义、怎样建设社会主义的探索与回答，到以江泽民同志为核心的第三代中央领导集体对建设什么样的党、怎样建设党的创新与探索，再到以胡锦涛同志为总书记的党中央对实现什么样的发展、怎样发展的回答，发展到以习近平同志为核心的党中央对新时代坚持和发展什么样的中国特色社会主义、怎样坚持和发展中国特色社会主义的新探索、新回答，都充分证明：固然每个时代面临的问题有所不同，但有一个领导核心，并自觉注重维护好这个核心是能够推动时代进步的关键所在。今天面对国际力量对比的深刻调整，不稳定性不确定性明显增加，同时我国发展不平衡不充分问题仍然突出，这些都需要我们党有一个坚强核心，并维护好这个核心，保持战略定力，善于在危机中育先机、于变局中开新局。对此，我们必须从自身做起，从做好本职工作做起，从做到"两个维护"做起，在知上下功夫，在行上见成效，坚定而自觉地做到知行合一。

2.坚持人民立场是科学社会主义在当代中国实现发展的根本所在

中国共产党的初心和使命是什么？在革命时期就是民族独立、人民解放。在建设时期和改革开放时期，我们的初心就是实现国家富强、人民富裕，一句话，党的初心和使命就是为中国人民谋幸福，为中华民族谋复兴。这一初心和使命从党建立那天起就确定了，建党百年，就是中国共产党矢志不移践行初心和使命的一百年。新民主主义革命时期，陈独秀、李大钊以及毛泽东等一大代表几乎全是知识分子，他们不是为了发财，不是为了当官，而是为了中华民族的未来和出路着想。党的一大也明确把共产主义作为中国的根本出路所在。正如习近平总书记所指出："我们党来自于人民，为人民而生，因人民而兴，必须始终与人民心心相印、与人民同甘共苦、与人民团结奋斗。"[⑤]

当前，面对全面建设社会主义现代化国家的伟大征程，更需要我们坚持人民立场，

---

① 《马克思恩格斯选集》第2卷，人民出版社2012年版，第208页。

② 《马克思恩格斯文集》第10卷，人民出版社2009年版，第372页。

③ 《毛泽东年谱(1949—1976)》第3卷，中央文献出版社2013年版，第162页。

④ 《邓小平思想年谱(一九七五——一九九七)》，中央文献出版社1998年版，第431页。

⑤ 《习近平谈治国理政》第3卷，外文出版社2020年版，第137页。

坚持人民中心地位，坚定党的初心和使命。大家做工作想事情，出发点在哪里？那就是把人民放在心上，检验的标准就是邓小平提出来的“人民拥护不拥护，赞成不赞成，高兴不高兴，答应不答应”作为根本标准。新时代，在工作实践中就要做到坚持新发展理念，坚定人民对美好生活的向往就是我们的奋斗目标，注重强化政治担当，把做到恪尽职守、勤政廉政、敢于担当、干事创业、对党忠诚、为党分忧、为党尽职、为民造福作为根本政治担当，自觉增强对党负责、对国家负责、对民族负责、对人民负责的责任心和事业心，不断提高自己的政治力，始终把人民利益作为我们党一切工作的根本出发点和落脚点。

3.坚持改革创新是科学社会主义在当代中国实现发展的动力所在

创新是一个民族进步的灵魂，是一个国家兴旺发达的不竭动力。中国特色社会主义理论体系的发展，从邓小平理论到“三个代表”重要思想、科学发展观，再到习近平新时代中国特色社会主义思想的发展历程，一再证明这一点：创新是实现中国特色社会主义理论体系发展的动力源泉。

一是破除僵化思想，但又不动摇思想理论的根基。方向决定前途，道路决定命运，改革开放实践中我们要走什么样的路呢？走中国特色社会主义道路，这是改革开放以来党的全部理论和实践的主题。以坚持和发展中国特色社会主义为本，要求领导干部有方向感，既不走封闭僵化的老路，也不走改旗易帜的邪路，有了正确方向感，判断、抉择才不会错。

二是注重总结历史经验，但不否定自己的历史。中国共产党领导人民进行社会主义建设，虽然有改革开放前和改革开放后两个历史时期，其本质上都是我们党领导人民进行社会主义建设的实践探索。在新进中央委员会的委员、候补委员学习贯彻党的十八大精神研讨班开班式上，习近平指出：“不能用改革开放后的历史时期否定改革开放前的历史时期，也不能用改革开放前的历史时期否定改革开放后的历史时期。”[①]中国特色社会主义是在改革开放历史新时期开创的，但也是在新中国已经建立起社会主义基本制度并进行了20多年建设的基础上开创的，这两个历史时期是相互联系又有重大区别的时期，但绝不是彼此割裂的，更不是根本对立的。我们在推进中国特色社会主义理论体系的发展时要特别注意，总结历史经验，以扬弃的态度对待古今中外历史经验，做到总结历史经验，但不否定自己的历史。

三是顺应时代潮流，但不迷失发展方向。在新民主主义革命时期，我们有过这方面的教训，把苏联经验神圣化，把共产国际的指示教条化。我们的三次“左”倾错误，尤其是王明的“左”倾教条主义几乎断送了中国革命。对此，需要做到四点：(1)善于思考根本性、全局性、长远性问题，并进行战略性、系统性、前瞻性研究谋划，做到在重大问题和关键环节上头脑特别清醒、眼睛特别明亮，做到“千磨万击还坚劲，任尔东西南北风”。(2)善于从一般事务中发现政治问题。(3)善于从倾向性、苗头性问题中发现政

① 中共中央文献研究室编：《十八大以来重要文献选编》(上)，中央文献出版社2014年版，第112页。

治端倪。(4)善于从错综复杂的矛盾关系中把握政治逻辑，从纷繁复杂相互交织的社会关系中抓住政治关系，从立体多面的社会现实中把握政治逻辑。

四是要借鉴世界各国发展经验，但不照抄照搬。世界上无论是发达国家还是发展中国家，在推动人类历史发展的进程中都积累了丰富的经验。对于这些经验，我们持什么样的态度？经过改革开放40多年的发展，我们的态度就是要借鉴，但是绝对不照搬照抄，在这方面，我们有正反两个方面深刻的经验教训。

4.坚持马克思主义的立场、观点和方法是科学社会主义在当代中国实现发展的关键所在

正如恩格斯所说的："马克思的整个世界观不是教义，而是方法。它提供的不是现成的教条，而是进一步研究的出发点和供这种研究使用的方法。"[①]我们推动中国特色社会主义理论体系的发展也是这样，要把握贯穿其中的马克思主义的根本立场、观点和方法，这是核心和关键。

所谓"立场"就是指坚持人民立场。干工作想事情，要站在人民群众的立场上，一切为了人民，一切依靠人民。这是中国特色社会主义理论体系的根本出发点和落脚点，也是我们的一个法宝。从"三个有利于"到"三个代表"，再到"以人为本"，"以人民为中心"，"人民就是江山，江山就是人民"，可以说是一以贯之，自始至终都是这样。所谓"观点"就是坚持辩证唯物主义历史唯物主义的基本观点，坚定中国特色社会主义的信念和共产主义的理想，用发展的办法来解决前进中的问题，坚持创新协调绿色开放共享的新发展理念，推动高质量发展；学习和掌握马克思主义关于人的全面发展的观点，在发展中始终坚持以人为本。所谓的"方法"就是唯物辩证法、实事求是的思想方法，就是要用联系的观点、发展的观点来看待任何事情，坚持群众路线的工作方法，做到从群众来到群众去，把握解放思想、实事求是、与时俱进这个贯穿于中国特色社会主义理论体系的红线。

一言以蔽之，中国特色社会主义理论体系是科学社会主义理论与中国实际相结合的产物，是科学社会主义理论在中国的创造性应用和发展。从这种意义上说，中国特色社会主义理论体系就是中国化的科学社会主义。只要我们旗帜鲜明地坚持中国特色社会主义理论体系的指导地位，就能够不为任何风险所惧、不被任何干扰所惑，把全党全国各族人民的思想统一到中国特色社会主义的旗帜下，把意志凝聚到中国特色社会主义的旗帜下，坚定不移地高举中国特色社会主义旗帜，坚定不移地沿着中国特色社会主义道路阔步前进，以昂扬的姿态奋力开启全面建设社会主义现代化国家新征程。

---

① 《马克思恩格斯文集》第10卷，人民出版社2009年版，第691页。

人类命运共同体的文明逻辑*

罗理章

（福建师范大学马克思主义学院教授）

当今世界正处于文明秩序的大发展大变革大调整时期，全球范围内人类面临着世界多极化、经济全球化、社会信息化、文化多样化的生存与实践情境，不同的价值理念和文明观念相继登场，人类文明在某种程度上正孕育着新的突破与跃升。当此“百年未有之大变局”的文明转型新时期，中国政府以“天下为公”的博大胸襟和人道情怀，积极倡导人类共同价值，不遗余力地推进“人类命运共同体”的伟大构想，直面人类世界美好的未来。这是当代中国为人类未来文明走向提出的中国方案、中国智慧，也是超越“西方中心论”构架，在全球领域追求一种更加恢宏、高远的文明格局。

一、人类命运共同体的文明论视角

纵深把握新的时代节点和人类发展的文明进程，构建人类命运共同体是对世界文明发展史中思想精华的萃取和交往历史的镜鉴，是对历史唯物主义人类解放理论的一种建构性运用与发展，也是对在普遍交往进程中人类社会发展趋势的科学预判和全新价值选择，是一种具有人类普遍性价值的新的文明发展观。

第一，有利于从整体上全面准确把握人类命运共同体理念，避免对人类命运共同体理念的片面理解。2015 年，习近平总书记在博鳌亚洲论坛上指出：“迈向命运共同体，必须坚持各国相互尊重、平等相待；必须坚持合作共赢、共同发展；必须坚持共同、综合、合作、可持续安全的理念；必须坚持不同文明兼容并蓄、交流互鉴。”①学者们对此进行了多角度解读。王寅认为人类命运共同体涵盖政治、安全、发展、文明、生态等多个领域：政治上，相互尊重、平等相待；经济上，合作共赢、共同发展；文化上，兼容并蓄、交流互鉴；安全上，实现共同、综合、合作、可持续的国际安全；国际秩序上，构建公

* 基金项目：国家社科基金项目“当代中国价值观国际传播的制约因素及提升策略研究”(项目编号：17BKS103)。

① 《习近平出席博鳌亚洲论坛 2015 年年会开幕式并发表主旨演讲：迈向命运共同体 开创亚洲新未来》，载《人民日报》2015 年 3 月 29 日。

正和谐的国际新秩序。[①] 还有学者认为人类命运共同体的基本前提是国际体系层次的“命运与共”，兼具国际主义的工具理性和价值理性，内在蕴含着平等互信的新型权力观、义利相兼的新型义利观、“结伴不结盟”的新型交往观。[②] 另有学者认为，命运共同体首先是利益共同体，这包括经济共同体、安全共同体、社会文化共同体等；其次，“命运共同体”还是一种新的价值理念，体现为人类试图构建价值共同体的诉求；最后，“命运共同体”观念包含“责任”意识。[③] 总之，人类命运共同体是一个内涵丰富的理念，包含政治、经济、文化和安全等多方面内涵，需要我们全面理解和阐述这个有机整体。此外，也有对人类命运共同体内涵的质疑，如以“中国威胁论”质疑人类命运共同体的“新安全观”，以“中国担忧论”质疑“共同发展观”，以“中国责任观”质疑“责任共担观”。[④] 同时，国外也有人对人类命运共同体予以充分肯定，但也有出于自身立场和惯性思维，认为人类命运共同体包含的“天下大同”等思想过于理想，实践起来很难。总之，对人类命运共同体的内涵理解正反面都有，因此需要厘清人类命运共同体的科学内涵，以正视听，回应国际社会的质疑之声。

第二，有利于传播“和而不同”“求同存异”的思维，规避“修昔底德陷阱”等零和博弈思维。修昔底德认为一个新崛起的势力为了获得更多权益肯定要挑战现存的主导势力，而主导势力为了维系自己的强势地位必然坚决回应，双方就不可避免产生战争冲突。后被美国人艾利森总结为新兴大国崛起必然挑战守成大国地位，战争必然发生。历史上大国的衰落与崛起确实伴随着战争与冲突，但是应看到历史上的大国战争多数都是西方国家之间因殖民扩张、争夺势力范围。中国不会搞殖民主义、霸权主义，同时中国文化具有极强的包容性，历史上少数民族进入中原，都受到中华民族文化的熏染，最后融入中华民族的大家庭。而今中国提出人类命运共同体更为摆脱“修昔底德陷阱”提供现实的可能性，打破“国强必霸”的西方逻辑。习近平总书记指出，世界上本无“修昔底德陷阱”，但大国之间一再发生战略误判，就可能自己给自己造成“修昔底德陷阱”。[⑤] “修昔底德陷阱”是西方零和博弈思维作祟的产物。当前世界多极化、经济全球化、社会信息化深入推进，各国依据各自历史文化传统选择不同的社会制度、发展道路，都应秉持和而不同的态度尊重他国选择。同时，各种全球现实性问题层出不穷，各国从未如此紧密相连，零和博弈、冲突对抗早已不合时宜，只有同舟共济、合作共赢才是人间正道。

第三，有利于推动人类文明进步方式的转变。占有、开发无限多的自然资源是资本的起点，资本增值是在生产领域；刺激人的需要、促进消费是资本的终点，资本实现

---

① 参见王寅：《人类命运共同体：内涵与构建原则》，载《国际问题研究》2017年第5期。

② 参见李爱敏：《“人类命运共同体”：理论本质、基本内涵与中国特色》，载《中共福建省委党校学报》2016第2期。

③ 参见王俊生：《中国周边命运共同体构建：概念、内涵、路径》，载《国际关系研究》2016年第6期。

④ 参见刘传春：《人类命运共同体内涵的质疑、争鸣与科学认识》，载《毛泽东邓小平理论研究》2015年第11期。

⑤ 参见《习近平出席华盛顿州当地政府和美国友好团体联合欢迎宴会并发表演讲》，载《人民日报》2015年9月24日。

是在流通和消费领域。[①] 这就决定资本必须不断地对外扩张才能保证其存在。正如马克思、恩格斯指出："生产的不断变革，一切社会状况不停的动荡，永远的不安定和变动，这就是资产阶级时代不同于过去一切时代的地方。"[②]自工业革命以来，欧洲在政治、经济和文化领域居于全球领先地位，他们自然而然认为这是由于他们文化的优越性，于是欧洲人用一种不可思议的自我中心的观点去看待世界。[③] 他们需要用思想文化和科学技术帮助那些"落后"民族和国家"进步"，将其拉入资本主义文明体系之中，这一"进步"不是自然的，而是被迫的，给这些地区的人们带来了深重的灾难。这样的"进步"方式导致亚非拉地区的抵抗，例如在19世纪初波斯（伊朗）爆发反对西方经济控制和本国封建统治阶级的革命、1908年青年土耳其革命党革命、1911年中国的辛亥革命，都是试图改变本民族或国家"进步"方式的一种反抗，是对西方统治权的挑战。人类命运共同体顺应广大发展中国家谋生存、求发展的愿景，把平等相待、互尊互信放在首位，尊重文明的差异性、独立性和多样性，国家不分大小、贫富、强弱一律平等，坚持以交流互鉴促进人类文明进步，转变人类文明进步方式。

二、人类命运共同体文明逻辑的双重向度

人类发展史是一部人类文明的更替史，是旧的文明从产生、成长、衰落到解体的过程，也是新的文明不断破土而出并逐渐取代旧的文明类型的过程。[④] 人类命运共同体作为人类文明之所以是"新"的文明类型是相对"旧"而言，只有相互对比才能确定人类命运共同体是一种新的文明类型。长期以来，资本文明就等同于文明。正如马克思所说："资本不过是文明的另一名称。"[⑤]但现代资本主义文明体系也是从西欧发源而来，作为一种区域性文明类型，伴随着全球化的发展传播至世界每个角落，其他地区和国家被迫卷入资本主义文明体系之中。现代资本主义不平衡不稳定的全球政治经济秩序以及全球治理赤字，导致气候变化、贫富极化诸多问题，这就需要有一种新的文明类型来引导人类发展。中国自被迫卷入世界资本文明体系以来，在顺应世界发展规律中，经历长时间的艰辛探索，提出构建人类命运共同体。这一蕴含着中国智慧的人类命运共同体呈现出双重向度的文明逻辑。

1.人类命运共同体借鉴现代资本文明的积极成果

邓小平强调："社会主义要赢得与资本主义相比较的优势，就必须大胆吸收和借鉴人类社会创造的一切文明成果，吸收和借鉴当今世界各国包括资本主义发达国家的一

---

① 参见唐爱军：《中国道路的文明逻辑——基于历史唯物主义的解读》，载《哲学研究》2020年第6期。

② 《马克思恩格斯文集》第2卷，人民出版社2009年版，第34页。

③ 参见［美］斯塔夫里阿诺斯：《全球通史——1500年以后的世界》，吴象婴、梁赤民译，上海社会科学院出版社1999年版，第566页。

④ 参见田江太：《人类命运共同体：一种新型全球性文明的开创》，载《中国矿业大学学报（社会科学版）》2021年第2期。

⑤ 《马克思恩格斯文集》第8卷，人民出版社2009年版，第540页。

切反映现代社会化生产规律的先进经营方式、管理方法。"[①]不同的人有不同的长处与缺点，消除自身缺点最有效的办法莫过于人与人之间的接触。文明之间亦是如此，从文明的交流中汲取其他文明的长处，来补充和完善自身。人类命运共同体作为中国提出的新文明类型，借鉴资本主义的成果有内在必然性和客观性。

首先，马克思主义认为任何新生事物都是在旧事物中产生的，新事物对旧事物强调的是扬弃，而不简单地否定。马克思主义并不是抽象的，是我们认识世界和改造世界的强大思想武器，揭示了世界发展的普遍规律尤其是人类社会历史发展的普遍规律，引导我们用历史的、辩证的眼光看待包括资本主义在内的人类社会所创造的积极成果，无论东方西方，各民族都要有自己的东西。西方国家发展了资本主义，在历史上是起了作用的。[②] 每个民族都有它的长处，同时每个民族也都有它的短处。[③] 因此，人类命运共同体对于人类社会所创造的思想和文化成就是注重批判与继承，而不是简单地抛弃。

其次，人类历史演进进程一再表明自我设限、自我封闭只会导致落后，除纵向的历史继承之外，文明的进步往往取决于是否可以横向地吸取其他社会集团的经验与知识。西欧在16世纪开始大规模海外扩张，可以确定的是当时西欧发展水平远远落后于中东、南亚和东亚地区，但正是西欧从外界得到的财物以及学习到的文化，反推西欧各国迅速发展直至成为世界最发达地区。反观中国明清时期实行闭关锁国政策，错过人类航海时代，逐渐落后于时代；新中国成立以后由于西方封锁以及冷战等因素，中国错过二战后全球化热潮，导致中国再度丧失融入世界、发展自己的机会。总结历史经验，中国长期处于停滞和落后状态的一个重要原因是闭关自守。实践证明，关起门来搞建设是不能成功的，中国的发展离不开世界。[④] 因此，人类命运共同体是一种新的文明类型，我们身处文明的汪洋大海之中而绝无孤立存在和发展的可能，不仅要继承中华优秀的历史文化遗产，还要大胆地吸收和借鉴现代人类社会所创造的一切积极成果，才能拥有更宽宏的视野。

最后，不断吸收和借鉴其他文明成果是社会主义的基本特征。社会主义作为一种崭新的、先进的社会制度和社会形态，是以人类整个历史文明为前提和基础的，是人类历史演进过程的一部分，高于迄今为止一切社会形态和社会制度。社会主义这种基本特征决定了要学习和借鉴人类的文明成果。列宁曾强调要乐于吸取外国的好东西，他提出一个简单的公式："苏维埃政权＋普鲁士的铁路管理秩序＋美国的技术和托拉斯组织＋美国的国民教育等等等等＋＋＝总和＝社会主义。"[⑤]社会主义作为更高的生产关系，它的物质存在条件只有在旧社会的胞胎成熟之后方可显现。他山之石，可以

---

① 《邓小平思想年谱（一九七五——一九九七）》，中央文献出版社1998年版，第460页。
② 参见《毛泽东文集》第7卷，人民出版社1999年版，第77页。
③ 参见《毛泽东文集》第7卷，人民出版社1999年版，第41页。
④ 参见《邓小平文选》第3卷，人民出版社1993年版，第78页。
⑤ 《列宁全集》第34卷，人民出版社2017年版，第520页。

攻玉。在物质条件落后的国家建立社会主义，应当吸收和借鉴世界各国包括资本主义国家所取得的物质文明成就，达到生产力与生产关系相匹配。因此，“我们不能设想，除了建立在庞大的资本主义文化所获得的一切经验教训的基础上的社会主义，还有别的什么社会主义”[①]。

我们应当树立什么样的学习态度？毛泽东指出：“一切外国的东西，如同我们对于食物一样，必须经过自己的口腔咀嚼和胃肠运动，送进唾液胃液肠液，把它分解为精华和糟粕两部分，然后排泄其糟粕，吸收其精华，才能对我们的身体有益，决不能生吞活剥地毫无批判地吸收。所谓‘全盘西化’的主张，乃是一种错误的观点。形式主义地吸收外国的东西，在中国过去是吃过大亏的。”[②]新中国成立伊始一穷二白，中国共产党从一个领导各族人民为夺取全国政权而奋斗的党成为一个长期执政、领导全国各族人民开启建设社会主义的党，党的地位发生了根本性变化。身份的转换意味着思维方式转换。为了改变落后面貌必须学习其他国家尤其是发达国家的成果。但是借鉴过程中难免泥沙俱下，因此必须树立“取其精华，去其糟粕”的态度，反对全盘照收。此外，中国的和外国的要有机地结合，而不是套用外国的东西。外国有用的东西都要学到，用来改进和发扬中国的东西，创造中国独特的新东西。搬要搬一些，但要以自己的东西为主。[③] “以我为主”即要以中国国情为根据，吸收国外一切文明成果都是为建设中国特色社会主义而服务，不可为了借鉴而借鉴，借鉴只是手段而不是目的。在接受外国长处时，要根据具体情况创造性运用，不能孤立地看待，不能将某一模式、手段当作普遍性，也要注重特殊性和关联性。

2.人类命运共同体是对现代资本文明的批判和超越，开启人类新文明类型

资本文明在历史上曾发挥过积极作用。马克思曾指出：“英国在印度要完成双重的使命：一个是破坏的使命，即消灭旧的亚洲式的社会；另一个是重建的使命，即在亚洲为西方式的社会奠定物质基础。”[④]“在亚洲造成了一场前所未闻的最大的、老实说也是唯一的一次社会革命。”[⑤]可见，资本文明炸毁了落后国家封建所有制关系，在不自觉中充当了落后国家进步的工具。但是，资本主义按照自己的面貌打造这个世界，将资本主义生产关系移植到非西方国家，从而形成“中心—外围”的二元世界体系，使“农村从属于城市”“未开化和半开化的国家从属于文明的国家”“农民从属于资产阶级”“东方从属于西方”，给非西方国家带来沉痛的灾难。对此，马克思沉痛地指出，“从人的感情上来说，亲眼看到这无数辛勤经营的宗法制的祥和无害的社会组织一个个土崩瓦解，被投入苦海，亲眼看到它们的每个成员既丧失自己的古老形式的文明又丧失

---

① 《列宁全集》第 34 卷，人民出版社 2017 年版，第 252 页。

② 中共中央文献研究室、中央档案馆编：《建党以来重要文献选编(1921～1949)》第 17 册，中央文献出版社 2011 年版，第 52 页。

③ 参见《毛泽东文集》第 7 卷，北京：人民出版社，1999 年，第 82 页。

④ 《马克思恩格斯选集》第 1 卷，人民出版社 2012 年版，第 857 页。

⑤ 《马克思恩格斯选集》第 1 卷，人民出版社 2012 年版，第 853 页。

祖传的谋生手段，是会感到难过的"[①]。而在这一体系中，文明意味着西方文明，国际法意味着源自格劳修斯传统的西方国际法，国际体系是西方的威斯特伐利亚体系，其主体是文明化的民族国家及其所控制的殖民地领土。[②] 习近平总书记在全国党校工作会议上指出："冷战结束以来，在西方价值观念鼓捣下，一些国家被折腾得不成样子了，有的四分五裂，有的战火纷飞，有的整天乱哄哄的。"[③]总而言之，文明的发展是永无止境的。

首先，我们以全球化和文明多样性来透视人类命运共同体对资本主义文明的批判和超越。资本主义自诞生起，全球化就开始如影随形，全球化在很大程度上造就今日的资本主义世界体系。"资产阶级，由于开拓了世界市场，使一切国家的生产和消费都成为世界性的了。旧的、靠本国产品来满足的需要，被新的、要靠极其遥远的国家和地带的产品来满足的需要所代替了。物质的生产是如此，精神的生产也是如此。各民族的精神产品成了公共的财产。民族的片面性和局限性日益成为不可能，于是由许多种民族的和地方的文学形成了一种世界的文学。"[④]全球化意味着各类资源要素可以在全球范围内流动，人类在生存和发展层面被紧密联系在一起，一个地区的经济决策可以影响到其他地区，使各国之间相互联系、相互依存和融合程度日益加深，从而使人类获得一种最基本的统一性。全球化资本追求自身利益最大化，在这种思维主导下的全球化呈现出两面：一面是欧美国家繁荣发展，另一面是落后国家不断被抛入资本主义世界体系中，在不断地折磨之中艰难探索社会转型。进入21世纪，全球化在新自由主义的指导下加剧了南北差距，发展中国家进一步被边缘化。对全球化进行批判和革新势在必行。人类命运共同体将全球化作为自身最现实的基础，在国际社会不稳定性不确定性趋势日益加剧的情况下，以中国智慧为全球化的健康发展提供中国方案，将开放包容作为自身精神要义，强调以合作共赢、互惠互利等理念进一步推动新型全球化，使各国尤其是发展中国家普遍获益。

其次，资本主义开启全球化时，历史开始向世界历史转变，人类可以一窥世界文明的全貌，不同地域呈现出发展程度不同的文化，文化的交流与互鉴进一步推动文明多样性发展。文明的多样性是指各地区、各民族和各国社会进步所达到的程度和水平，体现了各地区、各民族和各国社会进步的特点和方式，也反映了人类社会生活的丰富性和多样性。[⑤] 当面对相对落后的文明时，资本主义国家认为自身有"责任"，将自身成功的发展模式(如美国的或欧洲的或日本的)当作普遍的发展模式，认为这些模式适用于所有的地区。这是一个典型的现代性叙事，它把一个国家或地区的发展放在时间的轴线上孤立地看待，而不是把这个国家或地区的发展与其他国家或地区的发展问题

① 《马克思恩格斯选集》第1卷，人民出版社2012年版，第853页。

② 参见[美]塞缪尔·亨廷顿：《文明的冲突》，周琪等译，新华出版社2012年版，第30～31页。

③ 《习近平谈治国理政》第2卷，外文出版社2017年版，第327页。

④ 《马克思恩格斯选集》第1卷，人民出版社2012年版，第404页。

⑤ 参见方世南：《马克思关于人类文明多样性思想初探》，载《马克思主义研究》2003年第4期。

关联起来看，掩盖了西方社会的发展对于殖民地的依赖，掩盖了这种发展同时意味着对别的地区和人民的发展权利甚至生存权利的剥夺。[①] 正如马克思所言：“你们赞美大自然令人赏心悦目的千姿百态和无穷无尽的丰富宝藏，你们并不要求玫瑰花散发出和紫罗兰一样的芳香，但你们为什么却要求世界上最丰富的东西——精神只能有一种存在形式呢？”[②]“现在世界上有两千多个民族，人类文明随着多种民族的相互交往而不断丰富和发展。世界文化的多样性或文明的多样性，不仅过去存在，现在存在，将来也会长期存在。”[③]文明多样性既是人类文明本质属性，又是人类命运共同体的人文基础。文明因多样而交流，因交流而互鉴，因互鉴而发展。交流互鉴的前提应是平等。人类命运共同体面对不同文明、不同历史传统、不同社会制度的国家，坚持平等、互鉴、对话、包容的文明观，以文明交流超越文明隔阂，以文明互鉴超越文明冲突，以文明共存超越文明优越，推动文化成为人类命运共同体的精神纽带，促进各国人民形成共同价值，从而维护和增进文明多样性发展，夯实人类命运共同体的人文基础。

三、人类命运共同体开启新文明类型

美国政治学家塞缪尔·亨廷顿认为，冷战后的世界最普遍的、重要的和危险的冲突不是社会阶级之间、富人和穷人之间，或其他以经济来划分的集团之间的冲突，而是属于不同文化实体的人民之间的冲突。部落战争和种族冲突将发生在文明之内。各个国家根据文明来确定自己的利益。它们同具有与自己相似或共同文化的国家合作或结盟，并常常同具有不同文化的国家发生冲突。随着西方的衰落，非西方国家随着国际权力和自信心的提高，会向国际社会输出自己的文化价值，势必对世界政治秩序造成巨大冲击。而中国的历史、文化、传统、经济活力和自我形象，都驱使它在东亚寻求一种霸权地位。这个目标是中国经济迅速发展的自然结果。[④] 这种观点实质上仍是站在“西方中心论”立场，借着“文明”的外衣进行意识形态之争。21世纪各国之间的联系从来没有像今天这样紧密，世界人民对美好生活的向往从来没有像今天这样强烈，人类战胜困难的手段也从来没有像今天这样丰富，和平、发展、合作、共赢的时代潮流更加强劲。[⑤] 习近平总书记强调：“不同文明凝聚着不同民族的智慧和贡献，没有高低之别，更无优劣之分。文明之间要对话，不要排斥；要交流，不要取代。”[⑥]而人类命运共同体作为新的世界文明观，以和而不同、开放包容促进不同文明共存共享，破解文明冲突、文明隔阂，促进不同交流互鉴开启新的文明类型。

第一，新文明类型超越“文明冲突论”，构建新型文明秩序。“文明冲突论”是解读

---

① 参见汪晖：《去政治化的政治——短20世纪的终结与90年代》，生活·读书·新知三联书店2008年版，第505页。

② 《马克思恩格斯全集》第1卷，人民出版社1995年版，第111页。

③ 中共中央文献研究室编：《十六大以来重要文献选编》（下），中央文献出版社2008年版，第912页。

④ 参见[美]塞缪尔·亨廷顿：《文明的冲突》，周琪等译，新华出版社2012年版，第205页。

⑤ 参见《习近平谈治国理政》第2卷，外文出版社2017年版，第508页。

⑥ 《习近平谈治国理政》第2卷，外文出版社2017年版，第524页。

当前国际社会的一种视角，这与冷战时期以意识形态划分敌我是一致的，是西方在历史进程中形成的一种文明观。欧美以对抗的视角看待西方与非西方，仍是视自身“文明优越”的表现，是西方中心主义和霸权主义的一种表现形式。这种重冲突轻统一的思维，其根源产生于古希腊时期。希腊地理岛屿众多，地形破碎，无法发展出类似中国的小农经济，只好在海上劫掠以及相互交换彼此需要的生活资料，这就形成后世的海上贸易与商业。这种经济类型必然产生外倾性文化，以对立的视角来看待事物。而亨廷顿的“文明冲突论”是西方以主导地位面对非西方挑战时自动激发的二元对立观念。例如，美国总统拜登多次称面对中国的挑战，要团结所谓的“自由民主”国家，实质是非西方国家的崛起撼动了美国在全球的霸权地位，使美国感受到了威胁，在和平发展的大潮之下，以“文明冲突”代替更为激烈的军事和意识形态对抗，维护自身主导的世界体系。“文明冲突论”俨然成为官方的意识形态，成为美国对外强行输出的“普世文明观”，过分强调文明之间的隔阂和潜在的冲突，在忽视或否认不同文明之间存在交流互鉴的可能性的同时，夸大了文明对国际冲突的影响，误判了民族国家的影响力。[①] 事实上，文明的差异并不“必然存在这种紧张状态和对抗状态”，冲突的真正原因是社会经济，而不是文明。虽然文明差异确实助长、促成了许多讨厌的冲突，但它们与一些冲突并无必然的关联，而只是作为诸多因素中的一个起作用，或许在有些情况下文明的差异甚至有助于避免战争。[②] 所以，从根本上说，“文明冲突论”仍是西方中心主义的旧调重弹，是“霸权主义的表现”，是“政治冲突的表象”。[③]

在这样一个相互依赖、相互依存，命运与共、休戚与共的世界上，在这样一个借助于信息技术的大众媒介极度发达的时代，各个国家、各个地域、各个民族之间文化的交流互鉴发展到空前规模。因此，我们建立一个什么样的文化秩序去看待世界上不同历史文化、民族传统文化之间的关系，如何估量文化交流、融合与文化冲突的态势，以及这种态势对国际社会的影响，是当前我们急需解决的问题。文化多样性是客观存在的，同物种的多样性使生命生生不息一样，人类文化的多样性使这个世界更加丰富多彩，人类得以在多样性的文化传承中相互交流、和谐相处，取长补短、融合创新。所以，文化多样性是一个关系到人类文明续存的根本问题，是人类社会可持续发展的源泉。[④] 习近平总书记指出：“人类只有肤色语言之分，文明只有姹紫嫣红之别，但绝无高低优劣之分。我们应该秉持平等与尊重，摒弃傲慢与偏见，加深对自身文明和其他文明差异性的认知，推动不同文明交流对话、和谐共生。”[⑤]换言之，我们要以开放的文明视野以及开阔的包容胸怀对待不同文明。人类文明的差异和多样，不同文明之间接

① 参见刘泓：《文明互鉴是推进“一带一路”建设的重要力量》，载《人民论坛》2019 年第 21 期。

② 参见[美]塞缪尔·亨廷顿：《文明的冲突》，周琪等译，新华出版社 2012 年版，第 336 页。

③ 参见沈甜玲：《交流互鉴是人类文明发展的必由之路》，载《人民论坛》2019 年第 17 期。

④ 参见习近平：《干在实处　走在前列——推进浙江新发展的思考与实践》，中共中央党校出版社 2016 年版，第 295 页。

⑤ 《习近平谈治国理政》第 3 卷，外文出版社 2020 年版，第 468 页。

触、碰撞、交融正是人类文明不断进步的动力。因此,要建立一种具有包容性、平等的新的文明秩序。人类命运共同体作为一种新的文明类型,它的基本态度就是相互尊重、平等相待,树立平等、互鉴、对话、包容的文明观。每种文明和文化都是在自身特定历史进程中,在特定的地理环境和特定的民族相互作用中产生和发展的,在人类文明中占据着独特的地位,自我标榜"文明优越"只会加大冲突。因此,首先要秉持谦虚、尊重的态度。其次,在不同文明交流过程中以共商共建共享为原则。"共商"就是文明交往过程中涉及不同的主体应不损害他人利益,达成共识,化解分歧。"共建"即为各个文明共同参与人类命运共同体,群策群力各尽其能,发挥各自的优势。共商共建必然带来"共享",即共同分享物质文明与精神文明的成果。最后,以开放包容、交流互鉴作为动力。

第二,新文明类型超越"普世价值观",塑造人类共同价值。"普世价值"顾名思义,它应该是指普天下的人共同追求的价值,而不是只有一部分人追求,甚至只有个别人追求的价值。① 它主要包括两个层面的内容:一是指为维护全人类共同利益所需要的共同或普遍的价值原则和规范;二是指各种不同价值原则和规范之间,既包括统一文化传统下的各种不同价值体系之间,也包括传统价值与现代价值之间的共性意义上的道德价值。其哲学基础有两个:一是抽象人性论,它由人性共同性推论出价值的普世性;二是形而上学的价值不变论,它由人性的永恒性断定存在一种永恒不变的价值,这可算是"天不变道亦不变的"的西洋版。②

冷战结束后,全球化不断加速,经济与社会的交流使众多地域性的文明之间不断交流碰撞,形成相互借鉴、相互融合、相互包含的态势。同时,西方国家对原苏东地区以及处于苏联影响下的国家进行资本主义改造,在一定条件、一定范围内对普世价值的形成和传播起到了促进作用。因此,普世价值是客观存在的,例如科学、民主、法治、自由等价值,这些都是人类在漫长的历史进程中所共同追求的价值以及在追求的过程中所共同创造的文明成果。但是,价值不等同于价值观,前者是一种客观实在,后者是在实践活动中认识主体与认识客体发生关系,认识主体通过归纳和演绎、分析和综合等方法对客体符合自身需要的部分进行筛选。可以说,价值观是以往人们生活经验和价值选择活动的总结和概括,反过来又能够规范人们的价值活动,调节、过滤和控制人们的情绪、兴趣、意志和态度,它主要由一些基本价值的信念、信仰和理想所构成,起着评价标准、评估原则的作用,包括主体的历史方位感、社会秩序信念、社会规范意识、价值实践思维、价值本位观念。③ 但是,价值观是在一定社会条件和历史环境中的人得到的认识,必然会受到物质水平的制约,所以价值观具有时代性、地域性,它不可能跨越时空的限制应用于其他时段和空间。例如,西方普世价值观在政治上主张民主、自由,将资本主义制度视为"人类最后一种统治形式",在经济上主张自由化、市场化,将

---

① 参见李延明:《科学理解"普世价值"与"普世价值观"》,载《当代世界与社会主义》2009年第3期。

② 参见陈先达:《论普世价值与价值共识》,载《哲学研究》2009年第4期。

③ 参见李延明:《科学理解"普世价值"与"普世价值观"》,载《当代世界与社会主义》2009年第3期。

西方文化视为文化发展的最终形态，但是在非西方国家中，尤其是冷战结束后一些国家按照普世价值观的指导，通过技术模仿与制度变革，虽在短期内带来很大的成效，但是很快遇到瓶颈，为自身长期发展埋下隐患，这似乎也成为非西方国家的“魔咒”。世界上的事物是极为丰富、复杂的，任何个别不能完全地被包含在一般之中，普世价值观也不能作为一种绝对的“标准”来衡量他国的发展。

实质上，普世价值观是用来包裹西方世界体系的糖衣，无论经过多少次完善与更新，维护自身在世界体系中的核心地位的目的不会变。但是世界格局正处在一个加快演变的历史进程之中，和平、发展、进步的阳光足以穿透战争、贫穷、落后的阴霾。世界多极化进一步发展，新兴市场国家和发展中国家崛起已经成为不可阻挡的历史潮流。经济全球化、社会信息化极大地解放和发展了社会生产力，既创造了前所未有的发展机遇，也带来了需要认真对待的新威胁新挑战。[①] 共同用好发展机遇，共同应对各种风险，成为各国人民的愿望。国际社会应该超越国际关系中陈旧的“零和博弈”，超越危险的冷战、热战思维，超越曾把人类一次次拖入对抗和战乱的老路。要以人类命运共同体的新视角，以同舟共济、合作共赢的新理念，寻求多元文明交流互鉴的新局面，寻求人类共同利益和共同价值的新内涵，寻求各国合作应对多样化挑战和实现包容性发展的新道路。[②] 因此，和平发展、合作共赢的时代潮流日趋强劲，但是对抗、战争的因素也在不断地增长，需要我们用共同价值对人类行为进行指导，在改造客观世界的同时自觉地改造我们的主观世界，进而规范国家行为。习近平主席曾在第70届联合国一般性辩论的讲话中强调：“和平、发展、公平、正义、民主、自由，是全人类的共同价值，也是联合国的崇高目标。”[③]习近平主席全面而系统地阐述了共同价值的内涵。共同价值的实质或本质是普惠。普惠价值是共同价值的本质和实质，也是对共同价值的进一步解释、展开、说明和发挥。它是在尊重世界文明多样性和平等性的基础上，强调维护好、发展好、实现好世界人民的共同利益，强调一切都要依靠世界人民、一切为了世界人民、让世界人民共享世界发展成果的价值理念。[④] 人类命运共同体内在蕴含的共同价值的立足点是全人类的共同利益，不像普世价值一般是维护西方国家的核心地位。理念引领行动，方向决定出路。价值作为一种工具，基于的出发点不同，价值的作用也不同。人类命运共同体的共同价值的作用首先有利于全球公共问题的解决。目前国家之间、地域之间建立的以解决全球公共事务为目标的组织不可谓不多，其所涉及的层面和领域不可谓不广，但是这些组织由于约束力不足，难以要求成员贯彻该组织的宗旨和协议，究其原因，首先在于各成员之间并未拥有一个共同价值，难以步调一致地解决问题。这就需要有共同价值来引导行为，以互惠互利、公平公正解决公共问题。其次在于完善全球治理体系，为全球治理找到有效的价值指引。随着国际社会民

---

① 参见《习近平谈治国理政》第2卷，外文出版社2017年版，第522页。

② 参见中华人民共和国国务院新闻办公室：《中国的和平发展》，人民出版社2011年版，第23～24页。

③ 《习近平谈治国理政》第2卷，外文出版社2017年版，第522页。

④ 参见韩庆祥等：《人类命运共同体与共同价值》，载《社会主义核心价值观研究》2017年第3期。

主化、利益依存度的发展，国际公共事务是极为复杂的，需要多个决策中心的相互合作才能完成，但是以往的治理体系无论是西欧主导抑或美国主导，仍是“西方中心论”指导的不同形式。当前各国利益偏好以及信息复杂化，需要在共同价值指导下提供公共物品，提高效率，从而完善全球治理体系。

第三，新文明类型超越文明冲突，主张文化多元共存，互学互鉴。美国政治学家塞缪尔·亨廷顿认为，冷战结束后，意识形态的对抗让位于不同文明的冲突。他将世界文明分成基督教(西方)文明、儒教文明、东正教或斯拉夫文明、伊斯兰文明、印度教文明、日本文明、非洲和拉丁文明。他强调“伊斯兰”是现实的敌人，而中国则是潜在的敌人，甚至出现“伊斯兰—中国”的联合，成为世界大战的导火索，对西方文明造成严重挑战。文明的冲突将会左右全球政治，文明之间的断层线将会成为未来的战争线。1946年，乔治·凯南向美国国务院发了一封长达8000字的电文，对苏联进行深入分析，认为苏联的社会制度和历史文化传统必将威胁到美国，并得出结论：苏联与美国必定形成巨大冲突。此电报符合当时美国的政治诉求，成为对苏联战略的思想基础，也是遏制政策的来源，对20世纪后半叶的世界政治产生了重大影响。乔治·凯南的思想中“意识形态”色彩极为浓烈，这也是当时国际格局的反映。亨廷顿在《文明的冲突》中文版序言中指出：“随着冷战的结束，意识形态不再重要，各国开始发展新的对抗和协调模式。为此，人们需要一个新的框架来理解世界政治，而‘文明的冲突’模式似乎满足了这一需要。”如果将时间再度推移至两次世界大战之前，就会发现西方国家用“民族国家”的概念来解读当时的世界，虽然很大程度上局限于欧洲和美国。因此，从“民族国家”到意识形态，再到如今的“文明的冲突”，都不过是“西方中心论”的变形而已。斯塔夫里阿诺斯曾说：“由于19世纪末欧洲的政治、经济和文化居于优势地位，欧洲人自然会这样认为：他们的卓越地位起因于其文明的优越性，而这又反映出他们作为一个种族的优越性。他们深信，上帝创造了不同的人。它将白人造得更聪明，所以白人能指挥劳动，能指导宽背、低能的劣等种族的发展。因而有了‘白人的责任’这一概念——用理想主义的忠于职守的罩衣来遮盖当时的帝国主义的一种说教。”[①]但这样的后果则是激起了被殖民、被压迫地域和民族对自身文化的复兴，文明本土化趋势兴起。同时，二战之后随着殖民体系的瓦解和民族解放运动兴起以及全球化的发展，“西方中心论”逐渐瓦解，西方经济、政治以及文化的优势不足以使自身意识强加于别人，已无法在世界现代化潮流中起到带头作用。这自然引起亨廷顿之类“西方文化的卫道者”的警惕，提出类似乔治·凯南的遏制战略的“文明冲突论”，借以维护美国的既有利益。

但是文明发展的趋势真如亨廷顿所言必然产生冲突吗？1922年，罗素访问中国之后写了《中西文化比较》的文章，其中指出：“不同文明之间的交流过去已经多次证明

① [美]斯塔夫里阿诺斯：《全球通史——1500年以后的世界》，吴象婴、梁赤民译，上海社会科学院出版社1999年版，第565页。

是人类文明发展的里程碑。希腊学习埃及，罗马借鉴希腊，阿拉伯参照罗马帝国，中世纪的欧洲又模仿阿拉伯，而文艺复兴时期的欧洲则效仿拜占庭帝国。”[①]换言之，人类取得进步的关键就在于各民族之间的可接近性和相互影响。只有那些最易接近、最有机会与其他民族相互影响的民族才最有可能得到突飞猛进的发展，而那些与世隔绝、缺乏外界刺激的民族多半停滞不前。[②] 例如，欧洲中世纪十字军东征促进了新思想的传播，佛教来到中国使儒学获得发展进步。因此，文明之间的冲突在一定程度上不可避免，但是绝不是首要的，文明之间彼此借鉴、融合、进步才是主流。人类历史就是一幅不同文明相互交流、互鉴、融合的宏伟画卷。所以，“文明冲突论”实则是一个伪命题。而人类命运共同体作为一种新的文明类型超越“文明冲突论”，强调和谐共存、互利共享，而这种新的文明类型是基于三种因素。首先，中国传统文化的特质。以小农经济为基础的传统文化把人际关系以及人与自然的和谐作为理想目标，这与近代工业社会提倡冒险精神和以武力开拓海外殖民地是两种不同的发展方向。[③] 中华民族本就是多元汇聚而成，所以中国传统文化强调文化之间的多样性以及和谐相处，而人类命运共同体则承继中国传统文化的特质，又赋予其新的时代内涵。其次，新中国成立以来尤其是改革开放以来，实现现代化和民族复兴，离不开和平稳定的社会环境，同时我国的社会性质要求我们在对外关系上反对文化霸权主义，维护世界和平，促进人类进步事业，所以基本国情决定人类命运共同体要求文明之间要和平共处。最后，世界多极化、经济全球化深入发展，社会信息化、文化多样化持续推进，各国相互联系、相互依存，全球命运与共、休戚与共，和平力量的上升远超战争因素的增长，和平、发展、合作、共赢的时代潮流更加强劲。[④] 时代潮流的发展要求不同文明交流互鉴，包容共赢。人类命运共同体顺应时代潮流，克服囚徒困境，维护各国各民族文明多样性，加强相互交流、相互学习、相互借鉴。自中国被迫“门户开放”到主动开放，其间经历的一连串的变革，无论从器物到制度都是接受者的角色，无论是被迫还是主动。人类命运共同体是真正意义上中国实现国际角色转换之后向世界给出的中国方案，它的基本逻辑不是文明冲突，而是开放包容，互学互鉴。

总而言之，在当前“百年未有之大变局”的时代背景下，人类文明新的质变正在西方中心主义的旧胞胎中萌发。中国以开放的视野和开阔的胸怀，依据百余年来中国人求民族独立、求国家富强的经验提出“人类命运共同体”的伟大构想，积极倡导“共同价值”，回应当前人类社会所面临的重大难题，回答了时代之问，指引人类未来文明形态发展方向。

---

① 转引自汤一介：《评亨廷顿的〈文明的冲突?〉》，载《哲学研究》1994年第3期。

② 参见[美]斯塔夫里阿诺斯：《全球通史——1500年以后的世界》，吴象婴、梁赤民译，上海社会科学院出版社1999年版，第7页。

③ 参见汪澍白：《中国传统文化的特质》，载《社会科学家》1991年第3期。

④ 参见《习近平谈治国理政》第2卷，外文出版社2017年版，第538页。

论中国现代化创新的三个维度

颜景高

（山东社会科学院哲学研究所副研究员）

一、建构合作共赢的新范式

一般来讲，现代化表征着一种社会形态转型的历史进程，也意味着一种斑斓复杂的现代性后果，关涉社会生活的方方面面，诸如工业化、科层化、多元化、理性化等，正如塞缪尔·亨廷顿所归纳的："现代化是一个多层面的进程，它涉及人类思想和行为所有领域里的变革。"[①]从经济学的维度来讲，"现代化"与"工业化"几乎是可以相互替代的概念，诸如阿瑟·刘易斯界定的传统农业与现代工业对立的"二元经济"结构、罗斯托提出的"经济成长五阶段"理论，以及列维所考量的非生物能源与生物能源的使用比率，无不认定工业化是现代化的核心属性。从政治学的维度来讲，现代化彰显为政治系统功能的专业化，这意味着政治现代化程度的高低，取决于政治系统功能的分化程度及其子系统的健全程度。从社会学的维度来说，现代化彰显为社会结构分化的历史进程，体现为社会分层体制的建构，表征为理性评价逐渐替代世袭资格成为社会群体分化的标准。从心理学的维度来说，现代化不仅是一种经济制度或政治制度的形式变迁，而且是一种心理状态的更替或精神现象的焕发，因为只有一个国家的国民从心理上和行为上转变为现代的人格，获得了现代性的精神气质，才能真正成为现代化的国家。从历史学的维度来说，现代化是从传统社会向现代社会全面转型的进程，这个进程呈现为革命性的转变、复杂性的成因、系统性的关联、阶段性的特征、进步性的表现、同质化的表征、全球化的演进、长期性的行为、不可逆转的后果等，涉及经济、政治、思想、文化、价值观念等各个方面的全方位变化。

实际上，现代化是一种适应当代资本主义社会形态变迁的过程，这种适应过程最先起源于西欧发达资本主义国家的工业革命，随后这些变革逐步延伸到众多发展中国家，引发了各种社会关系的全球性转变，进而形成了世界历史，因而"现代化"也可以定

---

① [美]亨廷顿：《变化社会中的政治秩序》，王冠华等译，生活·读书·新知三联书店1989年版，第30页。

义为“反映着人类控制环境的知识亘古未有的增长，伴随着科学革命的发生，从历史上发展而来的各种体制适应迅速变化的各种功能的过程。这种适应过程发源于西欧一些国家并开始产生影响，在19～20世纪，这些变革延伸到所有其他国家，并导致了一场影响各种人际关系的世界性转变。”①正是在此意义上，源于西欧工业革命的现代化往往被通俗地称作“工业化”“西化”“全球化”，特别是在概述近代较先进的国家对较落后的国家的广泛影响时，马克思在《资本论》序言中强调指出：“工业较发达的国家向工业较不发达的国家所显示的，只是后者未来的景象。”②从本质上说，现代化变革延伸导致的世界性转变，建构的全球化体系，都源自现代生产方式，即资本主义生产方式的革命性改变，因为这种生产方式具有一种内在扩展性，日益消灭以往自然状况下的各国孤立状态，进而将单个国家或个别地区的经济活动纳入全球性生产体系，最终促使“历史向世界历史的转变”，进而言之，资本主义生产方式是推进现代化进程的根本动力。

资本主义全球秩序的早期形成并不是一帆风顺的，而是历经了世界范围内的暴力、杀戮、动荡和冲突，先发的资本主义列强竞相在世界各地抢占原材料产区、扩张商品销售市场，它们围绕殖民地的“势力范围”展开竞争，引发了惨绝人寰的两次世界大战，因为资本对超额利润的无限追逐敢于践踏人间的一切规则、制度和法律，锡德尼·维伯指出：“对于资本主义的工业组织以及它依赖的牟利动机，还有一个甚至更严重的控诉值得加以考虑，这就是：这个制度，在先进的时代，已经日益加剧地变成了国际间灾难性战争的原因。在过去的半个世纪里，资本主义企业家敌对集团间追求金钱利润的斗争，可以认为是国际纠纷中最有力的原因。”③20世纪世界大战的惨痛洗礼、战后意识形态的交锋以及战争体系的对峙，引发了整个世界发展体系的停滞，但资本逐利的本性不会改弦易张，它迫使资本主义列强去逐步建构相对和平、利于发展、攫取利润的世界体系，正是基于和平与发展的战略判断，中国的改革开放以前所未有的魄力融进了后冷战时代的全球资本主义体系。

时至今日，中国已经成长为世界第二大经济体，必然日益影响、逐渐重构全球资本主义体系，进而可能开启一种合作共赢、和平发展的现代化道路。中国现代化没有如同德国、日本以及苏联那样寻求军事崛起，也绝不会重走西方列强霸权崛起的老路，因为中国的改革开放所处的国际背景完全不同于资本主义列强崛起的时代。近年来，中国加入的国际组织愈来愈多，推动的全球化进程越来越深远，中国的影响力、感召力、塑造力已经远远超过了亚洲地区，触及非洲、欧洲、美洲，甚至抵达了全球的角角落落，进而言之，中国不仅仅是经济全球化的受益者，更是推动世界经济一体化发展的贡献者，因为“中国生产”为原材料供应国提供了平等互利的贸易伙伴，“中国消费”为发达国家提供了高档商品的销售市场，“中国制造”为全球消费市场提供了物美价廉的商

① ［美］布莱克：《现代化的动力》，段小光译，四川人民出版社1988年版，第11页。

② 《马克思恩格斯选集》第2卷，人民出版社2012年版，第82页。

③ ［英］维伯等：《资本主义文明的衰亡》，秋水译，上海人民出版社2005年版，第118页。

品，迄今为止，中国的改革开放实践仍处于不断开拓、逐渐深化的历史进程中，中国已经悄然改变甚至引领着全球资本逻辑及其秩序重构的未来走向。

20 世纪 90 年代以来，特别是 2008 年金融危机之后，中国加快了“走出去”的战略部署，改变了全球资本主义体系框架下的资本逻辑，触及主导全球资本主义体系大国的经济利益和战略部署，因而西方大国围堵中国、妖魔化中国的声音此起彼伏，诸如“中国威胁论”“中国崩溃论”“中国不确定论”等，西方大国“警告中国”的措施、“制裁中国”的行动也不断加码，诸如“中国倾销案”调查、“缩减中国贸易顺差”以及“中国高额关税”征收等，近年来，西方国家更是针对中国出现了诸多商品贸易、海外投资以及企业并购等“经济问题政治化”的案例。实际上，在西方大国主导的资本主义世界体系中，先是英国，现在是美国，始终坚持不懈地领导并维护着国际资本的全球扩张，借助“自由贸易”的旗帜和“民主政治”的口号，以美国为代表的国际垄断资产阶级获得了巨额的利润和巨大的利益，进而言之，以中国为代表的发展中国家迈进现代化所面临的最大挑战，并不是美国某一届政府或某一个领导人的扩张性，而是以美国为代表的资本主义世界体系的扩张性，正是在此意义上，沃勒斯坦认为，“被压迫阶层的问题不是怎样在这个世界中建立联系而是怎样去推翻它。大不列颠、美国和苏联都不是任何国家的未来模式”[①]。

现代化依然是广大发展中国家的根本任务，中国的社会主义现代化正是基于当代人类社会最宏大和最重要的问题，提出了源于中国而又属于世界的“一带一路”倡议。这一倡议基于现有的全球化框架进行改造，旨在开辟 21 世纪和平发展、合作共赢的新路径，这集中地体现在：其一，“一带一路”倡议鼓励向西开发，围绕欧亚大陆同时走向腹地和海洋，改变了以往着眼于东南沿海、首先向美国开放的战略逻辑；其二，“一带一路”倡议不是架构金融市场和操作证券交易，而是面向严重缺乏资金和技术的沿线发展中国家，参与基础设施建设、制造加工业以及服务贸易业，更改了资本主义体系下的殖民逻辑。概而言之，中国“一带一路”倡议的核心主题是“和平发展”，基础工程是“发展经济”，鲜明旗帜是“不干涉内政”，根本目的是建成“人人参与的全球化”，正如奈斯比特所指出的：“从宏观上讲，中国的创新能力正在不断提升，而‘一带一路’构想将会重新绘制全球贸易地图，并重塑全球贸易格局。‘一带一路’要做的事不仅仅是建设基础设施，实现互联互通，兴建新的港口、公路和铁路，它还昭示着相关国家间达成的深刻共识——它们不想成为华盛顿共识和布雷顿森林体系的一部分，因为这个体系已经破产了。”[②]面对“美国优先”、英国“脱欧”等代表的“逆全球化”潮流，中国坚定地维护和推动开放型全球经济，努力让经济全球化更具包容性，从而为广大欠发达地区和贫困人口带去福祉。进而言之，尽管中国周边国家可能囿于战略考量而阻碍中国“一带一路”建设的历史进程，在国际上再次掀起“中国威胁”的舆论，甚至伙同西方大国“围

① [美]沃勒斯坦：《沃勒斯坦精粹》，黄光耀等译，南京大学出版社 2003 年版，第 137 页。

② [美]奈斯比特等：《世界新趋势：“一带一路”重塑全球化格局》，张岩译，中华工商联合出版社 2017 年版，第 16～17 页。

堵”中国，但中国的“一带一路”倡议必将重塑全球化的面貌，进而成为改变21世纪世界格局的领导者，因为“欲使增长与平等和社会正义结合起来的新的——私人的和公共的——经济意识，已开始要求一种使世界市场成为所有人的机会之源的发展模式”①。

二、开启共富共享的新逻辑

资本主义建构的全球市场体系推进了世界经济的快速发展，构建了一个相对和平和稳定的发展空间，有助于推动发展中国家的现代化进程，但无法否认，全球资本主义体系已经引发了世界范围内的贫富差距，并且呈现出日益拉大的趋势，进而形成了一个不公平、不平等的世界经济政治秩序。迄今为止的全球化并没有带来全球的协调发展，也没有带来普遍的繁荣和发展，恰恰相反，它拉大了富国和穷国的发展差距，加深了富人和穷人的贫富鸿沟，因为发达国家始终牢牢控制着不发达国家或发展中国家的经济命脉，无休止地对它们进行新殖民统治或残酷掠夺。进而言之，资本主义市场体系下的发展中国家，即便实现了一定程度的现代化发展，但资本无限增值和榨取剩余价值的本性却迫使发展中国家的普通工人不得不接受极其低廉的工资水平，从而拉大了发展中国家的贫富差距，进而往往引发欠发达国家的社会矛盾和局势动荡，正如博克斯贝格所指出的：“新自由主义的全球化工程加大了发展中国家的贫富差距，只有新的经理和领导精英才从这种发展中收益。‘第三世界’的大规模贫困并不能被克服，充其量在大规模贫困中创造出几个富裕的小岛罢了。”②

实际上，以美国为代表的西方大国自身也没能实现公平正义的财富分配，21世纪以来，美国社会贫困差距拉大的趋势愈演愈烈，低收入阶层越来越贫困，从而引发了影响深远的“占领华尔街”运动、民粹主义情绪的激进狂飙以及“美国优先”的反全球化逆流。个中缘由在于，资本主义世界体系下的资本流动性导致国家对资本征税的难度加大，为了在日益激烈的全球竞争中获得比较优势，国家不得不采取逐渐紧缩的政策和不断减税的措施，比如德国，博克斯贝格指出，“1986～1996年德国对资本收入实际征收的税从24%下降到15%”③。美国也是如此，正如威尔·赫顿所指出的，“甚至在美国，全球化的压力也促使其减少其社会保障方面的赋税和转移支付份额——这些措施本来都旨在抵消全球化造成的收入分配不均”④。进而言之，资本全球化减少了资本税负，反而增加了劳工税负，这必然削弱政府实施再分配和社会保障的核心功能，究其根源，在于当下的国际体系隶属于“资本全面胜利”的特殊时代，从属于“强资本、弱劳工”的世界格局，这种资本主义世界体系必然造就“沙漏社会”模式下的贫富分化，导致越来越多的人趋于掉进社会底层，正如托马斯·皮凯蒂所考证的：“从长期来看，资本

① [美]赛格雷拉：《全球化与世界体系》(上)，白凤森等译，社会科学文献出版社2003年版，第193页。
② [德]博克斯贝格等：《全球化的十大谎言》，胡善君等译，新华出版社2000年版，第146页。
③ [德]博克斯贝格等：《全球化的十大谎言》，胡善君等译，新华出版社2000年版，第203页。
④ [英]赫顿等：《在边缘：全球资本主义生活》，达魏等译，生活·读书·新知三联书店2003年版，第148页。

收益率(特别是顶级资本的收益率)明显超过经济增长率。两者之差异导致初始资本之间的差距一直延续下去(资本持有者只需将资本收入的一小部分用于保持自己的生活水平,而将大部分用于再投资),并且可能造成资本的高度集中。”①

吊诡的是,依据西方自由主义经济学的经典理论,资本主义市场体系下的生产要素分配是天然合理的,也是和谐正义的,因为作为社会生产的三大要素,劳动者获得了相应的劳动报酬,土地所有者理应获得地租,资本家也理应获得利润,因而国家只要保障它们之间的自由竞争,资本主义社会就是公平正义的,这正是以亚当·斯密为代表的古典政治经济学奠定的西方市场经济传统和国际秩序原则。一方面,斯密强调形成资本市场的竞争秩序,倡导社会个体自由竞争;另一方面,斯密强调社会个体拥有平等的权利,反对政府的外在干预。新自由主义经济学基本上延续了古典经济学“按生产要素分配”的正义理论,并且将“规则平等”置于自由市场经济的内核之中。实际上,新自由主义经济学所希冀的“分配正义”绝不是结果平等,而是“规则平等”。西方自由主义经典理论虽然大体上符合现代资本主义市场经济自由化、全球经济一体化发展的客观趋势,但它们日益偏离了古典政治经济学“富国裕民”的初心,进而忽略了资本主义社会贫困差距拉大的“非正义”后果。实际上,西方自由主义经济学根本无法真正实现“分配正义”问题,因为“按生产要素分配”法则虽然从形式上看是公正的,但资本主义私有制度必然导致“要素所有权”的差异和分化,从而根本无法产生真正意义上的“社会正义”,正是在此意义上,日本学者田上孝一正确指出:“为了实现不产生不幸的经济弱者这一罗尔斯思想,应该有必要完成向‘作为分配正义的社会主义’这一马克思的理想迈进。”②

从马克思主义政治经济学批判的维度上说,社会正义的探讨不应该仅仅停留在社会分配的层面上予以澄清,而应该在社会生产关系的层面上进而在生产方式的层面上予以界定。在生产资料私有制的资本主义社会里,广大人民群众并没有掌握生产资料的所有权,他们仅仅是社会生产过程中的“劳动力要素”,而以资本、地产、技术等形式存在的生产资料要素的所有权掌握在“非劳动者”手中,因而在资本主义生产方式的社会结构中,劳动要素处于被其他生产要素决定的地位,劳动者处于被“非劳动者”统治的状态。资本主义私有制条件下的“按要素分配”正义理论是虚妄的,究其根源,在于私有制条件下生产要素“所有权”的控制,因而“分配正义”理论必须深入到资本主义制度批判的层面上予以考量,也就是说,要想真正实现社会正义必须建立共产主义公有制,因为“真正的自由和真正的平等只有在共产主义制度下才可能实现,而这样的制度是正义所要求的”③。基于劳动创造价值的科学判断,以及劳动要素在社会生产中的基础性地位,马克思主义者主张在共产主义初级阶段实现“按劳分配”原则,因为“机器不在劳动过程中服务就没有用。不仅如此,它还会受到自然的物质变换的破坏力的影

---

① [法]皮凯蒂:《21世纪资本论》,巴曙松等译,中信出版社2014年版,中文版自序第Ⅷ页。

② [日]田上孝一:《马克思的分配正义论》,黄贺译,载《国外理论动态》2008年第1期。

③ 《马克思恩格斯全集》第1卷,人民出版社1956年版,第582页。

响。铁会生锈，木会腐朽。纱不用来织或编，会成为废棉。活劳动必须抓住这些东西，使它们由死复生，使它们从仅仅是可能的使用价值转化为现实的和起作用的使用价值”①。当然要明确，按劳分配也存在着历史局限性，它强调了人作为“劳动者”的权利，却忽视了人的“个性需求”，“它默认，劳动者的不同等的个人天赋，从而不同等的工作能力，是天然特权”②。

中国现代化建立在生产资料公有制基础之上，因而中国的改革开放破除了资本主义私有制的“市场神话”，也赢得了社会主义国家实现“共同富裕”的制度优势，虽然社会主义国家的现代化建设往往建立在物质条件薄弱的基础上，特奥托尼奥指出：“社会主义是在一种不平等、混合的、帝国主义剥削占统治地位的国家经济氛围中发展起来的。这一事实决定了它将首先在最落后的地区出现。社会主义同物质匮乏联系在一起，这种物质匮乏又由于帝国主义的封锁而加剧。”③中国的改革开放顺应全球化发展的趋势，融入了世界经济秩序，在不断深化改革的历程中发展壮大了自己，也逐渐影响甚至改变了国际经济政治格局和全球治理体系。当然，中国的改革开放绝不是改变中国自身的生产资料公有制或社会主义生产方式，而是在不断切近真正实现公平正义的共产主义道路，正是在此意义上，特奥托尼奥将社会主义定义为“以国家方式推行超越市场原则的社会计划。这一经济组织将真正是通向共产主义的混合形态，它包含着共产主义生产方式、资本主义生产方式及其之前各种生产方式的规则”④。进而言之，中国坚持全面深化改革，不是简单地去变革我国的社会生产资料产权制度，或者片面地去追求纯而又纯的市场经济体制，而是要以完善社会主义市场经济体制为目标，进而为实现国家富强、民族振兴、人民幸福的中国梦提供制度保障。

改革开放40多年来，中国的市场经济改革实践深入推进，提高社会生产要素的配置效率成为我国进一步发展生产力的普遍共识。随着我国收入分配体制市场化改革的推进，社会主义分配原则在实践中逐步深化，从“按劳分配”原则到“按劳分配与按生产要素分配相结合”原则，再到确立“按生产要素分配的体制机制”，中国改革开放以来的社会主义市场经济分配观念实现了华丽转身，较好地适应了中国市场经济转型和现代社会发展的现实需要。不能否认，中国社会的贫富差距与市场经济体制下的生产要素分配机制息息相关，因为市场经济在促进经济活力的同时往往引发分配不等、收入不均的问题，但这绝不意味着中国的生产要素分配机制是非正义的，也不能把中国贫富差距拉大的问题直接归咎于要素分配原则，更不能在分配领域妄下“市场悄然退出，政府强势介入”的武断结论，因为改革开放以来中国贫富差距拉大的根源，并不在于市场体制下的生产要素分配原则，而在于社会主义市场经济体制下的生产要素分配机制始终受到外在干扰甚至非法侵害。进而言之，中国特色社会主义市场经济分配体制改

---

① 马克思：《资本论》第1卷，人民出版社2004年版，第214页。

② 《马克思恩格斯选集》第3卷，人民出版社2012年版，第364页。

③ [美]赛格雷拉编：《球化与世界体系》(上)，白凤森等译，社会科学文献出版社2003年版，第18页。

④ [美]赛格雷拉编：《球化与世界体系》(上)，白凤森等译，社会科学文献出版社2003年版，第18页。

革所面临的最大困境，并不是所谓的市场体制所引发的"马太效应"，而是社会主义市场经济体制下的"生产要素分配"功能没能充分发挥作用；中国分配体制改革所面临的核心问题，并不在于过度市场化问题或生产要素分配原则问题，而在于部分政府职能部门的不作为、乱作为甚至权力寻租乱象。

实际上，政府宏观调控与市场要素分配的关系并不是抽象的理论推演，而是动态的相互作用。一方面，政府调节有可能失灵，因为政府处于"作为某些高度必需的公共物品——例如国防、警察和消防、公路——垄断者的地位"[①]，往往缺乏提高效益、增加盈利的利益驱动，从而有可能导致社会资源配置错位。另一方面，政府有可能劫贫济富，因为"迫于个人和利益集团的压力，政府的强制力会有可能被用来剥夺穷人而救济富人，从而使政府的权力成为一种提高不公平的工具"[②]。但这绝不意味着政府可以退出市场经济活动的领域，因为从本质上讲，市场并不是一个纯粹的经济领域，而是一个更为广泛的社会领域的核心部分，正如罗尔斯所指出的，"政治经济与公共部门及适当形态的背景制度有密切的关系，这些背景制度运用税收、财产权和市场结构等等调节经济活动"[③]。在自由资本主义时期，政府扮演"守夜人"的角色，因为成立政府的目的就是强制人民"遵守法度，并在全社会中执行公道的命令"[④]。在"市场失灵"频发的当代资本主义社会，政府则承担着维护公正的职责，因为"经济增长不过是手段而已。各种文化价值是抑制和加速增长的动机的基础，并且决定着增长作为一种目标的合理性"[⑤]。实际上，中国的市场经济并不是自然成长的产物，而是中国政府引导推动的产物，因而政府宏观调控与市场要素分配的互动关系更为复杂，进而言之，中国的社会主义市场经济改革中虽然出现了政府职能"错位越位"的现象，甚至出现了"权力寻租"的市场乱象，但这绝不意味着政府职能的"直接退出"，而是预示着政府职能的"准确定位"，唯有如此，中国的社会主义才能充分发挥出实现共富共享的制度优势。

中国特色社会主义必须满足人民群众日益增长的美好生活需要，不辜负普通公民对社会主义公平正义的期望，党的十九大报告明确指出，要"坚持在经济增长的同时实现居民收入同步增长、在劳动生产率提高的同时实现劳动报酬同步提高"[⑥]。从本质上说，劳动者是社会的主人翁和社会财富的创造者，他们的收入水平彰显了一个社会发展的文明程度，特别是社会主义制度下的中国，因为社会主义的本质和发展目的就是最终实现"共同富裕"，正是在这个意义上，弗莱施哈克对分配正义作出了正确概括：

---

① [美]缪勒：《公共选择》，张军译，生活·读书·新知三联书店 1993 年版，第 150 页。

② [美]斯蒂格利茨：《政府为什么干预经济》，郑秉文译，中国物资出版社 1998 年版，第 103～104 页。

③ [美]罗尔斯：《正义论》，何怀宏等译，中国社会科学出版社 1988 年版，第 256 页。

④ [英]休谟：《人性论》，关文运译，商务印书馆 1980 年版，第 578 页。

⑤ [法]佩鲁：《新发展观》，张宁等译，华夏出版社 1987 年版，第 15 页。

⑥ 习近平：《决胜全面建成小康社会 夺取新时代中国特色社会主义伟大胜利——在中国共产党第十九次全国代表大会上的报告》，人民出版社 2017 年版，第 46～47 页。

"'分配正义'，又叫'经济正义'或'社会正义'，是当今许多人的说法。"[①]对于社会主义国家来说，社会财富的分配还要充分体现对大众公共需求的满足，以及对社会弱势群体特殊需求的关怀，因而政府要在社会财富分配中做好适当调节，进一步缩小国民收入分配差距，进一步推进社会公共服务均等化。"必须坚持和完善中国特色社会主义制度，不断推进国家治理体系和治理能力现代化，坚决破除一切不合时宜的思想观念和体制机制弊端，突破利益固化的藩篱，吸收人类文明有益成果，构建系统完备、科学规范、运行有效的制度体系，充分发挥我国社会主义制度优越性。"[②]进而言之，十八大以来中国共产党以"反腐败永远在路上"的坚韧和执着，巩固压倒性态势、夺取压倒性的胜利，正是为了最大限度地破解"公权私用"腐败行为，进而不断推进中国特色社会主义市场经济的历史实践。

三、复兴集体主义的新价值

中国的改革开放从属于资本主义文明所开启的世界历史时代，因而中国特色的社会主义市场经济也必然受到全球资本扩张的持续性影响，从而导致中国一度成为国际分工体系中的原材料供应地、中低端加工者甚至世界制造工厂，中国在创造世人瞩目的"经济奇迹"的同时，也伴随着资源的消耗、生态的危机以及贫富差距的急剧分化。时至今日，中国特色社会主义现代化的历史进程，特别是改革开放40多年的急速发展，已经逐渐抵达现代社会文明的历史限度，这集中体现在息息相关的两个层面：一是在社会生活层面，资本市场的"唯利是图"原则毫无顾忌地侵入了社会公共生活，导致现代人的信仰迷失、道德滑坡以及观念混乱等；二是在自然生态层面，资本市场的"无限增值"意图肆无忌惮地进行"成本核算"，导致能源危机、生态失衡以及环境问题日益加剧。西方资本主义文明的生成及其演变有其特殊的历史环境，并且业已抵达其固有的历史界限，因而中国不会重走资本主义列强对内剥削、对外掠夺的道路，更不会产生西方世界所持有的"大国优先"的霸权主义逻辑，进而言之，关于中国现代化就是延续资本主义文明发展进程的种种解读，根本就没有触及中国现代化的基本问题，因为中国现代化有着自己的独特国情和历史文化传统，正如布莱克所指出的："我们不能把十七、十八世纪英国和法国的转变过程称作'西化'，也不能把二十世纪日本对满洲的影响说成是'欧化'。"[③]

从资本文明的主体性维度而言，资本主义现代化就是个人主义发育及其演变的历史进程，从资本个体的精神性维度而言，西方个人主义日益彰显的是追逐无止境进步的"浮士德精神"，丹尼尔·贝尔指出，西欧资本主义的文化精神"既属于韦伯式的禁欲

① [美]弗莱施哈克尔：《分配正义简史》，吴万伟译，译林出版社2010年版，第2页。

② 习近平：《决胜全面建成小康社会 夺取新时代中国特色社会主义伟大胜利——在中国共产党第十九次全国代表大会上的报告》，人民出版社2017年版，第21页。

③ [美]布莱克：《现代化的动力》，段小光译，四川人民出版社1988年版，第10页。

苦行主义，又属于桑巴特式的贪婪摄取性”[①]。作为西方现代化文明的基本推动力量，资本的增值需要促使它自身不断扩张，市场交换原则日益侵入人类公共生活，唯利是图原则逐渐侵蚀着人类生态环境，正是在此意义上，海德格尔认为现代文明的基本特征就是“进步强制——生产强制和需求强制”[②]。一言以蔽之，当代的资本主义现代化文明日益衍变为罗素所认定的“工业主义、军国主义、热爱进步、传教狂热、扩展势力、控制和组织社团”等种种形式，并且最终“推动着无止境的竞争和开发，也推动着无止境的扩张和破坏——它正在使这一文明走向毁灭的结局”[③]。因而，对于“具有有限的个体意识”且“具有非凡社会才能”[④]的中华民族来说，当开启一种新的现代化文明类型成为一项紧迫而根本的任务时，它理所当然地诉诸“集体的力量”，并力图以保有这种力量的方式推进自身的民族复兴进程，因而中国的现代化必然在当今的世界格局中采取“集体主义”的立场，正是在新旧文明类型更替的意义上，中国社会主义现代化昭示了世界历史意义。

中国的社会主义有其独特的历史文化传统，有着鲜明的价值理念创造，它传承的是中华文化一脉相承的家国伦理和集体思维，根本就不会产生西方式的个人主义观念，正如韦伯所指出的：“中国的伦理，在自然生成的(或被附属于或被拟制成此种性质的)个人关系团体里，发展出其最强烈的推动力。这与最终要达到(作为被造物)的义务之客观化的清教伦理，形成强烈的对比。”[⑤]从文化传统上讲，中国人有着与西方完全不同的家国伦理和集体观念，中国人更注重人与人之间的关系，更依赖集体的力量达成某种目标，进而言之，如果说中国人有“个人观念”，它也是在集体的范围内所界定的，并且受到集体管理的约束，也就是说，如果说中国人有“个人主义”，它也是小心翼翼并且相当节制的，因为它根本就没有咄咄逼人的扩张性，费正清因而强调：“这是一个很有限制的个人主义形式；但说到底，正如德巴里所指出的，它可能‘比现代西方式的个人主义更能适应社会主义社会’。”[⑥]中国的历史文化有其“文以化人”的传统，有着“和为贵”的价值理念，我们的先人早就通晓“远人不服，则修文德以来之”的道理。古老的中华民族之所以具有长久的世界影响力，并不是依靠穷兵黩武的对外扩张力量，而是依赖中华文化内在的巨大感召力，这正是中国特色社会主义和平发展的文化基因和精神命脉。时至今日，和平发展的社会主义不仅将经济繁荣带回了中国，也让中国逐渐回归了自己的文化根基，中华文化在开启现代文明新类型的创新性融合发展中不断地实现了传统文化的复兴，也日益成为全球创造力的中心和源泉，正是在此意义上，费正清在展望美国和中国的未来时说：“在以新的方式关心自然环境中的人(生

① [美]贝尔：《资本主义文化矛盾》，赵一凡等译，生活·读书·新知三联书店1989年版，第209页。

② [法]费迪耶：《晚期海德格尔的三天讨论班纪要》，丁耘译，载《哲学译丛》2001年第3期。

③ [英]罗素：《中国问题》，秦悦译，学林出版社1996年版，第7～8页。

④ [德]凯泽林：《一位哲学家的旅行日记》，载何兆武等编：《中国印象——世界名人论中国文化》上册，广西师范大学出版社2001年版，第290页。

⑤ [德]韦伯：《中国的宗教：儒教与道教》，康乐等译，广西师范大学出版社2010年版，第312页。

⑥ [美]费正清：《美国与中国》，张理京译，世界知识出版社1999年版，第69页。

态学）和社会中的人（社会群体生活）的过程中，中国作为其他民族文化榜样的中心职能又开始恢复了。”①

中国的社会主义现代化有其坚实的实践基础，有着中国特色的制度创新，提供了一种替代资本主义现代化方案的全新选择，诚如梅茹耶夫所指出：“资本主义尽管取得了经济技术的成就，但却与自然和文化发生了冲突，这就使谈论它的令人震惊的生态和精神危机问题成为可能。今天，持不同信念和意识形态立场的人们，都在探讨这一危机的原因及其摆脱危机的出路。社会主义在这一问题上所提供的答案，当然，与此前所提供的答案存在明显的不同。”②依据马克思主义的基本观点，资本主义的生产方式和私有财产制度，或者说是资本的这种绝对权力，决定了人被替换为商品，人与人之间的关系被置换为冷酷无情的市场交易，进而导致人的尊严被淹没在利己主义的冰水之中，进而言之，只有社会主义的生产方式和公有制，或者说唯有让劳动者成为社会的主人，才能决定性地开启人人自由全面发展的道路。改革开放40多年来，中国坚持社会主义公有制不动摇，坚定市场经济改革的方向，中国特色社会主义现代化建设成就显著，这为实现社会主义的“共同富裕”目标提供了坚实的经济基础，正如克莱顿所指出：“成功的社会主义制度会为企业活动（市场行为）留出适度的自由空间。与传统马克思主义相反，混合的体制会发挥更大作用；同样，适当约束市场力量，对促进公共利益也有好处。”③中国特色社会主义市场经济体制与时俱进，注重社会主义在引领经济发展方向方面的制度优势，重视市场经济在资源配置中的决定性作用，充分发挥国有资本在经济布局、结构调整以及战略重组中的重要功能，进而为实现社会主义现代化建设的历史任务提供了物质基础和制度保障。

中国特色的社会主义有其“大一统”的文化积淀，有着中国共产党的坚强领导，始终没有忘记为人民谋幸福、为民族谋复兴的初心，符合中国国情，也赢得了民心，依据马克斯·韦伯的观点，“没有什么办法可以消除社会主义信念和社会主义希望，所有的工人阶级总是会重新回到某种意义上的社会主义”④。实际上，中国的社会主义思想并不仅仅源自外在影响，而是内在勾连着中国源远流长的文化传统，因为“大一统”的信仰已经潜移默化地成为中国人的潜意识，并且成为中国社会主义现代化成功的必要前提，正如费正清所指出：“中国的统一是中国人本身的特征。它来源于一种文化信仰，是比单纯的西方式的民族主义强得多的感情。如果没有这种感情，人民共和国就不会单独成为一个国家。”⑤概而言之，追求统一是中华民族的文化自觉，也是一项巨大的历史任务，中国革命的成功摆脱了旧中国四分五裂的局面，中国共产党领导中国

① ［美］费正清：《美国与中国》，张理京译，世界知识出版社1999年版，第459页。

② ［俄］梅茹耶夫：《我理解的马克思》，林艳梅等译，人民出版社2013年版，第141页。

③ ［美］克莱顿等：《有机马克思主义——生态灾难与资本主义的替代选择》，孟献丽等译，人民出版社2015年版，第54页。

④ ［英］拉斯曼等编：《韦伯政治著作选》，阎克文译，东方出版社2009年版，第242页。

⑤ ［美］费正清：《美国与中国》，张理京译，世界知识出版社1999年版，第443页。

人民建立的新中国从此屹立于世界民族之林，也是在中国共产党的领导下，中国的改革开放将社会主义现代化的这张蓝图“画到底”，在世界上高高举起了中国特色社会主义的伟大旗帜。中国特色社会主义现代化进入新时代以来，国际上出现了“逆全球化”的潮流，中国自身经济社会发展不平衡不充分的问题日益彰显，重大金融风险、脱贫攻坚以及污染防治也成为严峻挑战，因而必须全面坚持党的领导，深化党和国家机构改革，大力推进重点领域和关键环节的机构职能优化，构建起职责明确、依法行政的现代化国家治理体系，以更好地服务于“以人民为中心”的发展理念。

人类文明新形态之“新”的三维分析

赵 婷

（山东大学政治学与公共管理学院博士研究生）

习近平总书记在庆祝中国共产党成立100周年大会上的重要讲话中提出中国特色社会主义创造了“人类文明新形态”的重要论断。坚持把马克思主义基本原理与中国具体实际相结合、与中华优秀传统文化相结合，是中国共产党百年奋斗的重大历史经验，人类文明新形态就是这一历史经验的重大理论创新和伟大实践成果。人类文明新形态之于其他文明形态的超越性在于它能够“解决其他社会形态解决不了的问题，不断推进人的全面发展和实现共同富裕”[①]。在世界格局“东升西落”的态势下，西方多元文化主义和资本主义民主政治危机带来的身份政治、族际冲突等问题困扰着西方国家，而人类文明新形态表达了中国式现代化新道路的优越性和创新性，开辟了实现中华民族伟大复兴的正确道路；同时也展现了其国际视野，“拓展了发展中国家走向现代化的途径”[②]，所以它不但是中华文明的新形态，同时也是人类文明的新形态。

一、财富分配的公平性对资本扩张的无序性的超越

人类文明新形态之“新”在于它把共同富裕作为本质要求，提倡劳动创造和公平分配，能够避免资本逻辑支配下资本无序扩张带来的贫富分化和社会撕裂。

历史唯物主义认为“一切重要历史事件的终极原因和伟大动力是社会的经济发展”[③]，所以生产力的发展、物质资料的丰富是推动人类社会发展的最终决定力量。共同富裕追求生产力的极大发展和社会财富的极大丰富，但是它区别于简单的物质财富的积累和扩张，最根本的在于它的公平性，这是社会主义之于资本主义优越性的显著特征。

---

① 中共中央宣传部：《中国共产党的历史使命与行动价值》，载《人民日报》2021年8月27日。

② 《中共中央关于党的百年奋斗重大成就和历史经验的决议》，载《人民日报》2021年11月17日。

③ 《马克思恩格斯文集》第3卷，人民出版社2009年版，第509页。

第一，共同富裕的公平性在于它追求的是“全体人民的富裕”而“不是少数人的富裕”[①]，目标对象的广泛性表明了其公平性。共同富裕是中国共产党始终不渝的奋斗目标，尤其是新时代以来，以习近平同志为核心的党中央把共同富裕作为中国共产党为人民谋幸福的着力点。习近平总书记明确指出，“我国现代化坚持以人民为中心的发展思想，自觉主动解决地区差距、城乡差距、收入分配差距，促进社会公平正义，逐步实现全体人民共同富裕”[②]，共同富裕的目的就是要消除贫穷和两极分化，实现全体人民的普遍富裕，“共同富裕路上，一个也不能掉队”[③]，明确了扎实推进共同富裕所要坚持的公平性原则。

第二，共同富裕的公平性在于它提倡“人人参与、人人尽力”，劳动主体的普遍性显明了其公平性。共同富裕不仅是一种思想理论，同时也是一项社会实践，全体人民共同劳动、共同建设、共同创造，是实现共同富裕这项伟大社会实践的根本前提。马克思、恩格斯明确指出：“在人人都必须劳动的条件下，人人也都将同等地、愈益丰富地得到生活资料、享受资料、发展和表现一切体力和智力所需的资料。”[④]说明共同劳动是获得更丰富的生产生活等一切所需资料的前提条件。习近平总书记继承和发展了这一观点，强调“幸福生活都是奋斗出来的，共同富裕要靠勤劳智慧来创造”[⑤]，强调劳动是财富和幸福的源泉，只有通过踏实劳动，才能做大高质量发展这块“蛋糕”。

第三，共同富裕的公平性在于它坚持按劳分配与按生产要素分配相结合的多种分配方式并存，分配制度的合理性彰明了其公平性。中国特色社会主义公有制为基础的生产方式决定了其分配制度的独特优势。习近平总书记强调，“要发挥分配的功能和作用，坚持按劳分配为主体，完善按要素分配政策”[⑥]，并对初次分配、再分配、三次分配协调配套的基础性分配制度作出具体安排，提出“加大税收、社保、转移支付等调节力度并提高精准性，扩大中等收入群体比重，增加低收入群体收入，合理调节高收入，取缔非法收入，形成中间大、两头小的橄榄型分配结构”[⑦]。中国共产党重视完善收入分配制度，强调在把高质量发展这块蛋糕做大的基础上，要把“蛋糕”切好分好，妥善正确处理效率和公平的关系，扎实推进共同富裕。

与共同富裕促进社会公平相比较，资本主义条件下资本无序扩张加剧社会分配不公和贫富悬殊，造成巨大的社会危害乃至世界危机。

第一，资本逻辑的内在矛盾是无序性的根源。马克思指出：“尽管按照资本的本性来说，它本身是狭隘的，但它力求全面地发展生产力……这种趋势是资本所具有的，但

---

① 《习近平主持召开中央财经委员会第十次会议强调：在高质量发展中促进共同富裕　统筹做好重大金融风险防范化解工作》，载《人民日报》2021 年 8 月 18 日。

② 中共中央党史和文献研究院编：《十九大以来重要文献选编》(中)，中央文献出版社 2021 年版，第 825 页。

③ 中共中央党史和文献研究院编：《十九大以来重要文献选编》(上)，中央文献出版社 2019 年版，第 86 页。

④ 《马克思恩格斯文集》第 1 卷，人民出版社 2009 年版，第 710 页。

⑤ 习近平：《扎实推动共同富裕》，载《求是》2021 年第 20 期。

⑥ 《中央经济工作会议在北京举行　习近平李克强作重要讲话》，载《人民日报》2021 年 12 月 11 日。

⑦ 习近平：《扎实推动共同富裕》，《求是》2021 年第 20 期。

同时又是同资本这种狭隘的生产形式相矛盾的，因而把资本推向解体。”①社会化大生产是实现资本扩张的必要途径，即将所有的生产资料在全社会范围内优化管理，实现生产资料和劳动力的高度结合。但是资本主义私有制显示生产资料掌握在资本家手中，而劳动者只能通过出卖劳动力获得必要生存资料，所以生产资料和劳动力是剥离的。由此，资本扩张依靠生产力发展的必要性与资本主义私有制阻碍生产力发展的现实性之间的矛盾使资本的无序扩张成为必然。

第二，资本扩张的无序性表现在其极具欺骗性的分配制度。资本主义国家通过初次分配的工资和再分配的社会福利这种形式上的公平来掩盖事实上的不公平。资本主义的工资，是劳动力的价值或价格的转化，资本家以劳动力的价值代替劳动的价值支付给工人工资，掩盖了通过延长工人剩余劳动时间或延长工人工作日的方式使工人创造更多的劳动价值，这部分就是剩余价值，是不被支付工资的部分，而全部由资本家攫取；社会福利是为改善初次分配中收入过低的制度举措，资本主义社会福利经费的主要来源是政府拨款、资本家缴纳的保险费和工人缴纳的保险费，而资本家交纳的部分通过商品价格的变动转嫁到雇佣工人身上，所以资本主义社会福利本质上是劳动力商品的价值转化形式②，无法从根本上改变劳资之间贫富悬殊的问题。

第三，资本扩张的无序性造成严重的社会危害和世界危机。资本的无序扩张导致越来越频繁的经济危机，并且从经济领域辐射到社会生活的各个领域。资本越是扩张，劳动者就越是贫穷，劳动者有支付能力的需求相对缩小，社会产品的扩大生产与相对需求减少之间的矛盾造成生产过剩，从而引发经济危机。经济危机的频繁发生导致贫富差距越来越大、阶级固化越来越严重，从而使社会矛盾激化，导致“黑天鹅事件”增多，如反华尔街运动、“黄马甲”运动、2020年因黑人被跪杀造成的美国骚乱等，据此可知，资本主义经济危机已经扩展到政治和社会领域，资本主义民主政治遭到质疑，社会治理乱象频发，使资本主义社会陷入无法破解的治理危机。另外，当今世界经济全球化趋势下，世界各国紧密联系，牵一发而动全身，资本主义经济危机不仅囿于资本主义国家，同时引发全球范围内经济、人口、环境等方面的巨大危机。

二、社会资源的共享性对私利性的超越

人类文明新形态之“新”在于它坚持共享的基本原则，宣扬公平正义，合理配置资源，不仅能够有效避免内耗，凝聚推动中国特色社会主义现代化道路发展的正向合力；而且能够缓解地缘政治造成的冲突与对抗，推动构建人类命运共同体，携手共建更加美好的世界，显示了中国特色社会主义之共享对资本主义私有制条件下追求私利本质的超越。

据此，共享有国内和国际两个大局的意义。

---

① 《马克思恩格斯文集》第8卷，人民出版社2009年版，第169～170页。

② 参见冯玲玲、程恩富：《从政治经济学视角认清西方福利制度变动及其实质》，载《东南学术》2020年第2期。

从国内层面来说，共享是社会主义的基本原则，把造福人民作为目的和归宿，是中国共产党始终坚持“人民至上”政治立场的要求和体现，回答了“为了谁”这一根本问题。习近平总书记强调，“人们对美好生活的向往就是我们的奋斗目标”，要“不断满足人民日益增长的美好生活需要，不断促进社会公平正义，形成有效的社会治理、良好的社会秩序，使人民获得感、幸福感、安全感更加充实、更有保障、更可持续”。[①] 党的十八大以来，我国人民生活水平全面提高，对美好生活的向往更加强烈，需求也日益呈现多样化、多层次的特点，不仅体现在物质文化方面的要求，同时还表现在对民主、法治、公平、正义、安全、环境等方面需求的不断增长。为解决发展不平衡不充分问题，以习近平同志为核心的党中央强调必须贯彻落实共享发展理念，提升发展公平性、有效性、协同性，提高人民群众的满意度和认同感，实现人民群众社会发展建设者和共享者身份的统一。

新时代我国经济社会发展取得巨大成就，改革发展成果更多更公平惠及全体人民。新时代脱贫攻坚目标任务如期完成，消除了绝对贫困和区域性整体贫困，近 1 亿贫困人口实现脱贫[②]；推进中华优秀传统文化创造性转化和创新性发展，推动文化事业和文化产业的全面发展，更高程度满足公民日益增长的文化需求；通过完整的制度程序和参与实践不断发展全过程人民民主，使人民意愿和人民声音在政治和社会生活各个方面都能得到充分体现和反映；坚持依法治国，通过宪法修正案，加强完善中国特色社会主义法律体系，保障和促进社会公平正义；加快完善社会治理体系，推动社会治理重心向基层下移，建设共建共治共享的社会治理制度，截至 2020 年底，50.3 万个行政村全部建立了村民委员会，11.2 万个社区全部建立了居民委员会[③]；大力推进绿色发展，推动形成节约资源和保护环境的空间格局、产业结构、生产方式、生活方式[④]。共享发展促进新时代社会主要矛盾的解决，不断满足人民对日益增长的美好生活的需要，近年来中国人民对中国政府持续保持 90％以上的满意度[⑤]充分佐证了这一点。

从国际层面来说，共享发展理念与全人类共同价值相契合，是对资本主义私利思想指导下形成的霸权主义和“文明优越论”的破除，有利于缓和国际冲突和矛盾，推动构建新型国际关系，共创共享美好世界。

一方面，共享发展理念倡导世界公平正义，让发展成果惠及各国人民，驳斥了西方国家“国强必霸”的大国崛起的传统模式。中国反对以大欺小、恃强凌弱，把“地球村”变成弱肉强食的丛林[⑥]，认为“富者愈富、穷者愈穷的局面不仅难以持续，也有违公平

---

① 习近平：《决胜全面建成小康社会　夺取新时代中国特色社会主义伟大胜利——在中国共产党第十九次全国代表大会上的报告》，人民出版社 2017 年版，第 45 页。

② 参见《中共中央政治局常务委员会召开会议　听取脱贫攻坚总结评估汇报》，载《人民日报》2020 年 12 月 4 日。

③ 参见中华人民共和国国务院新闻办公室：《中国的民主》，人民出版社 2021 年版，第 20 页。

④ 参见《中共中央关于党的百年奋斗重大成就和历史经验的决议》，载《人民日报》2021 年 11 月 17 日。

⑤ 参见中华人民共和国国务院新闻办公室：《中国的民主》，人民出版社 2021 年版，第 47 页。

⑥ 参见中共中央宣传部：《中国共产党的历史使命与行动价值》，载《人民日报》2021 年 8 月 27 日。

正义”[①]。习近平总书记强调:“我们要树立世界眼光,更好把国内发展与对外开放统一起来,把中国发展与世界发展联系起来,把中国人民利益同各国人民共同利益结合起来。”[②]中国始终发挥负责任大国作用,坚持共享原则,让中国发展红利惠及世界上越来越多的国家和地区。另一方面,共享发展理念追求和平与发展的人类共同愿望,弘扬平等、包容、合作理念,有力回击了“文明冲突论”。“文明冲突论”把文化间的差异视为人类最根本的冲突,将西方文明视为人类文明普遍的、唯一的形式,将西方文明所推崇的价值观念定义为人类文明的共同价值[③],而认为非西方文明属于“挑战者文明”。将文化差异的客观性视为对抗性矛盾,其实质是“文明优越论”和“零和博弈”思维的体现。当今世界正经历百年未有之大变局,世界面临的不确定性上升,同时贫富差距、环境污染、恐怖主义、流行性疾病等全球性问题日益严重,“没有哪个国家能够独自应对人类面临的各种挑战,也没有哪个国家能够退回到自我封闭的孤岛”[④],因此世界各国应该“加强团结而不是制造隔阂、推进合作而不是挑起冲突”[⑤]。共享发展理念倡导文明和谐共生,超越了“文明冲突论”“文明优越论”等观念,对于推进国家间平等交流、包容互鉴,共同应对各种风险和挑战,实现双赢、多赢、共赢,造福世界各国人民具有重要意义。

共享发展理念在全球治理中践行,中国同世界一切进步力量携手合作,共同建设持久和平、普遍安全、共同繁荣、开放包容、清洁美丽的世界。中国共产党始终坚持在发展自己的基础上更好地兼济天下、造福世界,尤其是党的十八大以来,中国对外援助向国际发展合作转型升级,为各国共享“中国红利”创造更多机会,2013～2018年,中国累计对外提供援助2702亿元人民币,实施成套项目423个,提供物资援助890批,完成技术合作项目414个,举办人力资源开发合作项目7000余期,共约20万名人员受益。[⑥] 中国发起成立亚洲基础设施投资银行、设立丝路基金,推进共建“一带一路”,推动构建人类命运共同体,都是共享发展理念的生动实践。人类文明新形态是学习借鉴人类文明有益成果的结晶,同时也是对人类文明的回馈。中国秉持共商共建共享的全球治理理念,推动形成“利益共享、优势互补、发展共生”的国际关系,汇聚人类文明发展的强大合力,彰显了比之于资本主义与生俱来的强烈私利性的优势。

三、人的主体性对人的工具性的超越

人类文明新形态之“新”在于它将人的自由全面发展作为终极目标,坚持人民主体论,把人作为目的而非手段,相较资本主义社会对人的工具化利用具有明显的优越性。

---

① 《习近平谈治国理政》第2卷,外文出版社2017年版,第524页。

② 习近平:《论坚持推动构建人类命运共同体》,中央文献出版社2018年版,第3页。

③ 参见袁银传、马晓玲:《论中国特色社会主义的历史意义》,载《湖湘论坛》2012年第2期。

④ 《习近平谈治国理政》第3卷,外文出版社2020年版,第46页。

⑤ 习近平:《共抗疫情,共促复苏,共谋和平——在第三届巴黎和平论坛的致辞》,载《人民日报》2020年11月13日。

⑥ 参见中共中央宣传部:《中国共产党的历史使命与行动价值》,载《人民日报》2021年8月27日。

历史唯物主义认为人民群众是历史的创造者，是历史发展的主体，肯定了人民群众在社会历史发展中的地位和作用。尊重人民主体地位是我们党的根本宗旨和执政理念的集中体现，党的十八大以来，习近平总书记多次强调必须“坚持人民的主体地位”“坚持以人民为中心”，凸显了尊重人民首创精神、维护人民根本利益的根本要求。

第一，尊重人民首创精神，调动人民群众的积极性、主动性和创造性。毛泽东提出“人民，只有人民，才是创造世界历史的动力”[①]的重要论断，深刻认识到人民群众在历史发展中的决定性作用。尊重人民首创精神是我们党长期实践经验的科学总结，是党的各项事业健康发展的重要保证，在推进全面深化改革的新时代更需要尊重人民首创精神，激发蕴藏在人民群众中的创造伟力。习近平总书记强调，“人民是我们党执政的最大底气，是我们共和国的坚实根基，是我们强党兴国的根本所在”[②]，所以“只要我们始终坚持为了人民、依靠人民，尊重人民群众主体地位和首创精神，把人民群众中蕴藏着的智慧和力量充分激发出来，就一定能够不断创造出更多令人刮目相看的人间奇迹！”[③]肯定了人民群众在改革创新中的重大价值，以及尊重人民首创精神的巨大内驱力。全过程人民民主的践行和发展充分彰显了对人民主体地位和人民首创精神的尊重，激发了人民创造活力。截至 2020 年底，全国共有人大代表 262 万名，其中县乡两级人大代表占代表总数的 94.5%。[④] 人大代表植根人民，密切联系群众，能够充分发挥表达民声、反映民意、集中民智的优势。截至 2020 年底，50.3 万个行政村全部建立了村民委员会，11.2 万个社区全部建立了居民委员会。[⑤] 基层群众自治制度的发展和完善，有利于增强人民群众参与社会治理的主体意识，调动人民群众参与积极性，激发社会治理活力，提升社会治理效能。

第二，把实现好、维护好、发展好最广大人民的根本利益作为一切工作的出发点和落脚点。中国共产党始终将最广大人民群众的根本利益作为自己的最高利益，在庆祝中国共产党成立 100 周年大会上的重要讲话中，习近平总书记指出，“中国共产党始终代表最广大人民根本利益，与人民休戚与共、生死相依，没有任何自己特殊的利益，从来不代表任何利益集团、任何权势团体、任何特权阶层的利益”[⑥]，始终站在最广大人民群众的立场、始终代表最广大人民的利益，是中国共产党与西方政党的本质区别，同时也是中国共产党取得百年辉煌成就的成功密码。所以中国共产党百年奋斗史就是为人民谋幸福的历史。党的十八大以来，以习近平同志为核心的党中央坚定不移推进全面深化改革，有力推动我国现代化实践取得历史性成就。我国经济迈上高质量发展之路，人民过上了日益富足的生活，人均可支配收入从新中国成立初期的 98 元，到

① 《毛泽东选集》第 3 卷，人民出版社 1991 年版，第 1031 页。

② 《习近平在“不忘初心、牢记使命”主题教育工作会议上强调：守初心担使命找差距抓落实　确保主题教育取得扎扎实实的成效》，载《人民日报》2019 年 6 月 1 日。

③ 习近平：《在全国脱贫攻坚总结表彰大会上的讲话》，载《人民日报》2021 年 2 月 26 日。

④ 参见中华人民共和国国务院新闻办公室：《中国的民主》，人民出版社 2021 年版，第 12 页。

⑤ 参见中华人民共和国国务院新闻办公室：《中国的民主》，人民出版社 2021 年版，第 20 页。

⑥ 习近平：《在庆祝中国共产党成立 100 周年大会上的讲话》，载《人民日报》2021 年 7 月 2 日。

2020增长到32189元[①]；全面推进社会主义民主政治建设，把人民当家作主切实地体现到政策措施上；社会建设全面加强，人民生活全方位改善，高等教育进入普及化阶段，城镇新增就业超过6000万人，建成世界上规模最大的社会保障体系，基本医疗保险覆盖超过13亿人，基本养老保险覆盖近10亿人[②]。中国特色社会主义现代化建设取得的重大成果是对"为了人民群众"理念的最好诠释，是对其他文明形态超越性的重要呈现。

与人类文明新形态坚持的人民主体价值理念不同，资本主义奉行资本逻辑，资本增值是其唯一目的，劳动者的劳动过程和劳动产品都不属于他自己，劳动者被异化为实现增值目的的手段。

第一，劳动的强制性表明了资本主义对人的工具化利用。劳动作为人的现实本质的集中体现是一种"自由自觉的活动"[③]，具有自主性和目的性，是人区别于动物的根本特征。而在资本主义条件下，工人的劳动"不是他自己的，而是别人的；劳动不属于他；他在劳动中也不属于他自己，而是属于别人"；"工人的活动也不是他的自主活动。他的活动属于别人，这种活动是他自身的丧失"[④]，工人的劳动受资本家监督，并隶属于资本家，劳动由自主自由的活动变成被迫的强制性活动。工人只有在使用自己动物机能时的活动才是自由的，"只有作为工人才能维持作为肉体的主体的生存，并且只有作为肉体的主体才能是工人"[⑤]，在这种受动性活动中，工人的体力和智力得不到自由自主发挥，并且遭受肉体和精神的摧残，劳动者的主体性丧失，劳动沦为工资的奴仆，成为谋生的工具性存在。

第二，劳动产品与劳动者的对立彰明了资本主义对人的工具化利用。劳动产品作为劳动者的生产对象，本应归劳动者所有，但是在私有制条件下，劳动者创造的劳动产品不仅不归自己所有，而且成为一种不依赖于生产者的异己力量的存在，与劳动者相对立。"劳动生产的不仅是商品，它还生产作为商品的劳动自身和工人"[⑥]，工人不是作为劳动主体而存在，而是作为商品而存在，劳动者将劳动力作为商品出售给资本家，劳动的过程是资本家消费其所购买的劳动力商品的过程，所以劳动所生产的对象（劳动产品）全部归资本家所有。为了吮吸更多的剩余劳动，资本家就要更大程度地消费劳动力，而工人生产的规模越大、创造的劳动产品越多，他所占有的生产对象就越少；越丧失对象，他就越受到对象的奴役，越成为廉价的商品，造成"物的世界的增值同人的世界的贬值成正比"[⑦]。由此，本应是支配对象的生产资料成为支配主体，劳动者成

---

① 参见中共中央宣传部：《中国共产党的历史使命与行动价值》，载《人民日报》2021年8月27日。

② 参见《中共中央关于制定国民经济和社会发展第十四个五年规划和二〇三五年远景目标的建议》，载《人民日报》2020年11月4日。

③ 《马克思恩格斯文集》第1卷，人民出版社2009年版，第162页。

④ 《马克思恩格斯文集》第1卷，人民出版社2009年版，第160页。

⑤ 《马克思恩格斯文集》第1卷，人民出版社2009年版，第158页。

⑥ 《马克思恩格斯文集》第1卷，人民出版社2009年版，第156页。

⑦ 《马克思恩格斯文集》第1卷，人民出版社2009年版，第156页。

为自己生产对象的奴隶。

四、结语

中国特色社会主义创造的人类文明新形态是“和旧形式的、欧美式的、资产阶级专政的、资本主义的共和国相区别”,同时“也和苏联式的、无产阶级专政的、社会主义的共和国相区别”[①]的现代化发展新模式。但是,人类文明新形态绝不是脱离世界文明体系而凭空创造的故步自封、僵化不变的文明形态,而是在批判吸收人类文明优秀成果以及总结中国特色社会主义实践经验的基础上形成的,也是中国特色社会主义理论在实践运用中不断地得到验证和发展的必然结果。

人类文明新形态是中国式现代化道路为人类文明发展开辟的新形态,既立足于为中国人民谋幸福、为中华民族谋复兴,又着眼于为世界文明发展提供中国经验、中国方案、中国智慧和中国担当[②],彰显了人类文明发展道路多样性的客观现实,破除了“历史终结论”所坚持的资本主义自由民主是“人类意识形态演化的终点”[③]的妄断;人类文明新形态秉持平等、包容、共生的价值理念,倡导“以文明交流超越文明隔阂、文明互鉴超越文明冲突、文明共存超越文明优越”[④],是对拘泥于“修昔底德陷阱”思维和“零和博弈”思维的“文明冲突论”的超越。

---

① 《毛泽东选集》第2卷,人民出版社1991年版,第675页。

② 参见杨奎、刘波:《人类文明新形态的创新性价值和世界性贡献》,载《光明日报》2021年12月13日。

③ [美]弗朗西斯·福山:《历史的终结与最后的人》,陈高华译,广西师范大学出版社2014年版,第9页。

④ 《习近平谈治国理政》第3卷,外文出版社2020年版,第46页。

共同富裕理论对传统共富思想的创新与发展

侯恩宾

（山东建筑大学马克思主义学院讲师）

共同富裕是人类千百年以来孜孜以求的共同梦想。作为文明历史中流传至今没有断绝的文化，中国古代文化具有历史悠久性、传承有序性以及思想深厚性，展现出了巨大的时代适应性。其中，共同富裕思想是中国传统文化的精髓与瑰宝。作为中华传统文化忠实继承者和弘扬者的中国共产党，把马克思主义与中国传统文化巧妙地融合在一起，将中华传统文化中所蕴含的求大同、谋富强、致均平的思想进行了创造性的转化，构成了共同富裕理论的内在底色。

一、均贫富——中国古代共同富裕思想的传统表达

中国古代传统思想中，处处可见均贫富的思想。人人得以占有财富、平均财富的思想，反映了广大农民阶级朴素的政治理想，蕴含了地主阶级进行国家治理、调节分化的治道思想。

1.均贫富是中国古代学者对于理想社会的刻画

儒家思想作为中国古代社会的官方意识形态，以关心民瘼、护卫统治、“修齐治平”的独特价值根基，将个体与群体、修身与治国紧密结合起来，融道德理想与治国现实于一体，成为统治阶级、地主阶级以及广大农民广泛认可的思想价值体系。王道的政治理想是儒家政治思想的结晶，其核心意涵在于上下有等、尊卑有序、各安其位、各守其职的政治规范和社会秩序。富贵有道、富贵有序、富贵有均，构成了理想社会的典型特征。关于这一特征，其中最经典的描述莫过于《礼记·大同篇》：“货恶其弃于地也，不必藏于己；力恶其不出于身也，不必为己。是故谋闭而不兴，盗窃乱贼而不作。故外户而不闭，是谓大同。”各安其职、各守其职、各富其己的大同社会成为一代代学者致力追求的政治理想，相关思想构成共同富裕理论的重要思想来源。

2.均贫富是中国传统思想中国家治理的重要内容

针对封建社会“富者田连阡陌，贫者无立锥之地”的现状，中国古代思想家提出了很多现实的国家治理理念，概括为一点即“富民均平”。道家创始人老子直接将“损有

余补不足”称为“天道”，主张“有余者损之，不足者补之”。儒家思想的代表孔子认为国家治理的关键是“不患寡而患不均”，最终实现“均无贫，和无寡，安无倾”的社会状态。

在生产力水平无法达到极大发展的阶级社会，国家能否进行平均分配直接关系到每个人的切身利益。法家思想往往以切中时弊、重视实效著称。春秋时期，政治家、经济学家管仲直接提出以“天下之财利天下之民”，主张“与天下人同利”，并就此指出民富与否直接关系到国家治乱，“凡治国之道，必先富民。民富则易治也，民贫则难治也。……故治国常富，而乱国常贫”(《管子·治国》)。管仲的国富必以民富的观点，极大地促进了齐国的发展，成就了齐桓公的春秋霸业。

如果说春秋战国时期诸子百家思想中的国家治理之术仍存在一定的道德理想性，那么在后代的王朝循环过程中抑兼并、扶弱小一直以来都是封建君主治国安邦的重要策略。土地作为封建社会最大的生产资料，由于所有权私有以及自由买卖，成为封建社会产生贫富分化进而引发治乱循环的关键诱因。钱穆认为，正因为土地私有，耕者有其田，才有了自由买卖，才有了兼并，才使贫者无立锥之地。北魏始创均田制度、唐朝采用“租庸调制”，其核心都在于给予农民一定的自主田地，确保农民有着独立的生产资料，严格保证地主和自耕农的数量，这一措施被后世所沿用成为封建王朝重要的治国理政措施。

3.均贫富是中国古代农民起义的核心诉求

在封建社会贫富分化的现实情况下，对于财富的渴望以及人人平等社会的向往成为农民起义绵延不绝的时代强音。秦末陈胜吴广起义第一次发出了“王侯将相宁有种乎”的疑问，明确指出贵贱有种是财富地位不能平等的重要原因，提出“苟富贵，勿相忘”，奠定了几千年以来封建农民起义的基调。李闯王的“均田免赋”思想，首次把均平思想与土地制度相联系，成为吸引群众进行反抗起义的重要口号。[①] 中国古代农民起义最高峰的太平天国运动，将矛头直指产生贫富悬殊的根源——封建土地所有制度，将未来社会设定为“有田同耕，有饭同食，有衣同穿，有钱同使，无处不均匀，无人不饱暖”。应该说，均贫富之所以成为中国古代农民起义的核心诉求，既是对封建社会无法实现共富理想的尖锐批判，更反映了广大农民对政治统治者国家治理的殷切希望。

一言以蔽之，均贫富作为政治理想、治国策略、起义口号分别为统治阶级、儒家仕宦、农民阶级所主张，散布于中国古代典籍中，萦绕在中国古代封建统治的历史里，反映了封建社会从上到下社会各阶级层次人士根深蒂固而渗透血脉深处的认同。

二、中国古代共同富裕思想的特点与历史局限

1.中国古代的共富思想蕴含着礼义的价值追求

在泛政治化的中国古代社会，均贫富思想的背后涉及儒家对于财富获取、财富分配、财富功能的一系列基础性、全局性、系统性的认识，涵盖儒家对财富可求、财富可

① 参见刘长明、周明珠:《共同富裕思想探源》，载《当代经济研究》2020 年第 5 期。

欲、财富可均的条件与限制。

古代的财富理论，并非简单基于实现财富共享的物质诉求，而是秉持着仁义有序的价值逻辑。与西方文化将彼岸投射于宗教的虚幻相比，对于个体此间存在的意义关注，实际上一直以来都是儒家思想的典型特征。梁漱溟指出："孔子、儒家总是站在人的立场说话，说来说去还是归结到人身上。"①关于财富理论，儒家实际上围绕着国家发展和人性发展进行系统阐释。二者基于人如何在现实生活中存在的根本问题，分别将物质财富的满足作为人存在、发展的外在秩序保障和内在心理秩序有序的重要条件，寄希望于个体在人性成长和国家发展中始终维系着仁义的社会秩序。

在国家维系的角度，儒家一方面认识到人民富足对于国家建设的基础性作用，另一方面认识到了财富分配的均等化对于社会秩序维系的重要作用。孔子强调"不患寡而患不均"，"百姓足，君孰与不足；百姓不足，君孰与足"(《论语·颜渊》)。

从人性发展角度看，人性本善，但善良的道德根基必须在后天的社会生活与学习中才能发展和保持。为此，针对财富对人的腐蚀性，儒家将仁义的价值诉求融入了财富追求过程中，促使个体在财富追求中仍秉持着基本的道德规范，符合社会共同的价值追求。儒家强调财富获取要有道有义，契合社会正义的要求，强调先义后利，舍生取义，"不义而富且贵，于我如浮云"(《论语·述而》)。

儒家从国家维系和人性发展角度关注财富理论，核心诉求是在人与人之间建立稳定的社会关系。儒家尊卑有序的礼治秩序，强调的是人与人互动，具有交往间性特点。仁，二人关系。在这种交往间性关系中，一方面，人与人之间的关系必须立足于人性本善的先天本性；另一方面则是在社会交往过程中，人的情绪以及欲望必须满足"发而皆中节"的和合思想，如此才不至于破坏二者的互动关系，实现"君君、臣臣、父父、子子"，"天地位焉、万物育焉"(《礼记·中庸》)。这个意义上，中国古代社会强调对于物质财富的追求必须满足道义的要求，同时财富分配要保证均等、节制，否则就会破坏社会主体间的良好关系。孟子从反面指出："上下交征利，而国危矣。"(《孟子·梁惠王上》)

由此可见，儒家财富理论致力于实现仁义为核心的价值诉求，隐含着对于人道德性主体的塑造和关注，构建了"以仁心为本源、以礼法为构架、以德福一致的公共性的圆满之善为旨归的财富正义理论"②。

2.中国古代共同富裕实现路径呈现儒法结合、君主与百姓双向用力的特征

在实现共同富裕的道路上，儒家与法家分工配合，协同发力。儒家关注社会秩序，强调王朝统治秩序的合法性问题，法家更加突出富国强兵的现实治理问题。儒家较为明显地认识到了人心、土地与农民三者之间存在着紧密联系。孟子指出："有恒产者有恒心。"(《孟子·滕文公上》)只有实现人人有恒产、财富分配均匀，才能保证国家统治始终得民心，才能"王"。

① 梁漱溟：《这个世界会好吗？梁漱溟晚年口述》(增订本)，上海三联书店2015年版，第121页。

② 朱光磊：《义利之辨的当代诠释：儒家财富观念中的正义理论》，载《马克思主义与现实》2015年第2期。

法家的现实性，促使他们将目光更多地注意到了国富民强的现实意义。“法家从不讳言国家治理的直接目的就是‘富强’。”[①]管子指出：“凡为国之急者……民事农，则田垦。田垦，则粟多。粟多，则国富。国富者兵强，兵强者战胜，战胜者地广。”（《管子·治国》）在法家理念下，君主统治者往往采取重农抑商、利出一孔政策。限制商人的经营范围并对其课以重税，将盐铁、矿产等收归国有，成为君主贯彻法家政策的重要方式。

从总的执政策略上来看，儒法结合的政策是统治者治国理政的总体策略，规定了统治者进行财富生产、财富分配的整体框架。其中，儒家思想作为主导思想，规定了财富获取的道义要求，赋予了封建统治含情脉脉的面纱。法家思想则为统治者如何最大限度地获取财富提供了方法论的支持。二者相互合作，致力于实现求富的政治理想。

从政策贯彻执行的主体来看，君主行仁政、作春耕的示范垂示，是统治阶级重视民瘼、致力于实现大同社会的表现。春耕礼治作为皇帝制度的重要组成部分，被历朝历代所沿用。《礼记·月令》记载：“天子亲载耒耜……帅三公、九卿、诸侯、大夫，躬耕帝籍。”明朝皇帝在先农坛举行仪式，皇帝与王公大臣亲自下地耕田。君主作为封建统治的最高领袖，既是统治阶级的象征，也是伦理社会中的父家长。他坚持春耕的示范垂示作用，一方面是对政治统治体系和官僚的规训，另一方面也是对众多百姓日常生活的示范。

作为生产主力的农民必须保持克勤克俭，积蓄劳动成果。《大戴礼·武王践祚·履屦铭》中写道：“慎之劳，则富。”《古今药石·续自警篇》中写道：“民生在勤，勤则不匮，是勤可以免饥寒也。”荀子在《天论》中说：“强本而节用，则天不能贫。”在生产力水平较低、生产工具相对滞后、土地资源日益紧张的古代社会，为了提高生产量，劳动者在生产活动中需要投入大量的劳动时间，才能保证足够的生产效率。同时，由于水旱自然灾害频发，农民需要养成勤俭节约的习惯，才能减少粮食的浪费，以应对青黄不接。

3.中国古代共同富裕思想更多关注于物质富有

由于封建社会的生产力水平相对滞后，中国古代的政治家和思想家更多将共同富裕的内容集中在物质富有。从前面的论述中可以明显看出，中国古代共同富裕思想集中在求民富、致均平，精神富有的论述阙如。之所以出现这种现象，大概有以下几个原因。

首先，物质富足是建立良好社会秩序的基础和保障。儒家所致力实现礼法有序的有道社会，必须要满足被统治阶级基本物质需要，才有可能在保证基本社会秩序的前提下建立稳定、普遍而又可预见的关系。富而后能教的社会发展次序以及“仓廪实而知礼节，衣食足而知荣辱”的古训已经充分说明，道德伦理的社会秩序必须建立在物质基础之上。只有物质财富富足了，人们才能学习礼仪文化、明确亲疏远近的责任和义

① 孙晓春：《先秦法家富强观念的现代反思》，载《政治学研究》2014年第5期。

务，建立彼此和睦有序的状态。

其次，从国家与人民的关系来看，政府只有满足人民的基本生活需要，使“黎民不饥不寒，然而不王者，未之有也”(《孟子·梁惠王上》)。这个也可以从子贡问政看出，孔子指出了三个条件，即“足食，足兵，民信”(《论语·颜渊》)，第一条就是“足食”。

最后，中国古代的思想家也注意到了精神富有、精神独立的价值意义，但并没有意识到共同富裕与精神富有的相关性。

道家思想一直崇尚人性自然、万物独立且自由的理念。老子《道德经》多言及国家与社会关系，其旨：清静无为，自然无缺。无为政治之于个人便是强调每个人的独立性和主体性，允许个性自由发展。庄子对于个人独立精神的追求有着突出的描述和总结：“独与天地精神往来而不敖倪于万物，不谴是非，以与世俗处。”(《庄子·天下》)毫无疑问，他们对于个体主体性和独立性的价值追求，在中国古代专制社会的环境下闪现着人性内在的光亮，是激励一代代中国人勇敢追求自我的价值来源。

遗憾的是，中国古代思想家并没有意识到财富的普遍富足是实现个体精神自由、超出社会关系束缚的关键。由于深受社会压迫，对外部境遇的抵抗是他们关注的焦点。为此，道家将个体从社会关系和国家论域中抽离出来，推崇完全不受国家、社会束缚的抽象化个体。庄子将国家、社会、道德等都视为对自身的束缚，直言要从权力、名利批判中超脱。这种消极退回的思维逻辑，最终促使他们只看到物质富足对于人道德品质和社会秩序的影响，没有洞察到国家、社会、自然同样也是个体精神独立的基础和保证。自由并非仅是消极自由而言的抵抗和反对，更是积极自由意义上的个体利益和价值的实现和满足。没有物质财富的普遍均等的满足，个体无法在社会生活中真正贯彻自由意志，而且会进一步制约自由选择。因此，他们对于精神自由的强调和推崇，缺失了得以实现的最关键一环——物质富足，也就不能通向真正的自由。

4.中国古代共同富裕思想缺乏实现条件

囿于价值取向，中国古代共同富裕思想缺乏实现共同富裕美好愿景的条件。纵观整个中国古代历史，虽然间或出现王朝鼎盛的时期，如贞观之治等，但整个社会的劳动生产率一直保持在较低的水平，黎民处于不饥不寒的状态。之所以出现这种现象，归根到底是在生产资料私有的条件下不可能实现共同富裕。

在阶级社会，生产资料的差异化占有是造成封建社会阶级压迫、生产剥削、政治奴役的根源。在以农业为主的古代社会，土地是进行农业生产、维系地主阶级统治重要的保障，是最宝贵的生产资料。地主阶级拥有土地，能够以收租的形式坐食雇农辛勤耕种的成果，极大地压榨、剥削农民。在获取大量财富积累以后，由于缺乏足够的资产增值途径，地主阶级又将囤积财产进行土地买卖与置换，实现了土地占有、扩大，形成了土地兼并。

土地占有、土地增殖、土地兼并的循环无形中也将人民分裂成彼此联系而又对立的两个阶级，即地主阶级与农民阶级。一方占有土地，并利用土地不断扩大自身财富占有量，形成牢固的统治阶级。另一方不占有土地，必须租种地主的土地才能生存，并在地主的高额租税剥削下日益贫困。由此可见,在封建地主阶级土地所有的条件下,中国古代共同富裕的思想和理念难以实现。

统治阶级无法祛除自身利益的影响,难以摆脱自身的阶级局限性,不能真正代表最广大人民群众的根本利益,由此导致了共同富裕具有空想性。马克思主义认为人处于社会关系网络中,社会关系网络既赋予了每个人相应的权利与义务,同时也规训每个人的利益表达和归宿。古代的封建地主阶级和农民阶级处于封建社会关系结构中,受到生产关系决定、社会关系规范。阶级意识以及阶级关系结构制约、影响他们对于社会发展的认识。他们虽然敏锐地意识到国富民强对于国家发展的根本性作用,也知晓了土地兼并之于国家的毁灭性影响,但是无法突破自己的利益局限性,真正意义上破除封建土地私有的束缚。

在这种情况下,他们试图通过民本仁政的施政策略,实现国富民强的政治理想。由于不改变封建土地私有的制度环境,民本仁政价值理念仅具有象征性作用。首先,中国古代民本仁政的价值理念无法通过制度结构化的法律途径上升为国家的根本意志,以此保证政策实施的长期性、根本性、制度性,造成政策实施的因人而异、因时而变。其次,在封建土地私有和君主专制的政治统治下,人民地位价值虚置,造成了人民无法在财富分配上具有话语权。人民的主导作用往往仅具有价值合法性地位,是君主统治、革命起义的价值依据。在政治生活和社会生活中,人民由于缺乏生产资料所有权和政治生活的参与权而在生产关系、政治生活中受到双重的剥削、压迫和奴役。

三、中国共产党对古代共富思想的创造性转化

中国共产党基于使命自觉,对古代共富思想进行了创造性转化,继承了共富的理想,提出了人的解放的历史命题,明确了共同富裕的实现条件以及方式问题。由此,第一次为几千年未能完成而又一直存在的政治理想指明了成功的方向,解决了涉及世界人数最多的绝对贫困问题,为实现共同富裕的社会主义理想作出了历史性贡献。

1.继承:中国共产党继承了传统文化的“均贫富”理念

中国共产党旗帜鲜明地继承了“均贫富”的价值理念,将其有机地融合到实现共同富裕的社会主义理想中,成为引导、动员中国广大农民的重要思想资源。

在根本目标上,党所追求的共产主义社会继承了“均贫富”的大同社会理想。大同社会是中国古代社会对理想社会的设想,财富充足、财富平均是其典型特征。中国共产党继承了这一理念,使其与马克思主义指导思想紧密结合,形成了具有中国特色、中国风格的共富理想。马克思将共产主义的理想社会描述为每个人自由全面发展。在这样的社会里,由于实现了生产资料向社会所有的复归,人与人之间消除了压迫、剥削的阶级性关系,每个个体都呈现出自由、平等、财富共享的状态,真正意义上实现了个体与自然、个体与他人之间的矛盾消除。这与儒家理想中的大同社会一样,二者都将人类社会的终极形态设定为财富充溢、人人均等、自由全面发展的社会。精研传统文化的钱穆先生指出:“今天西方人所想象追求的社会主义与共产主义……这正是小戴

《礼记·礼运篇》里所揭举的大同世界之理想所追求的。”[①]

在实践上，马克思在对资本主义进行细密剖析基础上第一次指出了人类历史发展的真相，指明了原始社会以来的一切历史都是阶级压迫的历史，号召无产阶级联合起来，组织成阶级性政党，通过武装斗争的方式打碎旧的国家机器，建立无产阶级专政的新国家。这为黑暗中不断摸索的有志之士指明了革命的方向以及动员资源。在这一理念下，中国共产党很早就指出了“国民革命应该首先是农民革命”[②]，在一定程度上，谁能赢得广大人民谁就能取得革命的胜利。党的二大制定取得民族独立的最低纲领以及消灭阶级剥削的最高纲领，为农民革命战争明确了最大共识。与此同时，中国共产党围绕着农民最关心、最在意也是制约广大民众实现共富梦想的土地问题制定了一系列土地政策，解决农民致富的关键问题，调动农民参与革命的积极性。这一切都围绕着实现人民群众共同富裕的目标。[③]

新中国成立以来，为了实现广大中国人的“共富梦”，毛泽东从当时中国国情出发，以苏为师，系统学习苏联社会主义实践，尝试进行共同富裕的探索，指出“逐步实现农业的社会主义改造……并使农民能够逐步完全摆脱贫困的状况而取得共同富裕和普遍繁荣的生活”[④]。他提出了“四个现代化”的战略宏图，进行社会主义三大改造，推动社会主义工业化进程，为共同富裕的实现奠定了政治前提、经济基础以及物质保障。改革开放以来，党从人民群众的切身利益出发，深刻认识到贫穷不是社会主义，必须集中精力进行经济建设。邓小平认识到，共同富裕作为社会主义本质的体现，是社会主义优越性的重要表现，必须坚持生产力发展与生产关系变革相统一，坚持先富帮助后富的差别有序的共富路线。

党的十八大以来，以习近平同志为核心的党中央在坚持邓小平共同富裕是社会主义本质的论断基础上，立足于改革开放四十年的经济发展成就，聚焦于第二个一百年实现社会主义现代化建设的目标，推动“全体人民共同富裕取得更为明显的实质性进展”[⑤]。在社会主义现代化强国建设和全体人民共同富裕实现的过程中，贫困是最大的拦路虎、绊脚石，要实现社会主义现代化和共同富裕，就必须要消除贫困。[⑥] 党中央发出了全面脱贫的总动员，聚焦贫困地区、贫困人口，实行发展生产、易地搬迁、生态补偿、发展教育、社会保障兜底“五个一批”工程，实现了近亿农村贫困人口的全面脱贫，完成了消除绝对贫困的艰巨任务，为共同富裕的实现打下了坚实的基础。

---

① 钱穆：《湖上闲思录》，上海三联书店2000年版，第51页。

② 中共中央文献研究室、中央档案馆编：《建党以来重要文献选编(1921～1949)》第4册，中央文献出版社2011年版，第171页。

③ 参见楚德江、张玥：《为了共同富裕的目标：中国共产党农村土地政策的百年探索与展望》，载《理论月刊》2021年第10期。

④ 《毛泽东文集》第6卷，人民出版社1999年版，第442页。

⑤ 习近平：《在庆祝中国共产党成立100周年大会上的讲话》，人民出版社2021年版，第12页。

⑥ 参见张雷声：《新时代中国共产党共同富裕思想的伟大创新》，载《当代世界与社会主义》2021年第5期。

2.超越:共同富裕理论追求人的全面解放

共同富裕理论不仅继承了中国传统共富思想中对财富追求与共享的价值追求,更是全面超越了物质极大富裕的目标,致力于实现人的全面解放。古代追求共富是在财富获取中始终维护地主阶级所设定的社会秩序和社会规范,保证封建专制对广大人民的剥削与压迫。新中国成立以来,党从共产主义的价值追求出发,充分认识到物质富裕程度制约了人解放,只有实现物质极大富裕,不断消灭剥削、消除两极分化,才能最终实现人的解放。

在整个马克思主义的思想脉络中,消灭剥削性生产关系、压迫性社会关系关键在于消除生产资料私人占有和旧式分工对人的异化。只有发展生产力,创造巨大的物质财富,才能既为埋葬资本主义提供历史发展动力,也为共产主义社会的到来提供物质基础。在这个意义上,只有实现财富充溢、占有的均等化才能促使人得以从分工的单向度劳动生活束缚中解放出来,个性、能力得到全面自由发展。代之而起的应该是这样的生产组织:"生产劳动给每一个人提供全面发展和表现自己的全部能力即体能和智能的机会,这样,生产劳动就不再是奴役人的手段,而成了解放人的手段,因此,生产劳动就从一种负担变成一种快乐。"①在这个意义上,物质财富极大充足是人得以解放自己、实现自由全面发展的基础与保证。

基于此,新中国成立以来,中国共产党人积极致力于实现生产力极大发展的社会主义现代化探索与实践,找到了一条具有中国特色的共同富裕之路。新中国成立初期,党和国家充分认识到社会主义公有制是实现共同富裕的基础。三大改造的完成,实现了生产资料由私人所有向公有制的转移。社会主义公有制的建立与完善,奠定了我国经济发展和物质财富分配的基石,解决了上千年来贫富差距分化的根源,根本上回答了物质财富归谁所有、如何分配的问题。改革开放以来,党和国家坚持社会主义公有制为主体的基本经济制度,充分吸收借鉴人类优秀的文化成果,创造性地提出并发展了社会主义市场经济体制,明确了共同富裕的本质内涵。邓小平深刻意识到社会主义必须发展生产力才能体现自身的优越性,系统阐述了共同富裕理论。这一理论深化了对社会主义的认识,进一步彰显了社会主义本质的优越性,从大的历史视野回答了何为社会主义以及社会主义如何发展的问题。

党的十八大以来,以习近平同志为核心的党中央,秉承为人民谋幸福的初心,在改革开放40多年辉煌历史成就基础上,坚持共同富裕的社会主义本质,从人民美好的现实需要出发,提出了共享发展的价值理念。共享发展是共同富裕的应有之义,也是实现共同富裕的重要途径和手段。

鉴于改革开放之前的中国发展实际,邓小平所提出的"共同富裕"中的"富裕"更多强调的是经济发展的财富积累总量,是社会成员财富占有情况的反映。② 共享则是在

① 《马克思恩格斯选集》第3卷,人民出版社2012年版,第681页。

② 参见左鹏:《共享发展的理论蕴含和实践转向》,载《思想理论教育导刊》2016年第1期。

财富累积、创造基础之上，强调的是为谁发展、如何发展的问题，明确了坚持发展为了人民、发展依靠人民，由人民共享发展的成果。同时，“共享”更是从人民美好的生活现实需要出发，在社会发展不均衡、不协调的现实情况下，对未来发展提出了从“量的积累”向“质变”的时代要求。习近平总书记指出：“让每个人获得发展自我和奉献社会的机会，共同享有人生出彩的机会，共同享有梦想成真的机会，保证人民平等参与、平等发展权利，维护社会公平正义，使发展成果更多更公平惠及全体人民，朝着共同富裕方向稳步前进。”[①]这符合马克思主义所指出的未来社会是在物质财富极大丰富基础之上的“人的自由全面发展”。

3.创新：中国共产党创造性地发现了共同富裕实现的路径

首先，党坚持以马克思主义思想为指导，积极进行社会主义改造，实现了生产资料公有制的社会主义变革。生产资料公有制是实现共同富裕、走向个体解放的基础与保证。生产资料所有制关系是物质生产关系的基础，是政治权力关系的基石，是社会生活关系的延伸。阶级社会产生剥削和压迫的根源在于私有制。它是资本增值、商品再生产以及社会两极分化产生的阶级根源。马克思在对资本主义社会进行生物学式的解剖基础上，透视了人类社会发展的规律和进程，明确了生产力与生产关系的矛盾是社会不断发展前进的动力，得出了只有在生产力高度发达、生产资料社会所有的基础上人类才能进入共产主义社会的结论。在这个意义上，马克思主义真正认识到了终结阶级社会、实现人的终极解放的途径。马克思明确指出了生产资料公有制能够适应社会化大生产的趋势，能够根除商品对人的物化，能够摆脱资本对人的异化，促进人的全面发展。“一旦社会占有了生产资料，商品生产就将被消除，而产品对生产者的统治也将随之消除。”[②]

新中国成立以后，党和国家为实现共同富裕，先后对农业、手工业、资本主义工商业进行社会主义改造，实现了从新民主主义社会向社会主义社会的顺利过渡，为我国现代化建设奠定了政治前提和经济基础。毛泽东认为“消灭旧的生产关系，确立了新的生产关系，这样就为新的生产力的发展开辟了道路”[③]。生产资料公有制消除了少数个体凭借生产资料私有无偿占有劳动者剩余价值的可能性，保障了所有生产者生产资料占有的均等化，这为实现共同富裕提供了生产关系变革的基础。

其次，中国共产党人吸取了新中国成立初期社会主义经济建设正反两方面的经验教训，认识到只有在生产资料公有制基础上，不断解放发展生产力，才能实现共同富裕。

物质富裕是共同富裕的基石和保障，“生产力的这种发展之所以是绝对必需的实际前提，还因为如果没有这种发展，那就只会有贫穷、极端贫困的普遍化”[④]。1979 年，

---

① 《习近平关于全面深化改革论述摘编》，中央文献出版社 2014 年版，第 102 页。

② 《马克思恩格斯选集》第 3 卷，人民出版社 2012 年版，第 671 页。

③ 《毛泽东文集》第 8 卷，人民出版社 1999 年版，第 132 页。

④ 《马克思恩格斯选集》第 1 卷，人民出版社 2012 年版，第 166 页。

邓小平在会见国外学者时明确指出："我们所要的不是贫穷的社会主义，我们要发达、生产力发展的、使国家富强的社会主义。"[①]在 1992 年的南方谈话中，邓小平系统阐述了共同富裕的内涵。在这样的理念下，党和国家重新确立了以经济建设为中心，开展对内改革与对外开放，祛除了社会主义认识迷雾，不断完善社会主义基本经济制度，建立并完善了社会主义市场经济体制。实践证明，改革开放是决定当代中国前途命运的关键一招，是社会主义现代化发展取得辉煌成就的关键一环，是亿万中国人民走向共同富裕之路的关键一步。

再次，建立并完善契合社会主义价值理念的分配制度，是进一步分好"蛋糕"的重要保障。财富分配涉及千家万户的生产、生活，在国家政治生活中处于基础性的地位。与资本主义国家仅仅强调"资本优先""机会平等"不同，以集体主义为核心、以人民为中心的社会主义更在意机会与结果的双向平等、普遍受益。

生产资料私有制是贫富分化的根源，而分配制度则是对劳动财富进行权威化调整的保障。正是有了生产资料公有制，人人得以以平等的地位参与社会劳动，进行劳动生产活动。生产资料公有制以及生产关系的平等化决定了社会主义国家必须尊重每个个体劳动差异，遵循按劳分配的原则，多劳多得、少劳少得、不劳不得。改革开放之初，邓小平就敏锐地意识到了贫富差距关系着"姓资姓社"的根本问题，"社会主义与资本主义不同的特点就是共同富裕，不搞两极分化"[②]。他继而提出了先富帮助后富的政策设想和按劳分配的制度设计，指出随着经济发展，不可避免会出现地区、个体、城乡之间的差异，要鼓励"一部分人先富起来，通过先富带动后富"，缩小经济发展的差距，坚持"按劳分配为主体、多种分配方式并存的分配制度"，积极调动生产要素参与分配，让创造社会财富的源泉充分涌流。

进入新时代以来，以习近平同志为核心的党中央根据我国社会主义发展的阶段性国情，果断提出了初次分配、再分配、三次分配的系统性制度安排，从而为共同富裕实现提供了强有力的制度保障。2021 年，习近平总书记在中央财经委员会第十次会议上提出："在高质量发展中促进共同富裕，正确处理效率和公平的关系，构建初次分配、再分配、三次分配协调配套的基础性制度安排。"[③]初次分配重视市场机制的自发调节，尊重每个个体的劳动差异；二次分配则是政府采用财政、税收政策对劳动分配进行再调节，凸显有为政府的公平原则；三次分配则是在有效市场、有为政府双向发力的基础上，从生产资料公有的社会属性出发，坚持"先富帮后富"的理念，遵从"扶危济困"的道德传统，鼓励社会力量积极以慈善事业回馈社会，营造出"向上向善、互帮互助"的氛围。初次分配、再分配、三次分配相协调配套的制度安排，是对社会主义集体主义价值理念的践行，是个体努力、国家调节、社会互助三向发力，有助于在全面建成小康社会

---

① 《邓小平文选》第 2 卷，人民出版社 1994 年版，第 231 页。

② 《邓小平文选》第 3 卷，人民出版社 1993 年版，第 123 页。

③ 《习近平主持召开中央财经委员会第十次会议》，中国政府网，http://www.gov.cn/xinwen/2021-08/17/content_5631780.htm。

基础上更快地消除贫富差距，满足人民对美好生活的向往与追求。

最后，受教于马克思主义科学思想、陶铸于中国传统文化的中国共产党具有使命型政党的特质，即政党与人民利益合二为一，以实现最广大人民的利益为政党存在的使命。使命型政党为使命而生、因使命而在。马克思主义关注人的终极解放问题，致力于为人的解放提供历史发展的经典图鉴。无产阶级只有实现人类的全部解放，才能在物质极大富裕的社会中实现自身解放，重现人自由、平等、全面发展的主体性。伟大的历史使命造就了无产阶级政党能够超越阶级、阶层的利益差异，而将自身利益融入国家利益、人民利益，并在国家利益、人民利益实现中取得自身意义的证明。《共产党宣言》将无产阶级政党的这种特质凝结为"共产党人不是同其他工人政党相对立的特殊政党。他们没有任何同整个无产阶级的利益不同的利益"①。

作为无产阶级政党的典范，中国共产党能够超越社会各阶级、阶层的利益，而站在历史发展与大多数人民利益考虑基础上，坚定为人民谋幸福、为民族谋复兴的初心和使命。历史使命的崇高性，能够促使中国共产党在执政过程中摆脱阶级利益的局限性，始终保持政党自身的组织性，从共产主义的远大目标出发，根据中国社会发展的现实状况和共同富裕的阶段化目标，有所选择地制定方针政策。毛泽东曾经指出，"共产党是为民族、为人民谋利益的政党，它本身决无私利可图"②，领导新民主主义革命取得胜利，实现了向社会主义过渡，提出了社会主义现代化的政治命题，为实现共同富裕提供了经济基础。在改革开放新时期，邓小平曾经提出，"中国共产党……全心全意为人民服务，一切以人民利益作为每一个党员的最高准绳"③，确定了以经济建设为中心，推进改革开放，提出社会主义市场经济体制的改革思路，为人民共同富裕创造了条件。进入新时代以来，习近平总书记指出，"中国共产党人的初心和使命，就是为中国人民谋幸福，为中华民族谋复兴"④，积极推进社会主义经济体制改革，指导进行了精准扶贫的全面脱贫伟大工程，解决了世界最多人数的绝对贫困问题，并进一步提出了防止资本无序竞争，推进全体人民共同富裕取得更为明显的实质性进展。

---

① 《马克思恩格斯选集》第1卷，人民出版社2012年版，第413页。

② 《毛泽东选集》第3卷，北京：人民出版社，1991年，第809页。

③ 《邓小平文选》第1卷，人民出版社1994年版，第257页。

④ 《习近平谈治国理政》第3卷，人民出版社2020年版，第1页。

中国特色社会主义资本运行的创新性探索

朱光明

（山东大学政治学与公共管理学院博士研究生）

习近平总书记在2021年12月召开的中央经济工作会议上指出，应“正确认识和把握资本的特性和行为规律”，在社会主义市场经济条件下，既要发挥资本的积极作用，又要控制其消极作用，依法规范资本行为，实现资本的有序发展。① 2022年4月底在中共中央政治局第三十八次集体学习时，习近平总书记再一次强调：“依法规范和引导我国资本健康发展，发挥资本作为重要生产要素的积极作用。”②这标志着中国共产党人不再谈“资本”色变，日益形成了成熟、辩证、科学的资本观。“自资本主义在欧洲兴起以来，一部世界近现代史，就是一部资本主导逻辑驱动下的资本主义生产生活方式和资产阶级力量的全球扩张史。”③但受马克思主义经典作家观点和苏联社会主义经验影响，中国共产党人曾一度认为资本特指资本主义社会中的私人资本。改革开放以来，中国共产党人逐渐意识到资本不仅存在于资本主义社会，也存在于社会主义社会，既有私有资本，也有公有资本，但由于受传统的马克思主义资本观和政治意识形态束缚，对于资本问题的话语阐述始终是“犹抱琵琶半遮面”的含蓄状态。以习近平为代表的新时代中国共产党人明确地提出了社会主义社会的资本命题，体现了大无畏的政治胆识与政治魄力，丰富和发展了马克思主义资本理论，也实现了中国特色社会主义社会的资本实践创新。概言之，资本逻辑是贯穿近代以来人类社会发展全过程的基本线索和机制，也是中国特色社会主义新发展阶段无法绕开又不能墨守的依赖路径。如何在尊重资本逻辑客观性的基础上，克服资本逻辑的负面效应，实现对这一逻辑的时代超越，是中国在全面建设社会主义现代化新征程中应当面对和回答的重要命题。直面和解决当下的资本逻辑运行存在的问题是人们进行资本治理的重要路径和方法，但也容易陷入“头痛医头，脚痛医脚”的实用主义困局之中无法自拔，可能导致社会主义

---

① 参见习近平：《正确认识和把握我国发展重大理论和实践问题》，载《求是》2022年第10期。

② 《习近平在中共中央政治局第三十八次集体学习时强调：依法规范和引导我国资本健康发展 发挥资本作为重要生产要素的积极作用》，载《人民日报》2022年5月1日。

③ 黄相怀：《提高国有企业党员干部意识形态能力》，人民出版社2020年版，第146页。

的资本治理迷失了发展方向。创新马克思主义资本理论，并不是对马克思主义经典作家思想观点及其历史贡献的否定，也不是对以往关于资本治理的社会主义探索实践的摒弃，回顾和梳理经典理论和历史经验教训可以为中国特色社会主义新时代的资本运行提供智慧和镜鉴。

一、马克思主义关于资本运行的理论思辨

“资本”是马克思主义经典作家分析资本主义社会的核心概念和方法论工具，是以私人资本形态呈现在世人面前。“资本来到世间，每个毛孔都滴着血和肮脏的东西”成为“资本原罪论”的经典表述。马克思主义经典作家对资本的批判，是对私人资本的批判，矛头指向了资本主义生产方式的剥削性和反动性。马克思对资本也有正面评价，但主要指涉资本主义相对于封建主义的历史进步性：“资本的文明面之一是，它榨取剩余劳动的方式和条件，同以前的奴隶制、农奴制等形式相比，都更有利于生产力的发展，有利于社会关系的发展，有利于更高级的新形态的各种要素的创造。”[①]马克思、恩格斯对自己所处时代的资本的批判多于肯定，这种批判成为工人运动的有力理论武器。这种批判是针对私人资本的运行效果，进而构成对资本主义生产方式的价值鞭笞，但不是对一般性的资本逻辑的否定。“资本也是一种社会生产关系。这是资产阶级的生产关系，是资产阶级社会的生产关系”[②]，马克思的这一论断被人误解为资本是资本主义生产方式中特有的社会存在。事实上，马克思从未否认社会主义社会或共产主义社会也会存在某种形态的资本。马克思、恩格斯在《共产党宣言》中指出：“把资本变为公共的、属于社会全体成员的财产，这并不是把个人财产变为社会财产。这里所改变的只是财产的社会性质。它将失掉它的阶级性质。”[③]这意味着共产主义社会中仍存在资本，但此时的资本已不具有剥削属性，也不再有雇佣劳动[④]，但资本的增值属性依然存在，只是增值不再是目的，而是一种手段。“在共产主义社会里，已经积累起来的劳动只是扩大、丰富和提高工人的生活的一种手段。”[⑤]在共产主义条件下，劳动者个体只是获得“一份耗费同等劳动力的消费资料”，这部分消费资料是他的劳动产品扣除生产资料消耗和共同基金（用于扩大生产、一般管理、灾害预防、公共建设和社会福利等）。[⑥] 这一共同基金本质上就是共产主义社会的“资本”形态。从资本主义社会到共产主义社会要经历一个过渡的无产阶级专政时期。在这一时期，“无产阶级不再在一个个场合同经济特权阶级作斗争，它获得的力量和组织使它足以在同这些阶级作斗争时采取普遍的强制手段；但是，它只能运用经济手段来消除它作为雇佣工人的特

① 马克思：《资本论》第3卷，人民出版社2004年版，第927～928页。
② 《马克思恩格斯文集》第1卷，人民出版社2009年版，第724页。
③ 《马克思恩格斯选集》第1卷，人民出版社2012年版，第415页。
④ 参见《马克思恩格斯选集》第1卷，人民出版社2012年版，第417页。
⑤ 《马克思恩格斯选集》第1卷，人民出版社2012年版，第415页。
⑥ 参见《马克思恩格斯选集》第3卷，人民出版社2012年版，第362～363页。

性，因而消除它作为阶级的特性；随着它获得彻底胜利，它的统治也就结束了，因为它的阶级性质已经消失了”①。概言之，资本包含资本主义社会的资本和社会（共产）主义社会的资本两种形态，在两种社会的过渡阶段，可能会出现两种形态的资本同时存在，只是在生产资料公有制条件下，资本不再具有剥削性、阶级性的特征，也不产生剩余价值。两种资本形态对应着两种不同的生产资料所有制，资本主义社会的资本形态可称之为“私有制资本”，社会（共产）主义社会的资本形态则可称之为“公有制资本”。

马克思主义赋予了无产阶级以资本主义掘墓人、实现社会主义的历史使命，而社会主义社会的生产关系是以生产资料公有制为基础，但马克思、恩格斯认为社会主义的实现需要以高度发达的生产力为前提，且应在欧美主要发达国家率先实现。在建立生产力高度发达的社会主义社会之前，无产阶级如何有效对待私人资本的问题，马克思、恩格斯没有详细论述，留下来较大的理论空白，也导致马克思主义阵营中出现了严重的理论分歧。以伯恩施坦为代表的社会主义右派政党认为，既然社会主义尚不能实现，就要在资本主义社会中争取民主，通过议会斗争和工人罢工等合法方式，为无产阶级争取更多权益，即民主社会主义的理论主张，通过争取政治民主来抑制资本的剥削性。这种观点意味着无产阶级与资产阶级达成妥协，甚至形成了政治上的合谋，最极端的表现是，一战前夕西欧的社会主义政党及其影响下的无产阶级放弃了和平反战的纲领和口号，选择支持本国政府的战争政策，导致第二国际的解散。以列宁为代表的俄国布尔什维克批判伯恩施坦等人的观点，认为其是投降的修正主义路线，坚持通过暴力革命建立无产阶级专政，实现生产资料的社会主义公有制，消灭人剥削人的经济制度。但这种模式也有其弊端，因为生产资料的社会主义公有制并非生产力高度发达后自然孕育的结果，而是在生产力相对落后的国家通过人为强制干预的方式建立起来的，生产力的发展还需要相当长的时间，不可能因政治革命在短时间内出现奇迹般的历史飞跃。易言之，无产阶级在帝国主义最薄弱的链条率先实现突破，建立了以公有制为经济基础的社会主义国家，但生产关系超前于生产力发展水平的问题急待解决。

马克思主义对私人资本的批判主要基于两点：一是剥削性，二是无序性。伯恩施坦的民主社会主义观点，是在不动摇资本主义私有制的前提下，通过合法斗争方式迫使资产阶级及其国家政权向工人阶级作出妥协，改善工人劳动条件、提高工资收入，并给予一定政治民主权利和社会福利保障，缓解了资本家对工人的剥削和压迫程度，并没有从根本上解决社会化大生产和生产资料私人占有制这个资本主义社会的基本矛盾，导致资本的无序性扩张无法得到有效解决，经济危机仍会周期性地爆发。以列宁主义为指导的苏联模式建立起以公有制为基础的社会主义计划经济体系，从根本上消灭了人剥削人的经济制度，而且通过国家对经济社会进行统一管理，也克服了私人资本的恶性竞争，有利于实现国民经济的有序运行。从理论逻辑上分析，苏联模式更具正当性与合理性，更符合无产阶级及其政党的政治立场和价值取向。二战后，世界上

---

① 《马克思恩格斯文集》第3卷，人民出版社2009年版，第405页。

形成了以苏联为首的社会主义阵营。与苏联和东欧的社会主义国家工业基础较好不同，以中国为代表的亚洲社会主义国家脱胎于殖民地、半殖民地社会，越过资本主义社会直接建立社会主义制度，先进的生产关系与落后的生产力之间的矛盾冲突更大。在一穷二白的经济基础上建设社会主义，如何看待和处理资本问题，是亚洲社会主义国家必须面对的重大理论和实践问题。除了苏联以外，各社会主义国家没有其他经验模式可供借鉴，而苏联模式又具有理论逻辑上的自洽性和政治立场上的正当性，所以，二战后亚洲社会主义国家普遍效仿苏联，采用"一大二公"的计划经济模式建设社会主义。

二、中国特色社会主义资本运行的实践脉络

新中国成立以后，中国共产党从革命党转变成执政党，但治国理政经验不足，对资本的认知主要来源于马克思主义理论著作和苏联的社会主义经验，然而对马克思主义理论著作的研读不够系统深入，苏联经验的把握也不全面深刻，在如何对待社会主义社会的资本问题上出现了认知偏差，在实践中也走了一些弯路。邓小平曾说："现在虽说我们也在搞社会主义，但事实上不够格。只有到了下世纪中叶，达到了中等发达国家的水平，才能说真的搞了社会主义，才能理直气壮地说社会主义优于资本主义。"[①]中国在不成熟、不够格的初级阶段或状态下，开展和推进社会主义现代化建设，应克服教条主义和主观主义，遵循历史唯物主义的基本理论和方法论，结合我国正处于并长期处于社会主义初级阶段的基本国情，勇于理论探索和实践创新，不断丰富和发展马克思主义的资本理论，为中国特色社会主义依法引导和规范资本提供理论指导和政策建议。中国共产党人从建设新民主主义社会起步，经过70多年的筚路蓝缕，逐步加深中国建设社会主义的道路和模式的探索力度，先后经历了计划经济和改革开放两个阶段，从"一大二公"的公有制资本单一运行转型为以公有制资本为主导、公有制资本与私有制资本相结合的二元协同运行，实现了从片面强调"一大二公"到社会多元共享的理念和实践创新。

1.向苏联学习的共产模式：计划经济体制下的公有制资本单一运行

从1953年起，中国在苏联的指导和帮助下制定并成功实施了第一个五年计划。三大改造基本完成之后，中国又进一步学习苏联经验，建立起高度集中的社会主义计划经济体制，采取以优先发展重工业为特征的现代化建设模式。刘少奇在中共八大所作的政治报告中指出："我们的国家是一个工业落后的国家。为了建设社会主义社会，必须发展社会主义的工业，首先是重工业，使我们的国家由落后的农业国变为先进的工业国，而这是需要一个相当长的时间的。"[②]重工业生产的产品是农业和轻工业使用的机器设备等生产资料，但当时中国农业生产力低下，农民普遍比较贫困，没有购买重

① 《邓小平文选》第3卷，人民出版社1993年版，第225页。
② 《刘少奇选集》(下)，人民出版社1985年版，第206页。

工业品的需求和能力，导致重工业品存在滞销危险，进而可能引发再生产中断等一系列连锁反应。国家在农村实行农业集体化的人民公社制度，通过国家计划调拨方式，能够帮助重工业品打开销路，但还要解决工业品如何定价交换的问题：是以劳动量为标准定价还是以现实需求为依据定价？马克思在《哥达纲领批判》中指出，在共产主义社会的第一阶段，由于每个人的体力和智力等禀赋存在差异，所提供的劳动实践或强度会有差异，会产生不同等的劳动产出，会造成客观的不平等；即使提供劳动完全相同，因婚姻状况、子女多寡的不同，仍会造成事实的不平等的诸多弊病。“要避免所有这些弊病，权利就不应当是平等的，而应当是不平等的。”[①]劳动者个体间的平等需要平衡，国民经济不同生产部门之间的平等也需要抉择。在农业部门严重缺乏购买力的情况下，若价格由市场供求关系决定，重工业品即使低于成本价销售，也很难找到买家。在计划经济模式下，国家实行优先发展重工业的经济政策，要求继续加大对重工业投资力度，在工业品定价方面必然向有利于重工业的方向倾斜，进而人为地形成了工农业产品的“剪刀差”：通过压低农产品价格、减少农民劳动报酬的方式，来为国家工业发展积累资金、增加投入。在冷战格局和中苏交恶的历史背景下，中国既没有殖民地，也缺乏外国投资，只能发扬艰苦奋斗和自力更生的精神，采取计划调节、节衣缩食的方式完成工业发展的初始资本积累，中国的农民和农业为此付出了较大牺牲。中国所获得的回报是建成了独立、完整的工业门类体系和国民经济体系，为后来改革开放政策的实施奠定了较好的工业基础，而“两弹一星”为代表的国防工业加强了中国的军事实力，为中国经济发展争取了长期安全的周边国际环境。

资本增值和扩张的无序性在计划经济体制下被克服，由于市场资源配置的功能机制不健全甚至不存在，经济发展的活力、规模和效率受到很大程度的抑制，出现了与资本主义社会生产过剩危机不同的经济问题：物资匮乏和劳动力过剩。20 世纪 60 年代后期开始大规模推行的知识青年上山下乡运动，其背后的经济原因是城市经济无法容纳新增的劳动人口，只能采取行政化手段向农村进行劳动力分流。然而，农业生产力水平低，又因优先发展重工业的计划经济政策，农业发展受到了较大抑制，其能够承载的劳动人口有限。在农业基础水平既定的情况下，不断向农业转移劳动力，导致边际报酬加速递减，进一步加剧了物资匮乏，计划经济发展陷入了严重的恶性循环之中。实践证明：在当时的生产力发展水平很低的情况下，单一的公有制资本形态运行存在僵化、效率低等弊端，严重制约了国民经济的发展。若不及时进行经济改革，很可能出现内卷式的经济塌陷。

2.改革开放的共享模式：以公有制资本为主导的二元资本协同运行

十一届三中全会以后，中国开始实行改革开放政策，对内实行改革，废除“一大二公”的计划经济体制，对外实行开放，引进外国资金和技术。中国经济体制改革未采取苏联全盘私有化的休克疗法，农村的包产到户政策是在坚持土地集体所有的基础上实

① 《马克思恩格斯选集》第 3 卷，人民出版社 2012 年版，第 364 页。

行的家庭联产承包责任制模式，城市允许个体户和民营企业发展，但保持国有经济的主导地位，形成了以公有制为主体、多种所有制共同发展的中国特色社会主义基本经济制度。从资本视角看，改革开放政策可诠释为实行生产资料所有制的局部私有化，引入私有制的资本形态，形成中国社会主义经济发展的"鲶鱼效应"。随着改革开放的不断深化，中国逐渐建立起一套符合国情的社会主义市场经济体制，发挥市场机制在资源配置中的基础性作用，也注意发挥政府宏观调控的积极作用。改革开放政策激发经济活力，克服了计划经济的弊端。人民温饱问题得以彻底解决，物资匮乏的现象不再出现。中国的社会生产力得到空前解放，综合国力大幅度提升，人民生活逐渐富裕起来。中国经济进入了长周期的高速增长状态，成为世界第二大经济体。经过 40 多年的发展，中国至今已完成了现行标准下贫困人口全部脱贫，人均 GDP 超过 1 万美元，实现了建成全面小康社会的第一个"一百年"奋斗目标，"比历史上任何时期都更接近实现中华民族伟大复兴"①。

私有制的资本形态介入并不断拓展，解决计划经济体制下的发展困境问题，但其自身的弊端和缺陷逐渐显露，出现了一系列经济和社会问题，如贫富差距拉大、发展不平衡、环境污染、道德水平下滑、犯罪案件增多等。尽管人们生活水平和质量逐渐提高，但幸福感没有明显增强，甚至出现了"拿起筷子吃肉，放下筷子骂娘"的吊诡现象。一直以来，关于改革开放政策的争论从未止息，既有人认为改革开放背离了社会主义的原则，是在进行"资本主义复辟"；也有人主张彻底私有化，放弃马克思主义旗帜，走北欧的民主社会主义道路。② 40 多年的改革开放在解决公有制资本的单一化运行弊端方面取得巨大成功，私有制资本的优势和劣势也得以一一呈现出来，若因私有制资本运行导致出现市场失灵现象和明显的负外部性就否定改革开放和中国特色社会主义制度，是有失公允和不理性的。中国不会也不可能滑向资本主义的一个关键因素是关系国计民生的重要领域和关系国家经济命脉、安全的领域仍由国家控制，国有制仍在国民经济中起主导作用。公有制资本仍在发挥其独特优势，为中国特色社会主义现代化建设保驾护航。党的十八大以来，习近平反复强调，"我们要坚定不移走中国特色社会主义道路，既不走封闭僵化的老路，也不走改旗易帜的邪路"③，并要求全党增强"四个自信"，保持政治定力，坚持实干兴邦。④ 这不仅是中国共产党的政治信仰使然，更是执政经验丰富和执政理论成熟的表现，是对两种资本形态运行逻辑的深刻把握和认知。新时代中国特色社会主义发展既不会回到计划经济模式，也不会走俄罗斯模式完全私有化，放弃四项基本原则，走资本主义道路。这意味着两种形态的资本仍会在

① 习近平：《青年要自觉践行社会主义核心价值观——在北京大学师生座谈会上的讲话》，人民出版社 2014 年版，第 2 页。

② 参见郑德荣等：《中国特色社会主义道路基本问题研究》，人民出版社 2012 年版，第 337 页。

③ 《习近平关于协调推进"四个全面"战略布局论述摘编》，人民出版社 2015 年版，第 82 页。

④ 参见习近平：《决胜全面建成小康社会　夺取新时代中国特色社会主义伟大胜利——在中国共产党第十九次全国代表大会上的报告》，人民出版社 2017 年版，第 17 页。

相当长的时期内保持并存、博弈和互动的关系和状态。进入新发展阶段以后，中国特色社会主义现代化建设如何进一步发挥两种资本的各自优势，克服其固有缺陷，达到扬长避短、优势互补的效果，仍面临很多挑战。

3.资本运行功能的转变：从“帕累托改进”到“卡尔多改进”的变迁

政治关涉社会重大利益的权威性分配，任何制度性变革都必然会涉及利益调整，是非常严肃的政治议题。改革开放之初，党和政府为了减小新政策实施的阻力，采取了增量改革的模式，即“存量不动，增量改革”的双轨制运行。在保持国有经济和集体经济继续发展的基础上，允许个体户、私营企业、外国独资企业和中外合资或合作企业的成立和发展，构成一种对公有制资本功能的补充和协同，有利于搞活经济，满足多元的市场需求，逐渐改变了物资供应紧张的局面，对社会经济活动中的各方主体均有利，人民群众的生活水平和质量有了普遍的提高和改善，形成一种“帕累托改进”的良性局面。随着改革开放的不断深入，社会主义市场经济体制建立并逐渐得以完善，市场经济日趋激烈，人们在具体利益方面产生了冲突、竞争和激荡，出现了优胜劣汰、此消彼长的利益博弈结局，进而导致了贫富差距拉大，人们获得社会福利出现了不平等、不公平的问题，这就需要进一步的政策调整。英国经济学家尼古拉斯·卡尔多在 1939 年提出了福利经济学中著名的“卡尔多改进”命题，即一项变革的总体社会福利提高，会有一部分人受损，理论上可通过税收等再分配方式对受损者进行补偿，使每个人的福利都好于变革以前，没有人的福利恶化。[①] “卡尔多改进”是“帕累托改进”理论的逻辑优化，是一个关于自由市场经济发展和改良的理想模型。卡尔多也强调社会作为整体的福利提升超过受损者的福利损失必须坚持每个人在某种意义上被平等对待为前提。资本主义的规则特征是“以各种财产权为基础的经济特权的优先性”，而民主则“以坚持个人权利行使为基础的自由权和民主责任两者的优先性”，“今天没有任何一个资本主义社会可以合理地称为民主社会”。[②] 因而，以私有制为基础的资本主义社会实现“卡尔多改进”不具有充分的逻辑自洽性，即使通过福利政策实现了本国国民范围内的“卡尔多改进”，一旦拓展到全球范围，仍存在着某种程度的“侵夺”：西方发达国家往往会利用高技术壁垒或品牌影响力获得垄断性超额利润，而把高污染、高能耗的产业转移到发展中国家，其“卡尔多改进”具有明显的片面性和狭隘性。

中国特色社会主义坚持以公有制资本为主导的二元资本协同运行机制实现“卡尔多改进”更具有制度优势。党的十六大以后，中国共产党提出“构建社会主义和谐社会”目标，有意识地进行社会总福利分配的矫正，如 2005 年取消了曾征收上千年的“农业税”，转向农民发放农业补贴，开始了城市对农村的“反哺”。十八大以来，党和国家进一步加大民生方面投入，健全覆盖城乡社会保障体系，投入巨大的人力物力财力进行脱贫攻坚，已于 2020 年底实现了现行标准下近 1 亿农村贫困人口全部脱贫，832 个

---

① Nicholas Kaldor, “Welfare Propositions of Economics and Interpersonal Comparisons of Utility”, *The Economic Journal*, Vol.49, 1939, pp.549-552.

② [美]塞缪尔·鲍尔斯、赫伯特·金蒂斯：《民主和资本主义》，韩水法译，商务印书馆 2003 年版，第 3 页。

贫困县全部摘帽；2020 年初新冠肺炎疫情暴发并在全球蔓延肆虐，中国以保障人民群众生命健康为首要选择，迅速果断地开展严格的防疫管控工作，在全国范围内根据情况采取不同程度的隔离措施，在疫情严重地区实施封城，几乎是人为地按下整个国民经济运行的暂停键，也是最早实现复工复产的国家和地区，成为全球唯一实现经济正增长的主要经济体。没有国有经济或者公有制资本的强大支撑和保障作用，无论是脱贫攻坚还是抗疫防疫都不可能取得如此成效。中国特色社会主义的建设和发展坚持以人民为中心的立场，坚持改革发展的成果更多更公平惠及全体人民。与此同时，中国倡导和践行“构建人类命运共同体”的理念，走和平崛起道路，绝不以邻为壑，积极承担和履行大国责任，与世界上所有爱好和平的国家和地区一起建设人类共同拥有的家园，也欢迎其他国家搭乘中国发展的“便车”，形成更广泛、更公平的世界范围内的协同共享。

三、中国特色社会主义新发展阶段资本运行的挑战

长期以来，中国致力于解决自身问题，聚精会神搞建设，一心一意谋发展。面对风云变幻的国际局势，邓小平在 1989 年 9 月提出应冷静观察、稳住阵脚和沉着应付的工作方针，认为“不要急，也急不得。要冷静、冷静、再冷静，埋头实干，做好一件事，我们自己的事”①。目前，中国已成为世界第二大经济体，人均 GDP 超过一万美元，如期建成全面小康社会，国际话语权日益增强，40 多年的改革开放政策取得巨大成功。2018 年 6 月，习近平在中央外事工作会议上提出了“当前中国处于近代以来最好的发展时期，世界处于百年未有之大变局，两者同步交织、相互激荡”的重大论断。学术界从国际权力结构、全球秩序、全球治理结构、科技革命与竞争等多方面对“百年未有之大变局”进行诠释和解读②，但更重要的是习近平这一论断的深刻战略意涵：中国把世界局势变化视为影响自身发展的更重要的变量。中国已进入全面建设社会主义现代化的新发展阶段，应有纵贯古今的历史洞察力和总揽全局的全球化视野，把握当代世界百年未有之变局，优化和完善中国特色社会主义二元资本协同运行机制，更好地服务于全面建成社会主义现代化强国的奋斗目标，实现中华民族伟大复兴的中国梦。

一百多年前，马克思主义经典作家就指出，资本主义社会每隔十年左右就会爆发一次经济危机，根本原因是社会化大生产与资本主义私人占有之间的矛盾。③ 中国经济的私有制资本弊端，可以通过公有制资本的制衡来解决，但外部的私有制资本的介入和冲击带来了新的危机和挑战。改革开放之初，中国经济外向型发展程度低，全球经济动荡对国内经济影响不明显。随着出口成为中国经济增长的第一动力，外部经济动荡越来越明显地对中国经济造成冲击。1997 年东南亚金融危机的爆发导致中国经

---

① 《邓小平文选》第 3 卷，人民出版社 1993 年版，第 321 页。

② 参见朱锋：《近期学界关于“百年未有之大变局”研究综述》，载《人民论坛 · 学术前沿》2019 年第 7 期。

③ 参见《马克思恩格斯选集》第 3 卷，人民出版社 2012 年版，第 664 页。

济遭遇了第一次输入型危机。[①] 2008年，华尔街爆发次贷危机，再一次对中国经济构成巨大冲击。2018年3月，美国总统特朗普发动了专门针对中国的贸易战，同时加强技术封锁和高科技产品禁运，尤其是对华为等中国高科技企业的打压，也对中国经济造成了不小的压力。新冠肺炎疫情对全球经济的负面影响仍在持续，转而可能对中国经济发展造成二次压力。从内在面向看，中国人口红利逐渐消失，已步入老龄化社会，劳动力成本上升，经济发展遇到了较大的瓶颈。习近平在2021年新年贺词中指出："改革开放创造了发展奇迹，今后还要以更大气魄深化改革、扩大开放，续写更多'春天的故事'。"面对内外部因素带来的双重压力，中国在新的发展阶段如何进一步改革开放，考验着中国共产党和中国人民的智慧、魄力和毅力，尤其是应着力提高驾驭资本逻辑的能力，实现两种资本有机组合的良性互动机制。"在发挥资本逻辑动力功能的同时，限制、降低甚至杜绝资本逻辑越界引发的各种风险和负效应，从而让改革成果更多更公平惠及广大人民群众，满足人民对美好生活的向往。"[②]

"一个社会即使探索到了本身运动的规律……它还是既不能跳过也不能用法令取消自然的发展阶段。但是它能缩短和减轻分娩的痛苦。"[③]人们虽然认识了资本的辩证性或双重性，但对于资本的规制仍没有实现实质性突破，因为人们只是纾解了资本的消极因素，但并没有完全克服和杜绝。中国共产党坚持科学发展观，践行新发展理念，倡导建立人类命运共同体，日益获得全球范围内的广泛认同。但不可否认的是，人类社会的经济发展模式至今是以消耗自然资源为代价，节能减排、保护生态环境的种种努力，并没有遏制住地球变暖的趋势，资本的无序扩张仍没有无法完全得以规制。人类社会发展方式若无法得到彻底扭转，而仍以资源消耗和生态破坏为代价，资本的负面性就无法根除，人类社会的可持续发展就仍潜伏着巨大的危机和挑战。人类所需要的不是延缓生态"癌细胞"扩散的速度，而是要彻底实现自然资源的循环开发利用，让人类社会和地球家园恢复健康状态。这就要求人类进一步克服资本的逐利性，把更多资金和资源用于基础科学研究，实现生产力发展和科技创新的根本性突破，才是解决资本问题关键所在。只有社会生产力高度发达，呈现人与自然良性互动的"天人合一"状态，资本才能在保持生产性、创新性的同时，彻底根除剥削性和无序性。

四、中国特色社会主义新发展阶段资本运行机制的优化

改革开放以来，中国特色社会主义的二元资本协同运行机制解放和发展了社会生产力，促进了我国经济社会实现了长足发展，为全面建成小康社会作出了积极贡献。在新发展阶段，中国经济社会发展面临新情况新问题，需要进一步深化改革，优化二元资本协同运行机制，发挥其对全面建设社会主义现代化强国的积极作用和更大效能。

---

① 参见温铁军：《八次危机：中国的真实经验（1949～2009）》，东方出版社2012年版，第156页。

② 田旭明：《全面深化改革实践中提升党驾驭资本逻辑能力论析》，载《理论探讨》2018年第4期。

③ 《马克思恩格斯文集》第5卷，人民出版社2009年版，第10页。

1.二元资本协同运行机制优化的顶层设计

在新发展阶段，二元资本协同运行机制首先应遵循和贯彻新发展理念，服务于创新、开放、协调、绿色和共享的科学发展需要。其次，应进一步完善中国特色社会主义基本经济制度，坚持公有制主体地位，发挥国有经济主导作用，不断增强国有经济活力、控制力、影响力，同时也鼓励、支持、引导非公有制经济发展，激发非公有制经济活力和创造力，完善产权保护制度，积极发展混合所有制经济，推动国有企业完善现代企业制度，以管资本为主加强国有资产监管，改革国有资本授权经营体制，组建若干国有资本运营公司，支持有条件的国有企业改组为国有资本投资公司。最后，应建立健全资本治理体制体系，加强资本运作的规范性，引导资本更多地承担社会责任，形成创新资本、绿色资本等，节制资本的无序性和投机性，使资本更健康有序高效地推动和促进现代化经济体系的建构和完善。

2.二元资本协同运行机制优化的导向目标

二元资本协同运行机制服务于新发展阶段的中国特色社会主义现代化建设，其优化的导向目标在短期、中期和长期分别对应着“十四五”规划、2035远景目标和21世纪中叶的社会主义现代化强国目标。具体而言，二元资本协同运行机制优化应能有利于中国自主创新能力的提升，推进和完成创新性国家建设，促进社会生产力更大发展，实现城乡、区域和产业等维度国民经济均衡可持续发展，形成以国内大循环为主体、国内国际双循环相互促进的新发展格局，全体人民共同富裕更加明显和巩固，建成生态宜居的美丽中国，服务于“一带一路”倡议，加强中国的海外投资，增强中国资本的国际竞争力，推动人民币国际化，更为扎实地建设人类命运共同体。

2.二元资本协同运行机制优化的路径选择

二元资本协同运行机制应以推动高质量发展为主题，深化供给侧结构改革为主线。一是加大基础前沿的科研领域投入，加强财政金融政策的扶持，加强高科技人才培养，加强知识产权保护。二是引导资本更多地投向实体经济，加强传统产业的升级改造，补齐弱势产业的短板，积极孵化新兴朝阳产业。三是挖掘经济发展相对滞后地区的比较优势，推动经济发展和产业空间布局均衡化、科学化和合理化。四是积极落实和跟进乡村振兴战略，加大对农业农村生态化投入，建立生态绿色的现代农业经济。四是加大民生和公益领域的投资力度，进一步完善基础设施建设，促进医疗、教育、养老、环保等领域的民生服务供给能力和水平提高，加强社会保障、社会福利和慈善事业发展。五是进一步加大对环保领域技术研发，开发清洁能源和可再生资源，降低产业发展能耗，提高资源利用率。

人民政协在发展全过程人民民主中的制度优势与实践空间*

康　乐

（山东大学政治学与公共管理学院博士研究生）

民主是全人类的共同价值，世界各国由于不同的历史传统、文化基因、现实条件等因素，形成了各具特色的民主制度安排和实践机制。党的十八大以来，中国共产党坚持以人民为中心，积极发展全过程人民民主，带领中国式民主进入一个全新的发展阶段。全过程人民民主是中国共产党带领中国人民探索人民民主实践经验的最新总结，是马克思主义民主理论中国化的最新表达，为人类政治文明的发展进步提供了中国智慧和中国方案。中国人民政治协商会议（以下简称“人民政协”）是中国人民爱国统一战线的组织，是中国共产党领导的多党合作和政治协商的重要机构，是我国政治生活中发扬社会主义民主的重要形式，是国家治理体系的重要组成部分，是具有中国特色的制度安排。人民政协发展和完善全过程人民民主体现了人民当家作主的中国式民主的本质和核心，“打开了民主进入实践操作层次之后的新型发展空间”①，具有深厚的现实基础和鲜明的制度优势，也具有光明的发展前景和广阔的实践空间，须着力加强人民政协的政党在场、完善人民政协的议程设置、推动人民政协的基层创新，增强全过程人民民主的人民性、回应性和实效性。

一、人民政协是发展全过程人民民主的重要制度安排

从“全过程”“人民”“民主”的复合维度理解全过程人民民主的核心要义能够深刻解读人民政协发展全过程人民民主的时代意蕴，即人民政协作为发展全过程人民民主的重要政治制度安排，为弘扬全人类共同价值提供了崭新路径。

（一）理解全过程人民民主的复合维度

2021 年 7 月 1 日，在庆祝中国共产党成立 100 周年大会上的重要讲话中，习近平

* 基金项目：教育部哲学社会科学研究重大课题攻关项目“中国新型政党制度研究”（19JZD005）、山东大学政治学与公共管理学院研究生科研基金项目“提升中国新型政党制度国际话语权问题研究”（SDZG2021020111）。

① 唐亚林：《“全过程民主”：运作形态与实现机制》，载《江淮论坛》2021 年第 1 期。

总书记强调要“践行以人民为中心的发展思想，发展全过程人民民主”①，这是党正式提出“发展全过程人民民主”的概念命题。同年，党的十九届六中全会通过的《中共中央关于党的百年奋斗重大成就和历史经验的决议》把“坚持以人民为中心的发展思想，发展全过程人民民主，推动人的全面发展、全体人民共同富裕取得更为显著的实质性进展”确立为习近平新时代中国特色社会主义思想的重要内容之一，并从面向未来加强中国特色社会主义民主政治建设的战略高度强调中国共产党必须“发展全过程人民民主，保证人民当家作主”。②

“民主是什么呢？它必须具备一定的意义，否则它就不能存在。因此，全部问题就在于确定民主的真正意义。”③民主不是抽象的，而是具体的、历史的。何谓“全过程人民民主”？“全过程人民民主”作为涵盖“全过程”“人民”“民主”三大要素的复合性概念，具有深刻内涵和鲜明特色。从“全过程”概念理解，全过程人民民主是全链条、全方位、全覆盖的社会主义民主，“重视政治过程的民主化”④，既体现为对人民民主选举权利的尊重，更体现为对人民在国家政治生活和社会公共事务中持续参与和表达自身意愿权利的保障；不仅强调公民在非正式公共领域内的意见表达，更加重视公民在正式制度体系内公共决策层面发挥实质性参与作用；不仅建立了各级权力机关的民主选举程序，更加完善了各级决策机关的民主决策程序、各级协商机构的民主协商机制和基层群众参与民主管理和民主监督的程序机制，畅通了各环节各领域各层次的民主运作，用制度体系保障人民当家作主。从“人民”概念理解，全过程人民民主是以人民为中心、确保人民主体地位的社会主义民主，通过一系列法律法规和制度安排保障人民依法行使当家作主的权利，不仅尊重“人民的同意”这一程序民主，更加重视享有充分知情权、参与权、表达权、监督权的人民实现广泛有序政治参与的实质民主；不仅强调人民个人的现实利益，更加重视作为政治共同体的人民群众的整体利益和长远利益，将“人民性”的本质内涵落实为人民群众的主体性平等和实质性参与，“人民内在于国家的过程，使自身成为中国民主政治过程的本体”⑤，为最终实现每个人的自由全面发展创造条件。从“民主”概念理解，全过程人民民主是最广泛、最真实、最管用的社会主义民主，超越了西方一人一票式选举民主对“人民主权”的阉割，抛弃了西方从抽象的、形式化的、超阶级的维度来认知和发展民主，建构起符合自身历史发展、社会传统和文化基因的民主实现形式。“民主同样是各国人民的权利，而不是少数国家的专利”⑥，全过程人民民主更加强调民主的实践价值在于充分体现人民意志、保障人民权益、激发人民创造活力，更加强调民主的评判标准应该从民主的本质出发衡量人民是否真正

---

① 习近平：《在庆祝中国共产党成立100周年大会上的讲话》，《人民日报》2021年7月2日。

② 《中共中央关于党的百年奋斗重大成就和历史经验的决议》，人民出版社2021年版，第24、73页。

③ 《马克思恩格斯全集》第10卷，人民出版社1998年版，第315页。

④ 桑玉成：《拓展全过程民主的发展空间》，载《探索与争鸣》2020年第12期。

⑤ 商红日：《全过程人民民主的发展机理研究》，载《统一战线学研究》2021年第5期。

⑥ 习近平：《加强政党合作　共谋人民幸福——在中国共产党与世界政党领导人峰会上的主旨讲话》，人民出版社2021年版，第6页。

成为国家的主人，为独立自主探索民主发展道路的广大发展中国家提供了示范参照，具有极为重要的世界意义。全过程人民民主创造性地发展了社会主义民主政治，实现了过程民主和结果民主、程序民主和实质民主、直接民主和间接民主、人民意志和国家意志的有机统一，是中国共产党坚持砥砺奋斗的政治目标，是全面建设社会主义现代化国家的政治基石，开辟了人类民主政治文明的新形态。

（二）人民政协发展全过程人民民主的时代意蕴

毫无疑问，民主政治是人类文明进步的重要标志，是人类社会的共同追求。古希腊民主理论与实践被视为西方近现代民主政治制度的源头和基础，尽管古希腊奴隶制民主政体及其直接民主形式存在一定历史局限性，但其“让全体公民参与政治”的精神内核、“人民的统治”等基本要义对近现代西方启蒙思想家卢梭、洛克等人的“人民主权”学说影响深远，为资本主义民主政治制度奠定了思想基石。然而，在西方民主政治理论与实践的长期演化过程中，“人民的统治”“人民主权”等理念经过理论家、政治家的改造和炮制已被悉数剔除，民主被简单化为人民通过投票选出代表来行使权力的带有严重阶级局限性和历史局限性的有名无实的“民主”，以代议制政府模式为主导和以竞争性选举为核心的精英民主使民主的核心要义“人民性”在实际政治过程中处于悬浮甚至消解状态。“如果人民只有在投票时被唤醒、投票后就进入休眠期，只有竞选时聆听天花乱坠的口号、竞选后就毫无发言权，只有拉票时受宠、选举后就被冷落，这样的民主不是真正的民主。”[①]当前以美国为代表的西方世界饱受民主劣质化的苦果，以竞争性选举作为民主衡量标准的西方自由民主不仅在理论上失灵，更在实践中失能，其择优功能逐渐消退，折射出民主异化问题，已经陷入民主衰退和治理衰败的双重困境，引起国际社会的强烈关注和反思。

“民主是国家形式，是国家形态的一种。因此，它同任何国家一样，也是有组织有系统地对人们使用暴力，这是一方面。但另一方面，民主意味着形式上承认公民一律平等，承认大家都有决定国家制度和管理国家的平等权利。”[②]“民主结构要想存续而且值得存续下去，它们就不能仅仅是一个空壳。它们必须具有实质内容、良好的品格以及实际意义。”[③]人民民主是社会主义的生命，我国人民民主专政的国体和人民代表大会制度的政体规定了人民当家作主的本质要求和基本内涵，不仅回答了权力归属这一核心问题，而且确立了维护人民利益、实现人民统治的制度和程序，为真正实现人民主权提供了制度性保障。人民通过选举、投票行使个人民主权利和人民内部各方面在作出重大决策之前进行充分协商，尽可能取得一致意见，是社会主义民主的两种重要形式。人民政协协商民主是发扬社会主义民主的重要形式，是实现全过程人民民主的重要政治制度安排，通过确认专门协商机构的性质定位，通过发挥政治协商、民主监

① 《习近平在中央人大工作会议上发表重要讲话强调：坚持和完善人民代表大会制度 不断发展全过程人民民主》，载《人民日报》2021年10月15日。

② 《列宁选集》第3卷，人民出版社2012年版，第201页。

③ [美]拉里·戴蒙德：《民主的精神》，张大军译，群言出版社2013年版，第89页。

督、参政议政、凝聚共识的职能，确保人民广泛真实有效地参与国家政治生活和社会事务的管理，支持和保障人民当家作主，充分体现了人民民主的理念和价值。

长期以来，中国共产党人侧重于从民主的本质问题入手来理解和发展社会主义民主政治，而对实践中人民民主的运行机理、基本流程、程序保障等关注不足，社会主义民主政治的程序性建设缺乏具体规划和高效执行。历史经验表明，民主"只有在实践中才能将自身蕴含的文本价值转化为客观的绩效"①。全过程人民民主重大理论命题的提出，是中国共产党人基于"两个结合"的根本遵循对马克思主义民主理论的继承和发展、对中国共产党人民民主理论的守正创新，切实提高了中国共产党人探索和驾驭社会主义民主政治建设规律的能力和水平，集中体现了中国式民主的时代内涵和话语表达，精准聚焦人民性和全过程性两个核心要义，将民主的实质与形式、过程与结果统筹发展，与西式民主的排他性、对抗性和竞争性形成鲜明对比，有效解决了西式民主以程序民主代替结果民主、只关注权力的程序合法性却忽视制度的治理有效性等现实难题。人民政协作为一种制度设计、政治组织和民主形式，以党的领导为根本政治保证，将协商民主的理念贯穿于政治协商、民主监督、参政议政、凝聚共识的全过程和各个基本环节，丰富了全过程人民民主的基本内涵，创新了全过程人民民主的实现形式，拓宽了全过程人民民主的参与渠道，畅通了全过程人民民主的程序链条，成为发展全过程人民民主的重要制度安排。人民政协在社会主义民主政治建设中不断完善党的领导机制、多党合作体制、协商反馈机制，赋予全过程人民民主内生性价值和本土化实践，是实现全链条、全方位、全覆盖的全过程人民民主的重要途径，是最广泛、最真实、最管用的社会主义民主的认同者、实践者和维护者，揭示了民主价值理念、民主实质内容和民主实践形态的有机统一，突破了西式民主理论主张和话语概念的垄断与偏见，构建了民主效能评判的中国式标准，彰显了东方社会主义政治文明的智慧和经验，为提升社会主义民主的制度优势和国际话语权提供了广阔空间，为弘扬和平、发展、公平、争议、民主、自由的全人类共同价值提供了区别于既有西方民主模式的崭新路径。

二、人民政协在发展全过程人民民主中的制度优势

人民政协作为我国社会主义协商民主体系中最为成熟的组织形式和机制保障，是发展全过程人民民主的重要舞台，以先进的制度理念、合理的制度设计突破了西方自由民主模式的弊端，在发展全过程人民民主中具有独特制度优势。

1.人民政协作为政治共同体内蕴共同思想基础和价值取向，为发展全过程人民民主提供了思想自觉

马克思的政治共同体思想将资本主义现代性政治共同体视为"虚幻的共同体"②，这一共同体的虚幻性就在于现实经济运动所引致的普遍利益与特殊利益之间的矛盾，

---

① 张明军：《全过程人民民主的价值、特征及实现逻辑》，载《思想教育理论》2021年第9期。

② 《马克思恩格斯选集》第1卷，人民出版社2012年版，第164页。

这一矛盾的解决唯有依赖建立在民意合法性外衣下的政治权力来维持特定地域范围内的经济发展和社会运转。然而，由于资本的阶级性和扩张性，“现代的国家政权不过是管理整个资产阶级的共同事务的委员会罢了”[①]。只有在共产主义社会才能实现“真正的共同体”即自由人的联合体，“代替那存在着阶级和阶级对立的资产阶级旧社会的，将是这样一个联合体，在那里，每个人的自由发展是一切人的自由发展的条件”[②]。人民政协作为社会主义政治文明下的制度产物，结合近现代中国民主政治发展的历史逻辑和现实国情，构建了符合中国政治特色和实践要求的“政治共同体”。《关于加强新时代人民政协党的建设工作的若干意见》强调“人民政协是一个政治共同体”，这一共同体因内蕴其中的共同思想基础和基本价值取向，为发展全过程人民民主提供了行动自觉。

“只有在共同体中，个人才能获得全面发展其才能的手段，也就是说，只有在共同体中才可能有个人自由。”[③]任何制度形式要想真正成为人类自由与发展的现实保障，就必须超越抽象的民主原则，在充分尊重个人自由意志的基础上，充分考虑协调和维系个人身处其中的共同体的发展，这是一切共同利益和共同事业获得持久生命力的坚实基础。人民政协与西方资产阶级国家的松散联盟存在本质区别，关键就在于人民政协具有共同的思想政治基础和基本价值取向，尊重政治共同体中人民集体意志的表达与实现等基本诉求。人民政协共同思想政治基础主要是指参加人民政协的各党派团体、各族各界人士基于根本利益、奋斗目标、基本遵循的一致性所达成的思想政治共识，被视为人民政协存在和发展的前提，主要包括热爱中华人民共和国、拥护中国共产党的领导、坚定走中国特色社会主义道路等核心内容。新时代，人民政协的共同思想政治基础集中体现为在坚持中国共产党领导的前提下，以习近平新时代中国特色社会主义思想为行动指南，以统一战线为重要法宝，强化政治理论和形势政策的学习，筑牢实现第二个百年奋斗目标和中华民族伟大复兴中国梦的共同思想根基和强大精神动力。以人民为中心的价值取向是人民政协在发展全过程人民民主中的基本遵循。人民政协作为爱国统一战线的组织，是凝聚人心、汇集力量的重要法宝，其“人民”范围覆盖了所有社会主义劳动者、社会主义事业的建设者和拥护祖国统一的爱国者，具有广泛代表性和巨大包容性，体现了大团结大联合的重要特征。中国共产党的根基和血脉在人民，中国共产党始终代表最广大人民的根本利益，“人民性是马克思主义最鲜明的品格”[④]，“人民对美好生活的向往，就是我们的奋斗目标”[⑤]。作为政治共同体的人民政协在中国共产党的带领下，成长为一个使命型政治组织，基于共同思想政治根基贯彻中国共产党的基本理论、基本路线、基本方略，坚持以人民为中心的价值取向，服务

---

① 《马克思恩格斯选集》第 1 卷，人民出版社 2012 年版，第 402 页。

② 《马克思恩格斯选集》第 1 卷，人民出版社 2012 年版，第 422 页。

③ 《马克思恩格斯选集》第 1 卷，人民出版社 2012 年版，第 199 页。

④ 习近平：《在纪念马克思诞辰 200 周年大会上的讲话》，人民出版社 2018 年版，第 17 页。

⑤ 习近平：《论把握新发展阶段、贯彻新发展理念、构建新发展格局》，中央文献出版社 2021 年版，第 21 页。

于人的全面发展、社会的全面进步，实现加强党的领导和人民主体地位的和谐统一，在前进道路、发展方向和奋斗目标上形成统一意志和步调，为发展全过程人民民主提供了行动自觉。

2.人民政协作为专门协商机构具有完备的组织和制度基础，为发展全过程人民民主提供了专业平台

协商民主是我国社会主义民主政治的特有形式和独特优势，在《中共中央关于加强社会主义协商民主的意见》所规定的七种协商民主渠道中，只有人民政协是“专门协商机构”。2019年9月20日，习近平总书记在中央政协工作会议暨庆祝中国人民政治协商会议成立70周年大会上强调，人民政协“是具有中国特色的制度安排，是社会主义协商民主的重要渠道和专门协商机构”[①]。人民政协作为社会主义民主政治的一项重要制度，在历史实践中日益完善其组织和制度基础，把协商民主贯穿履行职能全过程，完善协商议政内容和形式，着力增进共识、促进团结，为发展全过程人民民主提供了专业平台。

从协商建国到协商治国，人民政协在长达70多年的历史探索中建立起涵盖全国、省、市、县四级的纵向组织体系，为专门协商机构的作用发挥构建了完备的组织基础。当前中国人民政治协商会议全国委员会由中国共产党、各民主党派、无党派人士、人民团体、各少数民族和各界代表，香港特别行政区同胞、澳门特别行政区同胞、台湾同胞和归国侨胞的代表以及特别邀请的人士组成，共设有34个界别。人民政协委员多是来自各个党派、各族各界、各行各业的杰出代表，彰显了人民政协联系面广、代表性强等组织优势，也为横向组织队伍储备了大量专门性协商人才，通过分工联系制度，密切联系人民群众，“努力使专门协商机构‘专’出特点、‘专’出特色、‘专’出水平”[②]，推动人民政协工作高质量运行。从制度基础来看，依托中国新型政党制度，人民政协成为开展多党合作和政治协商的主要舞台，是践履新型政党制度功能优势的政治组织，是我国政治体系的重要组成部分，是发展全过程人民民主的忠实实践者和自觉推动者。当前人民政协已经形成以宪法为根本，以中共中央法规性文件、政协章程和具体工作条例为主干，以其他各项配套体制机制为辅助的较为完善的法律法规制度体系，保障人民政协开展常态化、持续化、制度化的政治协商工作，提高政治协商工作的科学化、制度化、规范化水平，推进人民政协协商与党委、人大、政府等工作的有效衔接，充分发挥我国政治制度架构中四个主要系统即党的系统、政府系统、人大系统、政协系统的政治合力，切实发展高质量民主。“当制度化的利益表达方式处于主流状态时，人们就不必诉诸非制度化的方式。”[③]借助制度化的利益表达方式，人民政协建构起双向参与全过程人民民主的驱动模式，一方面引导公民有序政治参与，为各党派、各界别参与国家公共事务的协商和决策提供了平台和机制，完善人民当家作主制度体系；另一方面，党

① 《习近平谈治国理政》第3卷，外文出版社2020年版，第30页。

② 汪洋：《在全国政协十三届二次会议闭幕会上的讲话》，载《人民日报》2019年3月14日。

③ 程竹汝：《论全过程人民民主的制度之基》，载《中共中央党校(国家行政学院)学报》2021年第6期。

和国家凭借平等沟通、协商对话机制深入群众，下沉到基层公共事务，寻求公共政策和政治权威的正当性与合法性，既提高了公民民主参与的热情和能力，也增强了协商民主体系的能量和效益。人民政协作为专门协商机构具有完备的组织体系和制度基础，明确界定了政治协商的参与范围、协商活动的互动机制、公共决策的基本程序等具体内容，构建了多层次、广覆盖的协商平台，切实担负起专门协商机构的职责，推动协商民主广泛多层制度化发展，拓宽了民意表达渠道、丰富了民主实践内涵，提高建言资政和凝聚共识水平，充分体现了社会主义民主有事多商量、遇事多商量、做事多商量的特点和优势，是发展全过程人民民主不可缺少的专业实践平台。

3.人民政协作为中华优秀传统文化创造性转化的实践成果，为发展全过程人民民主提供了内在遵循

传统对现代的影响是通过文化得以实现的，“保守地说，真理的中心在于，对一个社会的成功起决定作用的，是文化，而不是政治”①。文化与政治在积极取向上的同构和互动对文明进步具有决定性作用。人民政协协商民主是对中华优秀传统文化进行创造性转化和创新性发展的实践产物，受到中华民族“求同存异”“聚同化异”“和而不同”“兼容并蓄”“天下为公”“以公为义”等历史传统和文化性格的深层次影响，壮大新时代社会主义民主的文化叙事，既符合现代政治精神，又符合中华传统文化，为发展全过程人民民主提供了内在遵循。

“求同存异”“聚同化异”的包容思想契合人民政协凝聚共识的职能，为发展全过程人民民主提供了中道原则。《中庸》中说：“中也者，天下之大本也。和也者，天下之达道也。致中和，天地位焉，万物育焉。”中国古代政治思想家倡导政治整体性与公共性中的包容差异、互补互济理念，既反对矛盾冲突，也不赞成一味苟同。这一中道理念契合人民政协凝聚共识职能的要求，推动求同存异精神的现代性转化，在求大同存小异的过程中遵循合作共赢、取长补短的整体性思维找到全社会意愿和要求的最大公约数，增进理解、扩大共识，推动了平等有序的政治参与，塑造了和谐统一的政治格局，促进了团结稳定的政治秩序，为发展全过程人民民主赋能增效。“和而不同”“兼容并蓄”的和合文化契合人民政协协同共治的诉求，为发展全过程人民民主积淀了议事传统。中国传统政治智慧强调事物之间普遍存在差异，治国理政之道在于承认客观差异的同时，按照多样性与一致性相统一原则最大限度吸收和容纳性质各异、内容有差、意见不同的各个方面，通过商议、讨论、对话、咨询等协商议事机构建立起多方参与的科学决策体系，广开言路，汇集民意。人民政协作为专门协商机构继承并发展这一和合文化，为各民主党派、各族各界人士提供了机会平等、有序参与的制度化渠道，促进不同思想观念、利益诉求的充分表达和沟通交融，为发展全过程人民民主提供了优化治理方式、规范决策过程的叠加优势。“天下为公”“以公为义”的政治伦理契合人民政协增进人民福祉的追求，为发展全过程人民民主确立了价值底色。中华民族自古以来承袭天下

① ［美］塞缪尔·亨廷顿、劳伦斯·哈里森主编：《文化的重要作用》，程克雄译，新华出版社2003年版，第3页。

为公的家国情怀、经邦济世的民本思想和积极向上的处世态度，管理公共事务，维护公共利益，构建和谐社会。这与人民政协协商民主一贯坚持的人民价值本位、公共利益导向、互惠共赢理念高度契合，集中体现了中国特色社会主义制度体系的集体主义倾向，培育了明德向善的现代公共意识和责任政治，为实现民族复兴伟业奠定了强大信仰支撑，是中国共产党作为公权力主体一心一意为人民谋幸福、追求国家发展和社会进步的初心使命所在，为发展全过程人民民主提供了务实精神导向和价值引领优势。人民政协作为社会主义协商民主的重要渠道和专门协商机构，在实践探索和职能深化的过程中，始终坚持将马克思主义民主理论同中国具体实际相结合、同中华优秀传统文化相结合，创新中国式民主理论与实践的话语表达，既使人民政协协商民主与先贤传统政治智慧中"和而不同""兼容并蓄"的和合文化、"求同存异""聚同化异"的包容思想以及"天下为公""以公为义"的政治伦理高度契合，又在实践中不断构建更加开放包容的政治参与渠道，完善科学规范的协商程序，营造畅所欲言、各抒己见、理性有度、合法依章的良好协商氛围，为发展全过程人民民主提供了内在遵循。

三、人民政协在发展全过程人民民主中的实践空间

人民民主是社会主义的生命，不断发展和完善全过程人民民主，是新时代中国特色社会主义民主建设的核心要义。人民政协应着力加强政党在场、完善议程设置、推动基层创新，切实提高全过程人民民主的人民性、回应性和实效性。

1.加强人民政协政党在场，提高全过程人民民主的人民性

中国现代党建国家的逻辑理路和现实成就表明，中国政党组织有能力吸纳现代化过程中产生的新兴社会力量、处理日益扩大的政治参与诉求，不仅能够承担代表民意、制定政策、政治动员、政治社会化等与西方政党同样的功能，而且能够在民主化进程中做得更好、更加全面，因为中国的政党组织是与人民根本利益相连的国家与社会关系的平衡器、稳定阀。人民政协主要依靠中国共产党、各党派和各人民团体来发挥利益整合与利益表达功能，政党在场能够创造出有利于发展全过程人民民主的利益生态，提高全过程人民民主的人民性。

首先，必须加强人民政协中中国共产党的在场。人民政协是发展全过程人民民主、联系各方面群众的重要组织，群众路线是党的生命线，也是人民政协的生命线。要解决中国共产党的组织在场问题，必须着力从政治上、思想上、组织上加强党对人民政协的领导，不折不扣地贯彻落实党的路线方针政策和重大决策部署，这是人民政协事业发展进步的根本保证；必须持续推进人民政协密切联系群众的各项工作制度化、常态化、长效化，充分发挥政协委员和政协机关中共产党员的先锋模范作用，确保人民政协事业发展的正确方向；必须按照全面从严治党要求加强政协党组织的建设，严肃党内政治生活，发扬党内民主，保障党员权利，依靠党内民主来引领和保障人民政协作为专门协商机构和重要制度安排发展全过程人民民主的作用。

其次，必须加强人民政协中民主党派的在场。各民主党派作为人民政协的重要力

量“是利益表达和综合的一种重要的组织化形式和制度化渠道”[①]，在民意输入和政策输出环节发挥着重要的作用。对于当今高度复杂、深度分化的中国社会来说，如何让拥有更广泛利益代表性的民主党派在场于人民政协的具体职能领域，与中国共产党一道承担起更好地表达、整合和协调社会利益的功能，是新时代发展全过程人民民主所面临的重大理论与实践课题。因此，必须有效开发和利用人民政协的政治资源，优化民主党派在人民政协工作中进行民意采集与整合、决策评估与协商、政策监督与反馈的全链条参与机制和民主程序。

最后，必须加强人民政协中党的各类外围组织的在场。加强人民政协的政党在场，除了中国共产党和民主党派之外，还需要关注党的各类外围组织在人民政协中的力量与作用，尤其是工、青、妇三大社会组织的在场。工、青、妇三大社会组织具有独立完整的组织架构和工作系统，自带联系面广、社会性强、专业性高等鲜明优势，是培育社会组织、训练社会自治、凝聚社会共识的重要渠道，是发展全过程人民民主的重要政治力量，蕴藏着巨大的发展空间和民主势能。因此，必须去除人民政协中工、青、妇等党的外围组织的行政化、机关化、贵族化、娱乐化倾向，增强政治性、先进性和群众性，发挥应有的利益代表功能和社会工作能力，强化组织在场和积极作为，为人民政协发展全过程人民民主夯实基础性、经常性工作。

2.完善人民政协议程设置，提高全过程人民民主的回应性

人民政协的协商范式有效“解决了新兴社会力量急切介入政治过程而现有政治体制难以回应多元诉求的强烈冲突”[②]。依托人民政协这一制度化平台，将协商民主嵌入公共政策和治国理政的实践场域，是实现全过程人民民主的重要机制。然而现实问题在于协商民主往往容易忽略何种社会关切、社会议题值得进入协商环节。因此，我们需要关注人民政协的议程设置问题，延伸协商民主的过程链条，重视公民的前置性权利和议题话语权，最大限度地弥合政策制定与社会关切之间的张力，提高全过程人民民主的回应性。

议程设置的实质是决策者如何通过合理的筛选机制有目的地将时间、精力、资源等聚焦于某些社会关切的政策议题。“议程设置是政策过程的起点。由于决策者的注意力是有限的，因此，在社会向决策者提出的成千上万的诉求中，只有其中很小的一部分会得到决策者的关注，这一小部分诉求被提上决策层议事日程的过程就是政策议程设置的过程。”[③]人民政协通过联系群众机制、专题调研机制、代表吸纳机制等制度化渠道在政策议程设置环节具有独特优势，然而要将这种应然制度优势转化为实然治理

---

① 黄天柱：《民主党派在全过程人民民主中的作用与提升空间——以中国政策过程为视角》，载《中央社会主义学院学报》2022年第1期。

② 臧秀玲、康乐：《中国新型政党制度的创造性、优越性及其时代意蕴》，载《当代世界社会主义问题》2022年第2期。

③ 谈火生：《政策过程视角下的人民政协独特优势研究——以全国政协第21次双周协商座谈会为例》，载《中央社会主义学院学报》2021年第6期。

效能还需在以下几方面加以完善：一是加强公开透明的信息建设，为议程设置提供基础保障。协商各方信息对称是公平理性协商的前提。必须尊重公民的知情权，畅通信息摄入渠道，创造必要的信息对称，通过信息采集与筛选，对社会诉求进行合理的价值排序，将分散的个体偏好转化为具有鲜明公共属性的集体偏好，严格控制协商议题的边界与公共政策的方向，确保人民政协议程设置的协商工作始终围绕中心、服务大局，优先解决关系国计民生的公共事务以及弱势群体的生存需求，回应公民的普遍关切。二是制定合理合法的协商流程，为议程设置提供程序内核。议程设置的协商流程用以厘清协商主体、协商内容、协商形式等关键要素及其互动程序，增强协商工作的科学性和可操作性。没有共同接受和遵守的程序，没有严格按照程序开展协商，议程设置就无法取得实质进展，相关主体的权利性和平等性就无法得到确认。必须将公民参与和风险评估、专家论证、公开听证、合法审查、集体表决等议程设置的具体环节紧密衔接，确保议程设置的程序正义，增强议题权威性。三是拓展建言资政的网络空间，为议程设置提供便利条件。当前我国网民规模不断扩大，网络社会正在崛起，逐渐形成具有舆论性和影响力的公共政治空间。必须充分尊重网络政治空间的开放性、互动性，通过热点事件快速反应机制、敏感事件舆情分析机制疏导社情民意、引导公共舆论，增强相关工作人员学习、运用新媒体技术的能力，实现传统媒体与新媒体的融合，为数字技术时代人民政协完善议程设置创造便利条件。

3.推动人民政协基层创新，提高全过程人民民主的实效性

"伴随新兴社会阶层涌现与社会民意基础扩大，人民政协愈益成为凝结各方共识的组织平台与制度载体。"①人民政协协商民主的规范运作，是新时代发展全过程人民民主的生动实践。推动人民政协基层创新，实现人民政协协商与基层政协协商上下联动、有效衔接，是推动协商民主广泛多层制度化发展的必然举措，是尊重人民首创精神、强化人民主体性建构的集中体现，也是提高全过程人民民主实效性的现实要求，符合全过程人民民主"人民性"和"全过程性"的本质要求，有助于充分调动广大人民群众参与国家治理的积极性、主动性和创造性，不断提高基层人民群众的生活幸福感和满意度，实现公共利益最大化。然而当前基层政协工作中还存在着各地实践探索不平衡，脱离群众、重形式轻效果，协商成果落实和反馈不力等问题，需要着力从以下几方面完善。

一是整合资源，加强组织机构建设。伴随人民政协工作职能向基层延伸，组织机构的完善成为下沉基层协商、嵌入基层治理的必然要求。针对当前人民政协在乡镇一级缺少组织和工作机构的情况，各基层政协应着力组织政协委员工作室、政协委员会客厅、政协委员之家等机构，探索政治协商新模式，如浙江温州鹿城区专门发布了《关于加强政协委员工作室建设的实施意见》，推动基层政协工作机构的标准化建设。同时应注意，对于社会经济条件较为薄弱的地区，应降低运行成本，精简机构设置，借助

① 马雪松：《人民政协专门协商机构制度建设的国家治理逻辑》，载《理论探讨》2020年第2期。

现有的党群服务中心、党员活动中心等组织机构开展政协基层协商活动。

二是转变思路，创新基层协商方式。在坚持“请进来”、主动邀请群众开门协商的思路基础上，创新“走出去”的工作方法，主动延伸工作触角，拓展基层协商空间，就关系群众切身利益的实际问题开展就地协商，解决辖区范围内民生焦点问题；探索“联起来”的协商方式，利用互联网不受时间、空间的限制，结合现代数字信息技术，建立常态化“网上议事厅”“政协信息库”，加快构建网络协商供给机制。如江苏省江阴市依托“智慧政协”委员履职平台、微信、QQ 群等信息化手段，实现线上和线下协商深度融合。

三是加强考核，健全履职奖惩机制。当前不少基层地方虽然设置了协商组织机构，但由于重视程度、政治素养的差异，不少政协委员缺乏主动下沉基层的动力与能力，履职实践无法定期开展，协商效果也不理想。针对这一情况，基层政协必须出台相关规范性指导意见以及履职实践考核办法，“改进委员产生机制，真正把代表性强、议政水平高、群众认可、德才兼备的优秀人士吸收到委员队伍中来”[①]。同时，建立健全委员履职清单及档案考核机制，引导委员提高综合工作能力、定期汇报任务进展、复盘阶段工作成果，对不能胜任的委员和长期闲置的机构予以清退。

四、结语

人民政协作为我国政治制度体系的重要组成部分，经过历史的考验、实践的积淀、理论的升华，成为坚持党的领导、体现人民意志、维护人民利益、保障人民当家作主的制度化渠道，推动协商民主与选举民主的有机统一，解决了超大型主权国家民主实践中民主参与数量与质量的双重难题，实现了社会主义民主本质属性人民性与实践特点全过程性的有机统一，为发展全过程人民民主这一政治文明新路提供了独特优势。新征程上，人民政协协商民主应着力强化政党组织的在场引领，完善政治协商的议程设置，推动基层政协的开拓创新，为践行以人民为中心的发展思想、发展全过程人民民主提供系统驱动、优势支撑和制度保障，增强中国式民主在国际政治舞台的话语权和影响力，推动人类政治文明的发展进步。

① 中共中央文献研究室编：《十八大以来重要文献选编》（中），中央文献出版社 2016 年版，第 71～72 页。

论我国民主党派民主监督的历史发展及特点

陈文君

（山东大学政治学与公共管理学院博士研究生）

中国共产党领导的多党合作和政治协商制度，既是我国的一项基本政治制度，也是具有鲜明特色和显著优势的新型政党制度。民主党派是新型政党制度的重要主体，作为其三大基本职能之一，民主监督的形成和发展依托于我国政党制度的形成完善过程。民主党派民主监督是在坚持四项基本原则的基础之上，以提出意见、建议与批评为方式进行的政治监督，其实践成效不仅是我国民主政治发展成果的重要体现，更是对中国共产党科学民主执政绩效的有效检验。民主党派民主监督的内容与形式在不同历史时期呈现出不同侧重，其对现实情况的充分关切和回应体现出了显著的发展性和适应性特征。厘清民主党派民主监督实践的发展历程，归纳其特点，是新时代提升民主党派履行民主监督职能水平的重要一环。

一、民主党派民主监督在新民主主义革命时期的探索与孕育

民主党派监督雏形在新民主主义革命时期的政权建设过程中得以孕育。1940年的《中共中央关于目前时局与党的任务的决定》提出，要巩固和扩大各抗日根据地，在根据地建立“完全民选的没有任何投降反共分子参加的抗日民主政权”①。该政权是由一切赞成抗日与民主的阶级阶层联合组成的民主专政，以“三三制”为组织原则，即在人员分配上“共产党员占三分之一，非党的左派进步分子占三分之一，不左不右的中间派占三分之一”②。在“三三制”政权中，共产党、党外进步人士、中间派人士在人员分配上比例均等，客观上形成了互相制衡的政权格局。

1941年，晋冀鲁豫边区临时参议会召开，标志着第一个“三三制”民主政权——晋冀鲁豫边区政府成立。边区政府中有不少其他党派成员参与其中，如党外人士邢肇棠

① 中央档案馆编：《中共中央文件选集(1939—1940)》第12册，中共中央党校出版社1991年版，第263页。
② 《毛泽东选集》第2卷，人民出版社1991年版，第742页。

出任联办行政委员和晋冀鲁豫边区临时参议会参议员[①]，积极参与到团结抗战和边区建设之中，“各抗日阶层、党派、各民族人士都参加了政权”[②]。参议会作为民主政权的组织形式，不仅能够在会议期间将人民意见转化为决议，在会后也能够发挥监督政权的作用。参议会中各党派人士以及其他民主人士作为成员享有监督的权利。监督内容贴近民生、体现民意、围绕大局且十分广泛，涵盖了军事、政法、财政、文教、经济各个方面，涉及军粮供给、尊重私有土地权、健全司法机构、赈济灾民、兴办民族学校等具体内容。监督过程体现程序民主，在反映问题时强调以事实为依据，在决策前要进行充分调查研究，经会议全体成员审议表决后，形成最终决议，并进行公示。这一时期参议员在大会中提出意见、建议和批评意见的实践不断推进。《陕甘宁边区参议会会议规程》中规定，参议员及边区群众团体可向参议会提交书面提案，参议会在会上对通过审查的提案进行讨论，最终形成决议。在党外人士的推动下，冀太联办（全称为“冀南、太行、太岳行政联合办事处”）向晋冀鲁豫边区临参会提出的关于“确定司法与行政的正确关系”的提案成为临时参议会的重点提案之一，该提案就司法工作中存在的问题提出意见，并对司法部门的人事组织安排及司法程序等问题提出建议。[③] 在陕甘宁边区第二届参议会的一次大会中，党外人士李鼎铭等人提交了实行“精兵简政”提案，目的是“精简、统一、效能、节约与反官僚主义”[④]，受到了中国共产党的高度重视，该提案经由参议会充分讨论、协商最终形成了“精兵简政”决议并获以顺利实施。干部作风问题始终是参议员提案的重要议题，如绥德县第二届第一次参议会上提出了“改进公务员作风”的提案，定边县的三届参议会上提出了“乡级干部应加强政治教育”“加强干部教育、贯彻政策法令”等关于政府工作人员的多项提案。[⑤] 以上举措可视为提案监督的早期实践形式。

来自党外人士的民主监督保障了中国共产党为人民服务的立场和党员队伍的清正廉洁，同时推动了党派间协商合作的火种不灭以及根据地政权的建立与发展。“陕甘宁边区抗日根据地之所以发展之所以巩固，依靠于政治上的民主、经济上的民主与文化上的民主，团结了各阶层各党派的人民成为一条心。”[⑥]各党派人士以及其他民主人士的监督正是这一“政治上的民主”最有力的体现。1945 年 7 月，国民参政会参观团一行六人访问延安。围绕中国当时的前途命运，参观团成员之一黄炎培提出了历史

---

① 参见皇甫建伟、霍彦明主编：《左权抗日根据地史料丛书：民主的火花》（下），山西人民出版社 2012 年版，第 451 页。

② 中国社会科学院近代史研究所《近代史资料》编译室主编：《陕甘宁边区参议会文献汇辑》，知识产权出版社 2013 年版，第 94 页。

③ 参见皇甫建伟、霍彦明主编：《左权抗日根据地史料丛书：民主的火花》（上），山西人民出版社 2012 年版，第 295～296 页。

④ 陕西省档案馆、陕西省社会科学院合编：《陕甘宁边区政府文件选编》第 8 辑，档案出版社 1988 年版，第 26 页。

⑤ 参见杨东：《乡村的民意：陕甘宁边区的基层参议员研究》，山西人民出版社 2013 年版，第 245 页。

⑥ 《陕甘宁边区政权建设》编辑组：《陕甘宁边区参议会》（资料选辑），中共中央党校科研办公室，1985 年，第 392 页。

周期率的问题。毛泽东以民主这条“新路”作答，并突出强调了监督在政治生活中的功能和地位，指出：“只有让人民来监督政府，政府才不敢松懈。只有人人起来负责，才不会人亡政息。”①

抗日战争胜利以后，中国共产党与各民主党派之间的合作关系一直在延续、深化，并具有全国性的政治意义，直接推动了国家政权的建构和政党制度的确立。伴随着解放战争的胜利推进，各民主党派积极参与到反对独裁、争取民主的斗争之中，并积极响应“五一口号”，民革、民盟、民促、农工党等均表示：“全国人士自宜迅速集中意志，研讨办法，以期根绝反动，实现民主。”②在“协商建国”的政治实践中，民主党派的政治地位得以明确。中国共产党与各民主党派交换意见、共商国是，各民主党派畅所欲言、献计献策，为新中国建设奉献智慧和力量。

二、民主党派民主监督在社会主义革命和建设时期的确立与曲折

1949 年，中国共产党领导的多党合作和政治协商制度正式确立，中国共产党正式以执政党的身份走上政治舞台，各民主党派随之正式参加国家政权。民主党派由国民党统治时期的“非法”党团蜕变为接受中国共产党领导、参加人民政权的合法政党，政治地位的根本性转变为其行使民主监督职能奠定了基础。在社会主义革命和建设时期，中国共产党通过座谈会、宣讲会、学习教育等形式对民主党派进行改造，使他们由资产阶级的政党转变为服务社会主义的政党，并引导它们推动民族资产阶级、知识分子和其他爱国民主人士的社会主义改造。同时，各民主党派积极参与社会主义现代化建设，发挥监督作用，帮助中国共产党提升执政能力。在土地改革、“三反”“五反”运动、司法改革运动、过渡时期总路线的宣传教育运动、镇压反革命运动、全国整风运动等实践中，各民主党派既是重要的参与主体，也是被改造的对象，民主党派民主监督也在群众运动的浪潮中获得相应的发展。

民主党派民主监督地位得到确立。具有临时宪法性质的《中国人民政治协商会议共同纲领》明确规定，人民政协在人民代表大会召开前代行人大的职权。中国共产党与各民主党派、无党派民主人士、各人民团体在第一届政协会议中发挥了重要作用，这也为各民主党派和无党派人士参加国家政权提供了最初的法律依据和事实参照。虽然民主党派在新中国成立后先后经历了三次存废之争③，但在一党还是多党的选择上，毛泽东在《论十大关系》中明确表示：“现在看来，恐怕是几个党好”，不仅过去如此，将来亦如是。④ 在 1954 年 9 月召开的第一届全国人民代表大会的人大代表中，党外人士占 45.5%，全国人大常务委员会中党外人士约占 49.4%。同年 12 月召开的人民

---

① 《毛泽东思想年编(1921～1975)》，中央文献出版社 2011 年版，第 439 页。

② 杨胜群、陈晋主编：《亲历者的记忆：协商建国》，生活·读书·新知三联书店 2009 年版，第 6 页。

③ 参见钟德涛：《中国共产党的百年奋斗和中国新型政党制度的创立发展》，载《华中师范大学学报(人文社会科学版)》2021 年第 3 期。

④ 参见《毛泽东文集》第 7 卷，人民出版社 1999 年版，第 34 页。

政协第二届全国委员会一次会议中，民主党派和无党派民主人士占委员总数的73.1%，会议选举出的政协第二届全国委员会副主席中党外人士占81.3%，常务委员中党外人士占63.1%。[①] 民主党派既可以通过人民代表大会参加国家政权，也可以通过人民政治协商会议议政建言与中国共产党共商国是。中共八大明确提出了“长期共存、互相监督”的八字方针，正式明确了民主党派民主监督的地位。“八字方针”的制定和落实，充分调动了民主党派参与民主监督的积极性。基于特殊的历史背景，八字方针是“正确处理人民内部矛盾思想在对民主党派工作方针上的成功运用”[②]，表明了中国共产党与各民主党派将长期亲密合作、相互监督、互成互补，共同为人民生活富裕和国家繁荣强盛而奋斗。但民主党派的长期存在与否并不是由中国共产党单方面所决定的，需要“看各民主党派自己的表现，要看它们是否取得人民的信任”[③]，这要求各民主党派更好地为建设社会主义效力。在过渡时期民主党派发挥着“参、代、监、改”的作用，并在社会主义革命时期扮演着双重角色，既要作为政党与中国共产党互相监督，还要作为革命的对象接受社会主义改造，从而成为人民的一部分。社会主义改造完成后，各民主党派成员作为人民享有民主监督的权利，亦可以党派成员身份进行党际监督。

民主党派民主监督职能逐渐明晰。这一时期，民主党派仍主要通过对国家经济社会发展政策、对党和政府及各部门领导干部的工作作风问题提出大量意见、建议与批评的方式进行民主监督。从内容上看，民主党派民主监督具有明确的政治指向，不仅在恢复国民经济和巩固人民民主政权的过程中起到了重要作用，而且在推进实行人民代表大会制度及宪法制定的工作中作出了卓越的贡献。周恩来指出：“建设社会主义，没有互相监督，不扩大民主，是不可能做得好的。”[④]从方式上看，多种形式的民主监督初步成型。在1949年中国人民政治协商会议第一次全体会议上，由中国致公党提交的一份关于维护海外华侨权益的提案是我国首份党派提案。[⑤] 1956年，中国农工民主党与中国民主同盟围绕知识分子在学习生活与实际工作中的情况与问题开展了调研，并将调研结果呈送相关部门，调研监督的形式初见雏形。1957年，中国共产党发出《关于整风运动的指示》，民主党派、无党派人士及工商界人士分别受邀参加座谈会，帮助中国共产党进行整风运动。由各民主党派、无党派人士参与的共13场座谈会于全国政协和国务院礼堂分别召开，在会上70余名党外人士进行了发言。[⑥] 许多批评措辞尖锐、针砭时弊。如无党派人士张奚若就指出，“好大喜功，急功近利，鄙视既往，迷

① 参见刘延东主编：《当代中国的民主党派》，当代中国出版社2020年版，第120～129页。

② 毕岚：《由“八字方针”到“十六字方针”——邓小平对毛泽东关于民主党派工作方针的发展》，载《求同论坛》1998年第1期。

③ 《毛泽东文集》第7卷，人民出版社1999年版，第235页。

④ 《周恩来统一战线文选》，人民出版社1984年版，第351页。

⑤ 参见孙春兰主编：《大道》，团结出版社2017年版，第436～437页。

⑥ 参见刘延东主编：《当代中国的民主党派》，当代中国出版社2020年版，第228页。

信将来”[①]是经济建设中出现诸多问题的原因，以协商会议进行监督的形式在实践中得到发展。

然而，在整风运动中极少数民主党派成员发表了错误言论，严重背离社会主义国家建设和发展的政治方向。此后的反右派斗争的扩大化破坏了和谐稳定的政党关系，打击了民主党派民主监督的政治热情和积极性。“文革”时期，各民主党派工作机构被撤销，民主党派的本职工作难以为继，民主监督名存实亡。民主党派民主监督的曲折发展暴露出其保障性不足的问题，充分体现出民主监督制度化与法治化的必要性。

三、民主党派民主监督在改革开放和社会主义现代化建设新时期的恢复和发展

改革开放后，社会主义现代化建设全面重启，社会主义民主政治发展步入正轨，民主党派民主监督在这一时期发挥着重要功能。在纠正“左”倾错误的过程中，邓小平强调，“人人都去作检查，那就会变成运动”[②]，应当依照宪法、法律及法令办事。中国共产党领导人民进行政治体制改革，团结包括民主党派在内的政治力量推进社会主义现代化建设。党中央高度重视民主与法制建设，推动民主党派民主监督在建章立制中进入了制度化、规范化、法制化的新发展阶段。

民主党派民主监督职能在制度层面逐步明确。1977年，《关于爱国民主党派问题的请示报告》重申了“长期共存、互相监督”的方针，并提出推进民主党派组织的恢复与健全。邓小平在全国政协五届二次会议上对民主党派的社会主义性质给予了科学界定，指出各民主党派“都是在中国共产党领导下为社会主义服务的政治力量”[③]。由此，各民主党派逐渐恢复各自的组织体系并开展具体工作。党的十一届三中全会后，邓小平再次明确民主党派对中国共产党的监督有助于“集思广益，取长补短，克服缺点，减少错误”[④]。1980年，“民主监督”作为人民政协的主要任务之一出现在中共中央转发的《全国统战部长座谈会纪要》中，这是“民主监督”一词首次在中央文件中出现。[⑤] 在1982年党的十二大上，“八字方针”发展为“十六字方针”，为新型党际关系赋予了新历史条件下的新内涵，并推动了民主监督工作的规范化和程序化。同年，“民主监督”作为人民政协的职能之一在《中国人民政治协商会议章程》中得到明确，民主党派以向人民政协提交提案的方式进行民主监督的路径进一步通畅。1983年，中国农工民主党将“发挥民主监督作用”写入党的章程。1989年12月，《关于坚持和完善中国共产党领导的多党合作和政治协商制度的意见》明确规定了各民主党派作为“参政党”履行民主监督职能的总原则、法律地位、基本方式和权利义务。“中国共产党领导

① 陈延武：《万水朝东——中国政党制度全景》，生活·读书·新知三联书店2011年版，第207页。
② 《邓小平文选》第2卷，人民出版社1994年版，第381页。
③ 《邓小平文选》第2卷，人民出版社1994年版，第186页。
④ 《邓小平文选》第2卷，人民出版社1994年版，第205页。
⑤ 参见杨绪盟主编：《民主党派与依法治国》，人民出版社2015年版，第143页。

的多党合作和政治协商制度将长期存在和发展”于1993年正式写入宪法，进一步明确了民主党派在我国政党制度中的宪法地位，亦明确了民主党派民主监督在我国政治运行中的政治性特征。2007年，党的十七大报告对民主党派职能的认知达到了全面系统的新高度，并明确提出“支持民主党派和无党派人士更好履行参政议政、民主监督职能”。

民主党派的民主监督逐步规范。改革开放后，民主党派的民主监督步入规范化发展进程。首先，民主监督组织化程度加强。随着党派工作的恢复和队伍的不断发展，各民主党派组织机构规模不断扩大，机关人员配备日益完善，下设参政议政专业委员会等专门机构，对选题与提案准备工作进行统筹安排，这是民主党派对监督问题进行调研、形成提案的组织保障。其次，民主监督实践向常态化转变。民主党派大多通过高层次协商会、座谈会和情况通报会，以及人大或政协召开的会议等平台，以政治协商为主要形式，开展具体的民主监督工作。2003～2004年，中共领导人亲自或委托有关部门召开了共36次协商会、座谈会、通报会，其中由中共中央总书记主持的会议有13次。[①] 最后，民主监督形式向制度化发展。2005年，《中共中央关于进一步加强中国共产党领导的多党合作和政治协商制度建设的意见》成为民主党派履行民主监督职能的纲领性文件。它详细地规定了民主党派民主监督的内容、形式、渠道、完善措施等，并将其纳入我国社会主义监督体系。从各民主党派中聘请“特约人员”进行监督，是新时期有中国特色的民主监督形式的一大创新，体现了民主监督与权力监督、行政监督的有机结合。1989年5月，国家监察部决定设立特约监察员。同年年底，来自各民主党派和全国工商联的21名成员成为首批特约监察员，协理行政监察部门工作。这标志着民主党派的特约人员监督机制正式实行。另外，特约审计员制度也在民主监督的实践发展中取得了良好成效，特约审计员主要由民主党派中财政、经济、法律、教育等领域的专业人员组成。除此之外，部分民主党派成员还担任了教育督导员、国土资源检察员和税务检察员等职务。

四、民主党派民主监督在中国特色社会主义进入新时代以来的创新和完善

党的十八大以来，以习近平同志为核心的党中央高度重视民主监督在中国特色社会主义民主政治建设中的作用，“人民有没有民主决策、民主管理、民主监督的权利”[②]成为衡量人民是否享有民主权利的标准之一，民主监督成为人民民主权利的重要体现。这一时期制定并颁布了关于民主党派民主监督的系列文件，为民主党派民主监督提供了重要的制度保障。

2015年，《中国共产党统一战线工作条例(试行)》进一步明确了民主党派民主监督的内涵，并将其细分为十种形式[③]，条例为进一步发挥民主党派民主监督的独特优

---

① 参见中华人民共和国国务院新闻办公室：《中国的民主政治建设》，载《人民日报》2005年10月20日。

② 《习近平谈治国理政》第2卷，外文出版社2017年版，第292页。

③ 参见《中国共产党统一战线工作条例(试行)》，载《人民日报》2015年9月23日。

势和重要作用提供了政策支持。2018年以来，全国政协专门委员会同各民主党派中央共同举办协商活动24场、开展联合调研22次，民主党派的民主监督取得了丰硕成果。[①] 民主党派的民主监督在新型政党制度的理论和实践中得到创新发展，按照“四新”“三好”的要求，不断开创新的工作局面。

民主党派民主监督更具时代性。首先，民主党派民主监督聚焦时事。民主党派的监督重点始终紧密围绕着党和国家的工作重心和人民群众关切的重要议题而展开，从具体的政策事务中准确把握问题，并将监督贯穿于政策制定与执行的全过程，彰显了民主监督的时事性和人民性。其次，民主党派民主监督立足科学实践。考察调研是民主监督的重要抓手，根据加强民主监督的相关文件，通过调研前的选题划定、成员组建，到调研中的实地考察、意见征集，再到调研后的提案报告形成、参与议政建言等长期实践，在监督规范上已形成一套完整的流程。在实地调研掌握实际情况的基础之上，各民主党派充分发挥智力密集的优势，对问题进行系统性分析，并形成涵盖问题梳理、问题归因、解决策略等内容完整的监督意见，最终以会议发言、书面报告或提案等形式呈现，体现了民主监督的科学性和规范性。兼具时事性和科学性的监督成果成为党和政府科学决策、民主决策的重要参考，充分凸显了民主党派民主监督的必要性和时代性。

民主党派民主监督凸显党派性。首先，民主党派民主监督以政党组织为基本单位。相较于一般群众、社会组织及团体而言，民主党派作为政党具有明确的组织性。民主党派民主监督是以党派组织为单元的集体行为，所形成的监督意见是组织意见，不论通过何种平台渠道，哪怕成员个体以特约人员身份进行的民主监督，仍具有党派行为属性。其次，民主党派民主监督以党派特色优势为基础进行划分。2019年，中共中央从顶层架构上对中国特色社会主义参政党建设进行了整体设计，出台了《中共中央关于加强中国特色社会主义参政党建设的意见》《民主党派代表人士队伍建设规划（2018～2027）》等重要文件。各民主党派代表着不同阶层群众的社会利益，所关注的政策议题存在一定差异性。各民主党派在政治协商、民主监督及参政议政过程中，逐渐形成了各自的特色并以特定领域作为侧重。在新时代各民主党派基于历史继承性和现实回应性，经过与中国共产党的协商，进一步调整和明确了民主党派开展活动和发展成员的重点分工领域。具体来说，中国国民党革命委员会侧重祖国统一、法制建设及“三农”研究领域，中国民主同盟聚焦科教、人才及文化教育领域，中国民主建国会侧重经济金融领域，中国民主促进会突出教育及文化出版传媒领域，中国农工民主党强调环保、人口与医药卫生问题，中国致公党偏重海外侨胞相关问题，九三学社致力于科技创新，台湾民主自治同盟则专注两岸交往领域。

民主党派民主监督蕴含协作性。首先，在社会主义监督体系内实现监督实践交互。民主党派民主监督同中国共产党党内监督、行政监督、司法监督、群众监督及舆论

---

① 参见中华人民共和国国务院新闻办公室：《中国新型政党制度》，载《人民日报》2021年6月26日。

监督等多种监督形式之间既相互区别，又紧密联系。相较于前三类监督而言，民主党派的民主监督不具有强制性和制约力，相较于权力性监督从“事权结束之后根据结果进行反向排查和追责”①，来自民主党派的民主监督主要作用于决策形成与实施的过程，同时民主党派可以通过其特有的“直通车”渠道呈送意见建议，避免了因监督问责滞后而造成的额外成本，提升了监督效率。与此同时，在监督体系之中民主党派民主监督通过协调合作实现了监督联合，各民主党派通过与其他权力监督部门合作共商良策，形成社情民意与监督实情共享的协同监督合力，有效弥补了民主监督体系中效力不足的问题，提升了民主监督的整体效能。其次，在监督形式创新中实现监督主体联动。在党派中央的带领示范下，各省民主党派组织逐渐探索出“专项监督”“联合监督”“项目式监督”的新形式，进一步扩大了民主监督的范围，改善了民主监督环境，拓展了民主监督渠道。尤其是以问题为导向的“专项监督”在民主监督实践中扮演着重要角色，并在国家治理中取得了卓越的监督成效。以山东省为例，2017 年山东创新推出“7＋1”专项民主监督新模式，由 7 个民主党派围绕省重点改革事项进行专项监督，再围绕省委重大决策部署开展联合监督，并于 2021 年将无党派人士纳入其中形成“7＋1＋1”模式。从 2021 年 6 月开始，中央统战部和国家发展改革委、生态环境部共同牵头，支持各民主党派中央、无党派人士开展为期 5 年的长江生态环境保护专项民主监督。这也是首次从中央层面安排无党派人士参与民主监督，对于持续发挥专项民主监督独特优势具有重要意义。党的十八大以来，民主党派在中共中央的领导下围绕脱贫攻坚工作展开专题调研，为打赢脱贫攻坚战作出了突出贡献。2022 年 1 月，习近平总书记同党外人士共迎新春时宣布，“为期 5 年的脱贫攻坚民主监督圆满结束，长江生态环境保护民主监督工作再启新程”②，为民主党派专项监督明确了下一步工作方向。

五、中国新型政党制度下民主党派民主监督的基本特点

民主党派民主监督具有政治性和高层次性特征，并集中体现在各民主党派的意见建议和各类提案之中。民主党派民主监督作为政治监督，始终直面国家大政方针政策制定实施过程中的关键问题，围绕着党和国家的工作重心展开具体工作。民主党派民主监督的实践主要呈现出以下三个基本特点。

一是以中国共产党的领导为根本前提，凸显民主党派民主监督的向心性和高效性。民主监督实践始于民主革命时期局部统一战线政权，民主党派的民主监督具有统一战线的根本内核，即以党的领导为根本原则。我国政党政治摒弃了西方竞争性监督制衡关系，代之以协商式监督协作关系，即中国共产党主动邀请并接受各民主党派的民主监督。根据我国的国体性质，党的领导在政权运行中起到统领全局、协调各方的领导核心作用，党中央的路线方针政策直接决定了民主党派民主监督的效能和水平。

① 陈国权、皇甫鑫等：《功能性分权：中国的探索》，中国社会科学出版社 2021 年版，第 118 页。

② 《习近平同党外人士共迎新春》，载《人民日报》2022 年 1 月 30 日。

从历史发展来看,中国共产党对民主党派的地位与作用越重视,民主党派就越有积极性,民主监督的成效就越好。新时代中共中央对民主党派专项民主监督的统一部署,是对民主党派民主监督重视程度的进一步提高,为民主党派民主监督的进一步发展拓宽了空间。党的领导既从制度安排上确定了民主党派民主监督工作领域的划分,提升了民主监督的广泛性,又能在监督实践中通过统筹规划凝聚监督合力,凸显民主监督的高效性。

二是以中国新型政党制度为重要保障,彰显民主党派民主监督的主动性和发展性。作为一项重要的政治制度安排,新型政党制度保障了民主党派作为中国特色社会主义参政党的政治地位,并使之享有履行相应职能的权利。我国的法律及相关政策文件明确了民主党派的政治地位、政治权利和政治作用。这些政策文件在保障各民主党派组织层面独立和法律地位平等的基础之上,细化了民主监督的流程和方式方法,确保了民主党派能够主动、有效地进行议政建言和民主监督。随着新型政党制度的健全与完善,民主党派作为参政党的职责权限有了明确的规定,监督内容与方式在制度框架内也如最初设计的那样,呈现出创新性和发展性特征。如"特约人员"监督和专项监督均是生长于新型政党制度背景下的创新监督形式成果。以新型政党制度为依托,不仅保障了民主党派民主监督的具体实施,还保障了监督实践的长远发展。

三是以助力治国理政为中心任务,展现民主党派民主监督的政治性和人民性。"要在政治上组织亿万民众并让他们保持对这个制度的忠诚,绩效比承诺更重要。"[①]我国在中国共产党的领导下取得了举世瞩目的伟大成就,出色的执政绩效帮助中国共产党赢得了最广大人民群众的认可与信任,这是中国共产党执政与领导地位正当性的重要来源。民主监督有助于推进执政党的执政能力建设。新型政党制度框架下"平等但不对等"的新型党际关系,使民主党派民主监督表现出"监督但不制衡"[②]的新特点。对执政党和领导党的监督并不是要限制其权力功能的发挥,而是为权力运行提供规范和保障。作为一种柔性监督,民主监督与我国社会主义监督体系内其他监督形式相配合,与国家监察和党内监督相衔接,能够帮助中国共产党克服官僚主义、教条主义等不良作风,预防权力腐败,全面推进从严治党,巩固党的执政地位。各民主党派在履职尽责的民主监督实践中,不仅通过中国共产党的领导形成了民主监督的合力,巩固了多党合作的政治基础,而且提升了中国新型政党制度的运行水平,推进了国家治理体系和治理能力的现代化。

六、结语

作为民主党派的基本职能之一,民主监督贯穿于中国共产党与各民主党派风雨同舟、荣辱与共的多党合作的丰富实践之中,是具有中国特色的政党监督形式。经历了

---

① [美]莱斯利·里普森:《政治学的重大问题:政治学导论》,刘晓等译,华夏出版社2001年版,第320页。
② 黄天柱:《参政党视角下中国新型政党制度的主要特征》,载《中央社会主义学院学报》2018年第5期。

几十年的探索发展，民主党派民主监督的内容和范围不断扩大，方式和渠道不断拓展，功能和效能不断凸显。民主党派民主监督作为权利性监督和协商式监督而非强制性监督，对党和国家的政治过程进行柔性监督，保证了党和国家发展目标的顺利实现。一方面，作为监督体系的组成部分，民主党派民主监督与党内监督、法律监督、舆论监督等形式相配合，充分利用监督资源，提升了中国特色社会主义监督体系的整体效能；另一方面，在新型政党制度框架内，民主党派民主监督具有较完善的原则、组织和程序，构建了合作型新型党际关系，培养了政治互信，规避了西方党争式权力制衡与监督带来的政治分裂、社会动荡等风险，维护了国家政治稳定和社会安定团结。

当前，民主党派民主监督仍存在组织队伍建设相对薄弱、民主监督形式创新不足、民主监督运行机制有待进一步完善等现实问题。加强民主党派民主监督建设，不仅需要中国共产党虚心接受各民主党派的意见建议，营造心情舒畅、畅所欲言的民主监督环境，而且需要各民主党派加强自身能力建设，切实提升民主监督的能力水平；同时还需加强知情环节、沟通环节、反馈环节等重要机制建设，及时通报重要情况和重大问题，进一步拓宽民主监督的渠道，以健全完备的制度机制作为保障，不断推进民主党派履行民主监督职能的规范化、制度化，提高民主监督的质量与效能。

中国共产党为什么“行”
——论中国共产党四大本色

王　拯
（北京大学马克思主义学院博士研究生）

当今世界依旧是社会主义和资本主义两种制度并存的世界，而中国特色社会主义在发展过程中已表现出远远超过资本主义世界的强大生命力。中国特色社会主义制度有诸多优势，如人民代表大会制度，中国共产党领导的多党合作和政治协商制度，公有制为主体、多种所有制经济共同发展的基本经济制度，按劳分配为主体、多种分配方式并存的分配制度等。而这些优势的共同基础是中国共产党的领导。2017 年 10 月 18 日，习近平在中国共产党第十九次全国代表大会上首次提出“中国特色社会主义制度的最大优势是中国共产党领导”，而这一论断的基础是中国共产党自身的强大。同西方相比，中国共产党具备其他西方资产阶级政党所没有的内生要素，即坚守信仰的政治本色、百炼成钢的革命本色、民主集中的组织本色、天下担当的战略本色。这是中国共产党领导中国人民建设中国特色社会主义事业的最大优势所在。

一、坚守信仰——中国共产党的政治本色

习近平强调，中国共产党人要“不忘初心，继续前进”。那么中国共产党人的初心是什么呢？是“为人民谋幸福，为民族谋复兴”。从更深层次来说，中国共产党人所奋斗的一切都是为了实现写在旗帜上的信仰——共产主义。正如《共产党宣言》所指出的，共产主义运动“是绝大多数人的、为绝大多数人谋利益的独立的运动”①。

中国共产党自成立以来，始终把实现共产主义作为终生奋斗的目标。党的一大召开之前，全国各地的共产主义小组已经将共产主义作为革命信仰。1921 年 7 月，党的一大召开，会上宣布中国共产党正式成立并制定出党的第一个纲领。纲领明确规定承认无产阶级专政，消灭资本家私有制，联合工农兵实行社会革命。这个党纲表明，中国共产党成立之初便旗帜鲜明地把社会主义、共产主义作为自己奋斗的方向。1922 年，

① 《马克思恩格斯文集》第 2 卷，人民出版社 2009 年版，第 66 页。

党的二大明确规定了党现阶段的工作路线即“最低纲领”，另外，继续将“组织无产阶级，用阶级斗争的手段，建立劳农专政的政治，铲除私有财产制度，渐次达到一个共产主义的社会”作为党的最终奋斗目标，即党的“最高纲领”。

然而，坚守信仰之路并非一帆风顺。在北伐革命节节胜利之际，以蒋介石为代表的国民党右派倒向帝国主义，发动反革命政变，疯狂屠杀共产党人和革命群众。但即使在革命最危险的关头，中国共产党人依然没有放弃自己的信仰，他们拿起武器，武装反抗国民党反动统治。南昌起义、秋收起义、广州起义等一系列革命运动向世人宣告了中国共产党人的革命信仰坚不可摧。他们鼓舞、宣传人民群众，用生命捍卫共产主义事业，豪迈地喊出“星星之火，可以燎原！”

1934 年，由于“左”倾路线的错误，红军第五次反围剿失败，中央苏区沦陷，中共中央被迫进行战略转移。湘江一役，中央红军和中央机关人员由出发时的 8.6 万余人锐减至 3 万余人。即便形势危急，坚定共产主义信仰的中国共产党人依然没有放弃。他们在上有飞机轰炸下有炮火、前有阻截后有追兵的情况下，爬雪山、过草地，转战 14 个省，最终胜利到达陕北。江泽民同志在纪念长征胜利 60 周年大会上将这种不怕困难、不怕牺牲，艰苦奋斗、百折不挠的精神命名为“长征精神”。[①] 习近平在纪念红军长征胜利 80 周年大会上又重提“长征精神”，指出“崇高的理想，坚定的信念，永远是中国共产党人的政治灵魂”，“中国共产党从成立之日起，就把共产主义确立为远大理想，始终团结带领中国人民朝着这个伟大理想前行。党和红军几经挫折而不断奋起，历尽苦难而淬火成钢，归根到底在于心中的远大理想和革命信念始终坚定执着，始终闪耀着火热的光芒”。[②] 习近平把长征比作理想信念的伟大远征，而支撑中国共产党“长征精神”更深层次的内涵就是共产主义理想，这是党的领袖对共产主义信仰的最好诠释。

从抗日战争到解放战争，从新中国成立到社会主义革命，再到建设、改革，尽管遭遇过挫折，但中国共产党人始终坚持共产主义远大理想，带领中国人民独立自主、自力更生，取得了一个又一个伟大胜利。

中共十八大以来，中国特色社会主义进入新时代。新时代是形势之新、挑战之新、风貌之新，无论环境如何变化，中国共产党人的信仰始终不变，始终坚持建党时的“奋斗精神”，坚持对人民的“赤子之心”，坚持“走得再远、走到再光辉的未来，也不能忘记走过的过去，不能忘记为什么出发”，坚持“革命理想高于天”，坚持“牢记我们党从成立起就把为共产主义、社会主义而奋斗确定为自己的纲领，坚定共产主义远大理想和中国特色社会主义共同理想，不断把为崇高理想奋斗的伟大实践推向前进”。[③] 正如习近平所言：“中国共产党之所以叫共产党，就是因为从成立之日起我们党就把共产主义

---

① 参见《江泽民文选》第 1 卷，人民出版社 2006 年版，第 586～592 页。

② 习近平：《在纪念红军长征胜利八十周年大会上的讲话》，http://cpc.people.com.cn/n1/2016/1021/c64094-28798445.html，2019-03-28。

③ 中共中央党史和文献研究院编：《十八大以来重要文献选编》（下），中央文献出版社 2018 年版，第 345～347 页。

确立为远大理想。我们党之所以能够经受一次次挫折而又一次次奋起，归根到底是因为我们党有远大理想和崇高追求。”[①]不忘初心，牢记使命，坚定共产主义信仰，就是中国共产党人永恒的政治本色。

反观西方资本主义世界，他们的政党多是从议会政治中产生，很少有专为主义而生的政党。这些形形色色的政党代表的是不同阶级的利益，尤其是资产阶级的利益，因此他们只为其所代表的利益集团服务，并没有一个永恒不变的政治信条。换句话说，西方政党多是实实在在的实用主义者。仅以美国民主党、共和党为例，党派的归属甚至只有到了大选之际才能分清，所谓“党员”也没有坚强的组织和明确的信仰。没有坚定政治信仰的政党是缺乏战斗力的，没有坚定政治信仰的政党是精神上严重“缺钙”的，没有坚定政治信仰的政党只能是庸庸碌碌的“事务主义者”。因此，西方政治生活中经常会出现“你方唱罢我方唱”的景象，国家发展也常常因朝令夕改而举步维艰。

二、百炼成钢——中国共产党的斗争本色

中国共产党自成立之日起，已走过一百年的历程。这一百年的历史，是中国共产党顽强拼搏、浴血奋战，推翻三座大山的压迫，建立中华人民共和国的历史；是中国共产党独立自主、自力更生，带领全国人民建立建设社会主义的历史；是中国共产党解放思想、实事求是，以经济建设为中心，发展中国特色社会主义的历史；是中国共产党勇立潮头、攻坚克难，进一步推进改革开放，为实现“两个一百年”奋斗目标而不懈奋斗的历史。可以说，世界上没有任何一个政党能像中国共产党这样，在风雨磨砺中百炼成钢，成为一个拥有百年历史、九千万党员的世界第一大党。从革命到建立新中国，从建设到改革，中国共产党秉承“一切从实际出发，理论联系实际，实事求是，在实践中检验真理、发展真理”的思想路线，不断加深对自身工作的认识，不断由幼稚走向成熟。中国共产党人用自身的实践证实了马克思主义认识论的基本原理。正如毛泽东所言：“这种基于实践的由浅入深的辩证唯物论的关于认识发展过程的理论，在马克思主义以前，是没有一个人这样解决过的。”[②]

1921年，中共一大提出在中国消灭资本家私有制，但通过对当时中国国情的分析，中国共产党人认识到在当时环境下很难实现这一目标。因此，党的二大制定了“最高纲领”和“最低纲领”，规定了党现阶段的工作目标，完善了党的革命路线。这是中国共产党自成立以来第一次深化认识革命规律的结果。国民革命时期，中国共产党以党员个人身份加入国民党，国共合作共同北伐。但当革命顺利进行的时候，以蒋介石为代表的国民党右派背叛革命，大肆屠杀中国共产党人和革命群众。陈独秀在生死存亡关头犯了右倾机会主义的错误，没有采取合理的应对措施，使革命力量在这场政变中被屠戮殆尽。中共紧急召开“八七会议”，确定了“土地革命，武装反抗国民党反动统

① 中共中央党史和文献研究院编：《十八大以来重要文献选编》(下)，中央文献出版社2018年版，第347页。
② 《毛泽东选集》第1卷，人民出版社1991年版，第286页。

治”的方针，但在“左”倾盲动主义的控制下，仅有的革命力量又再次暴露、损失。李立三主持中央工作时，又犯了“左”倾冒险主义的错误，命令不具备攻坚能力的红军攻打大城市，消耗了红军有生力量。以毛泽东为代表的中国共产党人坚持正确路线，开辟出一条工农武装割据的道路，并与党内错误思想作斗争。但以王明为代表的“左”倾教条主义在党内占据统治地位，命令有限的红军力量和国民党军硬碰硬打消耗战，最终在第五次反“围剿”斗争中失败，中央红军和中央机关被迫进行长征。长征初期，博古、李德又犯了逃跑主义错误，红军力量损失殆尽。直到遵义会议确立了以毛泽东为代表的正确领导路线，中国共产党的命运才转危为安。

全民族抗战开始后，党内又展开同王明“两个一切”右倾错误思想的斗争，最终以毛泽东为代表的正确路线获得胜利。1945 年，在抗战胜利前夕，中国共产党召开第七次全国代表大会，正式确立了毛泽东的正确思想在党内的领导地位，并把毛泽东思想写入党章。经过三年解放战争，中国共产党人最终推翻了蒋介石独裁政府的统治，建立了新中国。回顾新中国成立前 28 年的历史，中国共产党先后与三次“左”倾错误、两次右倾错误作斗争，并在土地革命、武装斗争、党的建设基础上摸索出适合中国国情的革命道路，创立了新民主主义革命理论。可以说，经过 28 年的浴血锤炼，中国共产党已经由弱小走向强大，由粗糙走向精干，由幼稚走向成熟。

新中国成立后，中国共产党人着手进行生产建设，先后开展没收官僚资本、稳定物价和统一全国财经、镇压反革命、土地改革、抗美援朝等运动，开展“三反”“五反”运动，打击贪官奸商，稳定了共和国的根基。中国共产党人在吸取苏联建设经验的基础上，坚持“独立自主”的方针，提出过渡时期总路线，走适合中国的工业化道路。三大改造的完成标志着社会主义制度在中国建立起来。但是，由于中国共产党人在经济建设方面还比较陌生，没有充分认识并掌握经济建设的客观规律，加上反右派运动扩大化以及“左”倾错误思潮的兴起，导致中国社会主义现代化建设受到严重影响。接着，“文革”使中国社会主义现代化建设被中断十年之久，不得不说，其教训是深刻的。

“文革”结束后，以邓小平为代表的中国共产党人认真分析国内形势，总结经验教训，提出“解放思想，实事求是，团结一致向前看”的方针，以经济建设为中心，坚持四项基本原则，坚持改革开放，发展中国特色社会主义事业。自此，中国共产党开始带领中国人民走上改革开放的康庄大道。回顾这段历史，有经验也有教训，正如邓小平所言：“‘右’可以葬送社会主义，‘左’也可以葬送社会主义。中国要警惕右，但主要是防止‘左’”，“我们必须保持清醒的头脑，这样就不会犯大错误，出现问题也容易纠正和改正”。[①] 中国共产党取得了诸多成功，也遭遇过挫折。中国共产党人善于从成功中总结经验，从挫折中吸取教训。中国共产党就像一把利剑，经过实践的锤炼，只会越来越锐利，越来越成熟。

“中国特色社会主义不是从天上掉下来的，是党和人民历尽千辛万苦、付出巨大代

① 《邓小平文选》第 3 卷，人民出版社 1993 年版，第 375 页。

价取得的根本成就。”①中共十八大以来，中国特色社会主义进入新时代。以习近平为代表的中国共产党人正确研判国内外新形势、新挑战，明确新要求、新任务，高压反腐，强化党建，消灭贫困，在“五位一体”总体布局和“四个全面”战略布局的指导下，统筹推进“四个伟大”，不忘初心，继续前进，为实现中华民族伟大复兴的中国梦不断奋斗。经过一代又一代中国共产党人的努力，“两个一百年”的奋斗目标不断向前推进。到2050年，中国将建成社会主义现代化强国，这充分展现了中国共产党人的决心与魄力。“宝剑锋从磨砺出，梅花香自苦寒来。”百年沧桑，百炼成钢，关关难过关关过，中国共产党就是在一个又一个磨砺面前愈战愈强，不断登上新的高峰的。

反观西方资产阶级政党，他们多是在议会政治中产生，缺乏实际斗争经验，很难应对国际国内发生的紧急突发事件。如法国马克龙政府，在“黄背心”运动爆发后，政府缺乏政治智慧，难以采取有效措施加以解决，使“黄背心”运动愈演愈烈，严重影响了国家社会的秩序。而且西方政党政治多为两党或多党轮流执政，这就导致每个执政党执政周期过短，无法实施长期有效的政策，无法制定长远的战略发展规划。如美国的民主党和共和党，两党轮流执政，造成政策不稳定性增加，朝令夕改，严重影响了国家发展和社会稳定。

三、民主集中——中国共产党的组织本色

民主集中制是中国共产党坚持的基本组织原则。中国共产党之所以能保持严密的纪律性和强大的战斗力，很大程度上要归功于民主集中制这个根本组织制度。民主集中制最早由列宁提出。在《进一步，退两步》中，列宁深刻批判了孟什维克松散的组织路线，阐明了无产阶级政党的组织原则，强调“无产阶级在争取政权的斗争中，除了组织，没有别的武器”②。这对后来中国共产党的建设提供了可以借鉴的、较为成熟的经验。

中国共产党关于民主集中制的认识在革命实践中不断深化。建党初期，由于国内形势较为复杂，党内组织方式以集中为主。到了中共五大，民主集中制原则被提出，并在六大党章中确定下来。但由于革命形势严峻，党内组织还是以集中为主。直到党的七大通过新党章，对民主集中制作了规定：“党的组织机构，是按照民主的集中制建设起来的。民主的集中制，即是在民主基础上的集中和在集中领导下的民主。”③这是中国共产党人第一次对民主集中制作出较为细致的阐释，之后在根据地、解放区、解放军部队中大力推行这一基本组织原则，保证了中国革命力量的执行力和战斗力，为最后推翻国民党独裁政权、建立新中国奠定了坚实的组织基础。

新中国成立后，以毛泽东为代表的中国共产党人继续贯彻落实民主集中制的原则，在关乎国计民生的问题上既讲民主又讲效率，使我国迅速摆脱了杂乱无章、千疮百

① 中共中央党史和文献研究院编：《十八大以来重要文献选编》（下），中央文献出版社2018年版，第348页。
② 《列宁选集》第1卷，人民出版社2012年版，第526页。
③ 中央档案馆编：《中共中央文件选集》第15册，中共中央党校出版社1991年版，第122页。

孔的局面,把国家发展拉回正确轨道。但是,随着社会稳定、经济增长,党内“左”的倾向开始滋生,特别是社会主义革命胜利后,部分人开始头脑发热,迫不及待地想马上进入共产主义。再加上反右派运动的兴起,思想交锋在所难免。思想严重分歧在组织上就表现为对民主集中制的冲击。

作为党内最高领导人的毛泽东认识到了这个问题,他在《关于正确处理人民内部矛盾的问题》中着重强调要巩固民主集中制,而且要用好民主集中制。毛泽东指出,面对人民内部矛盾,要用说服教育的、民主的方式解决,而不能用压制强迫的、专政的方式解决。毛泽东强调:“在人民内部,民主是对集中而言,自由是对纪律而言。这些都是一个统一体的两个矛盾着的侧面,它们是矛盾的,又是统一的,我们不应当片面地强调某一个侧面而否定另一个侧面。在人民内部,不可以没有自由,也不可以没有纪律;不可以没有民主,也不可以没有集中。这种民主和集中的统一,自由和纪律的统一,就是我们的民主集中制。”①这种认识是中国共产党人将马克思列宁主义同中国实际相结合的结果。以毛泽东为代表的中国共产党人准确分析了国内矛盾,找出合理的处理方法,充分发扬民主集中制的核心精神,并对民主集中制的原则进行进一步的论述,在一定程度上解决了党内思想混乱的局面,维护了社会稳定和经济发展。

由于国内外形势发生变化(反右扩大化、中苏交恶等),加上毛泽东个人专断,民主集中制被严重削弱,党内斗争愈演愈烈。对经济发展规律的认识问题被上升为政治问题、路线问题。随后“文革”爆发,民主法制被肆意践踏,民主集中制更是只有集中,没有民主,党和人民的事业遭受了沉重打击。回顾这段历史,正是因为没有坚持民主集中制的正确原则,党和人民蒙受了巨大损失,其教训是深刻的。

“文革”结束后,以邓小平为代表的中国共产党人彻底清算了党内的“左”倾错误思想,提出“解放思想,实事求是,团结一致向前看”的方针,恢复民主集中制原则。邓小平曾反复强调民主集中制的重要性。在《解放思想,实事求是,团结一致向前看》中,他强调:“解放思想,开动脑筋,一个十分重要的条件就是要真正实行无产阶级的民主集中制。我们需要集中统一的领导,但是必须有充分的民主,才能做到正确的集中。”②在《贯彻调整方针,保证安定团结》中,邓小平指出:“在党内生活和国家政治生活中,要真正实行民主集中制和集体领导。一言堂、个人说了算,集体做了决定少数人不执行等等毛病,都要坚决纠正。”③在讨论党和国家领导制度改革的会议上,邓小平也强调民主集中制,他指出:“权力不宜过分集中。权力过分集中,妨碍社会主义民主制度和党的民主集中制的实行,妨碍社会主义建设的发展,妨碍集体智慧的发挥,容易造成个人专断,破坏集体领导,也是在新的条件下产生官僚主义的一个重要原因。”④

事实证明,邓小平是正确的,没有民主集中制就没有坚实的组织基础,没有坚实的

① 《毛泽东文集》第7卷,人民出版社1999年版,第209页。

② 《邓小平文选》第2卷,人民出版社1994年版,第144页。

③ 《邓小平文选》第2卷,人民出版社1994年版,第360页。

④ 中共中央文献研究室编:《三中全会以来重要文献选编》(上),人民出版社1982年版,第511页。

组织基础我们党就会在错综复杂的形势面前思想混乱，就会造成无法挽回的沉重后果。邓小平曾说中国共产党的优势是能够“集中力量办大事”，确实如此，中国共产党人的集中是在民主基础上的集中，这种集中保证了党内思想的一致性，保证了全党强大的执行力和战斗力，保证了社会主义现代化建设的高效率。

党的十八大以来，以习近平同志为核心的党中央把全面从严治党作为“四个全面”战略布局的重要举措之一，突出了新时代中国共产党对治国理政认识的深化。全面从严治党、全面加强党的建设必须要强化以民主集中制为核心原则的组织建设。习近平总书记在庆祝全国人民代表大会成立60周年大会上强调：“民主集中制是中国国家组织形式和活动方式的基本原则”，依靠这个制度，我们“在中央统一领导下，充分发挥地方主动性和积极性，保证国家统一高效组织推进各项事业”。[①] 民主集中制是我们党和国家最根本的组织制度，必须长期坚持。在中共十九大上，习近平再次强调：“思想建党和制度治党同向发力，统筹推进党的各项建设”，“坚持民主集中制，严肃党内政治生活，严明党的纪律，强化党内监督，发展积极健康的党内政治文化，全面净化党内政治生态”。[②] 这里提到的党内政治文化和政治生态，就包括民主基础上的集中和集中指导下的民主相结合的内容。可以看出，十八大、十九大以来党和国家的建设取得一系列伟大成就的基础，就是以民主集中制为核心的坚强组织体系。

历史雄辩地证明，坚持民主集中制则党兴，弱化民主集中制则党弛。民主集中制是中国共产党前进路上的王牌利剑，正是因为坚持民主集中制，中国共产党才能在改革开放的时代浪潮中抵御各种错误思潮侵袭；正是因为坚持民主集中制，中国共产党才能成为拥有九千万党员而依然整齐划一的党；正是因为坚持民主集中制，中国共产党才能带领中国人民勇立潮头、锐意进取，向着实现中华民族伟大复兴的中国梦进发。

反观西方资产阶级政党，由于制度缺陷，他们没有民主集中的传统，缺乏民主集中的意识，一味追求所谓的“民主”，结果导致党组织软弱涣散，缺乏组织力和战斗力。而且，西方资本主义议会政治推行的“民主制”强化了议会、执政党、在野党等多方面的对立，他们往往互不相让，彼此扯皮，造成决策效率低下，严重阻碍了政策的推行，压制了国家社会的发展进步。

邓小平同志早在1987年就曾高瞻远瞩地讲到：“我们实行的就是全国人民代表大会一院制，这最符合中国实际。如果政策正确，方向正确，这种体制益处很大，很有助于国家的兴旺发达，避免很多牵扯。”[③]新冠肺炎疫情防控工作有力证明了这一点。中国共产党领导中国人民抗击疫情所展现出的反应之快、效率之高、效果之好得到了全世界的认可，甚至中国抗疫的做法被其他一些国家当作教科书式的范例，其他国家纷纷“抄”中国的答案。这充分体现了中国特色社会主义制度的优势、中国治理模式的优

① 中共中央文献研究室编：《十八大以来重要文献选编》（中），中央文献出版社2016年版，第55～56页。

② 习近平：《决胜全面建成小康社会　夺取新时代中国特色社会主义伟大胜利——在中国共产党第十九次全国代表大会上的报告》，载《人民日报》2017年10月28日。

③ 《邓小平文选》第3卷，人民出版社1993年版，第220页。

势、中国共产党领导的优势。

四、天下担当——中国共产党的战略本色

共产党的使命是解放全人类，为人类的幸福而奋斗。中国共产党自成立以来，便把自身的发展斗争同国际形势结合起来，尤其在新中国成立后，中国共产党领导的社会主义中国作为国际大家庭的一分子，积极投身国际事务，在丰富的实践斗争中不断加深对国际形势的认识。中国共产党秉持与时俱进的精神，以全球视野作为战略出发点，团结一致，艰苦奋斗，为解放中国人民、解放世界人民而不懈奋斗。

1946年，丘吉尔发表"铁幕"演说，拉开了冷战序幕。杜鲁门主义的出台，标志着社会主义与资本主义两大制度对抗正式开始。中国作为社会主义大国坚定地站在社会主义阵营一方，承担起应有的国际责任。朝鲜战争爆发后，以毛泽东为代表的中国共产党人在中国一穷二白的情况下，凭借高超的政治智慧和国际战略眼光，进行"抗美援朝"，并最终取得胜利。"抗美援朝"打出了中国人的精气神，打出了新中国的国际之路，打出了中国共产党的天下担当。美国入侵越南，中国共产党同样给予社会主义越南援助，打击了美帝国主义的嚣张气焰。

可见，帝国主义把压迫带到哪里，中国共产党人就支持世界劳动人民反抗到哪里。以毛泽东为代表的中国共产党人秉持"敢同恶鬼争高下，不向霸王让寸分"的国际主义精神，提出"一切反动派都是纸老虎"[①]，"一切受压迫的民族都要独立……世界是被压迫人民的，压迫者是没有前途的"[②]，大大鼓舞了世界受压迫人民的斗志。面对苏联大国沙文主义，中国共产党人并未屈从，而是据理抗争，表现了中国人民在中国共产党的领导下不畏强权、捍卫真理的坚强意志。中国共产党人不仅有宏伟的大气魄，还有沉着冷静的思路策略。针对帝国主义依旧相对比较强大的问题，毛泽东明确提出："从战略上说，完全轻视它。从战术上说，重视它。"[③]这是中国共产党人深刻领悟辩证法的精髓提出来的战略战术观，既不能恐慌畏惧，又不能一味蛮干；既要轻视，又要重视，充分体现了马克思主义斗争哲学的伟大智慧。

在同来华访问的赞比亚总统谈话时，毛泽东以高超战略家的眼光提出"三个世界"构想，并团结占绝对多数的第三世界国家人民，坚决支持第三世界维护民族独立、发展经济的斗争，赢得了广泛的信任和友谊。1974年，邓小平率团参加联合国大会第六次特别会议。会上，邓小平准确分析了当今国际局势，旗帜鲜明地指出美、苏二超是当今世界最大的国际剥削者和压迫者，号召包括美、苏在内的世界人民反对殖民主义，反对帝国主义，维护国家民族的独立与发展。[④]

改革开放以来，中国特色社会主义迅猛发展，中国综合国力迅速上升，中国共产党

---

① 《毛泽东文集》第4卷，人民出版社1991年版，第1195页。
② 《毛泽东文集》第7卷，人民出版社1999年版，第71、381页。
③ 《毛泽东文集》第7卷，人民出版社1999年版，第73页。
④ 参见《邓小平文集(一九四九——一九七四年)》下卷，人民出版社2014年版，第345～356页。

开始在国际舞台越来越多地扮演重要角色。邓小平在会见日本商工会议所访华团时曾一针见血地指出:"和平和发展是当代世界的两大问题","和平问题是东西问题,发展问题是南北问题",而且"中国现在是维护世界和平和稳定的力量","中国发展得越强大,世界和平越靠得住"。[①] 这充分体现了中国共产党人心怀天下的时代担当和义不容辞的责任意识。

中共十八大以来,中国特色社会主义进入新时代。中国共产党"以巨大的政治勇气和强烈的责任担当,提出一系列新理念新思想新战略,出台一系列重大方针政策,推出一系列重大举措,推进一系列重大工作,解决了许多长期想解决而没有解决的难题,办成了许多过去想办而没有办成的大事,推动党和国家事业发生历史性变革"[②]。面对动荡频发、冲突不断、发展乏力等一系列国际问题,中国共产党以敢为天下先的勇气,创造性地推出"一带一路"倡议,搭建起互联互通的国际桥梁,提供源源不断的产能动力,带动沿线地区乃至世界经济的全面发展。

2013年3月23日,习近平总书记在莫斯科国际关系学院首次提出"人类命运共同体"的概念,向世界讲述了对人类文明走向的中国判断。随着这些年的发展,"人类命运共同体"已经形成一整套发展着的理论体系。2017年12月1日,中国共产党首倡召开与世界政党高层对话会,会上习近平总书记充分展现了中国共产党人的天下担当,他指出:"中国共产党是世界上最大的政党……大就要有大的样子。""中国共产党所做的一切,就是为中国人民谋幸福、为中华民族谋复兴、为人类谋和平与发展。我们要把自己的事情做好,这本身就是对构建人类命运共同体的贡献。我们也要通过推动中国发展给世界创造更多机遇,通过深化自身实践探索人类社会发展规律并同世界各国分享。我们不'输入'外国模式,也不'输出'中国模式,不会要求别国'复制'中国的做法。"[③]针对亚洲基础设施落后的问题,在旧有国际金融组织受控的情况下,中国果断倡议成立亚洲基础设施投资银行,促进亚洲地区互联互通建设和经济一体化进程,促进亚洲经济持续稳定发展。无论是"一带一路""亚投行"还是"人类命运共同体",中国共产党以自身实践充分证明了全球视野下天下担当的战略意识。

"大道之行也,天下为公。"[④]从冷战到新时代,中国共产党始终走在时代的前沿,把握时代脉搏。反观西方资产阶级政党,面对国际社会发生的动乱变故,唯恐避之不及。西方政治冷战思维依旧,尤其以美国为首,甚至出现逆全球化的趋势。英国脱欧和美国退出TPP等行为充分证明了西方资产阶级政党的战略短视,这种做法严重阻碍了全球化的进程。同时,贸易保护主义盛行,由美方挑起的中美贸易战将西方世界主导的贸易保护主义推向高潮,严重阻碍了经济一体化和世界多极化的发展,这是不

① 《邓小平文选》第3卷,人民出版社1993年版,第104～105页。

② 习近平:《决胜全面建成小康社会　夺取新时代中国特色社会主义伟大胜利——在中国共产党第十九次全国代表大会上的报告》,载《人民日报》2017年10月28日。

③ 习近平:《论坚持推动构建人类命运共同体》,中央文献出版社2018年版,第514页。

④ 《习近平谈治国理政》第2卷,外文出版社2017年版,第522页。

得人心的，是终将被时代所抛弃的。世界大势，浩浩汤汤，顺之者昌，逆之者亡。"'明者因时而变，知者随事而制。'形势在发展，时代在进步。要跟上时代前进步伐，就不能身体已进入21世纪，而脑袋还停留在冷战思维、零和博弈的旧时代。"[①]这是中国共产党与时俱进的时代宣言，是中国共产党人战略本色的最佳诠释。

五、结语

中国共产党为什么"行"？因为中国共产党有坚守信仰的政治优势，有百炼成钢的斗争优势，有民主集中的组织优势，有天下担当的战略优势。坚守信仰、百炼成钢、民主集中、天下担当是中国共产党领导中国人民实现全面发展的关键内生要素，是中国共产党的领导优于西方资产阶级政党政治的最主要原因，是中国特色社会主义事业相较于西方资本主义最大的优势。拥有坚守信仰政治本色、百炼成钢斗争本色、民主集中组织本色、天下担当战略本色的中国共产党正以更加积极昂扬的姿态迎接新时代的到来。

① 《习近平谈治国理政》第1卷，外文出版社2018年版，第354页。

列宁文化思想中的边界话语及其现实启示*

代依晴

（南京师范大学公共管理学院博士研究生）

文化问题是落后国家走上社会主义道路后必然面临且需解决的一道历史难题。在社会主义发展史上，列宁使社会主义文化从理论走向实践，从思想走进现实，实现了边界的突破和扩伸。但是，文化边界的变迁往往不是简单和平稳的，而是复杂和波动的。针对十月革命后文化如何发展的争论，列宁表达了许多边界性的话语，如“区别”“界限”“范围”“秩序”等。这些边界话语力图将人们社会生活中的矛盾和冲突调节在一个可控的范围内，进而为社会主义的发展确立一种价值秩序和行为规范。研究这些边界性话语，对于推进中国特色社会主义文化高质量发展具有现实启示意义。

一、坚持党的领导并不妨碍人们文艺创作的“主动精神”

如何认识文化的阶级性，在俄共（布）执政条件下如何发展社会主义文化，这是列宁思考文化问题时首先面临的重大难题。难题难在两点：一是坚持党的领导是否会束缚或背离文化发展的特性，二是放任文化自主发展是否会削弱或否定党的领导。为此，列宁围绕两者的边界关系进行了阐述，表达了俄共（布）对待社会主义文化问题的立场和态度。

早在1905年的《党的组织和党的出版物》一文中，列宁就以写作和出版为例明确阐述了文化的党性原则与个人的创作爱好之间的边界问题。他说：“社会主义无产阶级应当提出党的出版物的原则，发展这个原则，并且尽可能以完备和完整的形式实现这个原则。”①事实上，列宁也意识到，各种反对派立马会起来“大叫大嚷”，指责党性原则的提出会把文化原本所具有的思想自由、批评自由、创作自由等贬低、僵化乃至官僚化。为此，列宁解释道，坚持党性原则是为了不让文化事业沦落为赚钱的工具和游离

* 基金项目：国家社会科学基金青年项目“社会主义文化边界及其形塑路径研究”（20CKS011）、国家社会科学基金重点项目“十月革命后列宁社会主义社会观的前进轨迹研究”（20AKS004）。

① 《列宁全集》第12卷，人民出版社2017年版，第93页。

于无产阶级的总事业，但是它并不是没有边界的，因为“无可争论，写作事业最不能作机械划一，强求一律，少数服从多数。无可争论，在这个事业中，绝对必须保证有个人创造性和个人爱好的广阔天地，有思想和幻想、形式和内容的广阔天地”[①]。由于俄国无产阶级政党斗争环境的特殊性，特别是文化的落后，列宁在领导革命和建设过程中特别重视党对文化的领导。这样，一方面可以借助对文化的领导巩固和发展党的事业，另一方面又可推动整个社会的文化进步。列宁在这篇文章中特别表达了文化事业要坚持党的领导，但同时要注意党对文化领导的边界，如他提出，党的领导不能“刻板化”，宣传文化“不得公式主义”等。这些话语都旨在强调文化事业坚持党的领导与个人自主创作并不矛盾，关键在于厘清和掌控好两者间的边界。

十月革命后，列宁在与“无产阶级文化派”的争论中进一步肯定了坚持党对文化的领导，并声明中央不仅不限制人们文化创作的主动精神，反而要为其营造健康正常的环境。事实上，列宁对成立之初的“无产阶级文化协会”是爱护和支持的，多次给协会的代表会议发贺信，参加协会组织的活动，并竭力引导其走上正道。随着国内战争的结束和新经济政策的实施，原来未予重视的文化问题摆在了党的面前。而在这时，俄共(布)中央内与外都存在不同的文化建设主张，其中最具有影响力的莫过于“无产阶级文化派”。它依托“无产阶级文化协会”，在成立后不久，其领导人就力图使之摆脱党和国家的领导，把协会变成与党并行的文化组织。该协会在1919年1月通过的《无产阶级文化协会组织大纲》就规定：“无产阶级文化协会是无产阶级文化创作的阶级组织，正如工人政党是无产阶级的政治组织，工会是无产阶级的经济组织一样。”[②]特别是在1920年10月5～12日召开的全俄第一次代表大会上，协会仍然强调应当保障其特殊地位。列宁在10月8日看到《消息报》的报道后，随即撰写了《论无产阶级文化》要求立刻提交大会。文中指出，“无产阶级文化协会”坚持“独立”原则在理论上是错误的，在实践上是危险的，“无产阶级文化协会的一切组织必须无条件地把自己完全看做教育人民委员部机关系统中的辅助机构，并且在苏维埃政权(特别是教育人民委员部)和俄国共产党的总的领导下，把自己的任务当做无产阶级专政任务的一部分来完成”[③]。而协会的成员在“无产阶级文化”的幌子下，依旧大张旗鼓地反对中央的有关决议，把中央的决议解释为党束缚工人文艺创作的步骤。这就要求俄共(布)必须就文化领域坚持党的领导与人们文化创作之间的边界问题进行回答。

面对“无产阶级文化协会”的一意孤行和不断责难，甚至有人歪曲中央精神，说党中央要限制工人在艺术创作领域中的主动性并想取消“无产阶级文化协会”组织。为此，1920年俄共(布)中央十一月全会以中央名义发布了一封《关于无产阶级文化协会》的信，使中央的观点直接面向公众，这封信是由列宁亲自领导起草的，驳斥了那些歪曲事实的说法。信中指出：“中央不仅不想束缚工人知识分子在文艺创作方面的主

① 《列宁选集》第1卷，人民出版社2012年版，第664页。

② 郑异凡编译：《苏联“无产阶级文化派”论争资料》，人民出版社1980年版，第3页。

③ 《列宁全集》第39卷，人民出版社2017年版，第374页。

动精神；相反，中央想给他们创造更健康的、正常的环境，使他们能在整个文艺创作上卓有成效地表现出来。”①这里，辩证的边界话语体现了俄共（布）在文化问题上的立场和态度。可见，党中央非常珍视民众在新政权下高涨的文化热情和自主创作的理想，但是共产党人对文化建设中出现的混乱状况不能视而不见，因为边界的混乱往往是文化问题和矛盾的核心。因此，执政的俄共（布）决不能允许“无产阶级文化协会”的独立倾向，必须担负起文化健康发展的领导责任。

事实上，列宁在与克拉拉·蔡特金的一次谈话中表达了同样的思想。在列宁看来，党如果不在文化领域牢牢掌握领导权，那么就无法发挥文化工作对于政权的巩固作用。为此，他说：“我们是共产党人。我们没有权利袖手旁观，听任混乱随意蔓延。我们必须努力做到意识清醒地去领导这一发展，去形成和决定它的结果。”②可以看出，在列宁的思想中，文化发展坚持党的领导与尊重人们文化自主创作两者间是有边界的，坚持党的领导不是简单依靠行政手段去越俎代庖，更不是在思想文化领域实行专制去盲目干预。它强调的是尊重人们文化创作的自主，但是不能偏离文化发展的正确方向，尊重人们文化发展的热情，但是不能背离文化发展的基本规律，通过对文化方向的确立领航，对文化事业的高度重视，对文化发展的积极影响，进而把人民群众的文化热情和创造活动纳入社会主义文化事业有计划发展的轨道上来，使他们的全部能力和才能得到充分发挥。

二、吸收旧文化的同时注意与旧文化“区别开来”

文化在历史发展中始终以一种“藕断丝连”的方式存在。它随着社会历史的发展不断改变自身的形式和内容，并在不同的社会和时代树立起不同的边界标识。苏俄作为世界上第一个社会主义国家，文化应是什么样态？如何对待旧的文化？实践中该如何发展？列宁一方面强调要善于区分社会主义文化与资本主义、封建主义的文化，另一方面提醒要善于利用旧社会留下的好东西。“区分”和“利用”都是边界的话语表达，“区分”展现出一种边界的标识，“利用”体现出一种边界的扩容。

社会主义文化作为一种具有鲜明阶级性的文化而出场，必然有区别于资本主义社会、封建主义社会等其他社会形态文化的界限。新政权下的文化何以区别于旧政权下的文化，当时“无产阶级文化协会”的主要领导人亚·波格丹诺夫提出要创造“无产阶级文化”。如他在《无产阶级的艺术批评》一文中指出：“我们要做的第一件事，就是要确定无产阶级艺术的界限，要清楚地划出它的范围，这样可以使它不会溶解在周围的文化环境里，不会混和在旧世界的艺术里。”③从社会形态区分意义上看，社会主义文化作为一种新的文化形态与旧社会的文化形态明晰边界本无可厚非，但是，亚·波格丹诺夫却将这种划界推向了“极端”，严重脱离俄国文化发展实际过分强调社会主义文

① 白嗣宏选编：《无产阶级文化派资料选编》，中国社会科学出版社1983年版，第135页。
② 上海外国语学院列宁著作翻译研究室译：《回忆列宁》第5卷，人民出版社1982年版，第7页。
③ 白嗣宏选编：《无产阶级文化派资料选编》，中国社会科学出版社1983年版，第39页。

化的“纯洁性”和“独立性”。与此同时，十月革命胜利后，相当一部分人在思想上无法接受布尔什维克的政治主张和新生的政权，认为革命的胜利将使俄国遭受文化危机乃至毁灭。如当时的诗人加斯捷夫于1919年在《论无产阶级文化的趋势》中就指出：“不要认为，‘苏维埃’型的组织为我们揭示无产阶级文化展开了某种新的视野。”①在他看来，苏维埃政权是无产阶级、贫农甚至中农的政治联盟，其宪法无非是限制有产阶级选举权的民主。因此，应当离开这里，到高处去探索正在升起的无产阶级文化。可见，十月革命胜利后，围绕如何定位和发展社会主义文化的问题，俄国不同的文化派别均亮出了不同的主张，各持一端。

针对错综复杂的文化思潮，特别是“无产阶级文化派”的叫嚣，列宁在1920年10月2日、8日、9日分别以演说、决议草案、决议草稿的方式集中表达了不要臆造新的无产阶级文化的观点。如他在俄国共产主义青年团第三次代表大会上说：“无产阶级文化并不是从天上掉下来的，也不是那些自命为无产阶级文化专家的人杜撰出来的。如果硬说是这样，那完全是一派胡言。”②在他看来，无产阶级文化作为新的文化形态首先要遵从文化发展的一般规律，必然具有较强的继承性。随着实践的发展，列宁愈加认识到不能空洞地、抽象地、盲目地谈论无产阶级文化与资产阶级文化之间的区别，或者说在两者之间划出一道鲜明的边界。他指出，我们是把资本主义摧毁了，但是仅靠摧毁资本主义还不能填饱肚子，“必须取得资本主义遗留下来的全部文化，并且用它来建设社会主义”③。列宁晚年思考最多的问题也是文化问题，为此提出了“文化革命”的战略来提高整个民族的文化水平。如他在口授的《日记摘录》中通过俄国识字状况的数据事实来强调不要“高谈”无产阶级文化或资产阶级文化，因为俄国文化的状况表明空谈两者的区别并不能促进社会主义文化的发展，相反还可能会使人们做出不切实际的文化行动。

列宁认为，要善于利用资本主义遗留的好东西来建设社会主义，但同时要注意区别社会主义文化与资产阶级文化，特别注意区别资产阶级文化中的好与坏。因为，就文化工作实际来说，列宁在当时很大程度上陷入一种“跋前踬后”的境地，一方面是人民群众对建设社会主义文化的巨大热情，但是他们多数没有理性的态度，表现出狂躁的激情，试图越界奔向纯而又纯的社会主义文化；另一方面是旧知识分子的“说服”工作不好开展，但是没有他们，各项工作都不好开展。为此，洞悉俄国文化实际的列宁明确指出，不能笼统地提出学习共产主义，也不能直接或全面地否定旧学校或旧文化。他说：“要善于把旧学校中的坏东西同对我们有益的东西区别开来。”④这里“区别开来”就是边界话语的表达。在列宁的思想上，划清社会主义文化与其他文化的边界并不影响社会主义文化吸收其他文化的优秀成分来为自己服务。他还强调，旧学校虽然

① 郑异凡编译：《苏联“无产阶级文化派”论争资料》，人民出版社1980年版，第143～144页。

② 《列宁全集》第39卷，人民出版社2017年版，第334页。

③ 《列宁全集》第36卷，人民出版社2017年版，第48页。

④ 《列宁全集》第39卷，人民出版社2017年版，第333页。

是死读书的学校，"但是，如果你们试图从这里得出结论说，不掌握人类积累起来的知识就能成为共产主义者，那你们就犯了极大的错误"①。值得注意的是，列宁始终没有忽视社会主义文化的党性原则、阶级立场、人民宗旨。那么，如何处理两者之间的边界关系。列宁指出："要使那些被资本主义培养出来反对我们的人转过来为我们服务，每天都监督他们，在共产主义组织的环境中设工人政治委员监督他们，既要制止他们的反革命阴谋，同时又要向他们学习。"②可以看出，列宁对待和处理社会主义文化与资本主义文化两者间关系的思路和做法既有原则性又具灵活性，既是务实的又是可行的，一方面强调划清两者之间的本质区别，另一方面强调学会利用资本主义文化来发展社会主义文化，体现出灵活的边界策略。

三、文化的性质决定了其不能犯"急躁冒进"的毛病

人不仅是一种自然存在物，更是一种社会存在物。人存在的空间和时间既为人的生活提供了基础和条件，同时也设置了边界和限制。在20世纪初的俄国，这种边界和限制体现在文化上的贫困和落后。事实上，俄国革命的文化缺憾只是相对的，更不意味着必然会导致革命的失败。相反，在列宁的领导下，苏俄社会主义文化发展真切而不浮夸、务实而不空谈，体现出一种边界的思维与方法。

列宁认为，要实事求是地承认苏俄文化落后的事实，批评了片面突出文化发展中的阶级属性或空喊"共产主义"的错误主张，反对沉湎在"纯粹"无产阶级文化的幻想之中。列宁在领导社会主义事业的发展中愈发认识到文化落后所引发的各种制约，如他多次使用"中世纪式的""野蛮的""奥勃洛摩夫精神""糟糕之极"等词来形容文化落后的状况。这种状况使俄国的社会主义建设不得不走"迂回"前进的道路。1919年初，正是"军事共产主义"如火如荼的时刻，列宁在《苏维埃政权的成就和困难》一文中明确指出，建设社会主义需要有文化，而苏维埃政权的困境就在于几乎没有什么文化。为同文盲现象作斗争，俄共(布)第八次代表大会专门作出了扫除文盲和开展国民识字运动的决议。1919年12月26日，列宁签署了《在俄罗斯社会主义联盟共和国居民间消除文盲》的法令。法令规定，共和国全体居民，年龄在8～50岁，凡不能读写的，必须学习识字，学会运用母语或俄语读写。1920年国内战争结束后，俄国还建立了隶属教育人民委员部的全俄扫盲紧急委员会。但是，作为党的领导人，列宁深知在文化问题上急不得，更快不得，要注意前进速度，要注意方式方法。但在当时，"无产阶级文化协会"的第一任主席瓦·波梁斯基却主张以激进的方式发展共产主义文化，如他指出："为了征服这种自发势力，不仅要用装甲车、机关枪和革命人民群众的热情在肉体上战胜资产阶级，而且要在精神上战胜它，摆脱它的思想枷锁，建立自己的更为严谨和完整的新文化。"③对于"无产阶级文化协会"种种冒进的观点，列宁在《共产主义运动中的

① 《列宁全集》第39卷，人民出版社2017年版，第333页。
② 《列宁全集》第36卷，人民出版社2017年版，第52页。
③ 白嗣宏选编：《无产阶级文化派资料选编》，中国社会科学出版社1983年版，第103页。

“左派”幼稚病》中批驳说:“如果目前就企图提前实现将来共产主义充分发展、完全巩固和形成、完全展开和成熟的时候才能实现的东西,这无异于叫四岁的小孩去学高等数学。”[①]可以看出,列宁特别注意文化发展速度的边界问题。在他看来,社会主义文化是一种先进的文化,但是先进文化的宣传和教育要从实际出发,不能当“吹牛家”,不能当“书呆子”,更不能急躁冒进地认为它马上就能实现。这些思想和行为在列宁看来都是不顾实际的越界表现,也是错误的。

作为党的领导人,列宁十分清楚改变文化落后的状况不能犯“急躁冒进”的毛病,希冀在短时间内实现文化上的革命也是不现实的。但在当时,随着苏俄社会主义事业逐渐铺展开来,人们从各方面表现出对建设新社会的巨大热情。俄国文化土壤中原本存在的激进主义基因被十月革命的胜利及建立苏维埃政权而激活,引发了“无产阶级文化”思潮和组织的蓬勃发展。1920年,列宁在与克拉拉·蔡特金的谈话中讲到,新力量的觉醒和发展是很好的,其猛烈速度也是可以理解的,因为人们对新社会中新文化的心情之殷切犹如久旱之望云霭,想在短时间内清偿几个世纪欠下的文化债。在激烈的社会变革中,群体往往能够产生狂热的激情,但是列宁特别清楚,混乱的激动、狂热的口号,今天赞美某些流派,明天却把它钉在十字架上,这些文化心理和行为都是错误的。针对广大人民群众特别是“无产阶级文化协会”在文化建设上表现出的“盲目革命热情”,列宁指出:“在文化问题上,急躁冒进是最有害的。……应当采取的解救办法是对任何冒进和说大话等等一概不相信。”[②]这里“急躁冒进”意味着不顾实际地追求速度,“说大话”意味着不顾事实地片面吹嘘,两者均为边界的话语表达。它表明列宁拒绝了无产阶级文化在发展速度上狂飙突进,提醒人们要注意前进的边界,呼吁文化发展“最好慢一些”,这不仅是由文化的性质所决定的,更是由俄国的国情决定的。列宁在晚年深感苏俄国民总体上的文化水平明显低于西方资本主义国家,即便后者并非完美无缺,但是它仍要高于苏俄。面对这种文化状况,列宁说:“有人在争论,这属于无产阶级文化,还是属于资产阶级文化?我不来答复这个问题。但是无论如何,我们必须首先学习读、写和理解读过的东西,这是毫无疑问的。……这不是一朝一夕所能办到的,那是绝对不可能的。”[③]可见,高谈或空谈资产阶级与无产阶级的文化边界分野在文化落后的现实面前已变得无足轻重。事实上,无论是民族文化精神的培育,还是个人文化素养的提高,都将是一个漫长的过程,是不可超越的,更不能犯“急躁冒进”的毛病。

四、文化水平决定着“革命”与“国家调节”的限度

在社会跨越式发展中,新的政治制度能否具有生命力、新的经济方略能否具有鲜活力,最终取决于人的文明程度,它决定着政治变革和经济施策的限度和范围。因为

---

① 《列宁全集》第39卷,人民出版社2017年版,第29~30页。

② 《列宁全集》第43卷,人民出版社2017年版,第382~383页。

③ 《列宁全集》第43卷,人民出版社2017年版,第291页。

文化作为一种持久的力量隐匿在人的内心深处，但它却规定着人们活动和社会发展的边界。社会主义实践从俄国开启，注定了自诞生之日起就背负着经济和文化落后的双重制约。但是，政治革命一旦成功，时常展现出巨大的历史惯性，使人们往往忽略其边界去追求跨越，历史的经验表明盲目追求跨越的结果通常不尽人意。

革命是人类社会历史发展中的一个重要现象，如技术革命、产业革命、文化革命等。在马克思主义的语境中，政治革命的核心问题是政治权力的变更和夺取。十月革命的胜利就属于成功的政治革命。但是，革命绝不是没有限度的，更不是没有边界的。对此，列宁明确说："对于一个真正的革命者来说，最大的危险，甚至也许是唯一的危险，就是夸大革命作用，忘记了恰当地和有效地运用革命方法的限度和条件。"[①]这里，"危险""夸大""恰当""有效""限度""条件"都是关于边界的话语表达。"危险"标明了一种边界底线，不能跨越或触碰。"夸大革命作用"就是越出了革命的边界，试图打着"革命"的旗号以一驭万，结果都走向了悲剧。在列宁看来，真正的革命者绝不是任何时候都把革命奉为神明，而是会极其冷静地思考事情发生的时机、前提、场域等边界要素。因为，这些边界要素决定着是采取革命行动还是改良行动，否则，异想天开地认为在任何情况下、在任何活动领域都用革命方式来完成一切任务，注定会失败。那么，如何掌握革命的边界限度？列宁认为，"革命方法的限度和条件"的恰到好处和有效运用取决于无产阶级及其领导人的文化水平。他指出，俄国无产阶级掌握的政治权力和经济力量可以建立起社会主义社会的基础，"缺少什么？缺少文化，缺少本领"[②]。从此意义上说，文化发展不能像政治革命、经济建设一样在短期内实现某种"飞跃"，甚至可以说，文化的性质决定了其不可能一下子实现这种"飞跃"。历史发展表明，革命可以在短时间内改变一个国家的制度，但是不能在短时间内改变一个民族的传统，在这种变革与稳定之间恰恰构成了一种边界的张力存在。

列宁认为，社会主义国家在不改变性质的前提下可以容许资本主义的存在，但这种存在是有限度的，即有边界的。那么，这种边界限度如何调节和掌控？在列宁看来，一方面取决于国家政权，另一方面取决于人民的文化水平，后者则更具有根本性的决定意义。他说："无产阶级国家在不改变其本质的情况下，可以容许贸易自由和资本主义的发展，但只是在一定限度内，而且要以国家调节（监察、监督、规定形式和规章等等）私营商业和私人资本主义为条件。这种调节能否成功，不仅取决于国家政权，而且更取决于无产阶级和全体劳动群众的成熟程度以及文化水平等等。"[③]这里，"不改变其本质"就表明坚持共产党的领导、坚持社会主义道路的边界不能突破，否则就会走上改旗易帜的道路；"在一定限度内"表明容许资本主义元素存在，但是这种存在必须在一定边界范围内，否则就会出现阵地失守的危险。为此，统治阶级必须高度自觉并深刻地认识和处理好经济与文化之间的边界关系，它们既各自独立，又紧密关联，始终是

---

① 《列宁全集》第42卷，人民出版社2017年版，第257页。
② 《列宁全集》第43卷，人民出版社2017年版，第403页。
③ 《列宁全集》第42卷，人民出版社2017年版，第377页。

在相互依存和关照中共同实现发展和协力发挥作用。任何一方偏离了另一方独自前行，都会导致社会跛足的不良后果。因此，在列宁看来，只要在党和国家可以掌控的边界范围内，可以容许不同形式的资本主义存在，至于这种存在是否会危及党的生死和国家的性质，关键取决于人民群众的文化水平。文化水平高，那么就可以灵活处理好两者之间的边界，进而实现体魂相配、形神兼优的良好运转，展现出社会主义的整体优势。否则，可能就会走向反面，出现颠覆性危险。

事实上，列宁关于苏俄如何才能顺利走向社会主义的思考和探索有一个逐步深化的过程。随着时间的推移和实践的发展，他愈加感觉到，不是政治，也不是经济，恰恰是"文化贫困"在更大程度上阻碍着社会主义奋斗目标的实现。因此，在政权基本稳固和新经济政策开启后，大致以俄共(布)第十一次代表大会为转折点，列宁开始更多地关注文化问题。他在这次大会上提出："国家资本主义，就是我们能够加以限制、能够规定其范围的资本主义……我们有足够的、绰绰有余的政治权力，我们还拥有足够的经济手段，但是，被推举出来的工人阶级先锋队却没有足够的本领去直接进行管理，确定范围，划定界限……这里所需要的只是本领，但我们缺乏这种本领。"[①]事实上，列宁主张发展国家资本主义的目的是明确的，即在政权稳定的前提下更好地发展和巩固社会主义。但是，资本主义的存在是否会威胁社会主义的政权，在他看来，只要执政党和整个社会的文化水平提高了，就会创造出"无产阶级国家中的国家资本主义无法越出也不敢越出无产阶级为之规定的范围和有利于无产阶级的条件"[②]。这里"限制""范围""界限"等词均是边界的话语表达，而在列宁的思想上，这种边界的掌控关键在于无产阶级及其政党的文化本领，即文化水平的高低。

五、现实启示

列宁面对俄国走上社会主义道路后的文化困扰，其文化思想中彰显着一种边界的思维和方法。这种思维和方法体现在既尊重文化的本质属性，又坚守文化的社会主义性质，既强调文化事业的重要性，又遵循文化发展的一般规律。但在列宁逝世后，从总体上看，苏联社会主义文化发展因缺乏一种清晰且明确的边界意识，走上了"非左即右""非社即资"的发展之路。基于正反的经验和教训，深刻认识和灵活掌握社会主义文化发展中的边界思维和方法，可为顺利推进当代中国特色社会主义文化发展提供现实启示。

1.处理好党的领导与文化多元之间的边界关系

文化的发展方向是一个政党在思想上和精神上的一面旗帜。列宁在科学社会主义史上首次将文化的阶级性提升到党性原则的高度。他强调，社会主义文化的发展必须要坚持党的领导，它与人们的多元文化创作并不矛盾，相反还会促进多元文化的良

① 《列宁全集》第 43 卷，人民出版社 2017 年版，第 88 页。

② 《列宁全集》第 43 卷，人民出版社 2017 年版，第 120 页。

序发展，关键在于处理好两者之间的边界关系。但在现实生活中特别是文化领域，有人不理解当代中国坚持党的领导的理论逻辑、历史根据和实践依据，对在文化领域坚持党的领导不同程度地存在认识上的偏差、心理上的抵制、贯彻上的曲解、落实上的怠慢。对此，习近平在新时期文艺工作座谈会上的讲话中明确指出："党的领导是社会主义文艺发展的根本保证。党的根本宗旨是全心全意为人民服务，文艺的根本宗旨也是为人民创作。把握了这个立足点，党和文艺的关系就能得到正确处理，就能准确把握党性和人民性的关系、政治立场和创作自由的关系。"①这一思想与列宁的思想具有内在一致性，即表明坚持党对文化工作的领导与支持文化多元发展并不矛盾。事实上，深处特定时代的人们总是身不由己地感受到一种超越个体的共同文化价值的引领，在当代中国它就是中国共产党领导下的中国特色社会主义文化。坚持党的领导有助于把握文化发展的正确方向，支持文化多元发展有助于发挥文化工作者的创作个性和积极性。实现中华文化的伟大复兴，关键在于发挥党引领方向、领导全局、协调各方的核心作用，同时要注意协调不同文化之间的边界平衡关系。两者的边界关系在于，坚持党对文化工作的领导，并不意味着要求文化上的铁板一块、一成不变、整齐划一，而是强调不同文化形态在方向上的一致性、思想上的共同性、品位上的优雅性。正确的社会主义文化强国之路应该是，在科学文化观的指导下，利用人类一切优秀成果，不断丰富中国特色社会主义理论与实践，通过文化创新和文化优化，构建符合社会主义本质要求、满足社会主义现代化强国需要的新文化体系。

2.处理好文化传承与文化创新之间的边界关系

新社会制度的建立不仅为新文化的发展开辟了道路，更是激发了人们创造新文化的热情。作为党的领导人，列宁深谙仅仅拥有对文化建设的满腔热情是远远不够的，还必须要有对苏俄文化现实的理性认识和对文化发展规律的科学把握，否则，就会导致思想上的混乱、行动上的盲目。因此，落后国家在走上社会主义道路后，急切想通过文化创新来改变旧文化的心情可以理解，但是创新不能没有边界，更不能搞文化虚无。事实上，文化的发展体现出边界的转换，正是在边界的扩展中，体现出现代与传统的区别。而当传统文化与现代文化出现明显鸿沟时，人们常采用二分法去看待原本紧密关联的文化，或盛赞现代文化、贬低传统文化，或讴歌传统文化、否定现代文化。对此，习近平指出："不忘本来才能开辟未来，善于继承才能更好创新……要坚持古为今用、推陈出新，有鉴别地加以对待，有扬弃地予以继承……要处理好继承和创造性发展的关系，重点做好创造性转化和创新性发展。"②为此，人们要防止陷入偏执化的思维定式之中，肆意贬低传统文化或简单拒斥现代文化；相反，要树立一脉相承、渐序更迭的边界思维。在现时代，虽然神圣与世俗不再有明显的鸿沟，高贵与卑贱不再是对立的两极，人们文化生活中的地域界限模糊了、时空观念淡化了、雅俗区别减弱了，但是文化

① 《习近平关于社会主义文化建设论述摘编》，中央文献出版社2017年版，第168页。
② 《习近平谈治国理政》，外文出版社2014年版，第33页。

发展中的边界意识并未消减反而更加凸显。因此，两者的边界关系在于，“不忘本来”但是不能搞文化复古主义，“开辟未来”但是不能搞文化激进主义，越界的文化心态和文化行为都是不合时宜的。中国在从文化大国迈向文化强国的征程中，将在革故鼎新中实现文化边界的调适，寻求和建立一套与社会主义现代化相适应的文化价值系统。

3.处理好社会整体与文化领域之间的边界关系

列宁在领导苏俄社会主义建设中成功把握住了政治革命、经济建设与文化发展之间的边界关系，既在危难中保住了社会主义政权，守住了党的执政地位，又在危机中开创了新经济政策，巩固了党的执政基础，在前两者都稳定后，又提出实现“文化革命”的目标，其根本目的在于社会主义作为一个整体的实现。同时，他又强调，文化因为性质不同其发展的方略与政治、经济也不尽相同，需注意文化发展的特殊性。纵观社会主义发展史，出现的诸多艰难曲折或多或少都与社会结构中各组成部分的边界不清有关。当代中国，实现中华民族伟大复兴的中国梦是一个整体性的奋斗目标，因此需要在党的全面领导下统筹推进经济、政治、文化、社会、生态等各个方面，但是各个不同的方面因其性质有别而又不能采取统一的方式方法，如不能用政治思维来发展文化、不能用经济办法来谋划生态等。2014 年 10 月，习近平在文艺工作座谈会上讲的第一个问题就是从实现中华民族伟大复兴的角度回答了为何要实现中华文化的繁荣兴盛，这体现出整体性思维。与此同时，他又强调文化的发展有一个渐进、渐悟、渐成的过程，在发展社会主义市场经济的条件下，可以考虑经济效益，但是社会效益应该是第一位的。他还提出：“加强阵地建设和管理，注意区分政治原则问题、思想认识问题、学术观点问题，旗帜鲜明反对和抵制各种错误观点。”[①]这里，“阵地”“区分”都是边界性的话语，体现出边界性思维。事实上，社会结构是一个立体的复杂整体，每一个领域都有各自的运行规则，正是这些不同的规则确立了各自的边界，但是相互之间的边界重合也是存在的。因此，两者的边界关系在于，既要认识到部分之间因整体结构的需要而存在内在关联，不能割裂化，又要明晰出部分之间因属性不同的本质而存在边界区分，不能同质化。

① 《习近平谈治国理政》第 3 卷，外文出版社 2020 年版，第 33 页。

越南社会主义定向市场经济理论的发展历程探析

王承就(广西大学马克思主义学院研究员)
赖慧婷(广西大学马克思主义学院博士研究生)

1986年越南共产党第六次全国代表大会的召开,掀开了越南全面革新事业的序幕。越南实行革新事业的原初动因是要通过实行一场全面、彻底和根本的经济社会革命,解除高度集中的计划经济体制对越南经济活力的严重束缚,解放和发展生产力,从而把越南从严重的经济社会危机中拯救出来。与此同时,越南共产党将实现共产主义作为自己的远大奋斗目标,对于"什么是社会主义,如何建设越南的社会主义"这一重大理论和实践课题从建党伊始就不断进行着艰辛的探索和实践。因此,越南的革新事业一开始就是和越南的社会主义探索实践紧密联系在一起的。越南共产党从本国的历史传统和实践经验出发,作出了越南当前正处于社会主义过渡时期的国情判断,并把越南建设成为社会主义定向的现代化工业国作为结束过渡时期的奋斗目标。回到革新开放事业的初衷,要解除高度集中的计划经济体制的束缚,在经济发展方面就必须从社会主义过渡时期即落后的经济社会发展状况的现实国情出发,按照马克思历史唯物主义的基本原理——生产关系必须适应生产力发展水平的要求,遵循经济发展的客观规律,在现阶段仍须保留和积极利用商品货币关系、市场机制,发挥非公有制经济在国民经济发展中的重要作用,将单一的公有制计划经济体制转向多元混合的社会主义定向的市场经济体制。

一、农德孟主政时期关于社会主义定向市场经济的理论发展

1.越共九大期间关于社会主义定向市场经济的理论发展

在2001年4月召开的越共九大上,农德孟接替黎可漂就任越南共产党第九届中央委员会总书记,从而开启了越南进入21世纪头10年由农德孟主政的新时代。越共九大的政治报告中指出,越南将在社会主义国家管理下,按照市场机制,长期实施发展商品经济的政策,并正式提出了"社会主义定向市场经济"的概念。越共九大对社会主

义定向市场经济的特征进行了说明：(1)社会主义定向市场经济的宗旨是发展生产力，发展经济，建设社会主义物质技术基础，改善人民生活；(2)社会主义定向市场经济具有多种所有制形式，其中，国有经济是国民经济的主体，国有经济与集体经济一起日益成为国民经济的坚实基础；(3)逐步建立生产资料公有制，在社会主义基本建成后将占绝对优势；(4)加强国家对市场经济的管理，发挥市场机制积极作用的同时，制约克服其消极作用，维护全体人民利益；(5)社会主义定向市场经济根据劳动成果和经济效率进行分配，同时根据其他资源的贡献水平和通过社会福利进行分配；(6)经济增长与促进社会进步、公平相结合；(7)实施多元经济发展政策，各类依法经营的经济成分都是社会主义定向市场经济的重要组成部分，长期共同发展和良性竞争；(8)发展各类要素市场，特别关注劳动力市场、证券市场、房地产市场、科技市场等重要但尚不成熟的市场；(9)创新国家对宏观经济的管理工具，提高国家经济管理效率。

同时，越共九大还特别指出建设和发展社会主义定向市场经济的主张体现了越南共产党正确把握和运用了生产关系与生产力的辩证关系原理，是思维革新的重要表现。也是在越共九大上，越南共产党将社会主义定向市场经济体制确立为越南社会主义过渡时期的总体经济模式。①

为了贯彻落实越共九大对发展社会主义定向市场经济的要求，落实多元经济发展政策，激发各经济成分的活力和创造力，2001 年 8 月召开的越共九届三中全会集中讨论了关于进一步革新、发展和提高国有企业效率的问题，2002 年的越共九届五中全会又集中讨论了集体经济和私人经济的改革发展问题，并通过了《关于进一步革新、发展和提高集体经济效益》的第 13-NQ/TW 号决议和《创新机制和政策，鼓励和促进私营经济发展》的第 14-NQ/TW 号决议。

2.越共十大期间关于社会主义定向市场经济的理论发展

2006 年 4 月，越南共产党召开第十次全国代表大会，大会的政治报告中提出要进一步完善社会主义定向市场经济体制，加快推进与知识经济发展紧密相连的工业化、现代化。越共十大关于如何完善社会主义定向市场经济体制的要求中强调，必须坚持越南市场经济的社会主义方向，即以实现“民富、国强、社会公平、民主、文明”为目标，大力解放和发展生产力，改善人民生活。此外，在发展多种所有制经济和多种经济成分的过程中，注重发挥国有经济的主导作用；发挥人民当家作主的作用，保障越南共产党领导下的社会主义法治国家对经济的调节和管理作用。在具体内容上要求做好三方面的工作：(1)加强国家管理经济的效力和作用。国家在尊重和遵守市场原则的基础上，以战略、规划、计划和政策指导发展；创造良好的法制环境，促进社会资源的开发利用；确保宏观经济平衡和经济发展的可持续性，限制市场经济的风险和负面影响；实行依法管理，最大限度减少对市场和企业的行政干预。(2)在良性竞争机制下，同步发

① 参见《越南共产党第九次全国代表大会政治报告》，越南共产党电子报，https://tulieuvankien.dangcongsan.vn/ban-chap-hanh-trung-uong-dang/dai-hoi-dang/lan-thu-ix/bao-cao-chinh-tri-cua-ban-chap-hanh-trung-uong-dang-khoa-viii-tai-dai-hoi-dai-bieu-toan-quoc-lan-thu-ix-cua-dang-1545。

展并有效管理各类市场。(3)大力发展各类经济成分和各类生产经营组织。

另外,越共十大还主张制定和实施"国家企业发展战略",在越南建立一个主要以股份制的经济集团和企业为基础的竞争激烈的企业体系,重点是对国有企业进行股份制改革,进一步发展和提高国有企业的效率。[①]

2006年下半年越南发生两件大事。一是经过11年的艰辛谈判,2006年11月7日越南成功加入世界贸易组织,成为其第150个成员国。二是2006年12月8日和9日,美国两院通过给予越南永久正常贸易关系议案(PNTR),标志着越美双边关系完全正常化。成功加入世贸组织和越美双边关系完全正常化,给越南经济发展带来新的机遇,也给越南正在建设但尚待完善的社会主义定向市场经济体制带来巨大挑战。

2007年2月,越共召开十届四中全会,讨论通过了《关于越南成为世界贸易组织成员后经济快速、可持续增长的一些重大政策方针》的第08-NQ/TW号决议。该决议指出,为应对加入世贸组织带来的机遇和挑战,在积极融入世界经济的同时,必须坚持越南经济的独立自主,加快完善社会主义定向市场经济体制以适应新的国际市场环境和活动原则带来的挑战。要制定和实施消除价格补贴的具体方案,实现所有商品和服务价格由市场决定,根据承诺方案取消国家对企业的补贴形式。对于国有企业,重点是实现股份制改革,推动形成多方出资的股份制企业和经济集团,完善国有企业董事会的组织和运作机制,对国有企业进行强制性审计,使企业经营状况公开透明。[②]

为了进一步完善社会主义定向市场经济体制,促进经济快速、高效、可持续发展和满足融入国际经济的要求,2008年越共十届六中全会审议通过了《关于社会主义定向市场经济体制的进一步完善》的第21-NQ/TW号决议。该决议提出要提高对越南社会主义定向市场经济的统一认识,并指出:市场经济是人类文明在资本主义制度下发展到高水平的产物,不是资本主义的代名词,越南革新实践证明可以利用市场经济作为建设社会主义的手段。同时,该决议还对越南的社会主义定向市场经济的内涵和特征进行了集中阐述:(1)越南的社会主义定向市场经济是一种自觉按照市场机制、工具、原则运行,以彻底解放生产力、逐步改善人民生活,实现"民富、国强、社会公平、民主、文明"为目标的经济;(2)发展多种所有制经济、多种经济成分,其中国有经济发挥主导作用,国有经济和集体经济日益成为国民经济的坚实基础;(3)鼓励合法致富与消除贫困相结合,逐步使每个社会成员都过上温饱、幸福的生活,经济增长与文化、卫生、教育、环境保护等共同发展进步,以人民的发展为目标,解决好各类社会问题;(4)主要按照劳动成果和经济效益,同时根据资本和其他资源的贡献水平,通过社会福利实施

---

① 参见《越南共产党第十次全国代表大会政治报告》,越南共产党电子报,https://tulieuvankien.dangcongsan.vn/ban-chap-hanh-trung-uong-dang/dai-hoi-dang/lan-thu-x/bao-cao-cua-ban-chap-hanh-trung-uong-dang-khoa-ix-ve-cac-van-kien-dai-hoi-x-cua-dang-1538。

② 参见《关于越南成为世界贸易组织成员后经济快速、可持续增长的一些重大政策方针》,越南共产党电子报,https://tulieuvankien.dangcongsan.vn/van-kien-tu-lieu-ve-dang/hoi-nghi-bch-trung-uong/khoa-x/nghi-quyet-so-08-nqtw-ngay-0522007-hoi-nghi-lan-thu-tu-ban-chap-hanh-trung-uong-dang-khoa-x-ve-mot-so-chu-truong-chinh-603。

分配;(5)发挥人民当家作主的权利和作用,保障社会主义法治国家在党的领导下对经济的管理和调节作用;(6)越南社会主义定向市场经济是一个既遵循市场经济规律,又受社会主义的经济规律和确保社会主义定向的要素支配的经济。[①]

农德孟主政期间,正式提出了"社会主义定向市场经济"的重要概念,为越南的经济体制改革指明了建立和完善社会主义定向市场经济体制的方向,并把社会主义定向的市场经济体制确定为越南社会主义过渡时期的总体经济模式,在发展和完善社会主义定向市场经济的探索和实践中提出了对国有企业的股份制改革、鼓励私人经济发展、完善产权制度、融入国际经济、改革国家对经济活动的管理方式等重要主张和措施,开始构建起21世纪越南的"社会主义"与"市场经济"的关系逻辑,架构起社会主义定向市场经济理论的基本框架,开创了越南经济体制改革的新时代。

二、阮富仲主政时期关于社会主义定向市场经济的理论突破

2011年1月召开的越共十一大上,阮富仲接替农德孟成为越南共产党新一届中央委员会的最高领导人,从而开启了由阮富仲主政的新时代。阮富仲继承农德孟时期的经济理论遗产,在新的时代背景和实践活动中继续发展和完善越南的社会主义定向的市场经济理论。

1.越共十一大期间关于社会主义定向市场经济的理论成就

越共十一大对越南的社会主义定向市场经济理论又有了一些新的认识突破。

首先,十一大的政治报告中提出了"进一步完善社会主义定向市场经济体制,创新经济增长模式和调整经济结构,加快工业化、现代化步伐,促进经济快速、可持续发展"的任务要求,首次将"完善社会主义定向市场经济体制"与"创新经济增长模式和调整经济结构"的任务要求相结合,强调"经济发展既要重视速度,也要注重质量;经济发展由主要依靠增加投资、资源开发、廉价劳动力向依靠科技进步、人才、提高劳动生产率转变;加快发展知识经济,增加产品附加值;经济发展与实现社会进步公平、环境保护紧密联系"。

其次,十一大政治报告进一步提高了对社会主义定向市场经济体制地位的认识,指出"进一步完善社会主义定向市场经济体制是推动经济结构调整进程、创新增长模式、稳定宏观经济的重要前提,是未来10年三大战略突破之一",首次提出完善社会主义定向市场经济体制是国家发展的重大战略的思想。

最后,与九大和十大相比,十一大对越南的社会主义定向市场经济的内涵进行了一次比较全面和系统的阐述:"越南的社会主义定向市场经济是一种有多种经济成分组成的商品经济,是在越南共产党的领导下、有国家管理的、按照市场机制运行的经济;它既要遵循市场经济规律,又要以社会主义的原则和本质为指导;其中,充分运用

① 参见《关于社会主义市场经济体制的进一步完善》,越南共产党电子报,https://tulieuvankien.dangcongsan.vn/van-kien-tu-lieu-ve-dang/hoi-nghi-bch-trung-uong/khoa-x/nghi-quyet-so-21-nqtw-ngay-30012008-hoi-nghi-lan-thu-sau-ban-chap-hanh-trung-uong-dang-khoa-x-ve-tiep-tuc-hoan-thien-the-610。

市场机制，灵活、有力地调动一切资源，实现经济快速可持续发展；鼓励合法致富与消除贫困相结合，以实现'民富、国强、民主、公平、文明'为目标。依法经营的各类经济部门都是国民经济的重要组成部分，在法律面前一律平等，长期共存与发展，良性竞争与合作；其中，国有经济发挥着主导作用。积极、主动融入国际，同时保持和加强经济的独立和自主；经济发展与社会文化建设同步协调，在发展的每一个步骤和每一项政策中都要体现社会进步和公平；主要根据劳动成果、经济效益，同时根据出资和其他资源的贡献水平，通过社会保障和社会福利制度进行分配。通过法律、制度、政策、战略、规划、计划和物质力量，保障社会主义法治国家的经济管理与调节作用。"①

越共十一大还对1991年越共七大制定通过的《越南社会主义过渡时期国家建设纲领》(简称1991年《纲领》)进行了补充修订，并通过了《越南社会主义过渡时期国家建设纲领(2011年增补修订)》[简称《纲领(2011年增补修订)》]。《纲领(2011年增补修订)》中指出："迈向社会主义是越南人民的渴望，是越南共产党和胡志明主席的正确选择，符合越南历史的发展趋势。"提出："结束越南社会主义过渡时期的总体目标是：基本建成社会主义经济基础和与之相适应的政治、思想和文化等上层建筑，为把越南建设成为一个日益繁荣和幸福的社会主义国家奠定基础。"这要求全党、全国人民从现在起到21世纪中叶，朝着把越南建设成为一个社会主义定向的现代化工业国家而努力奋斗。而要实现这个奋斗目标，《纲领(2011年增补修订)》提出必须贯彻落实好八个基本方向，其中第二条就是要"大力发展社会主义定向市场经济"。这一要求有着重大的理论意义，表明越南将建设和实现社会主义目标与发展社会主义定向市场经济直接挂钩，换言之，没有越南社会主义定向市场经济的蓬勃发展就不会有实现越南社会主义定向的现代化工业国家的物质前提，从而深化了对越南的"社会主义"与"市场经济"逻辑关系的理解。

此外，《纲领(2011年增补修订)》中还有一个理论突破就是对于私人经济的地位和作用的描述，除了继续九大、十大的"依法活动的各类经济成分都是国民经济的重要组成部分，在法律面前一律平等"等描述外，增加了"私人经济是国民经济发展的驱动力之一"的新描述，表明十一大之后将更加重视私人经济在整个国民经济中的地位和作用。②

针对国有企业的重组和股份制改革进程缓慢，公司治理水平低下、管理和监督机制存在许多漏洞和薄弱环节，行业结构不合理和国有资产浪费严重等问题，2012年越共召开十一届六中全会，讨论并通过了《关于进一步重组、改革和提高国有企业效率计

---

① 《越南共产党第十一次全国代表大会政治报告》，参见2021年6月23日越南共产党电子报，https://tulieuvankien.dangcongsan.vn/ban-chap-hanh-trung-uong-dang/dai-hoi-dang/lan-thu-xi/bao-cao-cua-ban-chap-hanh-trung-uong-dang-khoa-x-ve-cac-van-kien-dai-hoi-xi-cua-dang-1529.

② 参见《越南社会主义过渡时期国家建设纲领(2011年增补修订)》，越南共产党电子报，https://tulieuvankien.dangcongsan.vn/ban-chap-hanh-trung-uong-dang/dai-hoi-dang/lan-thu-xi/cuong-linh-xay-dung-dat-nuoc-trong-thoi-ky-qua-do-len-chu-nghia-xa-hoi-bo-sung-phat-trien-nam-2011-1528。

划》的第50-KL/TW号决议。该决议指出，按照市场机制要求，加快国有企业结构调整，国有企业侧重于安全、国防等重要部门、关键领域和地区，对非关键部门和领域要加快国有企业的退出机制；加强党对国有企业重组、改革、发展和提高效率工作的领导，加强国家对国有企业组织和经营活动的管理和监督。[①]

除此之外，在本次会议上越共中央委员会根据政治局的建议，审议并决定设立中央经济委员会。2012年12月28日，越共中央政治局下发《关于中央经济委员会职能、任务和组织》的第161-QD/TW号决议，明确了新设立的中央经济委员会是中央执行委员会——中央政治局、秘书处关于社会经济领域重大政策和主张的直接和经常性的咨询机构，专门负责研究、论证和提出关于社会经济领域的重大政策建议，对社会经济计划等在提交政治局和秘书处前进行评价论证，帮助政治局、秘书处了解经济决议和政策的执行情况，做好经验总结和检查监督工作。[②]

2013年12月8日，越南颁布了第五部宪法《越南社会主义共和国宪法(2013年)》(以下简称"2013年《宪法》")。2013年《宪法》第51条明文规定："越南经济是多种所有制形式、多种经济成分并存的社会主义定向市场经济；国有经济居于主导地位。各经济成分都是国民经济的重要组成部分。各经济成分的主体地位平等，依法竞争与合作。国家鼓励企业、个人和组织从事投资、生产、经营活动，并为其创造条件；各经济部门稳步发展，为国家建设作出贡献。个人和组织投资、生产和经营业务的合法财产受法律保护，不被国有化。"[③]这就从国家根本大法的层面确立了社会主义定向市场经济的法律地位，并明确越南的社会主义定向市场经济中存在多种所有制形式和多种经济成分，它们地位平等，共同构成国民经济的基础，一起为国家经济发展作出贡献。另外，个人和组织的合法财产受法律保护不被国有化，体现了越南发展的社会主义定向市场经济是一种法治经济，依法规范国家的权力。

2.越共十二大期间关于社会主义定向市场经济的理论成就

2016年1月21～28日，越南共产党召开第十二次全国代表大会。本次大会的政治报告中指出，进一步完善社会主义定向市场经济体制，创新经济增长模式和调整经济结构，加快工业化、现代化进程，是十一大提出的一项重要事业，十二大将进一步推进这一事业进程，重点是加快实施三大战略突破，特别是实现社会主义定向市场经济体制机制的突破，大力解放生产力，调动、配置和有效利用各种资源的力量。

十二大的政治报告中再次阐释了越南社会主义定向市场经济的内涵。与十一大

① 参见《关于进一步重组、改革和提高国有企业效率计划》，越南共产党电子报，https://tulieuvankien.dangcongsan.vn/van-kien-tu-lieu-ve-dang/hoi-nghi-bch-trung-uong/khoa-xi/ket-luan-so-50-kltw-ngay-29102012-hoi-nghi-lan-thu-6-ban-chap-hanh-trung-uong-dang-khoa-xi-ve-de-an-tiep-tuc-sap-574。

② 参见《关于中央经济委员会职能、任务和组织》，越南共产党电子报，https://tulieuvankien.dangcongsan.vn/he-thong-van-ban/van-ban-cua-dang/quyet-dinh-so-161-qdtw-ngay-28122012-cua-bo-chinh-tri-ve-chuc-nang-nhiem-vu-to-chuc-bo-may-cua-ban-kinh-te-trung-uong-208。

③ 《越南社会主义共和国宪法(2013年)》，越南共产党电子报，https://tulieuvankien.dangcongsan.vn/he-thong-van-ban/van-ban-quy-pham-phap-luat/hien-phap-nam-2013-241。

相比，十二大的阐释有三个创新点：第一，十二大在阐述各种经济成分地位和作用时，重点突出私人经济的地位和作用。以往在阐述各种经济成分地位和作用时只是特别强调国有经济的主导作用，而十二大则将私人经济的作用特别提出来，并跟在了国有经济主导作用的后面，具体表述为："国民经济由多种所有制形式、多种经济成分构成，其中国有经济发挥主导作用，私人经济是经济的重要驱动力。"第二，十二大首次明确界定了市场在资源配置中的地位和作用，指出："市场在有效调动和配置发展资源中起着主要作用，是解放生产力的主要动力；国家资源按照符合市场机制的战略、规划、计划进行配置。"第三，十二大突出强调越南社会主义定向市场经济的开放性和现代性，首次提出越南社会主义定向市场经济是"国际一体化的现代市场经济"的观点。此外，十二大还要求对社会主义定向市场经济的统一认识在过渡时期的各个发展阶段要进一步具体化和制度化。①

2017 年 5 月 5～10 日，越共召开十二届五中全会，就如何进一步完善社会主义定向市场经济体制、提高国有企业效率和鼓励促进私人经济发展等问题进行集中讨论和评价。2017 年 6 月 3 日，越共中央政治局就上述问题颁布了三项重要决议：《关于发展私人经济成为社会主义定向市场经济的重要推动力》的第 10-NQ/TW 号决议、《关于完善社会主义定向市场经济体制》的第 11-NQ/TW 号决议和《关于进一步重组、创新和提高国有企业效率》的第 12-NQ/TW 号决议。

与 2008 年越共十届六中全会通过的《关于进一步完善社会主义定向市场经济体制》的第 21-NQ/TW 号决议进行比较，2017 年越共十二届五中全会通过的《关于完善社会主义定向市场经济体制》的第 11-NQ/TW 号决议在阐述越南社会主义定向市场经济理论观点时有以下几点变化：第一，提出建设和完善社会主义定向的市场经济体制是越南经济社会发展的一项战略任务和重要突破，是持续快速发展的动力源泉。第二，完善经济体制要与完善政治体制同步推进。要明确界定和正确履行国家、市场、社会与市场经济相适应的地位、作用、职能以及三者之间的相互关系。第三，突出强调了越南社会主义定向市场经济具有现代性和国际一体化的特点。第四，提高了私人经济的地位和作用，指出私人经济是经济发展的重要推动力。第五，继续十二大政治报告中关于市场和国家在市场经济中的地位和作用的观点，再次强调了市场在资源的有效调动和配置中起着主要作用。②

越共十二届五中全会通过的《关于发展私人经济成为社会主义定向市场经济的重要推动力》的第 10-NQ/TW 号决议认为：在市场机制下发展健康的私人经济，是发展

---

① 参见《越南共产党第十二次全国代表大会政治报告》，越南共产党电子报，https://tulieuvankien.dangcongsan.vn/ban-chap-hanh-trung-uong-dang/dai-hoi-dang/lan-thu-xii/bao-cao-cua-ban-chap-hanh-trung-uong-dang-khoa-xi-ve-cac-van-kien-dai-hoi-xii-cua-dang-1601。

② 参见《关于完善社会主义市场经济体制》，越南共产党电子报，https://tulieuvankien.dangcongsan.vn/he-thong-van-ban/van-ban-cua-dang/nghi-quyet-so-11-nqtw-ngay-362017-hoi-nghi-lan-thu-nam-ban-chap-hanh-trung-uong-dang-khoa-xii-ve-hoan-thien-the-che-kinh-3213。

和完善社会主义定向市场经济体制的客观、紧迫、长期的要求，是有效调动、分配和利用发展资源，解放生产力的重要手段。提出私人经济是经济发展的重要推动力，并首次提出“国有经济、集体经济和私人经济是发展独立自主经济的核心”，使私人经济与国有经济、集体经济一道成为独立自主经济不可或缺的组成部分。与越共九届五中全会通过的《创新机制和政策，鼓励和促进私人经济发展》第14-NQ/TW号决议相比，十二届五中全会的第10-NQ/TW号决议将私人经济的发展目标进行具体量化，提出："力争到2020年至少有100万家私营企业；到2025年，私营企业超过150万家；到2030年，至少有200万家私营企业。私人经济的增长率高于整体经济增长率。力争到2020年私人经济对GDP的贡献比重提高到50%左右，2025年提高到55%左右，2030年提高到60%～65%。"[①]

3.越共十三大期间关于社会主义定向市场经济的理论突破

2021年1月26日至2月1日，越南共产党第十三次全国代表大会召开，阮富仲继续当选为越共中央总书记，打破1986年革新开放以来中央总书记连任不能超过三届的传统。自从2011年阮富仲任中央总书记以来，越南的经济发展驶上了快车道。根据国际货币基金组织(IMF)数据，2020年越南GDP为3406亿美元，超过新加坡、马来西亚，成为东盟第四大经济体，世界第37大经济体。2020年越南人均国内生产总值为2750美元[②]，比2010年人均国内生产总值1168美元增加了一倍多[③]。特别值得一提的是，2020年新冠肺炎疫情世界大流行期间，世界经济普遍下滑，负增长近4%，但越南经济仍达到2.91%的增长率，是世界上实现经济正增长少有的经济体之一。[④] 这些数据再次证明了阮富仲主政期间越南实行的经济社会发展政策和措施的正确性。阮富仲的继续留任有多方面的原因，但可以确定的是，他的再次当选是越南党和人民对其主政期间领导越南经济社会取得巨大成就的充分肯定。

越共十三大政治报告中关于社会主义定向市场经济的理论观点有三点突破：

首先，越共十三大在继续十一大、十二大提出的“将完善社会主义定向市场经济体制与创新经济增长方式、调整经济结构相结合”的任务要求外，新增“加快国家数字化转型，发展数字经济”的任务要求，提出要加快研究科技创新成果，特别是第四次工业革命成果的应用和转让，使科学技术真正成为经济增长的主要动力；大力推进国家数

---

① 参见《关于发展私人经济成为社会主义定向市场经济的重要推动力》，越南共产党电子报，https://tulieuvankien.dangcongsan.vn/he-thong-van-ban/van-ban-cua-dang/nghi-quyet-so-10-nqtw-ngay-362017-hoi-nghi-lan-thu-nam-ban-chap-hanh-trung-uong-dang-khoa-xii-ve-phat-trien-kinh-te-tu-3222。

② 参见《新任期的经济数字遗产》，越南网，https://vietnamnet.vn/vn/tuanvietnam/viet-nam-hung-cuong/nhung-bai-toan-cua-nhiem-ky-moi-725424.html。

③ 参见《越南共产党第十一次全国代表大会政治报告》，越南共产党电子报，https://tulieuvankien.dangcongsan.vn/ban-chap-hanh-trung-uong-dang/dai-hoi-dang/lan-thu-xi/bao-cao-cua-ban-chap-hanh-trung-uong-dang-khoa-x-ve-cac-van-kien-dai-hoi-xi-cua-dang-1529。

④ 参见《越南共产党第十三次全国代表大会政治报告》，越南共产党电子报，https://tulieuvankien.dangcongsan.vn/ban-chap-hanh-trung-uong-dang/dai-hoi-dang/lan-thu-xiii/bao-cao-cua-ban-chap-hanh-trung-uong-dang-khoa-xii-ve-cac-van-kien-trinh-dai-hoi-xiii-cua-dang-3670。

字化转型，发展数字经济，为数字社会建设创造突破，提高经济的质量、效率和竞争力。

其次，关于完善社会主义定向市场经济体制当前需要重点解决的问题，越共十三大在十二大明确界定"市场和国家"两者关系、地位、作用的基础上，提出要更好地处理"国家、市场和社会之间的关系，国家、企业与人民之间的关系"命题。为早日实现将越南建设成为社会主义定向的现代化工业国这个过渡时期的奋斗目标，从越共十一大开始越南共产党提出，为实现既定目标，必须正确把握和处理好多对重要关系。其中，十一大提出了8对重要关系；十二大在十一大的基础上新增了"国家与市场之间的关系"，使重要关系扩充至9对；十三大在十二大基础上又新增了一对关系，使重要关系扩充至10对，同时将十二大提出的"国家与市场之间的关系"调整为"国家、市场与社会之间的关系"，这一变化表明越南共产党对影响社会主义定向市场经济健康运行的因素认识更加全面、具体和深刻。

越南共产党认为，在社会主义定向市场经济中，国家、市场和社会之间关系密切，三者共同构成现代市场经济运行机制的基本关系。其中，国家以符合市场经济要求和规律的法律、机制、政策、战略、规划、计划、标准、规范和物质力量来管理市场经济，建立和完善保护产权的体制，维护宏观经济平衡稳定，为企业、组织和个人创造便利、透明的营商环境，实现社会进步公平、促进环境保护和国防安全。市场在确定商品和服务价格方面发挥着决定性作用，为调动、分配各种资源、调节生产和流通、规范企业活动、淘汰落后产业提供动力。社会组织在成员间建立联系、协调活动、解决成员之间出现的问题；在与其他主体和合作伙伴的关系中代表和保护成员利益，为成员提供支持服务；此外，反映国家各阶层人民的愿望和利益，并参与国家法律、机制、政策的论证，监督国家机关和公务员队伍的执法活动。①

最后，越共十三大表示在实施十一大和十二大提出的三大战略突破上，要实现实质性转变，要对三大战略突破的内容进行补充和具体化，以适应新发展阶段的要求。其中，关于社会主义定向市场经济体制的战略突破，十三大提出："完善同步发展体制，首先是社会主义定向市场经济发展体制。重点优先完善同步、高质量、组织实施良好的，以营造良好、健康、公平的投资经营环境，促进改革创新为目标的法律、机制、政策体系；有效调动、管理和利用一切资源促进发展，特别是土地和财政资源；合理、有效地推进权力分级、下放，同时采取有效措施加强对权力的检查、监督和控制。"②

2021年5月16日，在纪念胡志明主席131周年诞辰、越南第十五届国会代表选举和2021～2026年各级人民代表选举之际，越共中央总书记阮富仲发表了题为《越南社会主义和社会主义道路的一些理论和实践问题》的重要文章。阮富仲在文章中再次强调，要建设越南人民的社会主义国家，实现"民富、国强、民主、公平、文明"的社会建

① 参见《党的十三大文件草案》，《越南每日快讯》网站，https://vnexpress.net/thoi-su/dai-hoi-13。

② 《越南共产党第十三次全国代表大会政治报告》，越南共产党电子报，https://tulieuvankien.dangcongsan.vn/ban-chap-hanh-trung-uong-dang/dai-hoi-dang/lan-thu-xiii/bao-cao-cua-ban-chap-hanh-trung-uong-dang-khoa-xii-ve-cac-van-kien-trinh-dai-hoi-xiii-cua-dang-3670。

设目标，必须发展社会主义定向市场经济；提出社会主义定向市场经济发展观是越南共产党一个非常根本性和创新性的理论突破，是越南35年革新路线实践和有选择地吸收世界经验的重要理论成果；越南的社会主义定向市场经济是市场经济发展史上的一种新型市场经济，它既遵守市场经济规律又以社会主义的原则和性质为基础并受其指导，具体表现在所有权、管理和分配三个方面；由于越南当前仍处于社会主义过渡时期，因此它既不是资本主义的市场经济，也不是完全的社会主义市场经济。① 这再次确认了越南的“社会主义”与“市场经济”之间的辩证逻辑，同时从市场经济形态角度，揭示了越南社会主义定向市场经济的独特性——一种既不是资本主义的，也不是完全社会主义的，以社会主义为导向原则的市场经济。

三、小结

农德孟主政时期，越共九大正式提出“社会主义定向市场经济”的概念，并将其确立为越南在社会主义过渡时期国家的总体经济模式；越共十大强调要坚持市场经济中的社会主义方向，确保经济发展满足实现“民富、国强、民主、公平、文明”的社会主义建设目标，从而架构起越南社会主义定向市场经济理论的基本框架，构建起21世纪越南“社会主义”与“市场经济”的关系逻辑。

阮富仲主政时期，越南社会主义定向市场经济理论得到了进一步的丰富和发展。越共十一大期间对越南的社会主义定向市场经济的内涵进行了一次比较全面和系统的阐释，同时将越南社会主义过渡时期奋斗目标的实现与发展和完善社会主义定向市场经济结合起来，深化了越南“社会主义”与“市场经济”的内在逻辑，并从十一大开始将完善社会主义定向市场经济体制确立为国家的一项重要事业和三大战略突破之一。越共十二大期间，更加清晰地界定了多种所有制经济和多种经济成分在市场经济发展中的地位、作用和发展方向，特别是提高了对私人经济的地位和作用的认识，指出私人经济是越南社会主义定向市场经济发展的重要推动力，同时，突出强调了社会主义定向市场经济的开放性和现代性特点，指出越南社会主义定向市场经济是具有现代性的国际一体化的经济。越共十三大期间，越南共产党看到了第四次工业革命和数字化技术对发展和完善社会主义定向市场经济体制的重大契机，提出了加快国家数字化转型、发展数字经济的任务要求，同时提高了对社会组织对现代市场经济运行机制的作用认识，提出发展和完善越南社会主义定向市场经济体制必须正确把握和处理好“国家、市场和社会”三者之间关系的新命题。

如果说农德孟主政时期越南共产党对社会主义定向市场经济理论的主要贡献在于提出了发展和完善社会主义定向市场经济体制是经济体制改革的实践方向，理论的难点聚焦于探讨“社会主义”与“市场经济”可否兼容的问题；那么阮富仲主政时期越南

① 参见阮富仲：《越南社会主义和社会主义道路的一些理论和实践问题》，越南人民网，https://nhandan.vn/tin-tuc-su-kien/mot-so-van-de-ly-luan-va-thuc-tien-ve-chu-nghia-xa-hoi-va-con-duong-di-len-chu-nghia-xa-hoi-o-viet-nam-646305/。

共产党对社会主义定向市场经济理论的主要贡献在于明确了发展和完善社会主义定向市场经济体制是经济体制改革的实践目标，理论的聚焦点则侧重于探讨“社会主义”与“市场经济”如何兼容的问题。

中越同为社会主义国家，经济建设都效仿苏联采取了高度集中的计划经济体制，两国曾经都遭受过由这一经济体制弊端造成的严重经济社会危机，也都毅然决然地作出改革经济社会旧体制、建设符合本国实际国情的新体制的决定。以马克思主义的唯物史观和政治经济学的基本原理为理论指南，探索和构建本国的社会主义市场经济理论以指导本国的市场经济实践，这是中越两国相同的目标和行动。相似的国情和实践目标使中越两国的市场经济探索必然会遇到一些相同或类似的理论和实践难题，通过研究越南社会主义定向市场经济的理论发展历程，能够让我们了解到社会主义的不同国家在面对相同或类似的理论和实践难题时所运用的独特解题思路，从而为我国社会主义市场经济的实践探索拓展思路。

权能归位:越南共产党领导国家治理的新探索*

郑玉琳

(广西大学马克思主义学院博士研究生)

马克思主义政党引领国家治理是社会主义国家的基本政治逻辑。越南不同于早发达国家的制度变迁路径,越南共产党①领导人民革命摆脱殖民统治,实现民族独立和国家解放,缔造了国家秩序下的国会、政府和社会团体,是政权建立和巩固的组织和领导力量。独特的殖民历史背景和国家建构路径使越南的政治权力结构既不同于西方国家的三权分立的权力制衡,也不同于中国高度集中的党政双轨体制。因此,作为组织国家建设的主导力量,越共领导权在国家治理场域中的实现何以必要、何以可能、何以可为是越南政治研究的关键问题。

一、越南共产党领导国家治理的演展逻辑

马克思在《法兰西内战》中指出:"无产者对全社会负有消灭一切阶级和阶级统治的新的社会使命,只有在这一使命激励下的无产者才能够把国家这个阶级统治的工具,也就是把集权化的、组织起来的、窃据社会主人地位而不是为社会做公仆的政府权力打碎。"②越南共产党作为越南工人阶级、劳动人民和越南全民族的先锋队,在建国、治国和兴国的社会实践中逐步确立了领导地位,是被历史和实践检验过的、契合越南社会发展需要的根本制度安排。在越南共产党领导核心地位的确立过程中,党政关系的动态变化既具有时间形态上的接续,也有制度形态上的接榫,体现了越共领导方式和执政方式的适应性变革,回答了在国家治理场域中实现越共领导权何以必要的问题。

---

* 基金项目:广西研究生教育创新计划资助项目"社会主义国家民主运行机制研究——以越南为例"(项目编号:YCBZ2022044)。

① 越南共产党于1930年2月成立,几经易名,1930年10月改称"印度支那共产党",1951年2月改称"越南劳动党",1976年2月又改回"越南共产党"。为行文方便,除引文外统称"越共"。

② 《马克思恩格斯文集》第3卷,人民出版社2009年版,第194页。

1.以党统政：政治力量的重组与党政体制的生成（1945～1986）

推翻民族压迫、实现民族解放在无产阶级革命历史进程中具有优先性。恩格斯确证："排除民族压迫是一切健康而自由的发展的基本条件。"①越南共产党是国家危机空前严重的背景下催生的产物，法国殖民者在经济上对越南实行垄断剥削政策，政治上实行专制主义政策，文化上实行愚民政策，人民没有任何民主和自由可言，陷入了被奴役和压迫的悲惨境地，越南共产党的首要任务便是带领越南人民反抗帝国主义的殖民统治和争取民族独立。1945年8月16日，越盟选举产生了以胡志明为首的临时政府机构，同年8月19日，越南共产党领导越南人民发动起义、夺得政权，取得了八月革命的胜利，9月2日宣布成立越南民主共和国（1976年更名为越南社会主义共和国）。马克思主义认为，无产阶级政党不能简单地掌握现存的国家机器并运用它达成自己的目的，"掌握政权的第一个条件是改造传统的国家工作机器，把它作为阶级统治的工具加以摧毁"②。1960年9月，越共三大选举产生了11名政治局委员和2名政治局候补委员，权力中心由党中央主席、国家主席胡志明，党中央第一书记黎笋，国会主席长征，政府总理范文同四人构成。此时党领导的临时政府正面临两大任务，一是推进越南北方的社会主义建设，二是争取南方解放，完成国家统一。为更好地领导南方进行反帝斗争，1961年1月23日，越共党中央执行委员会第三次会议决定设立南方局，黎笋担任南方局书记，在越南南部形成了一个相对独立的国家权力机构。1975年，在越南共产党的领导下，南越武装力量和人民群众推翻美国扶持的南越政权，解放南方，越南共产党领导下的南方民族解放阵线在南方建立临时政权作为过渡政权，1976年南北统一为越南社会主义共和国。4月，越南进行南北统一后第一次普选，产生了全国统一的越南国会。

越南独立后便效仿苏联建立了无产阶级专政制度，完成了政治系统形态的初步建构，核心架构由越南共产党、越南国会和祖国阵线组成。越南共产党的职能并不局限于治理党内事务，而是将政党事务与国家行政事务直接联系起来，直接进入国家政治系统并组织国家行政资源在全社会的配置。作为越南最高权力机关的国会虽拥有立法权和立宪权，但仅享有名义上的崇高地位，人民通过国会和祖国阵线行使权力的实现机制尚未明确，党政具体职能划分不明。党通过"动员"和"组织"进行直接领导的高度集中的行政管理体制，在一定时期内具有积极的功效，有助于越南重建战后经济和整合政治认同，但随着形势的发展，越南官僚主义和形式主义问题凸显，党政工作效率低、协调困难的弊端显现，国会职能严重弱化，日本学者白石昌也指出："越南国会只是对于越南共产党和越南政府领导人业已决定的事项进行事后承认的机构而已。并且，接受国会的审议并通过的文件非常少，有关国家和社会运行的各种事项，都是由越南共产党和越南政府做出实质性的决定。"③这种"以党统政"的执政模式，至越共六大开

① 《马克思恩格斯文集》第10卷，人民出版社2009年版，第472页。

② 《马克思恩格斯选集》第3卷，人民出版社2012年版，第163页。

③ ［日］白石昌也编：《越南政治、经济制度研究》，毕世鸿译，云南大学出版社2006年版，第61页。

始了以党政关系优化为中心的政治体制改革才得到根本改变。

2.寓党于政:“党政不分”跃向“党政分工”的系统性重构(1986～2016)

党政职能分工、优化权力结构一直是社会主义国家调整政党关系的规范性思路。越南“以党建国”的政治语境形成了与之相适应的党领导国家体制,构成了越南国家治理的主体框架。在1986年越南实行革新路线以前,虽已经在原则上明确了越南共产党与国家之间进行职能分离的方针,国家机构之间的关系也显示了明确立法、行政以及司法之间职能分担的方向,但宪法所规定的政治权力关系并未得到真正落实,从大政方针的制定到日常的生产、消费等社会活动都被紧紧置于越南共产党的领导和管理之下,由此带来的党政职能交叠、权力过分集中的现象十分严重。1986年,时任越南共产党中央总书记的长征在越共六大上指出越南共产党的缺点和错误:一是“在组织方面,国家机构、党的机构、团体组织的机构过于膨胀,既重叠又分散”①。二是“党、国家和人民之间的关系不够密切,领导和管理机关以及主管群众工作的职能部门存在着官僚主义。其主要原因是未能把党、人民和国家的活动结合起来的机制具体化成为制度”②。因此,越共六大之后对党领导国家治理的集中探索体现在革命党到执政党的领导方式转变和正确处理党政关系,通过改善越共的领导方式,实现党的领导职能与国家政权机关的行政职能分开,建立强有力的国家政权系统。

越共六大提出:“提高管理国家效力。提高国会和人民议会的地位和作用……按照民主集中制原则划清各级国家机关的任务、权限、责任。”③1991年,越共七大指出,革新党的领导方式,其目的是要发挥国家的效力,而不是代替国家来进行调控,“要注意处理好党和国家的关系。政府负责管理社会生活的方方面面,党主要把握方向性的东西”④。1996年,越共八大强调:“政治体制仍然存在很多弊端,党对国家政权机关和社会组织的领导能力和运作效率没有跟上形势的要求”⑤,因此越南共产党要继续革新领导方式,继续创新,自我调节,发挥国家政权机关在社会秩序和资源配置中的能动作用,而不是代替国家政权机关来进行调控。2001年,越共九大明确指出:“加强党的领导作用和国家政权机关的运行效率,继续革新党对国家的领导方式,促进民主,加强立法,通过提出路线、主张和重大政策,为发展提出方向。”⑥2006年,越共十大重申,要

---

① 吴彬康、姜士林、钟清清主编:《八十年代世界共产党代表大会重要文件选编》上卷,中国广播电视出版社1989年版,第226页。

② 吴彬康、姜士林、钟清清主编:《八十年代世界共产党代表大会重要文件选编》上卷,中国广播电视出版社1989年版,第243页。

③ 吴彬康、姜士林、钟清清主编:《八十年代世界共产党代表大会重要文件选编》上卷,中国广播电视出版社1989年版,第268页。

④ 《党的第七次代表大会文件》,越南共产党电子报,https://tulieuvankien.dangcongsan.vn/ban-chap-hanh-trung-uong-dang/dai-hoi-dang/lan-thu-vii/dai-hoi-dai-bieu-toan-quoc-lan-thu-vii-cua-dang-17。

⑤ 《党的第八次代表大会文件》,越南共产党电子报,https://tulieuvankien.dangcongsan.vn/ban-chap-hanh-trung-uong-dang/dai-hoi-dang/lan-thu-viii/dai-hoi-dai-bieu-toan-quoc-lan-thu-viii-cua-dang-13。

⑥ 《党的第九次代表大会文件》,越南共产党电子报,https://tulieuvankien.dangcongsan.vn/ban-chap-hanh-trung-uong-dang/dai-hoi-dang/lan-thu-ix/dai-hoi-dai-bieu-toan-quoc-lan-thu-ix-cua-dang-11。

进一步改革党的执政方式，大力发挥国家在管理国家和社会事务上的主动性和创造性[①]，实现“越南共产党领导模式更新”[②]。2007年，越共十届五中全会通过了《继续革新党对政治体系活动的领导方式》决议，决议指出：“要将政治体系机构及其活动方式的改革与党的思想建设、组织建设、作风建设以及提高党员干部队伍和国家公务员队伍素质同步展开。”[③]2011年，越共十一大通过的《社会主义过渡时期国家建设纲领（2011年补充发展版）》明确规定了党对政治系统的领导方式：“国家权力统一，各机关单位在立法、执法和司法工作中分工协作、相互监督。……国家机关的组织和活动遵循民主集中制原则，分工、分级明确的同时确保中央的统一领导。”[④]

由此可见，越共六大后越南共产党与国家政权机关的关系进入了一个新的历史阶段，这段时期越南对党政关系的优化调适是通过以下两个方面来实现的：一是党的领导重心回归至政治、思想和组织领导，减少对日常行政事务的干预和控制；二是国家政权机关在实践中的增量赋权，理顺党政机构职责关系，归还本属于国会对重大事务的决定权，助力政府“执行者”的角色归位。

3.党政分工：“党领导、国家管理、人民当家作主”的功能性探索（2016～2022）

越南沿袭了社会主义国家政体设计原则的“议行合一”，越共六大之后，“党政分工”的制度探索缓解了党政职能重叠和效能不高的现实困境，但在实践过程中的过度纠偏和矫枉过正，加之西方国家“和平演变”政策中的意识形态渗透，一定程度上动摇了越南共产党的领导地位，党内自我“演变”、自我转化问题突出，加之革新开放中基于发展经济的目的对政府总理权限的过度扩大，使政权实际运行过程中对越共领导核心地位的重视不够、强调不力。学者潘金娥提出，在越共十二大之前越共尚未形成公认的“核心领导地位”，主要表现为：一是党政领导观点不统一，越共十二大召开之前越共总书记和政府总理发表在越南媒体的观点意见并非完全一致；二是越共向心力不足，政府各个部门在党中央书记和政府总理意见相左时更倾向于服从总理的指挥；三是公众舆论主张对越共的权责边界设限，认为越南共产党只能领导党员而不应该插手政府事务。[⑤] 越共十二大在总结过去五年的党建工作时指出，党对国家、祖国阵线的组织领导方式的革新仍缓慢，未能真正发挥国家机构、祖国阵线和社会政治组织中的党组织和党员的作用。[⑥]

因此，越共十二大提出要处理好体现越南发展和革新规律的各种重大关系，其中

---

① 参见《党的第十次代表大会文件》，越南共产党电子报，https://tulieuvankien.dangcongsan.vn/ban-chap-hanh-trung-uong-dang/dai-hoi-dang/lan-thu-x/ban-trinh-bay-cua-doan-chu-tich-ve-y-kien-thao-luan-cua-cac-dai-bieu-doi-voi-cac-van-kien-dai-hoi-x-cua-1534。

② 蔡鹏鸿：《越共十大以来理论革新推进具有本国特色的社会主义发展道路》，载《南洋问题研究》2006年第4期。

③ 古小松主编：《越南国情报告（2008）》，社会科学文献出版社2008年版，第34页。

④ 于洪君主编《当代世界政党文献（2011）》，党建读物出版社2012年版，第394页。

⑤ 参见潘金娥：《越南政治权力结构特征探析》，载《当代世界与社会主义》2017年第6期。

⑥ 参见《越南共产党第十二次代表大会文件》，（河内）世界出版社2017年版，第105～106页。

之一就是“党的领导、政府治理、人民当家作主之间的关系”①。一是实现以精简、效力、效果为目标的政治系统革新同步，健全行政、立法、司法的分工协调机制。在确立国家权力统一的基础上，完善立法权、执行权和司法权之间国家机关的相互监督与合作机制；保障国会作为最高国家权力机关和代表人民最高机关的地位，履行好立法、决定国家重大问题和最高监督的职能；健全政府组织机构，履行好国会的执行机关和国家最高行政机关的职能；继续实施司法改革战略，保护人权和公民权，保卫国家利益和社会主义制度。二是必须明确越南共产党的执政目的、执政方式、执政内容，增强对国家和政治系统的领导力。提高国家政权机关的质量和效果，理清职能边界、完善运行方式以期提高“社会主义法权国家”的效力和效果。在保证国家行政统一、政令畅通、富有效率的基础上，按照法律规定，完善各基层党组织和政府的组织方式。

越共十三大继续强调创新党对国家政权体系的领导作用，通过完善越南共产党的领导和工作机制，发挥制度体系的整体效应。越共十三大报告中指出：“在新形势下应提高党的领导能力和战略高度，提升党的预测能力、规划能力和将党的路线方针制度化和具体化的能力，在确保党的统一领导的基础上，发挥政府、国会、祖国阵线和社会政治组织的作用。”②

可见，越共对党政关系优化的探索不同于传统党政二分法下的“党政分开”，而是在越南共产党的领导下探索构建“党政分工”的互动机制，加强权力运行逻辑的一贯性和自洽性，强化权力配置结构的科学性和协调性，以实现国家治理结构的整体化和系统化。

二、越南共产党领导国家治理的作用机理

越南共产党党章规定，越南共产党领导政治体系，同时是该体系的一部分。③ 党领导政治体系是一个复杂的系统，纵向上看，涉及从中央到地方，从地方到基层各级党委对国家机关的领导作用；从横向上看，涉及党与国会、党与政府、党与军队、党与社会之间领导权的实现问题。革新以来，越南坚持“党领导、国家管理、人民当家作主”的原则，不断革新对政治系统的领导方式，形成了党政协同管理下的政治运作模式，回答了在国家治理场域中实现越共领导权何以可能的问题。

1.政治领导：主导性与总体性的有机统一

政治领导即越南共产党在政治方向、政治路线、政治原则和方针政策上的领导。越南共产党的政治领导既包括原则性战略规划，也包括具体的政策指导，通过推动国家政权机关的制度变革和政策创新来适应现代化建设的要求。具体包括三个方面。

---

① 《越南共产党第十二次代表大会文件》，(河内)世界出版社 2017 年版，第 24 页。

② 《党的第十三次代表大会文件》，越南共产党电子报，https://tulieuvankien.dangcongsan.vn/ban-chap-hanh-trung-uong-dang/dai-hoi-dang/lan-thu-xiii/nghi-quyet-dai-hoi-dai-bieu-toan-quoc-lan-thu-xiii-cua-dang-3663。

③ 参见《越南共产党党章》，越南共产党电子报，https://tulieuvankien.dangcongsan.vn/ban-chap-hanh-trung-uong-dang/dai-hoi-dang/lan-thu-ix/dieu-le-dang-do-dai-hoi-dai-bieu-toan-quoc-lan-thu-ix-cua-dang-thong-qua-3447。

一是党对国会的政治指导。国会的立法活动必须与越共的路线和方针保持一致，依据国会各任期内的经济、社会发展、国防及国家安全的战略，以及国家管理的要求而制定，并保障公民的权利和义务。越南共产党的主张经国会法定程序讨论、审议、修改后予以采纳，进而将党的政治权威转化为国家意志，通过强制性的国家权力，成为对全社会具有普遍约束力的行为准则予以实现。2022 年 3 月，越共中央总书记阮富仲出席专职国会代表会议并发表重要讲话，针对第十五届国会的工作方向以及国会在国家治理中的地位和作用作出了重要指示。① 此外，国会在审议法律和法令草案的过程中，也应考虑其是否与党的路线和方针保持一致。②

二是党对军队的政治指挥。军事路线是越南政治路线的重要组成部分，越南共产党通过对军队的政治思想引领，以保持军队政治方向坚定。越南宪法明确规定，人民武装力量绝对忠诚于党和国家，具有捍卫国家和社会主义制度的义务。③ 越南人民军队和公安部队需根据越共党中央的政治纲领、党章、党的决议和指示以及国家法律法规指导工作。2001 年 4 月，越共九大通过的《越南共产党党章》第六章中明确规定："党在各个方面绝对且直接地领导越南人民军队和越南人民公安；建设一支在政治、思想和组织上廉洁强大的军队和警察，坚持全心全意为人民服务。"④此外，越南共产党十分重视国防、军事的实践总结和理论研究发展工作，保证国防、军事路线符合越南共产党指出的方向，贯彻并有效落实越共中央政治局在理论工作相关决议中提出的各项任务。⑤

三是党对祖国阵线的政治指引。越南共产党既是祖国阵线的成员组织，也是祖国阵线的领导者，越南祖国阵线作为人民政权的政治基础，参与党和国家建设，自觉执行并宣传动员人民执行党的路线、方针和国家的政策、法律。⑥ 越南共产党重视并充分发挥祖国阵线和各政治组织中党组织的作用，阵线中的党员有责任把党的主张、政策直接转达给阵线其他成员，通过凝聚政治共识，整合价值认同，确立一致目标，使阵线成员共同配合，统一行动，落实越共的相关决议和指示，以确保越南共产党对祖国阵线的政治指引作用。

2.组织领导：方略性与常规性的有机统一

组织领导即越南共产党通过政治体系中的党组织和党员实行领导，实行个人负责

---

① 参见《越共中央总书记阮富仲出席专职国会代表会议》，人民报网，https://cn.nhandan.vn/political/national_news/item/9738101-越共中央总书记阮富仲出席专职国会代表会议.html。

② 参见[日]白时昌也编：《越南政治、经济制度研究》，毕世鸿译，云南大学出版社 2006 年版，第 75～89 页。

③ 参见米良编译：《越南重要法律文本(2005～2014)》，社会科学文献出版社 2016 年版，第 13 页。

④ 《越南共产党党章》，越南共产党电子报，https://tulieuvankien.dangcongsan.vn/ban-chap-hanh-trung-uong-dang/dai-hoi-dang/lan-thu-ix/dieu-le-dang-do-dai-hoi-dai-bieu-toan-quoc-lan-thu-ix-cua-dang-thong-qua-3447。

⑤ 参见梁强：《在新条件下继续研究、补充、发展越南国防军事理论》，载《共产主义杂志》2021 年第 1 期。

⑥ 参见刘玉娣译：《越南祖国阵线法(2015)》，载《南洋资料译丛》2017 年第 3 期。

和一把手负责制。越共明确规定："党的组织制度是与国家行政组织制度相对应的。"①

首先，越共选拔国家干部队伍，越共可推荐德才兼备的优秀党员就任各级国家机关、军队和祖国阵线的领导干部。国会通过国家主席和政府总理等国家机关主要人事任命前，需在越共中央政治局和中央执行委员会上取得事实上的同意；越南共产党在中央和地方均设立了军事委员会和公安委员会领导工作，以确保对人民武装力量的组织领导；在每一级别的祖国阵线中均设立有委员会及常务委员会，此外，各级国家机关的领导干部就任前需在党中央或省委领导下的政治学校接受规定的政治教育，方能获得就职资格。②

其次，越共管理国家干部队伍，越南共产党保证国会、军队和祖国阵线领导干部中党员干部占数量优势的前提下，通过国家政权机关中的党员动员力，就党中央的方针政策以充分解读，保证政府法令所涉及的政策重点和执行细节在越共的统一领导之下，进行有效的政治沟通，确保政策效果，为党的意志传达和政策实施提供组织基础。据越南国家选举委员会于2021年6月公布的数据，越南第十五届国会中党员比例高达97.2%③，这表明越南共产党通过国会中的党员巩固组织基础，进而实现了对国家政权机关总的领导。

最后，越共监督国家干部队伍，加强党委对国家政权机关在组织落实越共主张和决议活动中的监督作用。越南中央军委检查委员会第20次会议指出："在检查违纪行为的过程中要严格遵守党的主张、国家法律及国防部规定，尤其是要严格遵守各项原则和规定。"④越南共产党通过定期检查国家政权机关各级党委对决议的组织落实情况，评估越南共产党路线方针的实施效果，以完善人民参与国家权力监督的体制机制，确保越南共产党对国家政权机关的统一管理。

3.思想领导：合法性和正当性的有机统一

思想领导即越南共产党的理论宣传和思想政治工作。越共不以党组织的名义直接向国家政权机关发号施令，而是通过对国家政权机关的思想引领和政治教育，将党的主张内化为国家政权机关的价值导向和行为取向，以实现党在意识形态领域的领导。

一是坚持马克思列宁主义和胡志明思想的指导地位。越南共产党高度重视并严格把控意识形态取向，将马列主义和胡志明思想作为党的理论基础和行动指南，大力创新思想理论工作，保证国家机关工作人员的政治定力和阶级立场。越共中央委员武

① 《越南共产党党章》，越南共产党电子报，https://tulieuvankien.dangcongsan.vn/ban-chap-hanh-trung-uong-dang/dai-hoi-dang/lan-thu-ix/dieu-le-dang-do-dai-hoi-dai-bieu-toan-quoc-lan-thu-ix-cua-dang-thong-qua-3447。

② 参见[日]白时昌也编：《越南政治、经济制度研究》，毕世鸿译，云南大学出版社2006年版，第18页。

③ 参见《第十五届国会代表选举结果出炉 499名候选人当选》，越南共产党电子报，https://cn-daihoi13.dangcongsan.vn/news/story-2538。

④ 《梁强大将主持越共中央军委检查委员会第20次会议》，越南共产党电子报，https://cn-daihoi13.dangcongsan.vn/news/story-2539。

文赏指出："党和政治体系建设，必须在坚持马列主义、胡志明思想，坚持民族独立和社会主义目标，充分发扬社会主义民主的基础上进行。"①越南共产党坚持以科学的理论立场凝聚政治共识，以科学的理论推动实践的发展，为国家治理提供了正确的思想导向和实践进路。

二是加强对国家领导干部的政治教育。政治学校是培训党政机关和政治社会团体的中高级干部、管理骨干和政治理论干部的主要阵地。胡志明一贯强调对国家干部的政治教育，他指出："整党的目的是提高党员和干部的思想和政治水平，使党员和干部具有正确的无产阶级立场和观点。"②因此，政治培训的主要内容要紧贴越共的路线、方针和政策，同步革新政治教育的内容和课程，探索和推广政治教育的优良模式，通过集中性的理论学习和实地讲演，确保国家公职干部政治坚定和方向正确，提高干部政治理论教育的工作质量，建构干部思想上的自我防御机制，锻造绝对忠诚于党、国家和人民的干部队伍，使其以过硬的政治本领和强大的政治自觉将党的主张转化为政治生活中的自觉行动，发挥党员干部尤其是战略级领导干部在学习马列主义和胡志明思想中的模范带头作用，增强越南共产党的凝聚力和号召力。

三是强化对媒体工作的意识形态把控。越南共产党十分重视对新闻管理和新闻指导工作的领导，新闻媒体作为一种重要的政治社会力量，在"信息灌输"的过程中对受众的政治倾向和态度发挥着重要作用。越共中央总书记阮富仲指出："我党已经注重文化、媒体、出版、电视、电影、图书馆、博物馆的发展工作，提高这些工作的思想性、战斗性和群众性。"③越南共产党对新闻活动进行统一指导和管理，加强对党和国家重要决议、指示的宣传引导，防范和整顿不符合党和国家政治发展、无益于民族和人民利益的错误宣传，批驳恶意负面的政治信息和错误论调，与敌对势力作斗争，从而加强党在主流意识形态的管控，在传播社会主流价值和文化事业中提高党的领导能力和作用，纠偏错误思想观念。

三、越南共产党领导国家治理的实践探索

越南共产党作为政党组织其本身不是国家权力机关，党的意志须经法律程序上升为国家意志，才能形成对社会具有普遍约束力的行为准则，因此，党的领导只有通过领导国家政权机关才能得以实现，党政关系是越共领导国家治理的基础性关系。越南在处理党政关系中出现两种错误思想倾向：一是将党的领导曲解为党的"控制"，即党包办一切事务，抑制国家和社会自主性的充分发挥，将党对国家的领导视为政治不发展的产物；二是将党的领导与国家管理绝对分开，即党只领导和管理党内事务，不插手政府事务，以此否认和削弱党的领导。革新以来，越南共产党不断转变执政方式和领导方式，创新党对国家的领导方式，力图构建分合有度的新型党政关系，回答了在国家治

① 武文赏：《新形势下越南党和政治体系建设》，载《共产主义杂志》2019年第11期。
② 《胡志明选集》第2卷，(越南)外文出版社1962年版，第256页。
③ 《越共总书记阮富仲在全国文化会议上的讲话》，越南之声广播电台，https://vovworld.vn。

理场域中越共领导权何以实现、边界何在的问题。

1.价值统一:党的领导确保国家权力结构的规范化

在越南的国家治理实践中,以国会为核心的国家政权机关不是独自运行、各成体系的,而是统一于越南共产党的领导之下,遵循民主集中、权力统一和合理分工的原则,履行各自的职能。因此,党政关系规范化的基本前提就是要坚定越南共产党的领导。

从组织结构上看,越南共产党不是比国会更高一级的领导机关,也没有与国会平行的政治权力。越南共产党通过分析和把握国家发展的形势,适时指明政治方向、政治原则,组织和培养德才兼备的人才作为国家政权机关重要干部的人选,管理在国家政权机关任职的党员,宣传落实越共的重大方针政策和指示来实现党的领导。由此看出,越南共产党的领导权是一种潜在的国家权力,越共是以路线政策的正确性、崇高的政治威信和影响力,将党的政治权威经由国家政权机关转化为政治权力。

从价值取向上看,越南共产党是人民和国家利益的忠实代表,国会是人民最高代表机关。党员是人民群众中的先进部分,党的意志是人民意志中起领导作用的部分,越南共产党虽不具备直接领导国家政权机关的政治权力,但越共对党员的领导是一种直接权力,因此党员担任国家权力机关的重要职务是越南共产党巩固领导地位的组织保证。国会作为人民的最高代表机关和最高国家权力机关,其党员占比高达九成以上,国家政权机关中的党员是双重利益的代表者和维护者,其党员身份和人民代表的身份存在内在一致性,既有利于推动党的路线、决议和指示对国会的领导精准到位,也有益于党意与民心的有机结合。

2.过程互嵌:权能分工实现国家权力配置的科学化

越南共产党对国家政权机关的领导是一种总的领导,是一种分合有度的新型党政关系,即在国家权力统一的基础上,明确界定国家政权机关在行使立法权、行政权和司法权时的权限、职责和分工,遵循"党在上,政在前"的运行逻辑,从而实现党政齐头并进。列宁就曾指出,无产阶级政党的任务是对所有国家机关的工作进行总的领导,而不是过分频繁的、不正常的、往往是对细节的干涉,"应当制止什么小事都找中央的做法"[①]。党不包办一切,也不代替国家政权机关,只有在党的领导下充分发挥各机关的实践效能,才能实现国家权力配置的科学化。

从权力机构配置看,国家机关分工不分立。《越南社会主义共和国宪法》明确规定:"国家机关在行使各种立法权、执法权、司法权时,既有统一,又有分工,相互配合,相互监督。"[②]国会是越南共产党与国家制度对接的切入口,国会掌握立法权和立宪权,是越南最高权力机关,决定国家的各种重大事项,对国家的活动行使最高监督权;政府是国家最高行政机关,是国会的执行机关,其总理和副总理均由国会选举任命,对

① 《列宁全集》第43卷,人民出版社2017年版,第115页。

② 米良编译:《越南重要法律文本(2005~2014)》,社会科学文献出版社2016年版,第2页。

国会负责并向国会报告工作；人民法院和人民检察院行使司法权和公诉权，由国会产生并对国会负责。由此可见，越南共产党划清党政具体事务边界，保证国家权力始终属于人民，决策、执行和监督由不同机构掌握，相互之间不存在功能交叉和相互制衡，从而实现国家管理的专业化和行政效率的高效化。

从高层领导配置看，国家权力划分不等分。学界惯于将越南权力结构归结为由越共总书记、国家主席、政府总理、国会主席组成的四驾马车，自越共十二大后，有学者认为越南权力架构逐渐转变为“四驾马车＋1”，即越共总书记、国家主席、政府总理、国会主席和越共总书记的备选人员组成的“五核心”。① 此处需要厘清的核心问题在于，无论是“四驾马车”还是“五核心”，都不是国家权力等分的结果，越共总书记虽不直接掌握和行使国家权力，但国家政权机关的领导层实际上都处于越南共产党的领导下。第一，根据越南《国会组织法》，国会主席、副主席和常务委员会主席由上一届国会常务委员会提名，由国会议员选举产生，而国会代表中党员占比处于绝对优势，所以当选国会领导人员的仅限共产党员和拥护越南共产党领导的候选人。此外，在政府总理、国家主席的提名和任免上，越共中央政治局和中央执行委员会的意见也起到了关键作用。第二，国家主席由国会从国会议员中选举产生，是人民武装力量总指挥，但国家主席在决策上并没有超越中央军委的独断权力，越南共产党在事实上掌握对军队的绝对、全面、直接的领导权。第三，由于基于发展经济的目的对政府总理权限的扩大，政府总理的实际权力不断跃升甚至对越共总书记的领导地位造成威胁，阮富仲执政以来，通过高层权力结构调整，调节高层领导人员南北平衡，在理论上加强对党核心领导作用的强调，极大改善了政权逼近党权的失衡现象。越南国家主席阮春福于2021年在政府常务会议上提出了国家发展的五大平衡目标，其中首要任务就是促进经济社会发展与巩固、提高越南共产党领导地位的平衡。在2022年4月份越南政府例行会议上，政府总理范明正要求各部委和地方政府继续充分落实党的主张和路线，遵照越共中央政治局和中央书记处的决议和政府的重要指示指导工作。

3.功能融合：协同治理促进国家权力运行的合理化

功能融合是越南共产党与政治系统协同发力的根本契合点，越南共产党、国家、社会三者之间的协调互动超越了西方科层制下的对抗局势，形成了开放的多元主体合作格局。越共十二大指出：党不断革新对政治体系的领导方式，颁布了许多政策规定以确保稳固党的领导地位，同时发挥政治体系中各组织的作用，尤其是国会和祖国阵线的作用。②

从党对社会政治组织的体制性统合看，越南共产党致力以政党力量推动越南现代化发展和民主制度建设，加强政党、国家和社会的协作沟通，以实现党领导、国家管理和人民当家作主的良性互动。越南祖国阵线是各人民团体和社会各阶级阶层、各民

① 参见赵卫华：《越南高层权力结构调整对中越关系的影响》，载《战略决策研究》2021年第6期。

② 参见《越南共产党第十二次代表大会文件》，(河内)世界出版社2017年版，第101页。

族、宗教中优秀个人的政治联盟，是人民政权的政治基础。越南共产党充分尊重祖国阵线和各人民团体的自主性，对其积极的、有创造性的活动给予支持，并虚心听取阵线和各人民团体的各项意见和建议。越共中央政治局于2013年发布了第217号决议《越南祖国阵线和各政治社会团体监督与社会反辩规则》和第218号决议《祖国阵线、各政治社会团体和人民在党的建设、政权建设中参与意见的规定》，对越南祖国阵线和社会政治组织的地位和功能以制度化、具体化的形式加以肯定。

从国家对社会政治组织的有效性整合看，以国会为核心的国家政权机关致力以国家力量推动全国性中央权威的建立和政策性认知差距的弥合，加强与祖国阵线和各人民团体的政治沟通，为其能有效地开展活动创造便利条件，以完善自下而上的民意传达机制。越南祖国阵线和社会政治组织作为人民代表机构和政治系统的重要组成部分，在参与社会治理、提供公共服务、反映群众诉求和化解社会矛盾等方面具有独特优势，是越南共产党、国家和人民沟通的桥梁。它通过多渠道听取、收集和综合选民和群众的意见和建议，将碎片化的利益诉求进行集中整合，及时向党和国家反映，充分发挥了祖国阵线社会论证和协商协调的关键作用。越南《2021～2030十年经济社会发展战略制定报告》草案中明确越南今后十年实现发展的三大突破口之一就是朝着现代化方向革新国家治理方式尤其是发展治理和社会治理。[①] 近年来，国会在法律制定工作、制定和实施监察计划、敦促和监察解决选民的意见和建议等方面加强与越南祖国阵线的工作协调机制，都取得了可观进展。2022年4月，越南国会常委会和越南祖国阵线中央委员会主席团举行年度跨部门会议，对2021年的工作进行总结并部署2022年的工作任务，国会主席王庭惠建议两家机关应继续紧密协调，巩固全民族大团结，发扬社会民主以及人民的创新能力，加快经济社会的复苏与发展进程。

四、结语：廓清若干误区

资本主义国家政党政治常务于“力”的竞争，社会主义国家政党政治常务于“情”的融合。在当前越南的政治语境中，越南共产党的“执政”不等同于西方国家政党直接掌握行政权，而是领导和动员人民掌握管理国家权力，组织和支持人民当家作主。越南有三个需要厘清和把握的关键问题：

第一，关于“三权分立”与“三权分工”的问题。越南国家权力配置是党领导下的“三权分工”，遵循议行合一原则，是一种基于功能性分工的权力配置，其要义在于提升国家机关的运作效力和工作效率，越南国家权力统一且属于人民，而非西方“三权分立”的权力制衡机制。越南共产党通过对国家政权机关的政治领导、组织领导和思想领导，全面参与和主导国家权力运作过程，同时保持党政职能边界，发挥国家管理的自主性和有效性，保证党的意志兼具合法性和正当性，从而实现对社会的有效组织和

① 参见《三大突破口——越南今后十年的发展重点》，越南时代报网，https://shidai.vn/detail-article-24347.html。

管理。

第二，关于“五马并驾”与“五核心”的问题。越共十二大以来，越南“创造性地将国家权力‘一分为五’，即总书记、国家主席、国会主席、政府总理、祖国阵线，持续推动完善‘边界清晰、职责明确，权力相互渗透’的制约机制”[①]。无论是以前的“四驾马车”还是现在的“五核心”，这种集体领导机制的要义是防止个人独断和权力独擅，确保分工明确和责任到人，避免权力集中于一人手中，并非权力五等分，而是集体领导下的分工负责制，越共总书记是事实上的最高领导人，是党和国家的领导核心。

第三，关于“政党利益”与“人民利益”的问题。马克思、恩格斯在《共产党宣言》中明确指出：共产党“没有同整个无产阶级的利益不同的利益”[②]。越南共产党不同于西方“财阀政治”“门阀政治”“金元政治”背景下的掮客政党，它是代表越南全民族利益的先进性政党，人民立场贯穿于越共对执政方式和领导方式的探索过程。从整体上说，越南共产党和越南人民的利益完全一致，党是越南人民中的先进部分，党的意志是人民意志的先导部分，国家公职人员的人民代表身份和党员身份并无冲突。因此，党对国家权力的领导是人民对国家权力所有权的逻辑延伸。

综上所述，越南共产党是越南唯一的执政党，朝社会主义方向领导国家治理，加强对越共在国家治理中领导核心地位的强调是越南政治发展的应有之义。

① 徐秦法、秦艺菲：《越共十二大以来政治革新的进展及态势研究》，载《当代世界社会主义问题》2021年第1期。

② 《马克思恩格斯选集》第1卷，人民出版社2012年版，第413页。

从古共八大看古巴社会主义发展新态势

封艳萍

（广西大学马克思主义学院博士研究生）

古巴共产党第八次全国代表大会于2021年4月16～19日在首都哈瓦那召开，因受新冠肺炎疫情的影响，全国70多万党员中经民主推荐和选举产生了297名党员代表和65名特邀代表及参与者出席大会。大会以“党是革命的灵魂”为主题，听取了劳尔·卡斯特罗的中心报告，会议一致通过《关于八大中心报告的决议》《关于古巴社会主义发展的经济和社会模式概念化的更新的决议》《关于2021～2026年纲要执行情况及其更新的决议》《关于党的运转、思想工作和与群众联系的决议》《对党的干部政策的决议》等，对党的重要文件进行了修订，选举产生了新一届党的领导集体，劳尔·卡斯特罗不再担任党内领导职务，迪亚斯-卡内尔当选为古共中央第一书记，开启了古巴新的历史篇章，为进一步捍卫古巴革命的连续性提供了坚强的保证，对未来继续深入推进经济社会模式更新具有重要历史意义。

一、古巴社会主义理论的新发展

古巴经济社会模式的理论化问题一直是更新进程启动以来最重要的理论问题，它为古巴建设繁荣、可持续的社会主义指明方向。2011年和2012年召开的古共六大和首次全国会议，虽然党和政府提出了上百条政治、经济等方面的改革措施和具体建议，但始终未形成科学、准确的理论体系。随着“更新”进程的不断推进，各方面改革发展变化明显，总结“更新”进程的基础理论和基本特点是必须要明确的重要前提。经过古巴中央政治局、中央全会、部长会议多次讨论，及前期《党和革命的经济社会政策纲要》（以下简称《纲要》）政策落实和其他经验的总结，2016年4月，古共七大通过《古巴社会主义发展的经济和社会模式概念化》（以下简称《概念化》），将前期经济社会模式改革的成果以文件的形式固定下来，准确清晰地阐释了古巴模式的基本特点、理论基础和相关依据，促进模式更新上升到理论层面，为古巴模式更新提供了完整的理论指导。随着形势的发展，根据古巴共和国宪法规定的原则和条款，同时考虑古共六大、七大以来通过的重要指导方针和政策的执行结果，劳尔·卡斯特罗在古共八大上简要阐述了模式更新的有关理论问题。与此同时，2021 年 4 月，古共八大通过了《概念化（修订版）》的决议，更新后的文件确认了古巴社会正处于社会主义建设的历史时期，以及在革命过程中为实现主权完整、独立、民主、繁荣和可持续的目标而形成的社会主义社会所依据的原则，再次升级了古巴社会主义建设的理论。修订后的文件较之前的转变主要包括以下几方面。①

一是丰富了生产资料所有制形式。古共八大通过的《概念化（修订版）》在前期经济发展基础上，充分认识到承认和发展不同形式的所有制和管理是应对生产力发展不足的结果，不断完善所有制结构，规定古巴的生产资料所有制结构由六种形式组成，包括社会主义全民所有制，合作社所有制，政治、群众和社会所有制，私人所有制，混合所有制，机构及联合形式所有制。其中，机构及联合形式所有制是较古巴八大前新增加的一种形式。文件指出："这些主体对其资产行使这种所有权形式，以实现非营利目的，满足精神需求和其他要求，例如保护和照顾某些人群，促进地方和社区发展，体育、休闲和健康娱乐，体现宗教和团结的价值观，促进民族认同和文化，公民价值观，历史记忆，科技创新、环境教育、不同的职业文化、友谊和团结。"体现了对公共社会的关注并以此为基础不断满足社会需求。

二是重视经济建设，不断完善经济发展政策。文件提出，工作和生产效率对古巴建设繁荣和可持续的社会主义至关重要。在此基础上，文件明确阐述了国家的货币政策、信贷政策、国家预算的目标、作用和具体措施，是在之前文件基础上新增加的内容。劳尔·卡斯特罗也在八大上提出，增加国内生产，特别是粮食生产，消除进口粮食的弊端，并创造多样化和有竞争力的出口，扩大内需以提高国民生产。②

三是突出科学技术的创新和发展，推动其在提高各领域的效率、效益和生产力方面发挥主导作用。文件总结了古巴所具有的 14 种优势，其中就提到了古巴科技创新体系及其在某些部门和活动中所发挥的水平，并将"科技创新在构建和促进国家经济社会发展中的重要作用"纳入古巴社会主义模式的原则。为提高创新水平，文件还提出要不断巩固大学在培养和提高有能力的专业人员方面的作用，并加强与科学中心、生产实体、服务和武装机构的联系，以知识和科学为基础进行决策和结果评估。

四是重视制度建设，提升法治水平。文件将"具有可靠、透明和深厚基础的法律制度"作为古巴模式更新的重要优势之一，并将"有效和严格地执行宪法和法律，是建设繁荣和可持续的社会主义社会的必要前提"作为模式更新应遵循的基本原则，体现了制度体系在古巴国家治理中的重要作用，在此基础上要求进一步推动新宪法的实施。

五是强调人民参与的重要作用。文件重申社会主义民主建立在公民积极参与主

---

① 文中《概念化》（修订版）内容均来自文件《古巴社会主义发展的经济和社会模式概念化》（Conceptualización del Modelo Económico y Social Cubano de Desarrollo Socialista），http://www.granma.cu/file/pdf/especiales/Conceptualizaci%C3%B3n%20y%20Lineamientos%20actualizados.pdf。

② 参见劳尔·卡斯特罗在古共八大上的中心报告，http://en.granma.cu/cuba/2021-04-22/central-report-to-the-eighth-congress-of-the-communist-party-of-cuba。

权权力行使的基础上，要完善各级民主参与。文件还强调，在古巴共产党的领导下，人民的团结和积极参与对巩固和推进我国的这一进程至关重要。文件还提出，在尊重独立和国家主权原则的情况下，发展与居住在国外的古巴人的关系和交流，体现了古巴不断强化人民的主体地位。

六是强调要防治腐败。文件指出，腐败是革命的主要敌人之一，因为这种现象对国家现在和未来造成了实际和潜在的损害，这与社会主义的民主原则是不相容的；并提出与之作斗争的战略武器是预防、对抗和严格制裁，这是一项首要任务，要求干部、管理人员、工人和全体人民采取果断的行动。

文件还强调了要特别注意保护弱势群体和减少人口群体之间的不平等，加强信息和通信技术及社会交流，加强国防和外交等。

同时，古共八大还根据古共七大更新的《纲要》的实施情况，通过了《党和革命的经济与社会政策纲要的更新（2021～2026 年）》（简称《纲要的更新（2021～2026 年）》）。文件在原有基础上保留 17 条，增加 18 条，删除 92 条，修改 165 条，总共 200 条指导方针，重点提出要加强对经济主体特别是社会主义国有企业的管理，调整经济结构并突出农业发展中的粮食生产和销售，大力发展旅游业，促进国外投资，巩固“理顺任务”的实施和调整，优先重视科学技术与创新，改善人民生活等[①]，进一步反映出古巴共产党根据前期改革的经验及当前情势变化需要，进一步完善社会主义模式更新的理论和政策，为古巴经济社会模式更新提供了更加全面的理论指导和行动指南。

二、古巴党的建设工作新部署

古共八大通过了党的重要文件，评估了党的工作目标执行情况及其工作、思想活动和与群众的联系，提出了新的干部政策，为党的建设工作提供了行动方针。

1.强化党的政治引领，不断坚定社会主义发展方向

古共八大通过的《关于党的运转、思想工作和与群众联系的决议》，讨论的中心是“必须继续加强党作为革命的政治先锋作用，同人民保持永久的联系，并从基层做起，使党员、工人和全体人民更多地参与促进国家的经济社会活动”[②]。一是古巴共产党始终坚持正确的政治方向，确保古巴沿着社会主义道路奋力前行。这主要体现在古共始终坚持社会主义基本原则。古共八大强调，全体人民享有基本生产资料的所有权是工人真正权利的基础，在坚持公有制的主体地位同时，要加强国有企业制度改革，彻底消除效率低下、因循守旧和缺乏主动性等弊端。与此同时，党主导谋划和制定重大战略和重大政策，通过了《纲要的更新（2021～2026 年）》和《概念化（修订版）》，将它们作为古巴社会主义建设的理论和行动的指南。二是加强党的根本性领导地位，确保党对

---

① 参见古巴共产党官方网站，https://www.pcc.cu/sites/default/files/tesis-resoluciones/2021-05/Res.%208vo%20Implementacion%20Lineamientos.pdf.

② 参见古巴共产党官方网站，https://www.pcc.cu/sites/default/files/tesis-resoluciones/2021-05/Resolucion%208vo%20Congreso.pdf.

社会主义事业的全面领导。古共八大通过的《关于党的运转、思想工作和与群众联系的决议》从18个方面提出了党的行动方针，为进一步加强党的领导提供了遵循，并提出不断强化对群体组织和社会团体等的领导，包括增强对青年共产主义联盟（UJC）、学生组织和青年运动的政治关怀等。

2.加强党的宣传思想工作，进一步筑牢社会主义建设的思想根基

古共八大把思想工作放在党的工作的突出位置。劳尔·卡斯特罗在古共八大中心报告中强调思想工作是党的中心工作，有必要提高革命的战斗力和决不妥协的精神，加强对思想工作的贡献，以反对敌人的颠覆计划，创造和巩固我们的价值。一方面，古共八大提出要加强党的思想政治工作，不断丰富党的基本理论知识，加强对国家历史和文化等的认识。在此基础上，提出要运用多种方式加强意识形态领域的斗争。劳尔·卡斯特罗在古共八大上对目前古巴面临的国际形势进行了深刻的分析，指出美国采取的各种颠覆性活动包括意识形态和文化颠覆计划不断加强，并呼吁道："我们坚信，街道、公园和广场属于革命者，我们永远不会剥夺我们英勇的人民保卫革命的权利。"①大会提出要有系统地、有计划地处理各种情境下各种形式的政治意识形态颠覆活动，特别是加强数字社交网络上的革命行动，坚持改进及时预警和发展信息化的工作制度，并由不同的机构及时更新动态。同时，还要加强非国有劳动者的意识形态和政治工作。另一方面，大会提出要不断提高党的新闻媒体工作，加强对人民的正面宣传和引导。会议作了相应部署，并提出要支持国家和政府传播政策的实施，确保人民获得真实、客观和及时的信息，通过国家的机构、媒体、组织和专业人员采取更有效的行动来解决这一进程中的弊端。

3.加强党的组织建设，着力打造革命事业的坚强堡垒

古共八大从党的各级组织、党的干部和广大党员出发，为加强党组织建设提出了改革和发展方向。其一，健全党组织建设，充分发挥各级党组织的重要作用。古共八大通过投票选举产生了以迪亚斯-卡内尔为第一书记的新一届党中央领导集体，顺利实现党的最高权力的交接。同时，大会提出要调整党的最高、中级领导机构的结构，使之适应当前和未来党的作用和责任，加强党中央和上级委员会作为主要领导机构的工作，有利于进一步增强党中央的集中统一领导。在此基础上，不断加强基层党组织联系群众的桥梁作用。会议指出，党的机构的运作以基层组织为重点，在与机构、组织和人民的联系中使用适当的方法和工作方式；要完善基层组织服务体系，优先选拔和培养基层党组织书记，使他们能够有效地履行其职责。② 新当选的古共中央第一书记迪亚斯-卡内尔也指出，我们的组织迫切需要改变其工作方式，以更符合这个时代及其挑战。除此之外，党还统筹国家机构改革。会议提出要着力推进国家机构改革，主要包

---

① 劳尔·卡斯特罗在古共八大上的中心报告，http://en.granma.cu/cuba/2021-04-22/central-report-to-the-eighth-congress-of-the-communist-party-of-cuba。

② 参见古巴共产党官方网站，https://www.pcc.cu/sites/default/files/tesis-resoluciones/2021-05/Resolucion%208vo%20Congreso.pdf。

括完善人民政权机构建设,完善市政当局作为地方领导的主要机构。其二,强化领导干部的关键作用和党员的先锋模范作用。要加强领导干部的关键性作用,强调没有服兵役的同志不能晋升到更高的职位。同时,要提升党员的先锋模范作用,要提高党员质量,提高党员在社区组织中的行动表现。

4.加强党的作风建设,不断提升党的先进性和纯洁性

首先要改变陈旧的思想观念,树立良好的社会风气。古共八大分析了古共七大决议的执行情况,指出在执行所采取的措施时,人们存在对变革的抵制和缺乏创新能力,表现为对行使赋予的权力的恐惧以及对非国家所有权和管理形式的偏见。对此,劳尔·卡斯特罗在古共八大中心报告中提出,要彻底消除效率低下、因循守旧和缺乏主动性等弊端,就必须改变旧习惯和坏习惯,培养积极进取的品质;鼓励人们热爱工作,将工作作为一种谋生手段,赋予公民生活的意义;必须消除在家长式作风和平等主义的掩护下出现的一种陈腐的幻想,即古巴是唯一一个不工作就能生活的国家;古巴人的平均生活水平和消费水平应由他们获得的合法收入决定,而不是由过度补贴或不适当的免费补贴决定。① 其次,不断加强与违纪违法和腐败行为作斗争,营造良好的政治生态。《关于党的运转、思想工作和与群众联系的决议》讨论了党应对任何危及国家安全的行为包括腐败、犯罪、非法行为和不正当行为进行无情的斗争,还就"进一步完善党同政府和行政机关的工作方法和作风,提高党的权威和效率的重要性"进行了分析,为不断加强党的政治生态建设提供了重要遵循。

三、古共领导集体的新面貌

古共领导集体的更新换代是关系到古巴革命后继有人的大问题。自古巴革命胜利以来,古巴共产党在长达45年的时间里都由菲德尔·卡斯特罗执政掌权,2006年菲德尔·卡斯特罗因身体原因将最高行政职务暂时移交给劳尔·卡斯特罗,2008年在全国人代会上劳尔·卡斯特罗当选为国务委员会主席兼部长会议主席,接着在古共六大上劳尔·卡斯特罗当选为古共中央第一书记,古巴党和国家在革命胜利后第一次顺利完成最高领导职务的交接。但由于劳尔·卡斯特罗在2011年当选古共中央第一书记时已是80岁高龄,如何长久地实现党的后继有人成为古共中央的迫切任务。为逐步推进党和国家最高领导职务的顺利交接,劳尔·卡斯特罗在古共六大上宣布实行党和国家最高领导人的任期制,取消事实上的终身制,为古巴未来政治变革确定了方向。同时,劳尔·卡斯特罗还曾多次表示将在2021年卸任党的最高领导职务。古共七大选举产生了新老结合的领导班子,劳尔·卡斯特罗虽继续当选古共中央第一书记,但中央委员会和政治局的人数均有所扩大,以便吸收较年轻的新人,劳尔·卡斯特罗也在七大上重申,他将在2018年卸任国务委员会主席和部长会议主席的职务,他在

① 参见劳尔在古共八大上的中心报告,http://en.granma.cu/cuba/2021-04-22/central-report-to-the-eighth-congress-of-the-communist-party-of-cuba。

党内领导职务也将任至下届党代会为止。2018 年 4 月，迪亚斯-卡内尔当选为新一任的国务委员会主席兼部长会议主席，践行了劳尔·卡斯特罗提出的领导干部任期制。2019 年，古巴将实施领导干部任期制这一重要决定载入宪法。同年，迪亚斯-卡内尔当选为国家主席。

经过前期的一系列准备工作，2021 年 4 月 19 日古共八大选举产生了新一代党的领导集体。古共中央政治局委员 14 人，比上一届少 3 人。其中有 9 名上届政治局委员继续留任，分别是：古共中央第一书记、国家主席迪亚斯-卡内尔，全国人大主席兼国务委员会主席埃斯特万·拉索·埃尔南德斯，国家副主席萨尔瓦多·巴尔德斯·梅萨，古共中央组织和干部政策部部长罗伯托·托马斯·莫拉莱斯·奥赫达，革命武装力量部总参谋长阿尔瓦罗·洛佩斯，外交部部长布鲁诺·罗德里格斯，中央工会总书记乌里塞斯·吉拉特·德纳西缅托，古巴基因工程和生物技术中心所长玛尔塔·阿亚拉·阿维拉，妇女联合会总书记特雷莎·阿玛雷耶。新当选的政治局委员 5 人，分别为：国家总理曼努埃尔·马雷罗·克鲁斯、部长会议秘书长何塞·阿马多·里卡多·格拉、企业管理集团负责人路易斯·阿尔贝托·罗德里格斯·洛佩斯、内政部部长拉萨罗·阿尔贝托·阿尔瓦雷斯·卡萨斯、阿尔特米萨省委第一书记格蕾蒂斯·马丁内斯·维德西亚。古共中央书记处书记 6 人，比上一届书记处增加 1 人，均为新的书记处成员，包括：古共中央组织和干部政策部部长罗伯托·托马斯·莫拉莱斯·奥赫达，古共中央意识形态部部长罗杰里奥·波兰科·富恩特斯，古共中央经济部部长乔尔·奎波·鲁伊斯，古共中央农业部部长何塞·拉蒙·蒙特古托·鲁伊斯，古共中央工业、建筑、旅游、交通和劳务部部长菲利克斯·杜阿尔特·奥尔特加，教育、体育和科技部部长豪尔赫·路易斯·布罗切·劳伦佐。① 新的古共中央委员会共 96 人，比第七届中央委员会减少 46 人。古共八大中央委员候选人 100％当选，所有候选人得票率均超过 99.32％。② 从此次当选的人员数量和构成来看，一方面，新一届中央委员会的规模有所精简，仅有 96 名中央委员，原有中央委员会中不少人未能继续当选，出现了不少新面孔。另一方面，干部队伍年轻化。从中央委员会的人员组成看，新生代年轻干部的比例大幅提高，14 名中央政治局委员中仅 4 人出生于革命前，新当选的 5 人多为“60 后”甚至是“70 后”，平均年龄仅 61 岁，包括国家总理马雷罗等，新的古共中央委员中仍保留一些 60～79 岁的老革命者。劳尔·卡斯特罗正式卸任党的第一书记，不再担任党政领导职务。这是古巴自 1959 年革命以来首次选举出古巴革命胜利后出生的干部担任古共中央最高领导人，具有划时代的历史意义。新上任的古共中央第一书记迪亚斯-卡内尔得到劳尔·卡斯特罗的充分信任和高度评价，劳尔·卡斯特罗称他是经过党中央的慎重考虑有条件晋升到最高职位的年轻革命者，在过去三年时间里带领

① 具体名单参见古巴共产党机关报，http://www.granma.cu/octavo-congreso-pcc/2021-04-19/buro-politico-secretariado-y-miembros-del-comite-central-del-partido-comunista-de-cuba-19-04-2021-10-04-36。

② 参见徐世澄：《古巴共产党第八次全国代表大会：承前启后　继往开来》，载《世界社会主义研究》2021 年第 6 期。

新的团队在党和国家及政府机构内形成了凝聚力。值得注意的是，新一届古共中央政治局不再设第二书记，体现了老一辈对迪亚斯-卡内尔的高度认可。原中央第二书记马查多和政治局委员、革命司令拉米罗·瓦尔德斯不再担任政治局委员。意味着以劳尔·卡斯特罗为首的党中央将领导权移交给了新一代值得信任的、准备充分的领导人，实现了党的最高权力的顺利交接和平稳过渡，其他党政领导岗位新老交替的工作也正在逐步完成，确保古巴革命和社会主义事业的持续发展。[①]

除党的最高领导层的更新外，古共八大在 2020 年 6 月发布第 13 号法令《国家和政府干部及其储备的工作制度》的基础上，基于当前干部政策执行中存在的问题提出了新的干部政策，重点对干部的选拔、管理、储备和发展等作出了新规定，强调要不断发挥领导干部的关键作用和党员的先锋模范作用。大会通过了《关于党的干部政策、共青盟、群众组织、国家和政府的评价报告》，提出了党的干部政策的基本目标[②]，反映出党在新的历史条件下对党员干部队伍建设提出了新要求、新目标，为进一步保证古巴革命的连续性提供了重要的人员组织保障。

四、古巴社会主义面临的新挑战

古共八大是“团结和可持续”的大会，对未来社会主义建设具有重要的历史意义。会议巩固了古巴经济社会模式更新的成果，并从经济、政治、社会等各方面作出了重要部署和要求，为古巴持续深入推进经济社会模式更新进程指明了前进方向。但古巴面临的困难和挑战是巨大的，特别是当前古巴国内外环境出现了新变化，无疑需要付出更多的努力。

在对外发展方面，美国对古巴的封锁制裁仍在不断升级。古共八大对此进行了深刻分析，指出，60 多年来美国对古巴实行了经济、商业和金融封锁，在过去 30 年最严重的危机时期，饥饿和苦难导致社会崩溃，这是有史以来对一个民族人权的最持久的侮辱，是危害人类的罪行。其施行的 242 项侵略措施至今仍在实施，其目的是扩大经济封锁，破坏商业制度，阻碍经济的更新进程，破坏国家管理，企图扼杀古巴并引起社会混乱。自美国特朗普政府对古巴采取了 240 多项新的制裁措施以来，古巴经济遭受巨大损失，2017～2020 年平均每年损失高达 40 亿美元以上，再加上国内严重的自然灾害，委内瑞拉因经济危机减少了对古巴的援助，拉美其他一些国家政局的不稳定导致古巴劳务出口收入相应减少等原因，古巴的经济困难加剧。

就古巴国内发展而言，一方面，2020 年以来受全球新冠肺炎疫情的影响，古巴经济再受重创。经济上，古巴 2016～2018 年三年平均增长 1.5%，但 2019 年出现－0.2%的衰退，2020 年原计划增长 1%，实际增长－11%，这主要是由于 2020 年新冠

① 参见王承就、封艳萍：《古共八大对党的建设的总体部署与展望》，载《当代世界社会主义问题》2021 年第 4 期。

② 参见古巴共产党官方网站，https://www.pcc.cu/sites/default/files/tesis-resoluciones/2021-05/Val.%20politica%20de%20Cuadros%208vo.%20C.pdf。

肺炎疫情暴发以来古巴旅游业遭受重创，相应的主要外汇来源大幅度减少。2021年古巴国民经济实现1.3%的增长，没达到2%的预期水平。当前，随着古巴旅游业等行业不断开放，经济逐步复苏，与2021年同期相比，2022年第一季度经济增长10.9%，但仍存在农产品供应不足、燃料短缺、外汇储备不够等问题。①

另一方面，随着经济社会模式更新的深入推进，古巴的社会结构发生了重要变化，不同利益群体之间的矛盾日益成为影响社会稳定的重要因素。自古共六大以来，受多种因素影响，古巴经济社会模式更新进程缓慢，在政策的规划、组织、控制和跟踪方面仍然存在一些弱点，应对风险能力不足，人们存在对变革的抵制情绪，缺乏更新能力，导致第七次全国党代会更新的《纲要》的实施情况不容乐观，国内体制改革可谓是困难重重，加上2020年以来古巴因遭受新冠肺炎疫情的影响，国家经济社会模式更新的成效不足。在此背景下，古巴政府采取了诸多举措来破除困境。2021年，古巴正式废除货币和汇率双轨制，取消可替换比索，增加职工工资，古巴称之为“理顺任务”。古巴领导人认为这是古巴迈向经济社会模式更新的坚定步骤，有利于创造必要的条件推动经济问题的解决。但从头三个月实际执行情况来看，其效果不尽如人意，通货膨胀加剧，古巴基本生活物品和公共服务价格高涨，进一步影响了普通民众对改革的认知和期待。根据统计，截至2021年12月，通货膨胀率为77.3%，即比当时设计的水平要高出17个百分点，直接影响了工资的购买力。2022年7月的通货膨胀与2021年同期相比增长了28.8%。② 这也给人民生活增加了负担。与此同时，受美国等敌对势力资助的针对古巴的颠覆活动显著增加，古巴社会思潮开始出现变化，自2018年9月起，在哈瓦那等地爆发多起青年艺术家和知识分子的抗议活动，2020年11月一度达到高潮，被称为“圣伊西德罗运动”。2021年7月11日开始，数百名抗议者聚集在古巴西南部城镇圣安东尼德洛斯奥巴尼奥斯和东南部帕尔马索里亚诺游行示威，随后抗议活动波及全国多个城市，堪称古巴数十年来最大规模的示威游行活动，造成了极为恶劣的影响。总之，古巴国内外环境纷繁复杂，各种问题叠加，各种矛盾凸显，这也对古巴党和政府造成了巨大的压力。面对这些困难和挑战，迪亚斯-卡内尔指出：“我们走在一条需要久经考验的道路上，我们面临的挑战是不断创新，改变一切需要改变的东西，同时不放弃我们最坚定的原则。”③

综上所述，古共八大回顾并肯定了古共七大以来党的各项工作成绩，尤其是古巴经济社会模式更新稳步推进，为国家经济社会发展注入强大活力。与此同时，古共中央也在深刻分析国内外形势的基础上，指出了当前古巴社会主义建设面临的问题与挑

---

① Yaditza del Sol González，“La economía cubana sigue mostrando señales de recuperación gradual”，https://www.granma.cu/cuba/2022-07-21/la-economia-cubana-sigue-mostrando-senales-de-recuperacion-gradual.

② Yaditza del Sol González，“La economía cubana sigue mostrando señales de recuperación gradual”，https://www.granma.cu/cuba/2022-07-21/la-economia-cubana-sigue-mostrando-senales-de-recuperacion-gradual.

③ 迪亚斯-卡内尔在古共八大闭幕式上的讲话，http://en.granma.cu/cuba/2021-04-27/diaz-canel-among-revolutionaries-we-communists-go-to-the-fore。

战，为未来持续深入推进经济社会模式更新作了新的重要部署和规划，提出了新思想、新理念和新政策。展望未来，在以迪亚斯-卡内尔为首的新一届古共中央领导下，古巴将继续朝着建设“主权完整、独立、民主、繁荣和可持续”的社会目标迈进，确保古巴革命事业蓬勃发展，正如迪亚斯-卡内尔所说：“我们将取得胜利，因为我们所做的一切都是为了实现古巴人民最大的幸福，这是由我们社会主义的本质所决定的。”[①]

① 迪亚斯-卡内尔在古共八大闭幕式上的讲话，http://en.granma.cu/cuba/2021-04-27/diaz-canel-among-revolutionaries-we-communists-go-to-the-fore。

资本主义发达国家共产党关于实现社会主义方案的当代探索*

王　元

（南开大学马克思主义学院讲师）

在资本主义发展最充分、资本主义弊端和危机暴露最彻底的发达国家，低潮中坚持斗争的共产党在坚持马克思主义理论指导的前提下，与时俱进地针对当代资本主义的新特点和新趋势，不断探索适合本国国情的社会主义方案。美国、英国、法国、日本、加拿大、澳大利亚等主要发达国家共产党在2017～2020年修订了党纲①，成为当代社会主义运动中值得关注的新动向。

一、美国共产党的“权利法案社会主义”方案

苏东剧变后，美国共产党在二十六大上提出了“权利法案社会主义”方案，并在二十八大上进行了全面阐述。美共认为，美国的历史就是人民不断扩大民主权利的历史，宪法为人民民主奠定了基础，尊重美国宪法符合人民的革命传统，但美国宪法中的资本主义因素又限制了人民的民主权利，需要继续通过权利法案扩大人民民主。再加上苏联模式给社会主义造成了“不民主”的负面影响，需要践行对人民的民主承诺来扭转政治上的被动。美共进一步制定了分三阶段实现“权利法案社会主义”的纲领：“第一阶段里，美共需要以工人阶级为核心，团结一切被压迫的进步力量以及部分可团结的资产阶级，建立统一战线，推翻跨国垄断资产阶级支持的极右势力的统治。第二阶段的主要任务是团结中左翼的力量，建立统一战线以打击跨国垄断资产阶级。第三阶段，由于人民在反垄断资产阶级的斗争中提高了社会主义觉悟，形成了支持社会主义的共识，就可以在政治上用民主和平的方式掌握政权，通过实施《社会主义权利法案》来实现真正的民主和平等；经济上实行多种形式的社会主义所有制，按照按劳分配原

* 基金项目：天津市哲学社会科学规划项目“马来亚共产党的城市斗争研究”（TJKSQN18-001）、中央高校基本科研业务费专项资金资助项目“新加坡左翼政治研究”（63182046）。

① 德国共产党虽未修订2006年版党纲，但也在通过其他方式调整策略。

则，有计划地组织社会化大生产，全面建设社会主义。”[①]

美共随后又进行了补充，主张在向社会主义过渡时坚持美国自己的民主路线。比如，鉴于美国人民的民主传统，以及种族和性别等身份政治的强大影响，社会主义必须消除种族主义和男性至上主义。社会主义的过渡也可采取多党合作的形式，实现和平过渡。新的社会主义政权将像其他阶级国家一样具有强制性，因为要打击反对者的破坏，并且实行新的《社会主义权利法案》来扩大民主和解放。美共认为，社会主义国家的强制性和解放性特征是辩证关系，随着社会主义建设的推进，前者将逐渐消失，最终实现真正的社会主义。[②]

但美共在三十大之后纲领中阶级斗争的色彩不断淡化，“民主斗争，特色过渡”的理念不断加强。在2019年召开的三十一大上，美共修订党纲，提出了“美国社会主义之路”(The Road to Socialism USA)。美共认为，垄断资本通过自动化、智能化和大数据等新武器使剥削在数量和质量上都有所增加，垄断资本努力宣传犬儒主义和宿命论、白人和男性至上论，还煽动种族主义和极右翼民粹主义以阻止工人阶级团结起来为自己的利益而斗争。美共认为要分阶段实现社会主义，在每个阶段中共产党的作用是将人民的政治参与和阶段斗争目标相结合，并倡导社会主义，为下一阶段的斗争作准备。

美共第一阶段的任务是反击极右势力。以特朗普为代表的极右民粹主义在国内公开压制工会，提倡厌女主义和种族主义；国际上通过经济制裁和颠覆他国以确保资本主义投资和跨国统治的“自由”。这一势力极为反动，有演变成新法西斯主义的危险。所以，美共最迫切的任务是建立一个工人阶级领导的，联合其他民主党派、左翼和进步力量的联盟来阻止极右翼继续掌权。

当这一目标完成后[③]，美共的社会主义之路将进入第二阶段：反垄断资本主义。这一阶段美共将组建新的反垄断联盟，除通过选举斗争掌权进行改革外，还将运用示威、罢工、请愿、抵制、公民抗命等方式，反对选举制度中垄断资本的财政捐助，促进公有制的增长，将大型银行国有化，扩大公共工程和公共服务；实施平等权利行动，实现种族、妇女和被压迫者的实际平等；使媒体不再被垄断资本控制。这一阶段要不断增进反垄断联盟的团结，工人阶级及其主要盟友越多，左派和以社会主义为导向的部门越强大，共产党的力量也就越大。

垄断资本将极力阻止以上进程，这将使斗争进入第三阶段：实现权力向劳动人民进行革命性过渡的阶段。美共在这一阶段要通过宣传灌输使阶级和社会主义意识在工人阶级中得到巩固，进而促使国家权力从资产阶级转移到劳动人民手中，以群众组织和政党为基础的革命多数派必须努力使前统治阶级在政治上不可能使用政治或军事手段重新掌权。虽然美共提出要进行“革命性过渡”，但同时强调革命是一种深刻的

① 姜琳：《美共二十八大全力推进“权利法案社会主义”》，载《当代世界》2005年第11期。

② Sam Webb，“Reflections on Socialism”，https://www.cpusa.org/party_info/reflections-on-socialism/.

③ 随着特朗普在2020年大选中的失败，美共的反极右翼阶段目标初步实现。

民主进程，共产党的目标是在各种形式的群众民主表达和社会运动（包括选举和非选举）的基础上实现向社会主义的和平过渡。

对于具体如何过渡，美共没有提出详细计划，因为美共认为一切取决于当时的具体情况，所以主张把精力放在推动革命运动上，并通过实际斗争对方案进行加强和完善。但美共对美国的社会主义也进行了框架设计，力求在本国革命传统和现实的基础上建立民主、平等、人道和可持续的社会主义，这一目标将通过制定和实施《社会主义权利法案》予以保障。该法案主张劳动人民管理国家，保障所有种族、民族、性别、移民均得到平等的公民权利；创造可持续的、非军事化的经济；保障工会权利，保障教育和医疗的公共性。此外，美共还主张用战略性计划经济取代资本主义经济的无政府状态和破坏性竞争，对关键行业实行国有化，消除资本主义的浪费和对工人的剥削，但允许多种形式的所有制存在，保障私人财产权。社会主义美国还将致力于销毁所有核武器来结束核扩散，通过跨国协议来解决全球变暖等生态问题。总之，美国的社会主义追求和平、民主和平等的统一。①

二、英国共产党的“英国社会主义之路”方案

2018年，英国共产党修订了党纲，认为资本主义正面临着普遍性危机，主要特征是：垄断资本不断增长但国家经济停滞，公民政治参与和对政党信任度低，阶级冲突加深，思想、道德、文化全面堕落。金融市场长期放松管制和自由化引起的资本虚拟积累泡沫最终于2008年破裂，私人和政府债务水平均居高不下，生产性经济丧失了盈利能力。此后，人民生活水平急剧下降，公共服务大幅度削减，失业率高企，使资本主义的周期性衰退更加尖锐和突然。但各发达资本主义国家和央行却将金融垄断资本造成的债务国有化，通过将债务分摊给国民的方式来减轻债务压力，然后在银行恢复盈利后将其恢复为私营部门，结果是经济纾困的大部分好处都被垄断资本所收获，而工人们却日益面临工作不稳定、工资和养老金被削减、公共服务缩水等困境。而且，垄断金融的寄生性日益严重，但帝国主义国家及其金融机构却不愿控制资本主义全球化所释放出的巨大无政府、寄生、反社会的金融力量，反而通过不平等贸易、战争和被迫的大规模移民，对第三世界实行超级剥削。同时，资本主义的结构性经济危机也产生了世界范围的结构性分配危机和生态危机。药品、水和其他能源资源本来应该用来满足最需要的人，却被跨国资本所垄断以谋求最大利润，导致全球人口中有10亿人营养不良，近5亿人得不到基本医疗服务，生态环境也不断恶化。②

资本主义和改良式的社会民主主义都无法解决这些危机，只有社会主义才能做到这一点。英国共产党计划分阶段实现社会主义：

第一阶段，建立左翼政府。英国共产党必须在进步力量中建立人民民主的反垄断

---

① Communist Party USA, “CPUSA Program”, https://www.cpusa.org/party_info/party-program/.

② The Communist Party of Britain, *Britain's Road to Socialism*, the Political Committee, 2018, pp.8-10.

联盟,不断发起议会外劳工运动,与国家垄断资本主义在经济、政治、思想文化三条战线上战斗。在经济上,建立强大工会并与其他进步团体结盟,为工人阶级带来持久的利益,保障充分就业,改善工人的生活水平。在政治上,组织劳工和进步运动来保护和扩大民主自由,并将政治斗争纳入国家机构的各个领域,积累自己行使国家权力的经验。在思想战线上,用合作主义、集体利益和阶级利益、共同利益、社会正义、多元文化主义、国际主义、理性思维和人类解放等价值观念反对统治阶级的"自由市场"、种族歧视、性别歧视、同性恋恐惧症、反共主义、蒙昧主义和虚无主义等价值观念。当斗争成果获得大多数人民认可时,联合社会主义者、工党等其他进步力量,通过选举成立左翼政府。①

第二阶段,进行社会主义过渡。左翼政府需要与其他进步力量密切合作,通过议会内外的联合斗争,推进实施左翼纲领(The left-wing programme):经济上,重新平衡经济,终止金融资本控制英国的政策,加强生产性工业,发展高科技制造业,加大公共服务投资,消除严重不平等。同时,援助第三世界国家,并使用清洁能源,维护生态系统。政治上,建立确保左翼纲领实施的新的人民权力机构,改造资本主义政府,在民政和外交部门、司法部门、警察部门、特勤部门和武装部队的招聘、人员配置和管理政策方面进行广泛改革,以便社会主义者能监督或接管国家职能。同时,新左翼政府需要破除所有新自由主义和反社会主义政策,坚持人民主权的原则,同全球其他国家发展自由和平等的贸易、商业和政治关系,并声援被压迫人民,在联合国和其他国际机构促进这种价值观。②

第三阶段,巩固和建设社会主义。左翼纲领的实施肯定会遇到内外垄断资本势力最坚决的抵抗,共产党必须努力确保新左翼政府的团结,动员工人阶级领导的反垄断联盟维护人民主权,关闭在英国的所有外国军事基地,撤走北约和欧盟武装部队,粉碎可能的军事颠覆、叛乱或入侵的企图。最后,用代表工人阶级和全体人民利益的国家机器来取代资本主义国家机器,废除与君主制以及王室特权有关的一切权力和机构,废除不负责任的国家机关。

随着资本主义的解体,社会主义的建设得以持续。政治上,扩大民众参与和直接民主,社会各级国家机构的所有部门都应由民选代表指导,并由工人阶级和民众组织监督。在多党环境下,保障人民都能享有民主自由,但共产党需要在革命进程中发挥领导作用。经济上,将社会所有权扩展到每一个重要经济部门,但发展公有制的同时也允许小企业、自营职业和多种合作制存在,将社会生产资源从资本主义竞争和危机的浪费和破坏中解放出来,充分投入到经济、社会和文化发展上,创造真正可持续的环保经济。在此基础上最终向共产主义过渡。③

---

① The Communist Party of Britain, *Britain's Road to Socialism*, the Political Committee, 2018, p.28.

② The Communist Party of Britain, *Britain's Road to Socialism*, the Political Committee, 2018, pp.30-32.

③ The Communist Party of Britain, *Britain's Road to Socialism*, the Political Committee, 2018, pp.39-44.

三、法国共产党的"我们时代的共产主义历史斗争之路"方案

法国共产党除了批判资本主义的传统危机外，还认为21世纪的资本主义出现了新的危机表现形式。比如信息革命伴随着越来越垄断的金融资本支配了实体经济，资本对数据资源、人工智能、平台经济的垄断制造了新的剥削方式：信息技术的高专业门槛阻碍了公民权利的行使，科技寡头对个人数据的无偿收集和使用不但变相掠夺了公众还侵犯了隐私权，劳动者被迫与机器人或算法"合作"，形成了新的异化。① 21世纪的资本主义还面临着新的社会危机，比如战争造成的移民同时还要承受种族主义这种充满剥削和压迫的社会关系。传统父权制和当代资本主义对女性的物化，男女分工不平等结合起来使性别歧视更隐蔽。青年人面临着代际剥削，就业率的降低伴随着教育成本和生活成本的升高，阶层固化的加剧使青年人在知识水平比父母一代高的情况下生活水平反而比父母一代差。帝国主义主导着国际机构和规则，推行新殖民主义，将人民置于资本和市场的监控之下，利润驱动下资本的扩张还导致了生态环境的恶化。②

为解决这些问题，法国共产党2018年修订了党纲，提出了"我们时代的共产主义历史斗争之路"(le communisme de notre temps visée historique chemin de lutte)，主张法国共产党要在21世纪进行三项任务：

首先是进行政治斗争，法国共产党将团结左翼政治力量和公民中的积极分子结成政治联盟。在国家层面，加强党在资本主义核心企业和银行里的斗争，加强企业和银行党组织及工会的建设，真正振兴党的组织生活，促进职工阶级意识的觉醒和政治步调的统一，迫使资本主义投入更多资本来促进就业和培训，满足社会需求和生态需求，以此来逐步推动社会全面变革，促进不同职业群体之间和城乡之间、区域之间的平等。在欧盟层面，争取新的平等权利，比如促进妇女和族裔平等；维护劳工权益，提高工资水平；促进公共服务，并设立一个欧洲团结发展基金，督促各国央行打击逃税，为高质量的就业、公共服务、社会保护和生态服务；通过制定共同能源政策，应对全球变暖，实现生态转型。

其次是进行思想斗争。法共认为媒体和文化企业在资本的控制下将信息通信、娱乐和文化商品化，无孔不入地进行着资本主义意识形态宣教。所以，迫切需要就教育内容和教育方式进行斗争，将传媒出版和文化界从资本控制中解放出来，争取多元信息权和大众文化权。此外，法共将结合新数字技术，利用现有报纸——《人类》展示资本主义的替代方案，并开拓其他宣传阵地。

最后是进行社会斗争。法共认为环保主义、女权主义、LGBT(同性恋等性少数群

① PCF, *Pour un manifeste du Parti communiste du XXi e siècle—38 e 3 congrès-24 au 26 novembre 2018*, pp.9-11.

② PCF, *Pour un manifeste du Parti communiste du XXi e siècle—38 e 3 congrès-24 au 26 novembre 2018*, pp.13-14.

体)平权运动、人权运动等社会运动的目标与社会主义运动一样,都是为了人类的平等、解放和团结,共产党必须领导和参与各种进步社会运动,在独立、交流与合作的基础上建立统一战线,共同致力于替代资本主义。①

在这三种斗争中,法共还确定了五项优先事项:确立党组织在各基层组织中的优势;加强全体党员和干部的理论和实践培训;使党成为模范的女权主义组织;加强党对青年的吸引力;采取主动行动,帮助组织一个共产主义和进步力量的国际网络,为全球化的国际主义斗争。通过上述斗争不断积累胜利,最终超越资本主义,建设一个没有剥削和压迫的新文明。②

四、日本共产党的"民主革命—社会主义改造"方案

日本共产党在2020年召开的第28次代表大会上修订了党纲,认为日本有发达资本主义国家中独特的国情特点:一是日本实际上是美国的附属国,其领土、军事和其他国家事务的重要部分由美国控制。二是日本在二战后走上了从属于美国的国家垄断资本主义发展道路。所以,日本共产党认为日本社会目前需要的变革是民主革命,而不是社会主义革命。这一阶段的目标是建立民主联盟政府,结束日本对美国的特别从属地位以及大公司和工商界的专横统治,确保日本的真正独立,并在政治、经济和社会领域进行民主改革。由于这些改革是在资本主义框架内进行的,需要将国家权力从代表日本垄断资本主义且服从于美国的利益集团手上转移到代表人民利益的政治力量上来实现。为实现这一目标,需要团结所有民主的力量,包括所有渴望实现民族独立、民主、和平和改善生活条件的人,包括工人、农民、职员、渔民、中小型企业家、知识分子、妇女、青年和学生,还有民主党派以及各个领域的组织和民主人士,形成统一战线与反动势力进行长期斗争。在取得大多数人民支持后,为减少反对的阻力,将有可能建立上述民主力量及所有阶层参与的民主联合政府,实现日本真正的民主转型。转型内容包括废除《日美安保条约》以恢复主权,走中立和不结盟的道路;捍卫《宪法》,维持议会民主制度,改革选举、行政、司法制度,实现人民主权的宪政原则;克服资本的无序扩张,以民主调控为主要手段,取消大企业的经济专制;打击反动政客、特权官僚和一些大公司的腐败三角;保护劳工,实现两性平等。

在实现这些目标后,日本将进入社会主义改造阶段。首要目标是实行生产资料的社会所有制,将主要生产资料的所有权、控制和管理权移交给社会。但在生活领域,私有财产权将得到保护。生产资料的社会化将带来三个变化:一是废除人为剥削,为消除社会贫困和缩短工作时间铺平道路,更重视社会成员的精神生活,为社会的发展创造人文条件。二是经济生产活动不再以营利为目标,从而使有计划的经济管理成为可

---

① PCF, *Pour un manifeste du Parti communiste du XXi e siècle—38 e 3 congrès-24 au 26 novembre 2018*, p.40.

② PCF, *Pour un manifeste du Parti communiste du XXi e siècle—38 e 3 congrès-24 au 26 novembre 2018*, pp.9-11.

能，防止反复出现经济衰退、环境破坏、贫富差距问题，为生产力的新发展创造物质条件。三是人类将成为真正意义上的社会关键参与者，"人民主权"的观念将在所有领域中成为一种社会现实，从而为人类发展创造政治和法律条件。日共认为在进行社会主义改造时需要重点把握两点：

一是生产资料的社会化可以根据情况和条件采取多种形式的所有权、控制权和管理权，但绝不能偏离以生产者为主要参与者的社会主义原则，不能犯苏联的官僚主义的错误，错误地以"国有化"和"集体化"为借口压迫生产者。

二是通过市场经济向社会主义过渡符合日本的社会主义发展规律，要通过结合计划经济和市场经济的要素，有效而灵活地经营经济，并尊重农民、渔民和中小型企业的利益，不过多干涉人们的消费习惯。

日共意识到，发达资本主义国家进行的社会主义改造是一项既有特殊困难又有丰富而巨大潜力的任务，世界尚未经历由先进的资本主义和高度的社会经济成就所带来的全面的社会主义转变，日本的社会主义之路将是一个新的挑战和探索的过程。①

五、加拿大共产党的"建立人民政府—建设社会主义"方案

加拿大共产党于2019年召开的第39届中央代表大会上通过了新党纲，提出了"建立人民政府—建设社会主义"的方案，该方案和日共具有相似性。加共也认为，以美帝国主义为首的资本主义全球化在加拿大帝国主义统治阶级的全力支持下正在威胁着加拿大的主权和独立，加拿大有成为美国附庸的危险。加拿大没有"第三条道路"，除了分阶段实现社会主义别无选择。

第一个阶段是建立独立自主的人民政府。为此需要加共建立一个包括共产党和其他政党和政治组织、土著、工会、农场组织、青年和学生组织、知识分子和专业人士协会、妇女和儿童组织、LGBT组织、老年人组织和合作社等进步力量在内的，民主的反垄断和反帝国主义联盟。该联盟一方面要在议会外进行大规模和统一的斗争，增进劳动人民的利益；另一方面要努力通过选举取得权力，建立人民的政府。人民政府将制定社会转型计划。该计划的目的，一是对抗和限制国内外金融资本的权力，并扩大关键经济部门的公有制；二是重新分配财富，提高绝大多数人民的生活水平；三是进行广泛的民主改革，加强人民对各级政府的监督。

第二个阶段是进行社会主义建设。随着工人阶级及进步政治力量变得更加经验丰富和自信，革命将进入社会主义建设阶段。这一阶段转换标志着权力从资产阶级转移到工人阶级手中，转移的速度取决于工人阶级及其盟友的团结程度，以及进步力量挫败反革命活动的能力。加共对社会主义国家的建设包括以下内容：建立一个社会主义的多党制政府，保障公民的言论、新闻、结社和集会自由；对经济领域的金融、工业、土地、资源、运输和通信等关键部门实行社会所有制，但允许中小型非垄断企业以多种

---

① 日本共産党：《日本共産党綱領——第28回党大会で改定》，https://www.jcp.or.jp/web_jcp/html/Koryo/。

形式继续存在一段时间，劳动人民的个人财产所有权也将得到保证；利用高科技提高计划生产的水平，满足人们不断变化的物质和文化需求，同时制止和扭转资本主义造成的环境破坏；生产资料收归劳动人民所有后，资产阶级将消失，形成具有社会主义特征的新社会关系，使工人、工程师、科学家和管理人员的利益得到协调；民主将越来越多地依靠人民的非政府机构，工会不仅拥有在资本主义经济中运作所需的谈判和罢工的权利，而且将参与政府的政策过程，参与国家管理；保障少数民族的自决权。

加拿大共产党认为，没有普遍的社会主义模式，也没有必须遵循的预定时间表，社会主义的步伐将取决于加拿大人民的民主意志和阶级斗争成效以及资本主义抵抗的力量。加拿大共产党还把致力于解放全人类的伟大理想作为工人阶级的最高道德素质进行培养，同时在非党员劳动人民中提倡这种人文主义道德。[①]

六、澳大利亚共产党的“民主阶段—革命性变革阶段”方案

澳大利亚共产党在2017年的第13次全国代表大会上修改了新的党纲，认为澳大利亚只是表面上的民主制度，不论执政党政治主张如何，都会放任大企业控制社会。澳共认为，社会将经历一系列阶段，从现在的资本主义向社会主义转变，在工人阶级夺取政权和建立社会主义国家之前，社会要经过反垄断和反帝国主义的民主阶段。在民主阶段，需要将议会活动与议会外人民斗争相结合，团结工人阶级和左翼进步力量。随着斗争水平和政治意识的发展，一个民意基础广泛的左翼/进步联盟将获得足够的支持，胜选掌权，将议会和政府转变为代表绝大多数人民意愿的机构，从而变得更加民主。在这个过程中，工人阶级和其他进步的社会力量将开始控制政治和经济，并采取措施减轻资本主义的危害。这些改变需要相当长的时间才能实现，而且不能同时实施。[②]

取得政权后，澳共将建立人民联合政府和实行新民主主义经济改造。在人民联合政府中可以实行多党民主制，由所有进步、民主和爱国力量的政治代表组成，他们来自社会主义和劳工政党、工会和各种进步组织、小农、专业人士和中产阶级，人民联合政府将采取措施进行民主化改革，使立法、司法、行政三权对人民而不是对大资本的需要负责。联合政府鼓励成立人民团体，表达人民的意见，支持人民纲领，挫败反动势力的反扑。同时，该阶段还要实行新民主主义经济体制。人民联合政府将把中央计划与市场机制结合起来，加强公共部门，但私营部门仍将发挥重要作用。立法监管外国投资，实行严格的利率管制和信贷政策，严格禁止投机，防止货币转移损害国家经济。经济政策要强调社会责任和环境的平衡，打击垄断资本的过度开发，避免造成生态破坏。澳共高度重视独立、和平的外交政策对经济的影响，主张终止澳大利亚与美国的从属

---

① PCC，“Canada's Future is Socialism! Program of the Communist Party of Canada”，https://communist-party.ca/party-program/.

② Communist Party of Australia，*Program—Amended CPA 13th National Congress December 2017*，2017，pp.45-48.

军事联系或与任何其他国家的类似联盟，终止《澳新条约》，并拆除美国在澳大利亚的军事基地，与不同制度国家和平共处，产生的"和平红利"用于扩大投资和创造就业机会。这些政治经济政策在资本主义生产方式下是不可能实现的，所以它们将成为社会主义过渡第二阶段的基础。[①]

向社会主义过渡的民主阶段之后，社会将走向社会主义的革命性变革阶段。民主阶段削弱了垄断权力，扩大了人民的民主权利和政治参与，但它不能就此结束，社会变革是一个持续的过程，必然产生建设社会主义的需要。革命性变革阶段要求用工人阶级权力取代资产阶级权力，实现对国家机器的控制，国家本身必须重建，以确保工人阶级的需要和利益能够得到满足。在这个阶段，工人阶级政府将开始按照社会主义路线调整政治和经济关系，进一步打破资本主义所有制。在这一阶段，必须巩固为挑战垄断势力而建立的力量联盟，以实现新的目标。工人阶级不仅要代表自己，也要通过承认、支持和发展其他进步的反垄断社会群体的政治和经济要求，证明自己有能力在社会发展中发挥主导作用。变革进程将遭到那些特权地位受到挑战的势力的强烈反对。被打败的资产阶级会使用各种伎俩进行反扑，比如组织资本外逃、发起国际制裁、内部破坏等活动，无产阶级只有不断与之斗争才能实现社会主义。[②]

七、德国共产党的"通过反垄断向社会主义过渡"方案

德国共产党认为只有打破垄断资本主义的权力和财产关系，才能最终消灭剥削、战争、贫困、生态恶化和人与人之间关系的疏远，只有在以生产资料公有制为基础的社会中，在由劳动人民掌握政治权力的民主中，才能保障地球上所有居民的基本人权。这样的社会就是共产主义社会的第一阶段——社会主义社会，也是资本主义的根本替代方案。

但在现阶段，垄断资本主义的发展已经发生了巨大变化，苏东剧变使资本主义国家进行经济、社会和民主改革的压力丧失。新自由主义的发展加速了垄断资本主义的国际化进程，资产阶级民族国家不但失去了进行社会和政治调解的能力，还变本加厉地执行不利于大多数人民利益的政策。比如，人民民主被严重破坏，工资福利被削减，工会权利被限制，集体谈判能力被瓦解，警察国家不断强化，等等，这些过程伴随着大众媒体日渐将人的思想在意识形态上融入资本主义社会，使其无法再反抗统治者。但这并不意味着共产党会放弃理想，共产党反而会更坚定地与垄断资本进行斗争，这使斗争内容越来越具有反垄断的性质。所以，德国共产党认为在反垄断胜利的基础上才能为社会主义开辟道路。

进行反垄断斗争就必须进行阶级斗争。社会主义不能通过改革来实现，只能通过

---

① Communist Party of Australia, *Program—Amended CPA 13th National Congress December 2017*, 2017, pp.48-50.

② Communist Party of Australia, *Program—Amended CPA 13th National Congress December 2017*, 2017, pp.51-52.

深刻的变革和对资本主义财产和权力关系的革命性克服来实现，这就需要工人阶级及其同盟力量取得政治优势。所以需要通过加强工会的组织和战斗能力，以工人阶级为决定力量实现各种社会进步力量的联盟，不断进行民主和社会运动，在工作和社会场所里不断扩大民主自决观念，扩大国家和社会的非军事化观念，最终实现两个目标：一是使反垄断联盟具有足够的议会影响力，组成代表共同利益的政府，借助议会外的工人运动和民主力量，引发深刻的政治和经济变革，打破垄断资本的权力。二是在战略性经济领域，比如银行和保险行业以及关键生产性行业实行无产阶级民主控制的公有制，从而为进行社会主义的进一步斗争扫清道路。

德国共产党认为，反垄断是从资本主义向社会主义过渡的必要阶段，反垄断意味着一个剧变的革命斗争时期。在实践中，这条道路的发展方式将取决于工人阶级的实力以及与其他民主力量结盟的稳定性，在斗争初期，旧的因素仍然占主导地位，但如果反革命不能成功地扼杀革命进程，那么新的因素将占据主导地位。在帝国主义、垄断资本主义全球化进一步发展的形势下，阶级斗争的国际化正在增加，加强反垄断和社会主义运动的国际合作很有必要。[①]

八、总结与展望

当代资本主义发达国家共产党实现社会主义的方案呈现出几个特点：

一是都将反垄断作为实现社会主义的前提。当代垄断资本主义进入了新阶段，垄断金融的寄生性加剧了资本主义危机，垄断资本主义控制国家政权，实行新帝国主义和新殖民主义，放大了资本主义的危害性，成为各发达国家共产党的重点斗争对象。

二是各党都在探索通过民主手段和平取得政权的方式，都认为发达资本主义国家实行的并不是真正的民主，需要真正的人民民主进行替代，民主不但是实现社会主义的重要手段，也是社会主义的本质要求。

三是各党均认为实现社会主义具有艰巨性和长期性，除了法共和德共没有明晰的阶段划分外，其他共产党均认为社会主义需要经过不同阶段才能实现，美共和英共认为需要三个阶段，日共、加共、澳共认为需要两个阶段。

四是各党均高度重视将社会主义运动与其他进步社会运动结合起来，比如环保运动、女权运动、反种族歧视运动、LGBT 的平权运动等。各党均高度重视与其他左翼进步力量的联合，扩大社会主义的当代影响力。

五是各党尤其是美共和德共都及时地用马克思主义理论分析资本主义的当代特点，对资本主义利用自动化、智能化、人工智能、大数据等新技术手段加剧对工人的剥削和对社会的控制进行了揭露和批判。

六是日共、加共、澳共都认为与二战结束前帝国主义列强并立的世界格局不一样的是，当代帝国主义体系中存在美国占主导，日本、加拿大、澳大利亚等国成为美国附

① DKP,“Programm der Deutschen Kommunistischen Partei”,https://dkp.de/programmatik/parteiprogramm/.

庸的主从关系。

整体而言，资本主义发达国家共产党对实现本国社会主义方案的探索都走出了教条主义束缚，推进了马克思主义的本土化和时代化，使社会主义运动呈现出“百花齐放”的局面。但资本主义国家的共产党仍然处于弱势地位，新的纲领方案是否可行有效仍然需要在实践中不断检验与完善。

俄罗斯共产党人党的政党实践特征与生存境遇*

许　鹏
（西南财经大学马克思主义学院讲师）

俄罗斯共产党人党是当代俄罗斯政治版图中一支发展迅猛的新兴共产主义力量，也是除俄罗斯联邦共产党（以下简称“俄共”）这一现今俄政坛最大反对党、国家杜马第二大党之外，相对最炙手可热的左翼共产主义政党。俄罗斯共产党人党脱胎于俄共，主要由俄共领导的共青团组织分化出来的骨干成员所领导。该党始终公开反对俄共，凭借社会运动的背景和年轻化的标签，在各级各类选举中不断取得提升，给议会左翼带来一定挑战。2012 年正式注册为政党后，2016 年就在第七届国家杜马选举中成为全俄第五大党、议会外第一大党。该党因自身固有矛盾和战略困境，在 2021 年第八届国家杜马选举中有所退步，但近年来在基层选举中仍保持住了稳定存在，具有发展潜力。与以往的左翼分离势力相比，俄罗斯共产党人党的生存境遇相对有利①，但自身也面临挑战，值得在研究当代俄罗斯共产主义运动时加以关注。分析俄罗斯共产党人党的发展历程及其政党实践，对研判该党生存前景并把握俄左翼离散格局具有帮助意义。

一、俄罗斯共产党人党的主要演化历程

俄罗斯共产党人党的发展历程主要经过了社会组织和共产主义政党这两个阶段。其骨干成员最初从俄共青年组织分化出来后，先是衍生出全俄社会组织“俄罗斯共产

* 基金项目：国家社科基金重点项目“国外主要共产党党建理论与实践研究”（21AZD097）、国家社科基金一般项目“21 世纪原苏联地区左翼政党研究”（20BGJ064）。

① 21 世纪以来俄左翼几次大的分裂均与俄共有关：2000 年，以舍宁为代表的“激进派”宣布退党，后又被“共产党联盟—苏共”领导层抛弃，随后组建“苏联共产党”，又几经分裂；2002 年，以谢列兹尼奥夫为代表的“温和派”与俄罗斯联邦共产党分道扬镳，后组建“俄罗斯复兴党”；2003 年，格拉济耶夫从该党退出，联合一些政党组建了“祖国”竞选联盟；2004 年，谢米金、吉洪诺夫—波塔波夫集团等人争夺党的领导权被开除出党，前者组建了“俄罗斯爱国者党”，后者组建了“全俄未来共产党”但被禁止活动。纵观这些脱胎于俄共的政治人物和政治力量可以发现，他们的结局无外乎走向逐渐式微或再度分裂，无法形成气候；有的甚至销声匿迹，再难在政治舞台上见到踪影。只有俄罗斯共产党人党从俄共分离后，境况相对较好。

党人”，之后才转设为政党。

1.作为社会组织的“俄罗斯共产党人”（2009～2012年）

苏联解体后，俄共于1999年2月20日重建了自己的共青团组织“俄联邦共产主义青年团”，康斯坦丁·茹科夫任第一书记。[①] 2003年，俄共在国家杜马选举中议席骤减，失去了第一大党地位，2004年的总统选举继续失利。俄共党内反对派领袖谢米金因不满俄共中央主席久加诺夫的领导路线，在2004年3月率众宣布另立“平行中央”，自行推举俄共伊万诺沃州领导人吉洪诺夫任“党中央主席”。7月4日，俄共召开党的十大；就在当天，吉洪诺夫等人也自行召开党的“十大”，造成两个“十大”的闹剧。会后，随吉洪诺夫一同出走的俄共中央书记处书记波塔波夫和俄共莫斯科市委第一书记库瓦耶夫等人还宣布成立了一个“全俄未来共产党”。[②] 当年8月，俄司法部裁定吉洪诺夫的“党中央”和“十大”非法，理由是未达到法定人数。[③]

俄共的共青团组织在这次党内派系斗争中也随之出现严重分裂：一派以当时已接任第一书记的尤里·阿弗宁为首，支持久加诺夫；另一派以原第一书记康斯坦丁·茹科夫为首，追随吉洪诺夫—波塔波夫集团出走，后被久加诺夫一同清除出俄共。2004年11月20日，茹科夫及其支持者们自行召开了“俄联邦共产主义青年团”第四次代表大会[④]，将团中央第一书记职务改设为团中央主席，继续由茹科夫担任。他们还表示支持吉洪诺夫—波塔波夫集团的“全俄未来共产党”。2005年，“全俄未来共产党”被俄当局禁止活动，茹科夫的“共青团”又转向了中左的议会政党“公正俄罗斯党”。2007年8月20日，茹科夫的“共青团”召开第六次代表大会，表示在当年的第五届国家杜马选举活动中将支持“公正俄罗斯党”，以对抗久加诺夫的俄共。

2009年5月23日，茹科夫的“共青团”在第七次代表大会上决定成立全俄社会组织“俄罗斯共产党人”，谋求以更直接的方式抗衡俄共。当日即举行了“俄罗斯共产党人”第一次代表大会，也是成立大会。茹科夫被推选为社会组织“俄罗斯共产党人”第一书记。参加这次成立大会的还有“彼得堡和列宁格勒州共产党人”和“远东共产党人”等地区性社会组织，它们被视作是后来的俄罗斯共产党人党的共同创立者和拥护者。

2011年5月22日，社会组织“俄罗斯共产党人”召开第二次代表大会。党的领导人出现调整，马克西姆·苏拉伊金当选为第一书记，茹科夫任执行书记。大会决定开始筹建政党。

---

① 参见李世辉、王迎新：《俄罗斯联邦列宁主义共青团的生成和发展》，载《河北青年管理干部学院学报》2014年第2期。

② 参见刘淑春等：《独联体国家共产党的理论与实践》，中国社会科学出版社2016年版，第53页。

③ 参见《俄共反对派另立中央被裁定不合法》，载《光明日报》2004年8月4日。

④ 为与2004年分裂后俄共领导的所谓“正统”共青团相区别，文中凡提及茹科夫领导的这一支“共青团”时均加了引号。2011年后，茹科夫的“共青团”更名为“全俄列宁共青团”（ВЛКСМ），俄共的共青团则更名为“俄联邦列宁共青团”（ЛКСМ РФ）。

2.作为共产主义政党的“俄罗斯共产党人党”(2012年至今)

2012年4月22日,社会组织“俄罗斯共产党人”召开第三次代表大会落实筹建政党的主张。这次代表大会虽然仍保留社会组织的身份,但在性质上已经是俄罗斯共产党人党的第一次代表大会。大会选出69人组成的中央委员会,苏拉伊金当选主席,鲁斯兰·胡加耶夫为第一副主席,茹科夫任执行书记。6月18日,社会组织“俄罗斯共产党人”正式在俄司法部登记注册为政党“俄罗斯共产党人党”。①

2013年6月30日,俄罗斯共产党人党召开第二次代表大会暨社会组织“俄罗斯共产党人”第四次代表大会。这次大会选出了83人的中央委员会和17位中央候补委员。苏拉伊金任主席,胡加耶夫任第一副主席,谢尔盖·马林科维奇任副主席兼执行书记。作为正式注册为政党后的首次大会,中央委员会的人员构成明晰地显示出该党的转设意图。俄罗斯共产党人党中央委员会的人员基底主要是原俄共党员,大部分都是原“俄联邦共产主义青年团”中不再认同俄共的成员;很多是有一定资历的原俄共中央委员或议员,还有一些是俄共城市或地区组织的原负责人;也包括一些从未加入任何组织的左翼力量支持者。② 这显然是对俄共反对者的一次集中整合,旨在分割俄共势力并与之分庭抗礼。

2016年7月1日,俄罗斯共产党人党召开第三次代表大会暨社会组织“俄罗斯共产党人”第五次代表大会,共有800名来自全俄各地的代表参会。③ 此后历次代表大会至今,苏拉伊金均连任该党主席。

在2021年4月26日召开的俄罗斯共产党人党第六次代表大会暨社会组织“俄罗斯共产党人”第八次代表大会上,该党在决议中总结指出:“党自创立以来积累了重大胜利和暂时失败的大量政治经验,组建了经过阶级斗争考验的干部队伍,夯实了党的组织和物质基础……建立了国际联系,创建了自己的媒体系统,也强化了与同盟组织的联系。”④这是该党对自身发展历程的总体认识与评价。

截至目前,该党有5万名党员和活跃支持者,共在俄罗斯的77个地区建立了分支组织并开展工作,其中以法人身份在俄联邦73个主体注册有地方支部。除与之共同建党的两个社会组织外,俄罗斯共产党人党周围还汇聚有“克拉斯诺亚尔斯克边疆区共产党人联盟”“全俄列宁共青团”“苏维埃大会”“世界青年和学生联欢节俄罗斯全国筹委会”“俄罗斯无神论者组织”“俄罗斯医务工作者工会”等多个不同领域的社会组织或团体作为同盟。⑤ 该党出版报纸《俄罗斯共产党人》,党的青年组织也出版有报纸《俄罗斯共青团》。

---

① КРАТКАЯ СПРАВКА, https://komros.info/about/spravka/.

② КРАТКАЯ СПРАВКА, https://komros.info/about/spravka/.

③ Пятый Съезд КПКР, http://kr16.ru/news/524-pyatyj-sezd-kpkr.html.

④ ПОСТАНОВЛЕНИЕ ПЕРВОГО ЭТАПА 6-ГО(VIII)СЪЕЗДА КОММУНИСТИЧЕСКОЙ ПАРТИИ КОММУНИСТЫ РОССИИ, https://komros.info/News/news_15775.html.

⑤ КРАТКАЯ СПРАВКА, https://komros.info/about/spravka/.

二、俄罗斯共产党人党的政党实践特征

俄罗斯共产党人党的政党实践具有反对俄共的尖锐指向、年轻化标签突出的鲜明特色和选举收益保持稳定等显著特征，体现了其不同于俄政坛以往共产主义类型的左翼政党的独特之处。

1.尖锐指向：抗衡俄共是其转设为政党的直接初衷

俄罗斯共产党人党因与俄共的分歧而问世，公开与俄共抗衡是该党最尖锐的目标指向，也是其创党的直接初衷。多年来，俄罗斯共产党人党始终将自身很大一部分形象建立在反对俄共的基础上，对俄共保持敌对和批判，不但不讳言出身于俄共的渊源，而且还以此为缘由努力寻求对俄共的切割、覆盖和替代。

2004 年，在茹科夫及其支持者出走后自行召开的“俄联邦共青团”第四次代表大会上，便直接删去了共青团自苏联解体后恢复重建时起就在章程中写明的“作为俄共侧翼组织无条件支持并参与俄共的目标、政策和行动”等相关表述①，同俄共在组织联系和政策路线上作出了切割。2009 年，茹科夫在社会组织“俄罗斯共产党人”成立大会上发言批评俄共，称其信奉的是马克思列宁主义的修正主义，已然变成一个无力反抗政权党压制的“统俄党分支机构”②，彻底否定了俄共的意识形态。俄罗斯共产党人党曾于 2014 年 5 月 25 日专门举办“当代共产主义运动中的俄共”研讨会，声称要“从思想和政治上粉碎俄共的机会主义”③。苏拉伊金等该党现任领导层甚至将俄共比作“孟什维克”，认为自己的党才是“布尔什维克”的继承者。

在党的名称上，俄罗斯共产党人党与俄罗斯联邦共产党十分相似，具有极强的竞争意味，曾引起俄共的高度不满。2012 年社会组织“俄罗斯共产党人”转设为政党后，俄文名称并未改变；直到 2014 年，才重新确定了俄文名，加入了“政党”字眼。虽然中文含义不变，但新确定的俄文名简称与俄共的简称却更加相似。④ 2015 年 6 月，俄共向莫斯科仲裁法院提起诉讼，要求强制俄罗斯共产党人党停止使用与俄共元素和符号相似的名称和党徽，避免误导选民。苏拉伊金则表示，俄共完全是基于商业利益而非政治信仰的考量，试图将“共产主义”和“共产党”的代表权专属化。⑤ 2016 年 7 月 11 日，法院驳回俄共的主张。在当年的第七届国家杜马选举中，俄共因议席减少而失利。

---

① 参见俄罗斯大百科全书“俄罗斯共产党人”词条，https://bigenc.ru/domestic_history/text/5872812。

② Наталья Журавлева, Причиной кризиса является ревизионизм, https://vz.ru/politics/2009/5/23/289741.html.

③ 刘淑春等：《独联体国家共产党的理论与实践》，中国社会科学出版社 2016 年版，第 198 页。

④ 转设为政党后，社会组织“俄罗斯共产党人”最初虽未改变俄文名“Коммунисты России”(KP)，但中文翻译时一般加上“党”字，称作“俄罗斯共产党人党”。俄文名改为“Коммунистическая Партия Коммунисты России”(КПКР)之后，中文直译应为“‘俄罗斯共产党人’共产党”，其用意在于进一步强调“共产党”的角色和身份，寻求对俄共更直接的竞争和替代。但这种中文直译表述烦琐，国内一般仍习惯称作“俄罗斯共产党人党”，中文表意差别不大，但与俄共的俄文名(КПРФ)确实容易造成混淆。

⑤ КПРФ и “Коммунисты России” судятся за обладание “коммунизмом”, https://www.vesti.ru/article/1509451.

俄共也由此认为，失利的重要原因之一就是俄罗斯共产党人党作为此次支持率最高的议会外政党，打着“共产党”的旗号严重分散了俄共的选票。[①] 俄罗斯共产党人党则专门推出过一首歌曲，歌名就叫《俄罗斯共产党人党不是俄共》，意在指明自身与俄共之间界限分明，并不是要借助俄共的影响力来实现自身发展。[②]

面对该党多次在选举中分散俄共选票的情况，俄共中央委员、第七届国家杜马信息政策委员会副主席亚历山大·尤先科曾表示，俄罗斯共产党人党是俄共的“搅局者”和“破坏者”。俄共中央主席久加诺夫也批评俄当局称，不应再接受左翼阵线中组建新政党的申请，这是“愚弄民众”和“破坏稳定”的行为。[③]

2.鲜明标签：年轻化是其领导人和受众的显著特色

俄罗斯共产党人党的领导人大多出身于俄共曾经的共青团组织，均是俄共培养的年轻有为的青年后备干部，有丰富的社会运动和地方活动经验。据俄罗斯网络公开资料显示，俄罗斯共产党人党的早期创始人茹科夫生于1961年，1990年加入俄共，1992年起就参与了俄共自苏联解体以来的恢复重建，1996年成为俄共莫斯科市委委员和俄共中央候补委员。1999年，38岁的茹科夫领导重建了俄共的共青团组织，并当选为第一书记。党主席苏拉伊金生于1978年，18岁加入俄共，参与了1999年俄共的共青团重建工作，曾任俄共中央候补委员。2004年与茹科夫追随吉洪诺夫—波塔波夫集团从俄共出走后，一直在茹科夫的“共青团”中工作，从社会组织时期至今一直担任俄罗斯共产党人党主席。[④]

领导人年轻化使该党组织活力相对旺盛，行动风格干练，各级工作效率较高。2012年秋季的选举是该党历史上首次投入选举活动，俄罗斯共产党人党需在转设后尽快满足相关条件才能赶得上参加选举。根据俄联邦《政党法》，在全俄一半以上联邦主体中注册有地区分支机构的政党才有权参加选举，且注册一个地区分支机构的程序时长约为6个月。中央委员会成员及相关机构高效工作，创下了3周内在56个联邦主体提交注册手续的记录。[⑤]

俄罗斯共产党人党至今保持共青团底色，重视开展青年工作，致力于壮大自己这一支“共青团”组织。同时，兼具共产主义政党和左翼社会运动双重身份，每次召开代表大会时均同时冠以政党和全俄社会组织的各自名称和届次。这是该党试图以社会组织的活动主体身份，为政党这重角色填充活力、凝聚人气、制造影响的做法。一旦失掉共青团元素和社会组织身份，俄罗斯共产党人党将可能无法塑造自己的标签和特色，变得不再可圈可点。

---

① 参见李瑞琴：《多党制下的俄罗斯左翼政党：困境与出路》，载《当代世界》2017年第11期。

② 参见俄罗斯大百科全书“俄罗斯共产党人”词条，https://bigenc.ru/domestic_history/text/5872812。

③ КПРФ потребовала решить проблему партий-спойлеров，https://ria.ru/20200914/kprf-1577212810.html.

④ СУРАЙКИН МАКСИМ АЛЕКСАНДРОВИЧ，Председатель ЦК，Депутат Законодательного Собрания Ульяновской области，Заместитель Председателя Законодательного Собрания Ульяновской области，https://komros.info/guidelines/secretaries/secretaries_11.html.

⑤ КРАТКАЯ СПРАВКА，https://komros.info/about/spravka/.

年轻代表着机遇和可能,也蕴含了反传统的倾向,这对该党的受众而言具有吸引力。俄罗斯共产党人党在俄罗斯网络社交平台(VK)的账号主页上介绍称,青年人群是其最主要受众,特别是那些从未参加过政党和政治活动的青年们;该党将为这些青年提供为劳动人民利益奋斗和实现个人理想的平台。[①] 这预示着该党的未来发展在人员储备和组织方向上具有一定的潜力。

3.选举收益:支持度和各级各类议席保持稳定存在

在联邦层级的选举中,2016 年第七届国家杜马选举是俄罗斯共产党人党成立以来的首次真正"大考"。该党在这次选举中提出题为"对资本主义和美帝国主义的十大斯大林主义打击措施"的竞选纲领,获得 2.27%的支持率(约 120 万票),名列所有参选政党中的第五位(见表 1)。虽然未达到进入议会的 5%得票率门槛,但按照组织力量和政治影响力来看,已经占据俄罗斯政坛第五大政党和议会外第一大党的地位。2018 年俄罗斯总统大选中,俄罗斯共产党人党推出党主席苏拉伊金参选,以"斯大林主义的共产党人总统的首个百日计划"为竞选主题,规划了为劳动者和穷苦大众谋取利益的详细步骤[②];不仅以 20 万选民的联署签名获得了有效候选人资格,还最终收获约 50 万张选票,在八名总统候选人中位列第七(见表 2)。俄罗斯共产党人党既能在国家杜马选举中有所发挥,又能使党的领导人顺利获得总统候选人资格;不仅登上了政治台面,还占有了一席之地。除了统俄党、俄共、公正俄罗斯党和俄自由民主党等四大老牌议会政党外,这已经超越了大多数当代俄罗斯政党。[③]

表 1　俄联邦 2016 年第七届国家杜马选举得票情况

名次	政党名称	得票率	得票数	是否进入国家杜马
1	统一俄罗斯党	54.19%	28527828	是
2	俄罗斯联邦共产党	13.34%	7019752	是
3	俄罗斯自由民主党	13.14%	6917063	是
4	公正俄罗斯党	6.22%	3275053	是
5	俄罗斯共产党人党	2.27%	1192595	否
6	亚博卢党	1.99%	1051335	否
7	俄罗斯退休者争取公正党	1.73%	910848	否

① 参见俄罗斯共产党人党的 VK 账号主页,https://vk.com/komros_rf。

② ПЕРВЫЕ 100 ДНЕЙ СТАЛИНСКОГО ПРЕЗИДЕНТА-КОММУНИСТА,https://vyboryprezidentarossii.ru/kandidat/maksim-surajkin/.

③ 观察俄政坛选举格局可以发现,许多政党虽然可以在国家杜马选举中获得一些选票,但无法推出有影响力的总统候选人并获得足够联署签名以获得参选资格;有的虽然能通过各种手段在总统选举中推出有效候选人,但在国家杜马选举中却没有太大的政党影响力,收效甚微;其他更为弱小的政党则两者均无力参加,长期保持"名义性存在"或者"休眠"无所作为,几乎难登政治台面。

续表

名次	政党名称	得票率	得票数	是否进入国家杜马
8	祖国党	1.51%	792226	否
9	俄罗斯增长党	1.29%	679030	否
10	俄罗斯生态绿党	0.76%	399429	否
11	人民自由党	0.73%	384675	否
12	俄罗斯爱国者党	0.59%	310015	否
13	公民纲领党	0.22%	115433	否
14	公民力量党	0.14%	73971	否

数据来源：俄罗斯联邦中央选举委员会网站，http://www.vybory.izbirkom.ru/region/izbirkom；李兴耕《俄罗斯第七届国家杜马选举评析》，载《当代世界与社会主义》2016 年第 5 期。

表 2　俄罗斯 2018 年总统选举各候选人得票情况

名次	候选人	参选身份	得票率	得票数
1	弗拉基米尔·普京	时任总统，独立参选人	76.69%	56426399
2	帕维尔·格鲁季宁	“列宁国营农场”总经理，俄共参选人	11.77%	8658732
3	弗拉基米尔·日里诺夫斯基	俄罗斯自由民主党主席	5.65%	4154638
4	克谢尼娅·索布恰克	电视节目主持人，普京政治导师之女	1.68%	1237921
5	格里戈里·亚夫林斯基	亚博卢党创始人之一	1.05%	769588
6	鲍里斯·季托夫	俄罗斯增长党主席	0.76%	556751
7	马克西姆·苏拉伊金	俄罗斯共产党人党主席	0.68%	499287
8	谢尔盖·巴布林	俄罗斯全民联盟创始人及领导人之一	0.65%	478983

数据来源：俄罗斯联邦中央选举委员会网站，http://www.vybory.izbirkom.ru/region/izbirkom；李亚洲《逆境奋进中的俄罗斯联邦共产党》，载《人民论坛·学术前沿》2019 年第 16 期。

在地方选举中，俄罗斯共产党人党自成立后便开始逐步参与，现基本保持以基层为主的稳定政治存在。① 2012 年 10 月，俄罗斯共产党人党积极参加了 20 多个联邦主体的选举，在大多数地区获得了平均 3%的政党得票率。特别是在卡拉恰伊杜马选举中获得了 16.8%的选票，仅次于统俄党，并凭借两个议席得以首次组建起自己的党团。② 2013 年 9 月，该党有议员进入哈卡斯共和国最高委员会，这是俄罗斯共产党人党历史上首次进入联邦主体层级的议会。2014 年 9 月，俄罗斯共产党人党在全俄 14 个联邦主体参加不同层级选举。在联邦主体层级上，获得了 2%～3%的稳定支持率，

① 2013 年后，俄罗斯在每年 9 月第二个星期日设立“统一投票日”，是一年一度的地方选举日。各联邦主体及以下的各级各类地方机构根据任期届满情况和缺员需求情况，每年滚动展开选举。

② КРАТКАЯ СПРАВКА，https://komros.info/about/spravka/.

在其中10个联邦主体共当选了29名市级议员。[①] 在2018年的地方选举中，该党在5个联邦主体层级的议会中获得了6个议席：哈卡斯共和国2席、涅涅茨自治区1席，罗斯托夫州、乌里扬诺夫斯克州和雅罗斯拉夫州各1席。党主席苏拉伊金在乌里扬诺夫斯克州当选，现为该州立法会议副主席。在2019年的地方选举中，俄罗斯共产党人党又在图拉州获得1个联邦主体层级的议席。截至2020年秋，该党声称在全俄各级地方机构中共有500余名代表，包括6个联邦主体层级议会中的7名议员。

三、俄罗斯共产党人党的生存境遇分析

相较于斗争实践上的部分成效，俄罗斯共产党人党在理论表述和政策主张上更显激进和薄弱，过分凸显对抗与攻讦元素，不仅与同类型政党区分度不高，也分散了左翼阵营选票，并给自身造成风险。这既不利于俄罗斯左翼运动的整合与协作，也不利于该党朝向更具影响力的体制内主流左翼政党转型并实现长期健康发展。这些问题既是俄罗斯共产党人党的现实短板，也是其未来的进路方向。年轻化的特点仍是其最大的潜在优势，但也是急需突破的瓶颈。

1.根本矛盾：过度反对特定政党为持续健康发展造成阻碍

一是生存定位的悖论问题。一个政党不应是为另一个政党而存在，而应为自身信仰、理想及其最终实现而存在。俄罗斯共产党人党始终存在生存定位悖论：在对待俄共的问题上既寻求切割，又抓住不放。该党在自身纲领和战略规划中提出“当前应团结那些具有共产主义和社会主义倾向的社会运动、左翼进步爱国运动”，但却将俄共这一有竞争关系的同类政党排除在外；虽然认识到“大多数进步组织目前普遍松散，无法获得大规模支持，但仍应联合起来推翻资本主义现政权”[②]，却尤其与俄共对立不可调和。这导致该党成为“自主式寄生”型政党，即形式上自主，实质上寄生。虽有独立组织架构，但与同类政党诉求差异不大，不仅始终侧重批判，有破无立，还造成自我矛盾。

二是角色转换的错位问题。与作为社会组织时仅需保持激进存在和尖锐指向以凸显在场并吸引关注不同，成为政党就意味着要有自己独立的目标追求和灵活的政治参与策略，单纯批判俄共显然不足以满足上述发展要求。尖锐树立批判靶标的做法短期内有效，但不可持续，更容易炒热对方。后苏联时代的俄罗斯民众对政治斗争厌恶与反感，一味攻讦对拓宽自身社会基础和赢得民众好感而言弊大于利，不利于在当代俄罗斯政坛塑造建设性形象和提升美誉度。此种身份角色已经转换但目标战略尚转换不及的错位状况，是俄罗斯共产党人党以分裂起家造成政治视野不广、政治策略不活的现实短板所在。

三是组织路线的认同问题。在长期以反对特定政党为目标的斗争活动中，俄罗斯共产党人党为了追求在选举中与俄共分庭抗礼的效力，有时也会同当局保持模糊关系

---

① КРАТКАЯ СПРАВКА，https://komros.info/about/spravka/.

② ПРОГРАММА КОММУНИСТИЧЕСКОЙ ПАРТИИ КОММУНИСТЫ РОССИИ，https://komros.info/about/programma/.

以达到某种政治交换的效果，这已多少超出了灵活斗争的范畴，也与该党自称全俄当前最不向资本主义妥协的政党定位和“成立后始终反对所有议会内政党”[①]的纲领路线相左，结果造成党内分歧，落入“因分裂而生也难逃分裂”的传统。2020 年 7 月，该党创始人茹科夫从副主席职位上与几名中央委员一同宣布脱党。茹科夫指控苏拉伊金从莫斯科市长谢尔盖·索比亚宁那里获得了 1.2 亿卢布用于该党的莫斯科市杜马选举活动，以确保俄共不会在莫斯科市杜马占据多数席位；接受总统府的“技术性援助”以扭转无法凭借自身力量获得 10 万签名联署来完成 2018 年总统大选登记门槛的局面。茹科夫认为，党的领导人苏拉伊金“出售职位并为总统府工作”，将党经营成了“用于选举交易的商业项目”。[②] 反对派政党参与体制内选举且政权党有压倒性优势时，就难免对一家独大的政权党存在不同程度的变通或妥协，这对普遍组织松散和思想多元的俄左翼来说极易造成路线分歧和组织裂解，俄政坛左翼“一大众小”的离散格局正由此而来。

2.现实困境：有效融入政治生活主流仍面临诸多难题制约

第一，难以规避与俄共的趋同倾向。在理论探索上，俄罗斯共产党人党对苏联社会主义制度和重要历史人物的评价、对苏联解体教训的认识以及对未来社会主义的规划，与俄共并无太多实质差异，甚至显得更激进；在实践探索上，其活动形态、组织规模和政治影响力与俄共相比也不占优势。在当代俄罗斯议会政党格局之下，俄罗斯共产党人党始终无法实现对俄共的替代。有学者曾指出，该党与俄共的主要分歧并非是纲领目标上的，也不是策略主张上的，更多是人事利益上的。[③] 长期保持趋同化存在，只能延续俄左翼的分裂传统，陷入纠缠与内耗。凭借从俄共那里夺走的一部分组织资源和选民也仅能获取短期收益，更有可能被对手利用。要想融入俄罗斯国家主流政治生活，更加有为地参与政党政治竞争，打破与俄共的趋同倾向是一个十分必要的前提。

第二，未能推出灵活的长效性战略。俄罗斯共产党人党在大型选举中的成绩出现波动，暴露出其自身建设的短板，显示出原有的毫不妥协的激烈争锋战略不可持续。首先，应当去激进化。俄罗斯共产党人党提出的主张过于激进和理想化，充满苏联色彩，主张恢复并改进苏联社会主义及其各项国家制度，显然与时代要求不符，显得流于空洞。其次，应当追求务实。该党 2021 年最新政策纲领主要聚焦教育、医疗、养老、生态等诸多社会领域，但措施规划过于拘泥细节，难于形成体系；试图“组建一个不包括现任高级官员或寡头的利益相关者和不承认苏联理想的公务人员的新政府”，“将能源、金融、铁路、住房、医疗、教育等部门收归国有化”[④]，更显不够成熟和务实。最后，

---

① ДОЛОЙ КАПИТАЛИЗМ - ДАЕШЬ СОЦИАЛИЗМ! ПРЕДВЫБОРНАЯ ПРОГРАММА КПКР, https://komros.info/predvybornaya-programma-kpkr/.

② 《Коммунистов России》 обвинили в торговле мандатами, https://kprfrzn.ru/news/sobytiya/v-rossii/kommunistov-rossii-obvinili-v-torgovle-mandatami.

③ 参见刘淑春等：《独联体国家共产党的理论与实践》，中国社会科学出版社 2016 年版，第 201 页。

④ ДОЛОЙ КАПИТАЛИЗМ-ДАЕШЬ СОЦИАЛИЗМ! ПРЕДВЫБОРНАЯ ПРОГРАММА КПКР, https://komros.info/predvybornaya-programma-kpkr/.

应当博弈适度。不论是对同类政党还是对执政当局，在表达自身立场和主张的同时，俄罗斯共产党人党必须要为维持自身生存着想；合理程度上的联合和灵活基础上的协作，并不会对自身角色造成扭曲。这样才能实施具有长效性的发展战略，帮助自身完成实质转型提升，而不至于凭借过分激进或反传统的噱头造成昙花一现或迅速泡沫化的结果。

第三，无法突破高级别的政治参与。俄罗斯共产党人党目前在基层保持稳定存在，但尚没有在全俄具有高知名度和广泛影响力的政治领袖，自然无法在高级别政治舞台上有所突破。该党目前只有7名联邦主体层级的议员，党主席苏拉伊金也仅在州一级的立法会议中担任副职；两次参与国家杜马选举均未能进入议会下院，至今没有产生一位国家杜马议员。如果不能实现联邦层面的政治参与，就无法扩大政治声量且有效宣传自身观点主张。在瞬息万变的政治局势下，很有可能日益沦为边缘化小党，无法再向前进步。党员队伍也容易因此涣散，失去战斗力。俄罗斯共产党人党的历史渊源和精神特质虽然使其并不像其他一些政党具有丰富多元的社会资源背景或根深叶大的重量级领袖，可以迅速拉拢势力来助力党的发展，但该党的队伍年轻有活力，可以久久为功，扎牢根底，多多历练。将突破高级别政治参与作为目标之一，极具现实意义。

第四，着力延续年轻化的潜在优势。当代俄罗斯左翼大多有保守陈旧的社会印象和沉重的历史包袱。例如俄共就多年饱受“老年人党”“退休者党”标签困扰，虽然党的领导层逐步扶持并提拔了一些年轻领袖，同时注重培育青年团体或组织以加强同年轻人群的联系，党员平均年龄也下降到55.6岁，但其中以学生人群为主的青年党员比例仍然只有4.2%。俄罗斯共产党人党若能借助年轻化标签引领创新发展并扩充社会基础，则可充分扬长避短。该党领导人的年轻特质塑造了其今日的形象和影响力，不失为当今俄左翼的一股新鲜血液。这种特质如能继续发扬，将在更广泛的社会人群中争取到新的支持者，收获更大效益。

3.未来挑战：向创新发展和左翼联合转变尤为重要且必需

第一，这是充实内涵、有效发展的需要。列宁曾指出：“没有革命的理论，就不会有革命的运动。”①社会运动出身使俄罗斯共产党人党相对重实践轻理论，与俄共的竞争关系决定其优先从选举入手扩大实践收益，成为一个典型的选举型政党而不是具有深刻理论基础和完整组织建设的成熟稳健政党。在近几年的选举活动中，该党的成绩出现波动，支持率有下行趋势。这反映出以口号式纲领代替理论建设，既批判当局又批判同类政党，会自顾不暇，无心专注长久发展建设大计；同时容易被激进表象和短暂收益冲昏头脑，甚至持投机态度，无法冷静分析战略局势的变化。政策主张的完善及其指导下的实践创新是政党转型的实质基础，也是去激进化的内在要求，将有利于充实政党内涵，提升综合实力，使共产主义类型的新兴左翼力量实现长期有效发展，进一步

① 《列宁专题文集·论无产阶级政党》，人民出版社2009年版，第70页。

延展生存空间。

第二，这是应对竞争、规避风险的需要。年轻化和有号召力的新颖角色在出现可替代选择的同类竞争后明显遇挫，这是不依靠政策完善创新和左翼联合来扎实开展长期建设的现实教训。在2021年第八届国家杜马选举中，由商人阿列克谢·涅恰耶夫创建于2020年3月的"新人党"横空出世，虽然其中间偏右的纲领相当模糊且毫不出众，但仍然得到了5.32%(约300万票)的支持率，成功跨过议会5%得票率门槛，打破了十余年来未曾改变的议会四大政党格局，成为进入国家杜马的第五个政党。而俄罗斯共产党人党提出题为"打倒资本主义，拥护社会主义，为了没有强制和压迫的新生活"的竞选纲领，仅获得1.27%(约71.6万票)的支持率，排名第八，相较于上届国家杜马选举流失了近50万票(见表3)。俄罗斯公共关系协会主席叶甫盖尼·明琴科分析称，"新人党"的"新"就是最大口号和招牌；更有观点认为，"新人党"主要面向年轻选民，作为新出现的政党，它的存在本身就已经满足了年轻人追求新事物的需要。① 对俄罗斯共产党人党来说，自身也曾有"新"的优势，但"新人党"的出现毫无疑问对俄罗斯共产党人党这支当初同样以"新"为标签的年轻力量造成了挑战；加之早前一年党的创始人茹科夫指控党主席苏拉伊金并且离党带来的影响，使外强中干型政党无法抵御突发性挑战和不可抗因素，选举退步明显。

表3　俄联邦2021年第八届国家杜马选举得票情况

名次	政党名称	得票率	得票数	是否进入国家杜马
1	统一俄罗斯党	49.82%	28064258	是
2	俄罗斯联邦共产党	18.93%	10660599	是
3	俄罗斯自由民主党	7.55%	4252096	是
4	公正俄罗斯—为了真理党	7.46%	4201715	是
5	新人党	5.32%	2997676	是
6	退休者党	2.45%	1381890	否
7	亚博卢党	1.34%	753280	否
8	俄罗斯共产党人党	1.27%	715685	否
9	俄罗斯生态绿党	0.91%	512420	否
10	祖国党	0.80%	450437	否
11	俄罗斯自由公正党	0.77%	431559	否
12	绿色替代党	0.64%	357855	否

① 参见奥列格·叶戈罗夫：《俄国家杜马选举，四党结构未变》，环球网，https://world.huanqiu.com/article/45BffQ15jgk。

续表

名次	政党名称	得票率	得票数	是否进入国家杜马
13	俄罗斯增长党	0.52%	291483	否
14	公民纲领党	0.15%	86964	否

数据来源：俄罗斯联邦中央选举委员会网站，http://www.cikrf.ru/analog/ediny-den-golosovaniya-2021/p_itogi/。

反观俄共，作为相对并不具有年轻化优势的政党，且同样面临同类政党的挑战和分割，仍提出了题为“走向人民政权的十个步骤”的竞选纲领。其雏形是早在上届杜马选举时就曾提出过的题为“迈向尊严生活的十个步骤”的竞选纲领，经过不断凝练完善，这次相对更为扎实，是俄共结合现实深耕理论政策创新的结果。俄共此次也重视建立更新颖、更广泛的左翼人民爱国阵线作为竞选联盟①，最终获得了18.93%（约1066万票）的支持率，议席增至57席，较上届取得显著进步，不仅维持了政治在场，而且“人气上升”②。

综合而言，共产主义政党在当代俄罗斯政治舞台上要想长久生存，必须不断结合现实变化来完善政策并努力寻求可能范围内的左翼有效联合，才能够维持住稳定的社会基础，并实现有所作为。这不但是来自紧迫压力和直接挑战的现实选择，从长远来看更是战略必需。

① Information report on the XI (October) Plenum of the CPRF CC，http://cprf.ru/2020/10/information-report-on-the-xi-october-plenum-of-the-cprf-cc/.

② 奥列格·叶戈罗夫：《俄国家杜马选举，四党结构未变》，环球网，https://world.huanqiu.com/article/45BffQ15jgk。

摩尔多瓦共和国共产党人党的兴衰历程与发展前景

石晓宇

(山东大学政治学与公共管理学院博士研究生)

摩尔多瓦共和国(Республика Молдова)是位于东南欧内陆一隅的一个蕞尔小国,曾是苏联的加盟共和国。东欧剧变、苏联解体后,摩尔多瓦宣布成为独立共和国。摩尔多瓦共和国共产党人党(Партия коммунистов Республики Молдова,以下简称"摩共")作为摩尔多瓦共产党的后继政党,在摩尔多瓦独立30多年来先后经历了重建、执政、败选、在野,在摩尔多瓦政治舞台上发挥了重要作用,是原苏联地区最具影响力的共产党之一,也是国际共产主义运动中的一支重要力量。

一、摩共走向兴盛:政权失而复得

随着东欧剧变、苏联解体,世界社会主义运动陷入低潮,原苏联加盟共和国先后宣布独立并纷纷"向右转"。1991年8月27日,摩尔多瓦脱离苏联成为主权国家,新独立的摩尔多瓦共和国实行议会多党制,在政治上三权分立,摩尔多瓦共产党被迫解散,摩尔多瓦共和国自独立至2000年一直由中右翼势力执掌政权。

(一)摩共取得政权并连续执政

苏联解体后,摩尔多瓦共产党解散,但是仍有一些摩尔多瓦共产党人在筹备重建共产党,组建了摩尔多瓦共和国共产党人党。1993年,摩共召开成立大会,通过了党章和党纲,选举产生了党的国家委员会,由沃罗宁(В. Н. Воронин)、马诺洛夫(Ф. В. Манолов)、涅古察(А. К. Негуца)共同担任委员会主席,开始了半地下的活动状态。20世纪90年代中期,由于新右翼政府在国家转轨战略上出现失误,原苏联地区出现了怀念社会主义的思潮。在这一思潮的影响下,1994年,摩尔多瓦议会通过决议,决定取消对共产主义意识形态和共产党的禁令,摩共由此获得合法身份,正式获准改组登记并开始公开活动。

1994年12月,摩共召开了获得合法身份后第一次代表大会,会议通过了新修改的党章,选举产生了摩共中央委员会和中央监察委员会,推选沃罗宁为摩共中央委员会第一书记。改组后的摩尔多瓦共产党人党规定党是工人阶级、劳动农民、人民知识分子和一切劳动者的政党，坚持马克思主义，同时提出党的近期目标是建立“革新形态的社会主义”，最终目标是建立共产主义，当前的首要任务是取得政权。从1995年开始，摩共开始参加地方选举，随后参加了1999年、2003年和2005年的自治市与地区委员会选举，以及1998年、2001年和2005年的议会选举，并在1996年、2000年、2001年和2005年提出了本党总统候选人。① 摩共制定了通过和平民主的议会道路夺取政权的斗争策略，随着摩共影响力的日益扩大，2001年，其在议会选举中脱颖而出，获得101个议席中的71席，以绝对优势获得组阁权，随后，摩共中央委员会第一书记沃罗宁当选为摩尔多瓦共和国总统。摩尔多瓦由此成为苏联解体后在前加盟共和国中出现的第一个由共产党重新执政的国家，同时也成为欧洲大陆上唯一由共产党掌权的国家。② 2005年，摩共在第16届议会选举中获得45.98%的选票，得到56个议席，成功保住了议会第一大党的位置，摩共主席沃罗宁也蝉联摩尔多瓦共和国总统，摩共成功实现了连续执政。

（二）摩共政权失而复得的原因

摩共之所以能够在欧洲社会主义的低潮期一枝独秀、两度上台执政，其原因是多方面的，由当时的世情、国情、党情相互交织产生的历史合力所推动。

从当时世界社会主义运动的大背景来看，原苏联加盟共和国纷纷出现政权“向右转”的情况，而各国执政的右翼政府在国家转轨战略上出现了严重失误，导致国家经济陷入危机。因此，当时在整个原苏联地区出现了重评历史、怀念社会主义的思潮。在这种环境的影响下，一些针对共产党和共产主义意识形态的禁令被取消，摩尔多瓦共产党人党等一些共产党借此机会获得了合法身份。

从摩尔多瓦当时的国内情况来看，执政的右翼政府内部出现了分裂、种族争权和贪污腐化等现象，不仅导致政局动荡引起人民不满，还使各党派之间相互倾轧、攻讦，客观上使摩共获得了相对宽松的发展空间。不仅如此，由于执政的中右翼政党盲目照搬西方的经济发展模式，加速推行资本主义制度，摩尔多瓦的经济发展持续走低，近半数居民生活在贫困线以下，整个国家经济出现了灾难性的衰退。国内生产总值下降了50%，农业和农工综合体倒退了35～40年，外债增加至15亿美元，摩尔多瓦成为欧洲最贫穷的国家。在这种状况下，摩尔多瓦人民急切盼望摆脱困境、重振经济，而在执政表现不佳的中右翼政党对比下，宣扬民主、自由、发展经济的前共产党的后继组织——摩共，自然成为多数选民心目中的“救命稻草”，这也是摩共获得多数选民支持的一个重要原因。

从摩共自身来看，一方面，弥漫在原苏东地区的怀旧情感使摩共拥有一定的群众基础，再加上摩共作为苏联解体前摩尔多瓦共产党的继承党，大体沿袭了苏联共产党的组织方式，其组织结构相对比较完整、健全，有较好的组织基础和较大的社会影响

① 参见刘淑春等：《独联体国家共产党的理论与实践》，中国社会科学出版社2016年版，第292页。

② 参见李亚洲：《苏联解体后的摩尔多瓦共产党》，载《当代世界与社会主义》2006年第5期。

力，因此摩共在议会中具有较强的竞争力。另一方面，摩共的竞选纲领内容比较具有针对性，更加容易获得选民的拥护和支持。摩共在竞选纲领中针对摩尔多瓦国内存在的问题对症下药，力图使选民透过纲领即可看到药到病除的功效，燃起选民心中对国家美好未来的希望。针对右翼政党执政期间出现的政局动荡、争权夺利、贪污腐败的情况，摩共抓住选民对此深恶痛绝的心理，提出严惩腐败、大力发展经济的主张，得到了选民的拥护。此外，摩共根据国内的民族构成情况提出了相应的纲领政策维护各民族利益，针对国内的第二大民族俄罗斯族提出将俄语定为通用语，赋予其第二官方语言的地位，并提出将致力于加入俄白联盟，这些主张有效吸引了摩尔多瓦境内的俄语居民，是争取民心所向的一项关键举措。

（三）摩共执政期间取得的成就

摩共在执政期间，积极应对经济危机，保持经济社会稳定发展，同时推进民主进程，并着力加强党的自身建设，在经济、政治领域取得了显著成就，继续朝着实现摩尔多瓦现代化和提高人民福利的目标努力迈进。[①] 2022 年 2 月 25 日，摩共主席沃罗宁在庆祝摩共执政 21 周年纪念日的讲话中指出："在共产党执政的八年时间里，摩尔多瓦取得了亮眼成就——经济明显增长、社会政策稳步实施、犯罪和腐败遭到严厉打击，还推行了成功的外交政策。摩共执政时期摩尔多瓦人民的安全感和对国家未来的信心增强到了空前绝后的程度。"[②]

在经济方面，面对前任右翼执政党实行全盘私有化留下来的"烂摊子"，摩共在经济领域实施了大刀阔斧的改革措施。当时摩尔多瓦缺乏国内市场、预算不平衡，摩共逐步制定和实施经济发展战略，刺激实体经济发展。2005 年，摩共制定了第二个国家五年计划，计划到 2009 年实现国家现代化，提高人民福利。[③] 摩共采取经济生活民主化方针，取消官僚垄断经济，保留关系国计民生的重要国营和集体企业，积极发展私营经济，另外还着力深化国际经贸合作，注重出口商品和引进外资，有意识地加大对科技、教育和文化事业的资金投入。摩共七大报告中指出："摩共执政的结果是 GDP、工资、固定资产投资、农业和工业生产均有增长，卫生保健和教育的预算支出显著增加，养老金和福利金逐年提高，政府控制住了物价和关税的上涨，外债占 GDP 的比重出现质的下降，外国债权人对摩的信心增强，这一切都直接提高了民众的生活质量。"[④]从具体数据来看，摩共执政的八年期间，摩尔多瓦的 GDP 从 2000 年的 160 亿列伊（摩尔多瓦官方货币）增长至 2008 年的 620 亿列伊，人均 GDP 从 2000 年的 354 美元增长至

---

① Постановление седьмого съезда ПКРМ，http://www.pcrm.md/main/index.php? action=news&id=7551.

② Готовы повторить! Обращение ЦК Партии коммунистов Республики Молдова，http://www.pcrm.md/main/index.php? action=news&id=18420.

③ Как это было! 25 февраля 2001 года к власти в Молдове пришла ПКРМ，http://www.pcrm.md/main/index.php? action=news&id=18419.

④ Постановление седьмого съезда ПКРМ，http://www.pcrm.md/main/index.php? action=news&id=7551.

2008年的1694美元。[①] 摩共执政前，外债占GDP的近80%，到2009年初，国家外债降低为GDP的13.9%。短短几年内，摩共切实解决了前政府积累的外债问题，并推动国家经济社会可持续发展。[②] 在民生方面，摩尔多瓦新增10万个工作岗位，月平均工资和退休金分别增长了4.7倍和8.1倍，摩政府财政社会保障支出增加了8倍多，卫生医疗支出增长了5倍。摩共政府建立了较为完善的社会保障体系，居民平均寿命由67.6岁提高至69.4岁，出生率首次超过了死亡率。摩尔多瓦总统经济顾问奥列格·雷德曼(Олег Рейдман)指出：共产党人在没有外部援助、没有债权人和赠款的情况下复兴了摩尔多瓦。[③]

在政治方面，摩共积极推进改革，打击贪污腐败，力避官僚主义，并积极保持与其他各党派的良性互动和平等对话，努力消除党派之间的利益纷争，缓和与在野党的矛盾，致力于营造宽松的政治环境。摩共最大限度地与社会各个先进阶层、所有左派以及一切愿意和其分担责任的进步力量开展合作。为保持新政权的稳定、加强与其他党派的合作，摩共没有选择单独组阁，而是仅选取了三名摩共党员入阁，总理人选以及其他部门的领导人都选用了无党派或其他党派人士。此外，摩共还推行国有大众传媒的改革，将国家电视台改造为社会公共电视台，开通了"法典"电视台和广播电台，实行大众传媒出版物非国有化。[④] 此类举措虽然给反对党提供了更大的活动空间，但是一定程度上缓和了党派间的矛盾，稳定了社会秩序，也极大地推动了摩尔多瓦政治民主化进程。在大力推进国家政治民主化的同时，摩共的自身建设也卓有成效。摩共领导人沃罗宁在摩共四大报告中指出："成为执政党绝不意味着党内问题降到第二位。"摩共坚持马克思主义的辩证唯物主义观点与立场，从组织上和思想上团结党的队伍，致力于建设一个"新型的即现代型的政党"。在摩共执政期间，党内纪律愈发严明，党员数量显著增加，且党员队伍呈现出年轻化、高素质的趋势，在摩共第一个执政任期内，近1/3新增党员年龄在50岁以下，1/3以上新增党员接受过高等教育。

二、摩共由盛转衰：政权得而复失

在执政八年后，摩共在2009年的议会选举中失利，黯然走下执政舞台，摩共政权得又复失，东欧这个备受瞩目的"红色政权"败落在政权竞技场。摩共第七次代表大会指出，第六次代表大会之后的时期是一个艰难的、充满考验的时期，是摩共将权力交给

---

① 参见李京洲：《世界，摩尔多瓦，社会主义——摩共中央第一书记弗·沃罗宁在摩共四大上的报告》，载《国外理论动态》2001年第7期。

② Как это было! 25 февраля 2001 года к власти в Молдове пришла ПКРМ, http://www.pcrm.md/main/index.php? action=news&id=18419.

③ Как это было! 25 февраля 2001 года к власти в Молдове пришла ПКРМ, http://www.pcrm.md/main/index.php? action=news&id=18419.

④ 参见杜宝玲：《摩尔多瓦共产党人党研究》，载《俄罗斯学刊》2015年第1期。

反对派的时期。[①]

(一)摩共败选下野

2009年4月5日,摩尔多瓦举行议会换届选举。在此轮选举中,摩共赢得101个议席中的60席,摩共推出的总统候选人以一票之差未获议会批准。新议会根据宪法规定被解散,议会提前举行大选。就在此时,摩共内部发生分裂,前议长马里安·卢普(Мариан Лупу)领导的摩共右翼脱党转而加入摩尔多瓦民主党,变身民主党左翼,这导致摩共在提前大选中痛失12个议席,只获得了101个议席当中的48席,无法单独组阁。摩尔多瓦自由党(Либеральная партия Молдовы)、摩尔多瓦民主党(Демократическая партия Молдовы)、摩尔多瓦自由民主党(Либерально-демократическая партия Молдовы)和"我们的摩尔多瓦"联盟(Альянс "Наша Молдова")组成的反对党联盟获得组阁权。同年9月,总统沃罗宁因两届任期已满辞去总统职务。此时,摩尔多瓦的主导权事实上掌握在新一届议会议长米哈伊·金普(Михай Гимпу)手中。至此,摩共走下执政舞台。

(二)摩共政权得而复失的原因

摩共在2009年议会选举中落败是当时的国际、国内、党内多重因素共同作用的结果。

从当时的国际背景来看,2009年摩尔多瓦议会选举之时恰逢2008年全球金融危机爆发后不久,作为经济全球化的参与者,摩尔多瓦也难以免于经济危机的重创,全球经济危机的负面影响减缓了经济和社会现代化的步伐,使政府无法全面实施党的纲领中制定的提高民众福利的计划[②],人民生活受到严重影响,民众对政府的不信任加深,作为执政党的摩共因此受到牵连也是情理之中。此外,21世纪头几年世界多国爆发的颜色革命也对摩尔多瓦政局造成不利影响。自2003年10月起,格鲁吉亚、乌克兰、吉尔吉斯斯坦相继发生了由西方操纵的、旨在推翻现政权的颜色革命。摩尔多瓦的反对派一直以来都希望摩尔多瓦能够步格鲁吉亚和乌克兰的后尘,利用选举的机会彻底摆脱俄罗斯的影响,投向西方的怀抱。摩尔多瓦的反对派领导人、基督教民主人民党主席尤里·罗什卡(Юрий Рошка)在2005年大选前后甚至筹备大规模抗议活动,迫使摩共举起"反俄"大旗。在2009年的议会大选中,虽然摩共得票数仍然位居第一,但是由于颜色革命的影响,摩共难于找到联合者共同组阁,因而丧失了政权。

从摩尔多瓦当时的国内情况来看,摩共执政第二任期末国内经济低迷、通货膨胀严重、民族矛盾加剧,这些因素都不利于摩共的连任。2005年大选后,摩共第二任期内的摩尔多瓦经济发展比第一任期更为艰难,尤其是在农业经济领域。摩尔多瓦的经

---

① Постановление седьмого сьезда ПКРМ, http://www.pcrm.md/main/index.php? action=news&id=7551.

② Постановление седьмого сьезда ПКРМ, http://www.pcrm.md/main/index.php? action=news&id=7551.

济发展以农业尤其是种植业为支柱，受限于欧盟国家的农业政策，摩尔多瓦农产品出口过度依赖俄罗斯和独联体国家，导致摩出现了较大的贸易逆差。“屋漏偏逢连夜雨”，2007年夏季，一场多年不遇的旱灾侵袭摩尔多瓦，持续干旱使其境内近九成的农业用地受到影响，农业发展受到严重损害。经济发展放缓、通胀压力增大、自然灾害的影响，再加上2008年全球金融危机的重创，使摩尔多瓦的经济发展遭遇寒冬，民众生活水平因而受到影响，这势必导致执政当局的支持率下降。另外，摩尔多瓦国内的民族构成复杂、民族矛盾尖锐，摩共在竞选纲领中提出要赋予俄语第二官方语言的地位，此举笼络了其境内的俄罗斯族居民，但却引发了其他民族人民的不满，摩尔多瓦首都基希讷乌曾多次爆发抗议活动要求废除俄语第二官方语言的地位，声称当局此举伤害了多数摩尔多瓦人民的民族感情。此后，摩共由“亲俄”转变为“反俄”，又失去了相当一部分俄罗斯族选民的支持。摩共在执政期间未能妥善处理民族问题，缺乏公信力和凝聚力，导致其自身常常陷于“两边不讨好”的尴尬境地，支持率下降也是必然结果。

从当时摩共的党内情况来看，摩共政权得而复失，一个直接原因是沃罗宁担任摩尔多瓦总统期满，不能再次参加总统选举，而摩共所推出的新的总统候选人并未获得全党的支持，这是造成摩共分裂的导火索。另一个原因是党组织工作出现的疏漏导致中央和地方党组织领导人员“稀释”，基层党组织参与政治事务的热情和频率下降。[①]另外，在沃罗宁执政后期，党内滋生严重腐败，机构臃肿、任人唯亲，政党运作丧失活力，使选民迫切求变，摩共的支持率因此降低。

（三）摩共败选后的活动

2009年摩共在议会大选中落败后成为议会中最大的反对党，虽然丧失了执政地位，但是作为议会第一大党，摩共在败选后仍然在多个领域组织活动、开展工作，发展出在野共产主义政党全新的活动方式[②]，在摩尔多瓦发挥着重要作用。

摩共积极捍卫意识形态。摩共利用自身议会第一大反对党的地位，积极发表代表本党的意见和建议，捍卫共产主义意识形态。2011年5月8日，为纪念即将到来的卫国战争胜利日，摩共青年组织“摩尔多瓦共青团”（Коммунистический союз молодёжи Молдовы）组织缅怀卫国战争英雄的纪念活动，并抗议政府忽视卫国战争胜利日纪念活动，反对政府禁止共产主义标志的行为。2016年，摩共八大报告指出：“历史是螺旋式发展的，社会主义时代正在回归。自由主义的谎言和反苏宣传不能摧毁社会正义的理念。……历史已经不止一次证明，只有共产主义者才能成为劳动人民意志的体现者，社会主义学说是创造公正和人道的世界秩序的伟大科学。”[③]2021年6月7日，摩共在其官方网站发布的标题为《不支持马娅·桑杜的二十条理由》的新闻中怒斥桑杜

① Постановление седьмого съезда ПКРМ，http://www.pcrm.md/main/index.php? action=news&id=7551.

② 参见刘淑春等：《独联体国家共产党的理论与实践》，中国社会科学出版社2016年版，第338页。

③ ПОСТАНОВЛЕНИЕ Ⅷ съезда Партии коммунистов Республики Молдова О 100-летии Великой Октябрьской социалистической революции，http://www.pcrm.md/main/index.php? action=news&id=10705.

(Майя Санду),称“5月9日(卫国战争胜利日)对她来说不是光荣之日,而是发动战争的欧洲的日子”[①],足以显示摩共的共产主义情结。

摩共积极组织社会运动。摩共在野不久便推出了一项新的社会运动——摩尔多瓦规划(Молдавский проект),该规划立足于摩尔多瓦现状,努力将全社会的政治精英、科技文化精英、社会组织、企业界、普通公民团结在摩共周围,旨在解决摩尔多瓦政治、经济、文化和社会中面临的诸多问题,齐心协力创造摩尔多瓦更美好的未来。在摩尔多瓦规划之下,摩共又提出了为吸引投资、促进经济增长在区域中心制定产业集群、企业孵化器、创新点和科技园区等开发项目[②]的“四十个城市”(Сорок городов)规划,以及“公民大会”(Гражданский конгресс)、“社会齐步走”(Социальные марши)等运动。这些运动有效地吸引了包括国内的中左翼政党在内的摩尔多瓦人民,是转轨国家政党政治运行中在野的反对派政党谋求社会团结和共识的创新性尝试,然而,由于摩尔多瓦右翼势力的崛起,摩尔多瓦规划发展受阻,收效甚微。

摩共积极加强党的自身建设,不断扩大自身影响力。摩共走下执政舞台后,一如既往致力于实现现代化、加强党的自身建设并不断扩大在国家和地方的影响力。2010年,沃罗宁在讲话中指出,“党的现代化,是加强党的组织和思想建设,以提高党的竞争力和支持率,并充分发挥党的优势的总体目标”[③],并提出要实现“基层群众主动支持”的现代化[④]。为此,沃罗宁强调要加强党内民主,制定新的选举名册,执行推选地方权力机关候选人的程序,基层积极分子对被推荐的候选人进行监督,同时加强地方党的横向建设,增加基层党组织数量。[⑤] 此外,摩共在议会中败选后转而扩大在城市中的影响,2011年,在城市委员会中获得多数席位的中心地区共21个,摩共推出的候选人在其中的17个中心地区当选为市长,超过总数的2/3。

三、摩共重新上台执政的前景分析

自2009年议会选举失利丧失执政地位之后,摩共在随后的2014年和2019年议会选举中一蹶不振、相继失利。在2014年议会选举中,右翼三党的总得票率领先左翼的社会主义党和共产党人党,锁定议会多数议席,赢得组阁权。[⑥] 在2019年议会选举中,摩共名落孙山,支持率未达6%因而未能进入议会。节节败退使摩共的前景充满

---

① 20 причин почему не стоит голосовать за Майю Санду, http://www.pcrm.md/main/index.php? action=news&id=17587.

② Проект как национальная идея, http://www.pcrm.md/main/index.php? action=news&id=14165.

③ Лидер ПКРМ провозгласил организационную перестройку партии, http://www.dela.su/moldowa/3645-Lider_PKRM_provozglasil_ organizacionnuyu_perestroiyku_partii.html.

④ У ПКРМ очень серьезные шансы на успех-Зарубежный политолог, http://archive.omg.md/Content.aspx? id=7503&lang=3.

⑤ Постановление седьмого сьезда ПКРМ, http://www.pcrm.md/main/index.php? action=news&id=7551.

⑥ 参见《摩尔多瓦议会选举右翼政党基本锁定多数议席》,人民网,http://world.people.com.cn/n/2014/1203/c157278-26135935.html。

不确定性，国内政治力量、民众与国际社会对于摩共重新上台执政并不看好。客观来看，摩共具有一定重新上台执政的优势和潜力，但是也面临更多的问题和阻碍。

1.摩共重新上台执政具有一定潜力

摩共在摩尔多瓦政坛的影响力较大。虽然摩共已走下执政舞台十余年，但作为国内最大的反对派，其在摩尔多瓦的政治影响力依然不容小觑。一方面，摩共执政八年期间取得的发展建设成就给民众留下了良好印象；另一方面，摩共走下执政舞台后积极代表反对派发声的系列活动和举措都展现出其积极有为的政党形象。自摩共败选、沃罗宁去职后，由于摩共的抵制，直至2012年，无党派人士尼古拉·蒂莫夫蒂(Николай Тимофти)才当选为摩尔多瓦第四届总统，由此可进一步洞见摩共在摩尔多瓦政坛和普通民众中的巨大影响力。因此，今日摩共虽不在朝而在野，但是一定程度上仍然具有凭借其影响力重返政权的潜力。

摩共在朝在野多年积累了丰富的政治经验。一方面，摩共的组织系统完善、健全，且具有一支职业化的领导团队，兼备职业素养和竞争潜力；另一方面，作为摩尔多瓦共产党的后继者，摩共继承并坚持创造性地运用马克思主义，客观认识苏联社会主义建设的经验和教训，正确分析当今时代的新变化和新特点，对民主、公正和所有制问题提出了新的认识和评价，是一支具有先进性的政治力量。

后任执政党表现不佳客观上有利于摩共获得翻盘机会。摩共败选后，新政府上台，摩尔多瓦国内政治进入了长期混乱的局面。先是出现了沃罗宁下台后三年选不出总统的尴尬局面，新总统上任后，又在总理人选问题上出现严重内斗，寡头摄政问题引发人民不满和社会动荡。摩尔多瓦国内党派之间在政治上存在严重分歧，直至伊戈尔·多东(Игорь Додон)上台，政治局势才稍显稳定。在这一时期，摩尔多瓦国内经济发展也出现停滞，民众罢工、游行示威不断。2012年新总统上任后，国家由政党联盟和寡头把控，大肆攫取资本，国家经济发展状况不容乐观，人民生活水平下降。反观摩共在任时，人民的生活水平得到提高，国家政局稳定，两者对比，高下立见。后任执政党相比之下表现不佳，这容易使民众转而支持“老东家”。

社会党与共产党人党意欲合并。2021年，摩尔多瓦前总统、社会党主席伊戈尔·多东在电视节目中称：“我们准备与共产党人党讨论合并问题，如果有必要，我们准备创建一个统一、强大的新政治力量。”此前，摩共中央书记康斯坦丁·斯塔雷什(Константин Стареш)也提到，选举后可能讨论共产党人党与社会党合并的问题。2021年春，“共产党人和社会党人”选举集团在摩尔多瓦出现，2021年6月议会选举后，共产党人与社会党人决定继续合作并在议会中创建统一党派。2023年摩尔多瓦将举行地方选举，两党如果合并，合并后的新党将为竞选做准备。两党合并的决定是否通过、两党合并后能否对当前执政联盟构成有效制衡，我们将拭目以待。可以确定的是，如果社会党与共产党人党合并，摩共重返政权的概率将在一定程度上有所增加，其在摩尔多瓦的政治影响力也将进一步扩大。

2.摩共重新上台执政面临重重阻碍

纵然摩共重新上台执政客观上具有一定潜力，但是在错综复杂的国内外形势之下，摩共面临重重阻碍，其重新上台执政之路依然道阻且长。

意识形态矛盾不可调和。作为苏联解体后在东欧异军突起的“红色政权”，摩共通过议会选举取得了一党执政的地位，连续执政八年，致力于发展社会主义、人民民主，不可避免地成为西方资本主义国家的“眼中钉”。由于意识形态矛盾的不可调和性，摩共的发展一直为资本主义国家所忌惮，也一直受到外部势力的干涉。一些西方资本主义国家对摩共进行舆论攻击，抹黑、打压摩共，试图削弱摩共的政治力量。另外，西方的政治势力和经济势力还通过经济援助等手段在摩尔多瓦培植自己的代理人集团，意图使摩尔多瓦按照西方民主模式推进民主化。不仅如此，资本主义国家的政治力量还暗中支持摩尔多瓦右翼政党分化、收买摩共党员。这样一来，摩国内右翼势力对摩共不仅主动打压，还代替外部势力搅局，这使摩共面临严重的党内分裂问题，维克多·斯捷潘纽克（Виктор Степанюк）、伊戈尔·多东、奥列格·巴边科（Олег Бабенко）、约恩·切班（Ион Чебан）、谢尔盖·瑟尔布（Сергей Сырбу）等一批党内骨干成员相继退党。面对此种情形，摩共无法仅以“加强党员队伍纯洁性的‘清党’”为由自我安慰，党内分裂给摩共带来的负面影响着实巨大，接二连三的退党现象导致摩共的议员席位不断流失，无力对抗执政联盟。博弈筹码不断减少导致摩共短期内重新上台执政希望渺茫。

经济发展压力恐难化解。经济发展对摩尔多瓦来说一直是一个“老大难”问题，摩尔多瓦国土面积小，自然资源匮乏，能源进口长期依赖俄罗斯和其他独联体国家，导致其在经济发展和经贸合作中常常陷于被动境地。摩尔多瓦经济结构十分单一，农业占GDP的50%左右；工业主要以食品加工、重工业和轻工业为主，且工业化程度低、基础薄弱，工业技术相对落后。在摩尔多瓦私有化和市场化发展过程中，寡头摄政导致财富越来越向少数寡头集团集中，寡头控制着国家政治经济命脉，人民生活水平受到严重影响，社会贫富分化加剧，继而引发街头抗议活动。贫富差距的拉大不利于经济压力的化解，也大大增加了执政党的执政难度。巨大的经济发展压力是无论哪个政党执政都会面临的共同难题，也是挡在摩共重新上台执政之路上的大难关。

地缘利益分化难于平衡。摩尔多瓦地处俄罗斯与欧洲的“夹缝”中，特殊的地理位置使摩尔多瓦独立后一直在俄欧之间摇摆不定、反复横跳。作为原苏联的加盟共和国，摩尔多瓦与俄罗斯无论在政治上、经济上还是民族情感上都存在着割舍不断的联系，外加俄摩之间天然的能源、贸易供求互补关系，摩尔多瓦在各方面都对俄罗斯存在较大的依赖性。然而，摩尔多瓦独立后也表现出明显的向欧洲靠拢的趋势，议会制国家秉持的政治理念、经济私有化和市场化的改革目标促使其加入欧盟，将实现与欧洲的经济一体化作为其解决资金困境、促进经济发展转型的最佳路径选择。摩共丧失执政地位后，西方利益集团对失势的摩共“迅速变脸”，于是下台后不久便重新开始“亲俄”。而其“忽东忽西”“上台向西，下台向东”的“政治调情”做派在俄、欧、摩三面都不利于收买人心。摩共自身也清楚地认识到，“西方并不隐瞒，它正试图完全控制摩尔多瓦，并将其变成反俄集团的一员”①。近年来，地区局势不断升温，摩尔多瓦与俄、欧之间的关系更加微妙。2021 年 11 月，摩尔多瓦因拖欠俄罗斯相关公司 7300 万美元天然气费用而被下“断气”通牒，摩尔多瓦随即积极向德国、波兰等国以及欧盟求援，以摆脱对俄能源依赖。2022 年 3 月 3 日，受俄乌局势的影响，摩尔多瓦领导人签署申请加入欧盟的文件，向欧盟提出正式申请。在复杂的地缘利益影响下，摩共意欲重新上台执政面临着如何平衡好与俄罗斯和欧洲的关系、如何做好“夹心饼干”的难题。

国家统一问题尚待解决。由于历史原因，摩尔多瓦面临解决民族矛盾和完成国家统一的问题。首先，摩尔多瓦在德涅斯特河左岸问题（以下简称为“德左问题”）上与俄罗斯关系胶着。德左问题源于俄罗斯人的民族认同与国家认同之间的矛盾，1990 年德涅斯特河沿岸共和国（Приднестровье）从摩尔多瓦“独立”出来，“旗帜战争”后俄罗斯的介入使德左问题更加复杂化，俄罗斯以“保护德涅斯特河左岸俄罗斯人的利益”为由长期在此驻军，将德涅斯特河左岸视为抵制北约东扩的前哨，导致摩尔多瓦政府一直没有事实上控制过该地。摩共上台执政后，曾着力解决德涅斯特河左岸地区冲突问题，但并未取得实质性进展。摩共指责俄罗斯在德涅斯特河左岸驻军属于非法占领别国领土，要求俄罗斯撤军。但是，摩共意欲实现国家诸多领域的发展又紧紧依托与俄罗斯的合作，故其在对俄政策上陷入了两难境地。2022 年 2 月下旬，乌东顿涅茨克和卢甘斯克两地宣布成为独立共和国，两地之于乌克兰类似于德涅斯特河左岸之于摩尔多瓦，随着俄乌局势突变，摩尔多瓦随即宣布国家进入紧急状态，地缘政治局势日益紧张，德左问题短期内恐难解决。其次，摩尔多瓦民众的民族认同模糊。由于摩尔多瓦人与罗马尼亚人同宗同文，因此双方民族认同边界模糊，许多摩尔多瓦公民违反规定加入罗马尼亚国籍，拥有罗摩双重国籍，民族认同问题凸显。随着近期俄乌局势升级，多位前大使表示，如果乌克兰危机爆发，那么基希讷乌将需要转向布加勒斯特，以便罗马尼亚将其军队派往摩领土。摩尔多瓦共和国前驻罗马尼亚大使米哈伊·格里宾恰（Михай Грибинча）表示，如果俄罗斯入侵乌克兰，唯一正确的解决办法就是将罗马尼亚军队引入摩尔多瓦，并在德涅斯特线进行军事控制。② 最后，加告兹问题也十分棘手。摩尔多瓦宣布独立前夕，加告兹人以其语言、文化和民族传统受到歧视为由宣布在摩尔多瓦南部成立“加告兹共和国”，并建立了武装力量。1994 年 12 月 23 日，摩尔多瓦议会通过《加告兹特殊法律地位法》，加告兹成为摩尔多瓦共和国享有特殊地位的自治区（Гагаузская автономия），然而加告兹地区一直以来却不断试图争取独立，给国家的统一、稳定制造了隐患。可见，如何以和平方式缓和国内的民族矛盾、如何避免成为大国博弈的牺牲品、如何提升党的凝聚力和政治吸纳整合能力，关系到能否实现摩尔多瓦政局稳定，是摩共欲重返政权面临的棘手问题。

摩尔多瓦共和国共产党人党以实现共产主义为最高理想，在发展过程中继承马克

---

① Бурлаки на русских танках，http://www.pcrm.md/main/index.php? action=news&id=17559.

② На краю воронки，http://www.pcrm.md/main/index.php? action=news&id=18417.

思主义的基本原则和观点，是世界社会主义运动中的一支重要力量。研究摩共的政权得失，分析研判其发展前景，对于世界工人阶级政党和国际共产主义运动的发展具有重要意义。摩共政权失而复得、得又复失的经验教训给世界共产党的发展提供了有益启示：其一，坚持正确道路。摩尔多瓦的议会制政体与摩共政治理念的不匹配导致了政党利益团体多样和国家的多元分化。西方民主模式中的政党竞争、权力分立、选举民主脱胎于西方的历史文化、经济基础和政治文明，是西方民主政治的独特产物，因而不具备普适性，无法“放之四海而皆准”，应根据党情、国情制定适合自身的发展道路。其二，把握中心任务。摩共在第一个执政任期内收拾了前右翼执政党在经济领域留下的“烂摊子”，大力发展经济，通过提供就业岗位、健全社会保障体系等措施着力解决民生问题，大大提高了民众的生活水平，促进了社会的发展稳定，解决了国家和民众急难愁盼的中心问题，这是其在 2005 年选举中赢得连任的关键原因之一。其三，净化政治生态。政治是否清明直接关系到民心向背，在摩共执政后期，党内滋生严重腐败，任人唯亲的现象比比皆是，导致机构臃肿不堪、工作效率低下，引发民众的不满。在 2009 年摩尔多瓦议会大选中，摩共遭遇滑铁卢，究其原因，党内腐败、政治生态混沌难辞其咎。

就目前的国际形势和摩尔多瓦的国内状况而言，摩共重返政权的压力与潜力并存，且压力似乎大于潜力，摩共能否重新崛起还取决于多重因素，摩共的未来充满不确定性，前景不容乐观。2022 年 2 月，与摩尔多瓦毗邻的乌克兰局势突变，给摩尔多瓦地缘形势制造了紧张气氛。2 月 24 日，摩尔多瓦宣布国家进入紧急状态；3 月 3 日，摩尔多瓦总统桑杜正式签署文件申请加入欧盟；6 月 23 日，欧洲理事会同意欧盟委员会的建议，给予乌克兰和摩尔多瓦欧盟候选成员国地位。乌克兰冲突让摩尔多瓦摸到了欧盟的“门槛”，在纷繁复杂的地区局势下，置身于北约、俄罗斯和欧盟的利益纠葛中，摩尔多瓦的国内外环境将更加复杂，摩共的未来充满不确定性。

21世纪菲律宾共产党及左翼社会主义运动的新态势*

黑 然

（云南大学马克思主义学院博士研究生）

菲律宾共产党(CPP)[①]是菲律宾左翼民族民主派(National-Democrats)的政治与思想核心。1968年12月26日，何塞·玛利亚·西松(Jose Maria Sison)在党的第一次代表大会上宣布重建菲共。21世纪以来，该党不断从思想上、政治上和组织上完善自我，积累了一定的实力和丰富的经验，不仅活跃于菲律宾国内及国际政治舞台，且在菲律宾左翼社会主义运动中发挥着重要作用。2022年，在菲律宾总统换届之际，探析菲律宾共产党及左翼社会主义运动的发展态势具有十分重要的理论及现实意义。

一、21世纪菲律宾共产党及左翼社会主义运动的总体特征

进入21世纪后，以菲律宾共产党为核心的左翼社会主义力量与菲政府持续进行和平和武装斗争，而菲共的两大武器——作为"武装力量"的新人民军以及作为"统一战线"的菲律宾全国民主阵线也得到迅速发展。在此情形下，菲政府一方力求彻底解决亚洲持续时间最长的共产主义叛乱，在对新人民军加大打击力度之余，也尝试通过搭建平台与全国民主阵线进行和平相商；而共产党一方尽管在名义上声称长期坚持武装斗争，拒绝除武装斗争外的任何主张，但也表示愿意以开放的态度寻求与政府重启和平谈判的机会。在谈判与暴力相互交替的背景下，菲共、新人民军和全国民主阵线以地下组织或农村根据地的形式在全国范围内活动，其发展呈现出曲折前进的总体特征，从而不断增强菲律宾左翼社会主义力量。

首先，凭借在意识形态和政治教育上进行自我完善，菲共通过加快发展预备党员

* 基金项目：云南大学"双一流"建设哲学社会科学创新团队项目"南亚东南亚社会主义研究"(CY2262420219)。

① 菲律宾共产党1930年成立之初简称为"PKP"(Partido Komunist ng Pilipinas-1930)，1967年党内分裂为两派，一派沿用旧称PKP，一派称为"CPP"(Communist Party of the Philippines)即"新菲共"，本文所涉及内容主要指新菲共(CPP)，简称"菲共"。

来扩大声势，逐渐在21世纪初恢复了以农村和群众为基础的战略，获得了与20世纪80年代一样的民众支持。近五年来，该党的发展力量尤为迅猛：2016年，约有7万名党员；截至2021年底，约有15万名党员及数百万群众基础，相较于2019年的10万名党员数量又有了新的突破。① 此外，菲共的革命组织及力量已遍及全国，散播到数以百万计的人民之中，涵盖了工人、农民、少数民族群体、青年、妇女、专业人员、知识分子和其他群众；该党还在工厂、机关和城乡社区中成立了基层组织，并承诺在总统杜特尔特执政期间变得更加强大。②

其次，在菲共的绝对领导下，新人民军也在不断壮大。2005年，据新人民军报告称，军队实力已进入全盛时期；2009年，在菲政府的两轮武装"围剿"下，新人民军军力有所下降；到2018年，军内强力步枪数量超过了菲共在1985年中央委员全体会议中所记录的5600支；截至2021年底，自力更生的新人民军不断成长为拥有数千名专职指挥官和近一万名战士、数万人民民兵和数十万群众自卫组织成员的规模。③ 在长期的反"围剿"作战中，新人民军积累了大量的经验并升级了装备，逐渐具备了分析敌人弱点并发动战术进攻的能力，随着客观条件的改善和主观能力的进步，新人民军可以利用敌人"围剿"行动的间歇，全面展开反"围剿"行动。新人民军还声称已在菲律宾73个省中的17个省的农村地区建立了军事基地，跨越了110多个游击战线④，今后也将继续肩负着武装革命的中心任务。⑤

最后，菲共及全国民主阵线陆续开展了较为成功的国际工作。无论是组织菲律宾海外劳工，还是调配国内革命资源，或者稳固与当地人民的联盟，全国民主阵线都发挥了重要作用。与此同时，通过与其他国家共产党如西班牙共产党（马列主义）[the Communist Party of Spain(Marxist-Leninist)]、古巴共产党（the Communist Party of Cuba）、印度共产党（毛主义）[the Communist Party of India(Maoist)]等有同志情谊的马列主义政党广泛建立双边关系，加上积极参加、组织海外反帝民主斗争并开展政治合作，菲共及全国民主阵线尽可能地为菲律宾和其他国家人民争取了权益与福祉，也向渴望了解菲律宾革命第一手信息的国际同志敞开了欢迎的大门。

---

① "The people will intensify the revolution as crisis of the ruling system will worsen", https://cpp.ph/statements/the-people-will-intensify-the-revolution-as-crisis-of-the-ruling-system-will-worsen/.

② "CPP vows to outlast Duterte", https://newsinfo.inquirer.net/1404133/cpp-vows-to-outlast-duterte.

③ "The Armed Revolution Will Continue to Grow in Strength", https://prwcinfo.wordpress.com/2020/12/26/the-armed-revolution-will-continue-to-grow-in-strength/.

④ "Mensahe ng Komiteng Rehiyon ng Partido Komunista ng Pilipinas sa Timog Katagalugan sa Ika-52 Anibersaryo ng New People's Army", https://prwcinfo.wordpress.com/2021/03/29/mensahe-ng-komiteng-rehiyon-ng-partido-komunista-ng-pilipinas-sa-timog-katagalugan-sa-ika-52-anibersaryo-ng-new-peoples-army/.

⑤ "The key role of the New People's Army in the people's democratic revolution", https://josemariasison.org/the-key-role-of-the-new-peoples-army-in-the-peoples-democratic-revolution/.

二、21世纪菲律宾共产党政策主张的新探索

（一）五年计划的提出

2009年12月，菲律宾共产党于棉兰老岛举行了建党41周年庆典。该党呼吁以游击作战的形式加强武装斗争，并声称党领导的新民主主义革命已取得重大进展，有望在十年内推翻菲律宾现任政府并建立一个由毛派政党领导的新国家。在此基础上，党提出了发展"五年计划"，主要内容为：其一，党的主要任务是招募具有良好素质的，且愿意宣誓遵守党的章程及纲领的广大群众作为积极分子和党员候补，并在五年内至少招募20万名党员，以切实加强党的领导及革命运动。其二，五年以内，至少在两万个村庄陆续成立党支部，并通过党性教育和群众运动开展党的工作。党还要在省、地区、游击战线和支部各级培养干部，使地方干部和党员能够领导群众组织、政权机关、民兵和群众组织自卫队的工作。其三，加大新人民军对政府武装力量、警察和准军事力量的打击，以证明新人民军在后马科斯时代依然强盛的军事力量。其四，党指出当前武装革命处于战略防御的高级阶段，而今后五年必须逐渐从战略防御阶段转向战略相持阶段。党还要在179个农村选区成立游击队并进行安排部署，通过游击路线的全村覆盖来获得地理优势，继而提高军队的整体作战能力。而对于战略相持，时任菲共党主席阿曼多·利瓦纳格(Armando Liwanag)进一步解释道，战略相持阶段意味着革命武装力量与政府武装力量实现了对等，它也为人民战争的下一个阶段即战略反攻铺平了道路，进而推动民族解放和社会解放斗争在全国范围内取得最终胜利。①

（二）党内政策的更新

2016年10月24日至11月7日，菲律宾共产党隆重召开了党的第二次代表大会，并以此作为庆祝1917年俄国十月革命胜利100周年的独特方式。代表该党近7万名党员的120名主要领导人和干部出席了此次会议，大会以"实现更大团结，赢得更大胜利"为主题，回顾党的48年历史，全面分析当前主客观条件，重申了党长期坚持武装斗争的理论主张以及把全国民主革命推向更高水平的实践目标。

1.修改党的章程

此次会议对《菲律宾共产党党章》(以下简称《党章》)中序言部分进行了重新编写，重申了党的基本性质和最高目标，即菲律宾共产党是代表菲律宾无产阶级的革命政党，是菲律宾革命和菲律宾人民的领导力量。党的最高目标是实现民族和社会解放，为菲律宾进行社会主义革命和建设创造条件。② 会议还提出必须回顾党反对现代修正主义的斗争历程，通过加强对菲律宾社会具体情况的分析，开展新民主主义革命，为

---

① "Philippines: 41st anniversary of the New People's Army", https://marxistleninist.wordpress.com/2010/03/28/41st-anniversary-of-the-new-peoples-army-of-the-philippines-advance-from-strategic-defensive-to-strategic-stalemate/.

② "Constitution and Program-Communist Party of the Philippines 2016", https://prwcinfo.files.wordpress.com/2020/08/2016-cpp-consti-ppdr_en.pdf.

社会主义革命和建设铺平道路;党还必须长期推进人民战争并坚持以武装斗争为主要形式的战略和策略,明确建立人民民主政府这一目标。菲共指出,现代修正主义系统地修改了马克思列宁主义的基本原理,否认剥削阶级和阶级斗争的存在,否认党在社会主义国家中的无产阶级性质,并从内部不断腐蚀无产阶级政党和社会主义国家。[①]因此,与旧菲共(PKP)党内坚持苏联现代修正主义为指导有所不同,菲共将长期坚持马列主义、毛泽东思想为党的行动指南,并使其与菲律宾革命的具体实践相结合。此外,《党章》增加了一些规定,如允许吸纳被指派在菲共工作范围内的外国党员入党;年满70岁的老干部可在保留党籍的前提下退出党内工作,同时有权享受生活和医疗补助;确保中央委员会中青年干部和高级干部数量的动态平衡,以保障党的生机与活力等。

2.完善党的纲领

第二次代表大会吸取了党的丰富历史教训,完善了党的《新民主主义革命纲领》(以下简称《纲领》)。新的纲领提出了十项一般任务,然后着手制定政治、经济、军事、文化和外交领域的具体任务。宏观上,《纲领》呼吁所有菲律宾共产党人随时准备好在必要时牺牲自己,为建立一个"完全独立、民主、团结、公正和繁荣"的新菲律宾而奋斗终生。它还重申必须坚持武装革命,以对抗美帝国主义和地方反动统治阶级使用的武装暴力,从而从根本上结束国家半殖民地半封建的社会制度。微观上,《纲领》提出十项总体任务,并陆续展开对政治、经济、军事、文化和对外关系具体任务的制定工作。它强调必须特别关注后马科斯时代伪民主政权的继承,即在新自由主义政权统治下,政府对广大工人和农民日益加剧的压迫剥削以及菲律宾人民近40年来不断恶化的社会经济状况等。[②]

3.通过相关决议

党内新增并通过了一系列政策决议。一是会议决定授予共产党创始人何塞·西松党的最高荣誉,并要求他继续对党的思想、政治和组织工作进行全面指导。二是在对法文《国际歌》中第三部分歌词进行翻译后,大会批准将菲律宾语(塔加洛语)版《国际歌》作为共产党党歌,并要求在党的正式集会期间只唱菲律宾语版。三是在全球资本主义危机日益加剧的当下,为显示社会主义革命仍具有鲜活生命力,党的领导人决定批准于2017年11月7日举行适当的欢庆活动以隆重纪念十月革命胜利100周年。四是通过总结党的历史,庆祝党和人民在过去50年革命斗争中取得的胜利,并拟定于2018年12月26日隆重庆祝建党50周年。五是大会决定,向新人民军综合营部队(NPA composite battalion force)的所有红色战士以及人民民兵和所有其他帮助保护代表、协助他们旅行、准备膳食、提供医疗援助和其他支助服务的党员和活动分子致敬。

---

① Jose Maria Sison, *On the Philosophy of Marxism-Leninism-Maoism*, Julieta de Lima ed., 2021, p.577.

② "Constitution and Program-Communist Party of the Philippines 2016", https://prwcinfo.files.wordpress.com/2020/08/2016-cpp-consti-ppdr_en.pdf.

三、21世纪菲律宾共产党实践斗争的新发展

1.与阿罗约政府和阿基诺三世政府的持续对峙

2001年1月20日至2010年6月30日，在菲律宾第14任总统格洛丽亚·马卡帕加尔·阿罗约(Gloria Macapagal Arroyo)执政期间，她声称要彻底解决政府武装部队和新人民军的长期冲突，镇压菲律宾共产主义叛乱。2001年，阿罗约政府提出了“保卫自由行动计划”(Oplan Bantay Laya)，旨在对具有反叛嫌疑的人员进行法外处决，并凭借菲律宾武装部队来阻止革命武装力量在农村地区的扩张，进而摧毁菲共的政治基础设施。在阿罗约政府的要求下，美国国务院和欧盟分别于2002年和2005年宣布将菲共及新人民军指定为外国恐怖主义组织，并冻结其海外资产。[①] 菲共指出，尽管阿罗约政府绞尽脑汁地借助各方力量来对付共产党和新人民军，甚至将武装力量集中在300～600个地方行政区，但对新人民军的游击战线没有造成任何实质性打击。2007年初，阿罗约政府重新提出了“保卫自由行动计划2.0”(Oplan Bantay Laya Ⅱ)，与之前不同的是，该计划提出了更为激进的目标：在2010年以前，如果菲政府无法从战略上击败新人民军，至少也要将其兵力削减50%以上。[②] 在针锋相对的过程中，虽然阿罗约政府于2007年9月以签署赦免令的方式来缓和与菲共的冲突，但菲共并不领情，而是选择通过进一步巩固并扩大革命力量和群众基础来逐步孤立并推翻阿罗约政权。

2010年6月30日至2016年6月30日，在菲律宾第15任总统贝尼尼奥·阿基诺三世(Benigno S. Aquino Ⅲ)执政期间，政府与菲共的关系依然紧张。阿基诺三世于2011年1月提出了“人民行动计划”(Oplan Bayanihan)，其目的仍是削弱新人民军的军事力量。与“保卫自由行动计划”有所不同的是，“人民行动计划”更侧重于心理战和情报战，它试图争取民间机构和非政府组织的支持，在规避国际人道主义法的情况下解决国内的武装冲突，以掩盖其侵犯人权的军事行为。[③] 同年2月，菲政府计划与菲共重启和谈以解决悬而未决的内乱问题。然而，菲共表示，阿基诺三世所谓的“和谈”不过是一个谎言，这是因为在他的执政下，政府不仅下令对反叛分子进行法外处决、非法逮捕、骚扰和虐待，还通过粮食和经济封锁来阻止广大工农进行生产和商业活动，以优先维护外国矿业公司和大型农业公司的利益，继而换取以美国为首的外国军力援助。因此，菲共呼吁新人民军将武装斗争提高到新的高度，并对菲律宾武装部队、菲律

---

① “Foreign Terrorist Organizations”, https://web.archive.org/web/20190515204913/https://www.state.gov/foreign-terrorist-organizations/.

② “Resist and frustrate Oplan Bantay Laya Ⅱ”, https://www.bannedthought.net/Philippines/CPP/2007/ResistOplanBantayLayaII-070712.pdf.

③ “Philippine military using Samar ‘peace’ council to rubber-stamp intensified militarization”, https://ndfp.org/philippine-military-using-samar-qpeaceq-council-to-rubber-stamp-intensified-militarization/.

宾国家警察和菲律宾其他武装组织发动更大的战术攻势。[①]

2.与杜特尔特政府的和平谈判

2016年8月至2017年1月期间，具有“左翼”和“社会主义”倾向的杜特尔特总统上任后，与全国民主阵线如期进行了三轮和平谈判。双方在基本保持停火的前提下达成了一系列协议，如重申《海牙联合声明》[②]、重新编制《安全和豁免保障联合协定》[③]、拟定《社会经济全面改革协议》草案等，表明政府和菲共为减少武装对抗迈出了重要的一步。[④] 2017年4月3～6日，第四轮谈判于荷兰首都阿姆斯特丹进行，此轮谈判达成的双边临时停火协议具有里程碑意义。此外，双方还同意签订《关于自由土地的重新分配协议》，政府承诺尽快完成土地分配工作，为贫困农民、农场工人和渔民免费分配土地，并在合理范围内提供一定的资金补偿。[⑤] 2017年7月，菲共因反对政府延长棉兰老岛戒严令而发起新一轮攻势，菲政府于是决定取消与全国民主阵线的第五轮和平谈判。西松表示，杜特尔特政府对戒严令的“痴迷”严重损害了和谈议程，表现出政府对和谈本身缺乏兴趣的真实态度。11月，杜特尔特以“共产党叛乱分子最近在全国各地犯下多起暴力事件”为由，签署《第360号宣言》，宣布彻底取消与全国民主阵线的所有和谈议程。[⑥] 12月，在新人民军多次袭击政府后，杜特尔特签署公告，正式将菲律宾共产党和新人民军列入恐怖主义组织名单。[⑦] 随着短暂和谈的结束，双方恢复了紧张与对抗的关系，菲律宾国内不可避免地再度陷入内乱之中。

3.与杜特尔特政府的再度斗争

在将菲共和新人民军认定为恐怖主义组织后，杜特尔特政权开始与菲共进行“心理战”。政府通过对涉嫌参与民主革命的叛乱分子及其亲友进行“局部和谈”、假装与法外处决者进行军事会晤并举行诈降仪式、发布“关于向诈降者支付保障金”的新闻稿等方式来获取菲共及全国民主阵线的各项情报。2018年6月，菲共对总统杜特尔特取消和谈的行为表示强烈谴责，认为其目的不是实现公正与和平，而是在全国范围内

---

① “Step-up tactical offensives and mass struggles against rotten, puppet, brutal Aquino regime”, https://ndfp.org/step-up-tactical-offensives-and-mass-struggles-against-rotten-puppet-brutal-aquino-regime/.

② 根据该声明，菲律宾政府和菲律宾共产党（全国民主阵线）同意共同致力于正式谈判并维护“公正持久的和平”。

③ 根据该协定，谈判双方都将具有“自由和安全的行动权”，即不用担心被搜查、监视或逮捕。

④ “Opening statement on the resumption of formal peace talks”, https://ndfp.org/opening-statement-resumption-formal-peace-talks/.

⑤ “Continuing talks on socio-economic reforms, not impositions of ceasefire, show sincerity in peace talks”, https://ndfp.org/continuing-talks-socio-economic-reforms-not-impositions-ceasefire-show-sincerity-peace-talks%e2%80%a8%e2%80%a8/.

⑥ Jose Maria Sison, *Upsurge of People's Resistance*, Julieta de Lima ed., 2020, p.23.

⑦ “Duterte declares CPP, NPA as terrorist organizations”, https://newsinfo.inquirer.net/950017/duterte-declares-cpp-npa-as-terrorist-organizations.

对革命运动和菲律宾人民发动更为残酷的法西斯战争。① 7月，菲共指出，杜特尔特所谓的“局部和谈”不过是一种欺骗心理的伎俩，实则是通过纯粹的暴力迅速消灭菲共武装，逼迫全国民主阵线无条件投降，美其名曰“平定叛乱”②，共产党必须进行彻底斗争以捍卫持久的和平。③ 2019年3月，全国民主阵线曾表示，菲律宾地方政府单位及卢马德社区(Lumad communities)大肆发表“声明”，他们打着公关噱头对菲共进行指控，目的仍是在棉兰老岛南部开展心理战。④ 2020年7月，菲共声明，《联合国安全理事会综合名单》中列出了710名恐怖分子和305个恐怖组织，但菲律宾共产党和新人民军并不包括在内。⑤ 12月26日，菲共严厉抨击了杜特尔特反恐委员会(Anti-Terror Council)于12月9日指定菲共和新人民军为“恐怖分子”的决定，认为其表面上打着“反恐”的旗号，实则是为了全面镇压民主权利的扩张。不仅如此，菲律宾共产党和新人民军也并未包含在英国认定的《恐怖组织名单》⑥以及澳大利亚更新的《非法恐怖组织列表》⑦中。菲共强调，在国际上，菲共和新人民军坚决抵制涉及、违反国际人道主义法的恐怖主义暴力行径，是为争取菲律宾人民民主和利益而奋斗的革命组织。⑧ 共产党所带领的全国民主事业早已被公认为合法，新人民军的交战状态也已得到国际组织的认可。⑨ 2021年7月21日，菲共再次对反恐委员会发布的《第21号决议》作出回应，指出该决议标志着针对全国民主阵线及其同盟的国家恐怖主义行为的升级。⑩ 在与菲政府交锋的过程中，菲共总结道，由于国内统治阶级面临严重的政治、经济及社会

---

① “Duterte setting stage for ‘failure’ of NDFP-GPH peace talks-NDFP Mindanao”, https://ndfp.org/duterte-setting-stage-for-failure-of-ndfp-gph-peace-talks-ndfp-mindanao/? __cf_chl_tk=u5z6mdeoIQT4t6iap1e9 h.7U75tIrFVyAsprhgvxHmw-1649045550-0-gaNycGzNBqU.

② “Duterte's localized peace talks are maneuvers for unconditional surrender”, https://ndfp.org/dutertes-localized-peace-talks-are-maneuvers-for-unconditional-surrender/? __cf_chl_tk=mw7 Ju2Va8FA8FxsRDd4iU1xCnh6duSJR2WesJ4M.msM-1649049849-0-gaNycGzNB-U.

③ “NDFP-Mindoro rejects localized peace talks”, https://ndfp.org/ndfp-mindoro-rejects-localized-peace-talks/? __cf_chl_tk=NP2X0GZkjEnE3dB3Vz1ufzkeXsh9_yN4uAujQVuewzk-1649049103-0-gaNycGzNCRE.

④ “So-called LGU declarations naming CPP-NPA-NDF persona non-grata mere PR stunts, result of psywar tactic by desperate AFP in Southern Mindanao”, https://ndfp.org/so-called-lgu-declarations-naming-cpp-npa-ndf-persona-non-grata-mere-pr-stunts-result-of-psywar-tactic-by-desperate-afp-in-southern-mindanao/.

⑤ “CPP and NPA are not United Nations-designated terrorists organizations”, https://prwcinfo.wordpress.com/2020/07/06/cpp-and-npa-are-not-terrorists-according-to-united-nations/.

⑥ “List of proscribed terrorist organizations of the United Kingdom”, https://assets.publishing.service.gov.uk/government/uploads/system/uploads/attachment_data/file/901434/20200717_Proscription.pdf.

⑦ “Updated list of Australia”, https://www.nationalsecurity.gov.au/listedterroristorganisations/pages/default.aspx.

⑧ “Communist Party of the Philippines-New People's Army”, https://stanford.app.box.com/s/9mgudg981m006642sjbo5nvp3fudyz53.

⑨ “Reject the ATC designation of the CPP/NPA”, https://prwcinfo.wordpress.com/2020/12/26/reject-the-atc-designation-of-the-cpp-npa/.

⑩ “NDFP National Council Responds to ATC Resolution No. 21”, https://prwcinfo.wordpress.com/2021/07/21/ndfp-national-council-responds-to-atc-resolution-no-21/.

危机，半殖民地半封建制度的腐朽本质也愈发暴露，这深刻表明了以革命的方式结束人民压迫的必要性，菲共在今后必须继续加强工人运动，领导人民进行争取民主权利和自由的斗争。[①] 相较于前几任总统而言，杜特尔特执政下的菲政府与菲共、新人民军及全国民主阵线的冲突对抗依然激烈，而共产党一方能在长期的实践斗争中越挫越勇的根本原因在于：其一，党始终坚持以较为科学的思想理论为指导，并将其运用于实践之中；其二，党始终坚持代表广大人民利益的政治路线，获得了成千上万菲律宾乡村贫困人民的支持，形成了以下层民众和工农为主的群众组织力；其三，党始终坚持武装斗争的理论主张，并在与菲政府的斗争中逐渐具备了一定的军事作战能力。菲共声称，只要帝国主义、国内封建主义和官僚资本主义尚在，武装斗争赖以生存和发展的土壤就能保持肥沃，因为人民永远无法接受统治体制所带来的压迫和剥削，只能选择通过革命力量为民族和社会的解放事业继续奋斗。

四、21 世纪菲律宾共产党对国际及国内局势的新评价

1.关于当前国际总体局势

受新冠肺炎疫情影响，经济复苏的困难导致发达资本主义国家与落后经济体之间的差距不断扩大，而全球资本主义体系仍将因生产过剩而长期陷入衰退的泥潭之中，从而加剧垄断资本主义对领土主权、投资领域、廉价原材料和劳动力的激烈竞争。

菲共声称，虽然全球资本主义危机持续加剧，但美国依然仍处于全球资本主义体系的中心。在经济上，拜登政府领导下的美国将提出包含未来十年约 5 万亿美元的新联邦支出计划，旨在通过改善基础设施帮助国家帮扶救灾、解决个人和家庭的就业问题，是特朗普政府“美国优先”政策的延伸。面对疫情，美国、英国、德国、法国、日本、印度、韩国等资本主义国家在救灾和复兴事业上投入了前所未有的财政资金，以尽可能地重振国家经济命脉。从 2020 年下半年开始，发达资本主义国家陆续实现经济的快速回升，2021 年上半年有所回落，到 2022 年第三季度最终放缓；预计 2023～2024 年发达资本主义国家的经济产出将达到疫情前的水平，而全球经济产出预计要到 2025 年才会得以恢复。在政治上，美国继续从政策和行动上加强对俄罗斯和中国的打压。一方面，加大对俄罗斯的军事压力；另一方面，通过加大对部分中国公司的制裁力度，迫使其对美国制造产品的需求量增加。不仅如此，由于中国台湾是世界电子元器件的主要产地之一，美国通过对台湾进行军事干预来阻碍中国获得最新的半导体研发技术。菲共进一步指出，美国还在中东、非洲和其他地区煽动代理人战争。比如，在美国的默许下，以色列屡次对巴勒斯坦进行导弹袭击；在俄乌冲突愈演愈烈之时，美国也试图通过恶意挑唆、进行军事干预等手段诱发战火。不过，菲共表示，秘鲁、阿根廷、玻利维亚、多米尼加、尼加拉瓜、洪都拉斯、哥斯达黎加和智利等国政府换届选举后拉美左

---

① “Palakasin ang kilusang manggagawa at manguna sa pakikibaka para sa demokrasya at kalayaan”, https://prwcinfo. wordpress. com/2021/05/01/palakasin-ang-kilusang-manggagawa-at-manguna-sa-pakikibaka-para-sa-demokrasya-at-kalayaan/.

翼有可能再次掀起“粉红浪潮”(Pink Tide)，从而增加反帝斗争的可能性。[①]

2.关于中菲争端和中国革命

菲共指出，在中美大国博弈愈演愈烈的当下，菲律宾必须时刻提醒自己对国家所处的政治立场有更清晰的认知和更准确的定位。菲共认为中国向来是个倡导和平的国家，在中菲南海领土争端问题上，双方应相互尊重主权、独立和领土完整，反对美国破坏中菲主权独立、干涉内政、搞地缘政治博弈的图谋，通过包容、和平的方式共同探索有利于维护国家主权和政治稳定的治理模式。该党还表示，如果党领导的革命运动在菲律宾夺得政权，菲律宾革命政府定将努力与中国政府在尊重《联合国海洋法公约》的前提下妥善处理南海冲突，同时尊重中国对钓鱼岛的领土主权。

长久以来，菲共一直被中国革命的辉煌成就所鼓舞。菲共认为，中国人民为争取国家独立和人民解放进行了持久而彻底的反帝反封建斗争，最终实现了人民的当家作主、人民渴望民主和自由的愿景。历史和实践证明，中国人民所采取的革命方式是正确的，是值得菲律宾人民和菲共学习借鉴的。2019 年 10 月 1 日，菲共声称与世界各地无产阶级一起纪念新中国成立 70 周年。在对中国取得新民主主义革命和社会主义革命的伟大胜利表示高度赞赏之余，该党指出，1953 年，毛泽东提出了“以农业为基础、以工业为主导”的第一个五年计划，中国人民积极释放中国力量，在几年的时间里努力发展基础工业，并修建了道路、桥梁、水坝、灌溉设施等；到 1958 年，中国在许多工业领域和粮食生产领域的发展都超过了最先进的资本主义国家，生产能力足以养活数亿中国人，并为其提供免费的公共教育和卫生服务。中国革命的辉煌经历始终激励着菲律宾人民和菲共，有利于人民不断坚定理想信念，即通过革命彻底结束给广大工农群众带来沉重苦难的半殖民地半封建制度。[②] 2021 年 7 月 1 日，菲共再次发文欢庆中国共产党成立 100 周年。该党表示，中国共产党领导的新民主主义革命帮助中国人民成功推翻了三座大山，彻底结束了旧中国半殖民地半封建社会的历史，并建立起无产阶级领导的人民民主专政。中国革命不仅符合无产阶级国际主义的基本准则，更引发了世界各地对反帝斗争的热烈支持。[③]

3.关于杜特尔特执政以来的菲律宾局势

菲共认为，从 1946 年以来，菲律宾始终处于美国殖民主义的束缚之下。新总统杜特尔特的上任没有彻底减轻国家所背负的美国枷锁，菲律宾在政治、经济、外交和医疗卫生上的发展依然受限。在政治方面，杜特尔特迫于美国威胁提出了十分被动的“和

① “Biguin ang brutal na kontra-rebolusyonaryong gera ng rehimeng US-Duterte! Pangibabawan ang lahat ng balakid upang isulong ang demokratikong rebolusyong bayan!”, https://cppangbayan.wordpress.com/2021/12/26/frustrate-the-us-duterte-regimes-brutal-counterrevolutionary-war-surmount-all-obstacles-to-carry-forward-the-peoples-democratic-revolution/.

② “Commemorate the 70th year of the 1949 victory of the Chinese revolution”, https://cpp.ph/statements/commemorate-the-70th-year-of-the-1949-victory-of-the-chinese-revolution/.

③ “On the centennial of the once great Communist Party of China”, https://prwcinfo.wordpress.com/2021/07/01/on-the-centennial-of-the-once-great-communist-party-of-china/.

平”政策。虽然他声称不再附庸于美国,但为了寻求反武装革命的对策,杜特尔特政府不顾国家领土完整和主权独立,甘愿充当美帝国主义的傀儡。他虽然考虑废除与美国签订的一系列不平等的军事条约,如1951年的《美菲共同防御条约》、1998年的《访问部队协议》等,却在暗地里给予美军更多的域外自由权。在经济方面,杜特尔特政府2016年5月公布的“八点经济计划”及2022年3月下令采纳的“经济复苏十点方针”旨在利用廉价劳动力来博得外国的投资,侵害了广大劳动者和中等收入者的劳动权利。① 菲共声称,菲律宾经济2020年已经连续两个季度出现萎缩,第一季度收缩了0.7%,而第二季度收缩了16.7%,剥削的加剧造成了社会商品价格的飙升和人民生活条件的恶化,最终导致数百万菲律宾人民面临失业,甚至无法维持生计。② 在外交方面,菲共指责杜特尔特政府放弃了菲律宾主权,奉行伪独立的外交政策。在杜特尔特政权下,菲律宾无法真正奉行积极、独立、和平的外交政策,因此,国家不能继续附庸于美帝国主义,而是应该在不损害外交及贸易关系的前提下,通过在双边或国际论坛上进行外交申诉来获得一定的租金和赔偿。③ 在医疗卫生方面,菲共对杜特尔特政府在应对新冠肺炎疫情时的腐败和不作为表示强烈谴责。该党指出,在疫情席卷全球之际,政府官员竟利用职务之便中饱私囊,将计划用于医疗卫生部的数十亿比索预付款和报销款私自扣留,导致菲律宾医疗卫生系统近乎崩溃。菲律宾广大人民不得不面对糟糕的医疗设备,而缺乏经验的医务工作者也只能进行超负荷工作。④ 对于当前国内的整体局势,菲共认为是杜特尔特政权腐败、无能、奸诈和专制的集中体现,因此该党呼吁所有革命力量必须进行广泛宣传和教育,提高人民的思想觉悟和革命意识,在不断建立、扩大和加强群众组织力量的基础上,团结千百万人民从四面八方夺取政权。

此外,菲共还就国内的总统大选提出看法。2022年4月,菲律宾最具权威性和公信力的两家民意调查机构——“亚洲脉动”(Pulse Asia)和“社会气象站”(Social Weather Station)公布了民调数据,在5名主要总统候选人中,菲律宾前总统之子小马科斯支持率约为56%,现任菲律宾副总统、杜特尔特和小马科斯的共同死敌莱妮·罗布雷多(Leonor Robredo)支持率约为24%,现任马尼拉市长伊斯科·莫雷诺(Isko Moreno)支持率约为8%,拳王曼尼·帕奎奥(Manny Pacquiao)支持率约为6%,参议员潘菲洛·拉克森(Panfilo Lacson)支持率约为2%。此外,有1%的选民尚未作出投

① “The US-Duterte regime, a reprise”, https://ndfp.org/the-us-duterte-regime-a-reprise/? __cf_chl_tk=U17Ay3K1bRC.6CyC8u9qlk1Rh2aVU0xzWtnIqgaa8mQ-1649069276-0-gaNycGzNBuU.

② “Economic bloodbath is on Duterte's hands-CPP”, https://prwcinfo. wordpress. com/2020/08/09/economic-bloodbath-is-on-dutertes-hands-cpp/.

③ “On Duterte's pseudo-independent foreign policy”, https://ndfp. org/on-dutertes-pseudo-independent-foreign-policy/.

④ “People are enraged over Philhealth corruption amid pandemic”, https://prwcinfo.wordpress.com/2020/08/12/people-are-enraged-over-philhealth-corruption-amid-pandemic/.

票决定，有1%的选民不支持任何一位候选人，还有0.5%的选民拒绝透露他们的投票选择。[①] 对于当前民调数据，菲共认为，杜特尔特承诺在2022年举行公正透明的选举显然不可能，如果新总统的选举程序完全按照1987年制定的宪法标准来进行，杜特尔特将比以往任何时候都更容易操纵选举，以确保将权力转移给家人和亲信。[②] 一旦杜特尔特政权得以延续，其带来的政治、经济和社会危机将比以往任何时候都要严重，更会引发广大人民群众、全国革命者和保守派的强烈不满。[③]

五、新时期菲律宾共产党及左翼社会主义运动面临的挑战

菲共声称，在今天的每一条游击战线上，共产党、新人民军、革命群众组织、同盟、全国民主阵线和人民民主政府都在蓬勃发展，革命的武装力量将日益强大。然而，在长期与菲政府的对抗中，菲共及新人民军屡次被认定为"恐怖主义"的非法组织，加上党在建设过程中所暴露出来的一系列问题及周遭环境带来的持续性影响，也将制约着菲律宾左翼社会主义运动的未来发展。

1.党内面临的问题

菲共虽声称始终坚持在思想上、政治上和组织上不断进行自我革命，但也正是在这些方面表现得尚不成熟。

首先，该党在思想上坚持马列毛主义，因而对毛泽东时期的中国及中国革命表示高度认可，但对中国特色社会主义道路的了解并不透彻。菲共错误地将中国共产党的百年历史进行"一刀切"，即从1921年到1976年，以及1976年至今两个阶段。这不仅犯了主观主义错误，与马克思主义的整体性研究方法相悖；更严重割裂了中国革命、建设、改革和复兴事业的有机统一。

其次，菲共在政治上坚持以人民战争来推进新民主主义革命，声称武装革命的目的是实现菲律宾人民的民主和自由，但它忽略了代表杜特尔特政权的菲律宾民主人民力量党(PDP-Laban)也致力于为菲律宾人民寻求一种和平民主的生活方式，即"自由、团结、正义、公平、社会责任、自力更生、高效率和民族主义"。[④] 面对通往民主和自由的不同道路，广大菲律宾人民的选择必然会形成分水岭，从而制约着菲共的革命力量。

最后，菲共在组织上虽然坚持民主集中制，也有明确的组织结构和行政程序，但党内主要领导人及领导集体的具体情况较为模糊，党的政策主张也大多通过对全国民主阵线首席政治顾问何塞·西松的采访来阐明，而出生于1939年的西松已是83岁的高

---

① "March 2022 Nationwide Survey on the May 2022 Elections", https://www.pulseasia.ph/march-2022-nationwide-survey-on-the-may-2022-elections/.

② 小马科斯宣布与现任总统杜特尔特之女萨拉·杜特尔特(Sara Duterte)搭档竞选菲律宾下一任总统和副总统职位，且目前在民调中处于领先地位。

③ "On prospects of the Filipino people in struggle for national and social liberation", https://josemariasison.org/on-prospects-of-the-filipino-people-in-struggle-for-national-and-social-liberation/.

④ "PDP Laban at 36: Fulfilling the promise of Change", https://legacy.senate.gov.ph/press_release/2018/0228_pimentel1.asp.

龄，作为共产党创始人的他必须考虑如何培养党的下一代核心领导集体，以有效避免菲共内部未来可能出现的权力纷争。由此可见，作为一个成立50余年的共产党，菲共的思想理论、政治主张及组织原则仍存在一定的问题，成为影响其发展壮大的主要因素。

2.与菲政府长期对峙带来的挑战

菲共始终坚持以武装革命夺取政权，但就实际而言，致力于推翻政府的菲共和新人民军从未在政治上控制过任何一个省或城市。在菲律宾全国各地的森林和山区基地，新人民军及游击队不时发动菲共所称的“武装斗争”，但因师出无名，加上伏击政府军、突袭城镇和前哨、对私营公司征收“革命税”等行为被视作土匪强盗。为了解决这一共产主义叛乱，菲政府采取了武力镇压、和平谈判、停火止战等措施，可最终都未能与共产党一方在意识形态、实践工作及利益分配等问题上达成一致，这也是菲政府历届领导人与菲律宾左翼社会主义力量之间无法握手言和的根本原因。对此西松声称：“仅凭菲政府的军事及科技力量无法彻底击溃菲共领导的革命斗争，而党只有在自己违反了正确的革命方针、政策及总路线，犯下严重的错误且不予改正时才会被摧毁。”[①]然而，作为菲政府所认定的恐怖组织，菲共虽有一定的群众基础，其武装革命的力量也在进一步壮大，但凭借继续与政府作对来壮大声势的做法并不可取。菲共应该考虑如何在不放弃武装斗争的理论主张下，缓解与菲政府的紧张关系并争取再次开展和平谈判的机会，以便更好地同国家和人民一起应对来自外部的风险与挑战。

3.外部环境带来的挑战

杜特尔特执政以来，菲美关系总体上较为复杂，甚至一度出现“分道扬镳”的情况。但就近年而言，菲美关系出现回暖之势。2019年6月，美国在《印太战略报告》中明确将菲律宾指定为推进印太战略的重要支点之一；2021年2月，美国新任国防部长奥斯汀表示，美菲军事同盟对双方具有重要价值，而重申《美菲共同防御条约》和《访问部队协议》也有重要意义；2022年3月，美国与菲律宾年度“肩并肩”联合军事演习在吕宋岛举行，美菲两国关系得到进一步发展。[②] 这些迹象表明，美国试图以“胁迫外交”的手段打破杜特尔特政府“平衡外交”的政治策略，使菲律宾衡量中美力量的天平发生倾斜，继而借势炒作南海局势，引起中菲两国在南海问题上的争端。对此，中国国家主席习近平于2022年4月8日同菲律宾总统杜特尔特通话时指出，当前国际局势发展再次证明，地区安全不能靠强化军事同盟来实现；杜特尔特表示，菲方愿同中方持续加强两国关系，妥善处理南海问题，为和平解决争端树立典范，维护地区和平稳定。[③] 面对

---

① “On the future of the revolutionary movement led by the Communist Party of the Philippines”, https://ndfp.org/on-the-future-of-the-revolutionary-movement-led-by-the-communist-party-of-the-philiippines/.

② 参见《菲律宾美国举行年度“肩并肩”联合军演》，环球网，https://yrd.huanqiu.com/article/47IN1r6SxF2? w=213。

③ 参见《习近平同菲律宾总统杜特尔特通电话》，新华网，http://www.xinhuanet.com/world/2022-04/08/c_1128543657.htm。

美国在菲律宾地区霸权主义的深入推进及中菲未来合作发展的大好局势，作为非执政党的菲共必须树立正确的大局意识，摒弃对中国及中国共产党的错误认知及成见，与中共一道为代表广大人民的根本利益奋斗，并向国际社会寻求广泛的支持，在求同存异的前提下共同对抗帝国主义势力的剥削压迫。倘若在新总统上任后菲共依旧拘泥于同菲政府的内部对抗，那么当外部挑战真正来临时，内忧外患的状态必然置菲共于不利境地，从而深刻制约菲律宾左翼社会主义运动的未来发展。

尼泊尔共产党合并后克服宗派主义的探索*

唐　鑫

（北京交通大学马克思主义学院讲师）

2018年5月17日尼泊尔共产党的合并成立，是近年来国际共产主义运动中的一个大事件，引起世界的关注。作为21世纪少有的取得执政地位的共产党，尼共的前途和命运，既关系到南亚的地缘政治格局和未来趋势，也为国际共运和马克思主义的发展提供了新鲜的视角和经验。不过，尼共成立至今的两年多时间，一直深陷于宗派主义之中，一度走到了分裂的边缘，但在各方的努力下都得到了较好的克服。所以，要分析尼泊尔共产党的未来发展，一定要关注该党对宗派主义的解决和处理。

一、宗派主义对尼泊尔共产主义运动造成的巨大危害

宗派主义是国际共产主义运动中长期存在的一种错误倾向，它的主要表现为在党内闹独立性和脱离群众，以局部利益凌驾于整体利益之上，以宗派的利益凌驾于人民利益之上；在党外表现为违反党的统一战线政策，不尊重甚至藐视党外人员。① 显而易见，宗派主义会对党的团结和人民事业造成严重破坏。宗派主义的严重泛滥，可以说是尼泊尔共产主义运动中的一大特点和缺点，对尼泊尔的革命事业曾造成很大危害。

1.造成组织分裂，统一的领导核心长期缺失

宗派主义和宗派活动引起党的不断分裂，导致尼泊尔共产主义运动一直缺乏统一的领导核心。

尼泊尔的第一个共产党成立于1949年，仅仅经历了短暂的统一，自1962年党的第三次全国代表大会以后，尼共就开始了延续至今的分裂和整合历程。② 据维基百科

* 基金项目：国家社会科学基金项目“21世纪尼泊尔共产主义运动新动向研究”（项目批准号：18BKS045）。

① 参见徐光春主编：《马克思主义大辞典》，崇文书局2017年版，第840～841页。

② 尼泊尔共产党分裂和整合详情，可参见张树彬：《尼泊尔共产党的演变与分合走向》，载《南亚研究季刊》2017年第4期；袁群、王恩明：《尼泊尔共产主义运动中的派系政治》，载《当代世界社会主义问题》2020年第2期。

英文版[①]收录，当前活跃于尼泊尔政坛的共产主义政党至少有十个，其中影响较大且在各级立法机构有一定席位的有：执政党尼泊尔共产党（Nepal Communist Party）、民族人民阵线（Rastriya Janamorcha）、尼泊尔工农党（Nepal Majdoor Kisan Party 或 Nepal Workers Peasants Party）、尼泊尔共产党（马列）[Communist Party of Nepal (Marxist - Leninist)，2002 年成立]，其他比较有影响力的还有尼泊尔共产党—革命毛主义、尼泊尔共产党（火炬）（2006 年成立），以及处于非法状态的尼泊尔共产党（昌德派），等等。而如果将历史上曾经存在的都计算在内，单是维基百科所收录的尼泊尔共产主义政党名称就有 54 个之多，而那些没有收录的声称奉行马克思主义的小党派更是难以统计。

不可否认的是，对于一些带有根本原则性质的分歧，比如是以马克思主义为指导还是以社会民主主义为指导、和平过渡还是武装斗争、保留君主制还是建立共和国等，由此产生的对立确实很难在党内达成一致，但尼泊尔共运历史上的绝大多数分裂实际上与这些原则问题关系不大，而是从个人和派别掌握权力的角度来思考问题，这就是一种显然的宗派活动。共产主义的政党林立和内耗，使尼泊尔共产主义运动内部思想混乱，组织软弱，力量严重分散，长期难以实现民族民主革命的任务，白白耗费着人民的支持。

2.阻碍团结统一，破坏统一战线

宗派主义对外表现出的关门主义，削弱尼泊尔共运中的联合倾向，并且造成了许多潜在盟友的丧失。

一方面，在尼泊尔民族民主革命时期，根据历史经验，尼泊尔共产党人应该在保持自身独立性和领导权的基础上团结一切可以团结的力量，同以王权为代表的封建势力、帝国主义代理人进行斗争，然而尼泊尔各个主要共产党却更多地进行相互指责、相互破坏，那些希望联合的声音往往被淹没。例如，1971 年 12 月 5 日，尼共多名重要领导人发起成立了“中央核心”委员会（“Central Nucleus” committee），试图号召尼泊尔所有共产主义党派重新统一起来，但由于分歧的主要双方互不相让，以沙穆布·拉姆·什雷斯塔（Shambhu Ram Shrestha）为首的一方认为应同大会党等资产阶级、小资产阶级政党组成统一战线，以莫汉·比克拉姆·辛格（Mohan Bikram Singh）等人为首的另一方认为应保持共产党的独立行动，导致了这次整合行动的流产。[②]

另一方面，2008 年尼泊尔实行共和制后，在全国追求和平稳定的愿望日趋浓厚的大环境下，尼泊尔的部分共产主义党派依然认定需要采用武装斗争的方法继续革命，即使在尼泊尔共产党执政后，一些激进党派还在进行破坏选举、袭击政府人员等活动，

---

① 参见维基百科（英文版）“尼泊尔共产党列表”词条，https://en.wikipedia.org/wiki/List_of_communist_parties_in_Nepal。

② 参见汪亭友：《尼泊尔共产党（毛主义者）的历史、执政及其嬗变研究》，社会科学文献出版社 2015 年版，第 34～36 页。

使身为执政党的尼共不得不宣布尼共(昌德派)为非法组织。[①] 其他一些共产主义政党虽然没有直接采取暴力的手段,但也在国家政治之中充当着反对派的角色,攻击尼共政府的国内国际策略,对尼共政权践行其施政纲领造成了不少的干扰。

3.丢失革命成果,革命果实落入他人之手

宗派主义泛滥所造成的另一个严重后果就是使已经取得的革命成果丢失,甚至造成革命果实落入他人之手。

20 世纪 50 年代末 60 年代初所发生的宗派斗争,直接导致尼泊尔共产党的首次分裂,十多年积累的尼泊尔革命力量遭受严重损失。在尼泊尔共产党的发展早期,党的领导人克谢尔·忠格·雷亚玛吉(Keshar Jung Rayamajhi)及其追随者主张保留君主制,并且操纵党中央委员会发表了支持国王的声明,引起党内众多党员干部的不满。雷亚玛吉于 1957 年在党的二大当选为总书记后继续推行其保皇政策,甚至在 1961 年国王发动政变取缔一切政党时雷亚玛吉派依然为国王开脱。在这次事变中,宗派活动表现为倚仗中央权威对异己的持续打压,置党章党规和民主集中制于不顾,把中央权力作为实现宗派利益的工具。这种凭借占据中央权力、实则滥施宗派活动的行为,直接导致了 1962 年尼共的第一次大分裂,严重削弱了革命力量。[②]

共和制实行以后尼泊尔联合共产党(毛主义)的遭遇,是宗派活动破坏革命成果的又一例证。2008 年尼泊尔实行民主共和制,尼联共(毛主义)凭借在人民战争时期积累下来的崇高声望和对民主革命的巨大贡献,取得了制宪议会选举的巨大胜利,掌握了压倒多数,有媒体甚至感叹“连每一块石头都是毛派的”。然而,尼联共(毛主义)在此后却发生两次大的分裂,不仅没能实现推动尼泊尔的“新民主主义革命”的设想,反而在选举中接连失利,逐渐丧失单独左右尼泊尔政坛的实力,业已取得的一系列革命成果也丧失殆尽,而流失掉的政治支持,相当一部分变成了尼泊尔大会党等资产阶级政党的政治资本。尼联共(毛主义)的这种颓势,原因固然十分复杂,但宗派主义毫无疑问对这种衰落起了推波助澜的明显作用。

4.严重脱离群众,失去人民支持

宗派主义长期泛滥的最终结果,就是使共产主义运动失去人民的支持,成为一个脱离群众的运动。马克思、恩格斯在《共产党宣言》中对共产党人的基本特征进行了如下描述:“共产党人不是同其他工人政党相对立的特殊政党。他们没有任何同整个无产阶级的利益不同的利益。他们不提出任何宗派的[③]原则,用以塑造无产阶级的运动。”[④]这就是说,在他们看来,任何宗派主义都是同共产党人的本质特点相冲突的,用

---

① “Govt bans Chand-led party”, https://thehimalayantimes.com/nepal/government-bans-netre-bikram-chand-led-party/.

② 参见袁群:《尼泊尔联合共产党(毛主义)“新民主主义革命”的理论与实践》,中国社会科学出版社 2012 年版,第 16～18 页。

③ 此处取 1888 年英文版的译法。

④ 《马克思恩格斯文集》第 2 卷,人民出版社 2009 年版,第 44 页。

宗派的视野和观念反过来“塑造”无产阶级和劳动人民的运动，只能成为脱离群众的运动。

从尼泊尔共运发展的历史看，共产党失去民众支持的案例很多，不过最典型且比较直观的是实行共和以后的三次全国选举的得票变化情况。2006 年，尼联共（毛主义）同“七党联盟”合作，终结了君主制，标志尼泊尔的革命进入了一个新的阶段，当时，尼泊尔主要的共产主义政党都赞同走和平民主建国的道路，如果说“武装斗争和议会道路”是一个事关根本路线的难以调和的问题，那么这时这一分歧的存在条件已经消失了，所以自此以后，尼泊尔各共产党之间的斗争，虽然在形式上是党际的，而实质上却转化为派别的了。

尼泊尔联邦民主共和国成立至今，共进行过三次大规模的全国选举，即 2008 年第一届制宪议会选举、2013 年第二届制宪议会选举，以及 2017 年的立法机构选举。尼联共（毛主义）和尼共（联合马列）则是所有参选政党之中实力最雄厚的两大共产党，这两个派别的相互倾轧，不仅造成政府更迭频繁，宪法迟迟难产，更是令民众对共产主义势力倍感失望，资产阶级政党坐收渔利。从选举结果上看，在 2008 年和 2013 年选举中，尼共（联合马列）的总得票数实际变化不大，一定程度上可以说明其政治基础没有发生大的改变，但尼泊尔大会党的选票数量从两次制宪会议选举的 200 多万票左右增加到 2017 年立法选举的 300 万票以上，这还是在 2017 年两个毛派共产党宣布组成选举联盟并放出合并消息并且投票率较 2013 年有所下降的情况下实现的（见表 1）。所以，大会党实际上成为毛派和联合马列宗派斗争的最大赢家，那些改变选择支持大会党的选民或许并不完全认同大会党的纲领，而只是由于厌倦了两党的宗派斗争，从而表达不满。可以想见，如果毛派和联合马列在 2017 年选举之前达成合作，那么如今的尼泊尔政治局势恐怕业已大变。

表 1 尼泊尔实行共和制后三大主要政党在全国选举中得票情况

	尼联共（毛主义）	尼共（联合马列）	尼泊尔大会党
2008 年制宪会议选举	3145519（简单多数） 3144204（比例）	2229064（简单多数） 2183370（比例）	2348890（简单多数） 2269883（比例）
2013 年制宪会议选举	1609145（简单多数） 1439726（比例）	2492090（简单多数） 2239609（比例）	2694983（简单多数） 2418370（比例）
2017 年立法选举	1510760（选区） 1303721（比例）	3082277（选区） 3173494（比例）	3590793（选区） 3128389（比例）

资料来源：维基百科。

二、合并以来尼泊尔共产党内部的宗派斗争及化解努力

2018 年 5 月 17 日，在获得选举胜利上台执政近半年后，尼共（毛主义中心）和尼

共(联合马列)同时宣布解散,合并为如今的尼泊尔共产党,成为尼泊尔共运史上实力最强的共产党。不过,合并后尼共的发展并非一帆风顺,又发生了至少两次十分严重的宗派斗争,并最终导致了党在实际上的再度分裂,合并的成果付诸东流。

1.奥利和内帕尔的斗争

第一次将尼泊尔共产党推到分裂边缘的,是发生在联合主席卡德加·普拉萨德·夏尔马·奥利(Khadga Prasad Sharma Oli)和中央书记处成员马达夫·库马尔·内帕尔(Madhav Kumar Nepal)之间围绕地方委员会人选而展开的宗派斗争。

实事求是地说,毛派和联合马列的两党合并,实际上是一个十分仓促的决定,它是作为两党组成的左翼联盟参加 2017 年选举的承诺之一而出现的,要想将两个人数众多、组织独立、原则立场不同且已在各自的道路上独自发展数十年的党派整合,充满了各种困难、风险和挑战,绝非是开几场会议、发几个宣言就能实现的。这些问题在合并之后接连暴露出来,比如中央政治局的组建、中央部委人选的确定、姊妹组织的整合,预期完成的时间一拖再拖;关于指导思想和基本路线的具体解释等问题也悬而未决,尼共第一次代表大会的准备工作也迟迟没有开始。[①] 而且,毛派和联合马列在合并以前各自就存在着派别,如今的尼共确实不能看作是两党的简单“拼接”,而确确实实发生了变化。一些原先属于联合马列或毛派的党员干部在合并之后的确重新作出了政治选择,奥利和内帕尔之间的斗争就很清晰地反映了这一点。

奥利和内帕尔都是前尼共(联合马列)的中央领导人。内帕尔出生于 1953 年,在君主立宪时期曾任尼共(联合马列)中央总书记,制宪会议期间曾短暂担任尼泊尔总理,是由 9 人组成的负责处理党的日常工作和决策的尼共中央书记处成员,普遍被视为党的“第三号人物”。生于 1952 年的奥利于 2014 年当选为尼共(联合马列)主席,制宪会议时期也短暂担任总理,尼泊尔共产党上台执政后成为尼泊尔现任总理,同时也是尼共联合主席之一。两人都是深谙政党政治“游戏规则”的资深政治活动家,在尼共(联合马列)时期二人所领导的派别就存在着分歧,在合并后的尼共中,内帕尔及其追随者成为一个有能力影响党内权力天平的重要力量。

奥利和内帕尔的宗派斗争发生在 2018 年下半年至 2019 年初。据报道,内帕尔在尼共中央书记处会议上对党的下级委员会遴选标准提出了不同意见,他认为有关人选资历的规定存在问题,并且争取到了同为中央书记处成员的贾哈拉·纳特·哈纳尔(Jhala Nath Khanal)、巴姆德夫·高塔姆(Bamdev Gautam)、纳拉扬·卡吉·什雷斯塔(Narayan Kaji Shrestha)和拉姆·巴哈杜尔·塔帕(Ram Bahadur Thapa)的支持,站在了奥利及其支持者、尼共中央书记处总书记保德尔等人的对立面。[②] 9 月 21 日,

① 参见唐鑫:《尼共(联合马列)与尼共(毛主义中心)的合并:挑战与前景》,载《社会主义研究》2020 年第 2 期;袁群、姬广礼:《执政后尼泊尔共产党的新动向》,载《党政研究》2020 年第 3 期。

② “NCP: Madhav Kumar Nepal objects to Paudel's proposal on lower committee formation”, https://english. onlinekhabar. com/ncp-madhav-kumar-nepal-objects-to-paudels-proposal-on-lower-committee-formation. html.

尼共中央书记处在内帕尔缺席的情况下（内帕尔当时正在中国访问）通过了七个省级行政区党委的领导人选，招致内帕尔的强烈不满。内帕尔及其支持者采取了进一步的行动，内帕尔联合其他 21 名中央委员于 11 月 21 日提交了一份备忘录，要求尽快召开中央委员会全体会议和组建中央政治局；2019 年初，内帕尔派甚至提出了另外一份地区委员会负责人选名单，并称将建立另外一个平行的委员会，如果内帕尔真的采取这样的步骤，那么党内就会出现“两个中央”的情况，党在实际上将陷入分裂。[①] 在这种紧急情况下，尼共联合主席、前尼共（毛主义中心）领导人帕苏巴・卡麦尔・达哈尔(Pushpa Kamal Dahal)发挥了关键的斡旋作用，最终使争执双方达成了和解，维护了党的统一。2019 年 4 月 21 日，尼共中央书记处开会通过了党的地方委员会的主要干部名单，并在 22 日对全部 77 个区委领导人进行了正式任命，这次危机算是得以化解。

奥利和内帕尔的这次斗争，是一场典型的党内宗派斗争。它不涉及任何重大理论或路线原则问题，而完全是派别之间围绕着如何分享党的权力而进行的宗派的对抗。奥利和内帕尔都是前尼共（联合马列）的重要领导人，他们在意识形态上没有根本的区别，从现有的新闻报道上看，内帕尔是因为不满奥利对他的疏远，没有顾及他和他的支持者的利益，因此在区委人选问题上发难，将分裂威胁作为自己派别的“砝码”。而这次危机也反映出，新合并而成的尼共党内并不完全像观察者认为的那样按照旧有的两党形成泾渭分明的两大派别，而是已经出现了重新洗牌的情况。在此后奥利同达哈尔的斗争中，降为“第四号人物”的内帕尔成为达哈尔的重要盟友，真实地改变了奥利和达哈尔的权力对比。

2.奥利和达哈尔的斗争

奥利和内帕尔的斗争顺利化解后，尼共的整合进程一度加速。2019 年 8 月 16 日，尼共中央通过了 32 个中央职能部门的部长、副部长名单，并且多次传出了将在一年之内召开党的第一次全国代表大会的消息。不过，有媒体评论说这只不过是更大斗争到来前的“暴风雨前的平静”。果不其然，2019 年下半年至 2020 年尼共爆发了两名党主席——奥利和达哈尔——为首的宗派斗争，再度令党陷入了危机。遗憾的是，这次斗争没有得到解决，尼共的统一如昙花一现，在 2020 年 12 月 20 日正告结束。

奥利和达哈尔之间的斗争，一度被认为是迟早要发生的必然事件。因为前尼共（联合马列）和前尼共（毛主义中心）的差别确实很大，不论是组织原则、意识形态还是权力分配，只要处理不好，都可能爆发或激化矛盾。达哈尔即普拉昌达，曾领导毛派长达 30 多年，正是在他的领导下，毛派发动了十年的“人民战争”，在其他民主力量的支持下，最终实现了推翻君主制、建立联邦民主共和国的历史变革；而也正是在他的领导下，毛派解除了自己的武装力量，成为共和时代尼泊尔议会政治中的“新玩家”。这次斗争的中心，是围绕着党和政府权力如何分享而展开的。

---

① “NCP unification process at lower levels hangs in balance”, https://thehimalayantimes.com/nepal/ncp-unification-process-at-lower-levels-hangs-in-balance/.

早在两党合并谈判时期，奥利和达哈尔已经就党政权力问题进行了协商。根据协议，奥利和达哈尔将平分五年的政府任期，奥利在任期过半后将总理职务交给达哈尔；两人担任党的联合主席，地位平等，共同处理和决定党务。随着时间的推移，奥利却越来越展示出不愿遵守协定的意思。2019 年 5 月底，达哈尔三天之内两次公开提到曾与奥利达成的分享政府权力的协议，被视为是对奥利的“提醒”和“警告”，引起了党内外各方的猜测和担忧。① 11 月 20 日，尼共中央书记处会议决定达哈尔作为尼共的“执行主席”，同时继续保持两名联合主席的格局不变，在会前，奥利和达哈尔已经进行过多次接触，确定了奥利作为总理继续领导政府至任期结束，而达哈尔将领导党的工作，这被视为奥利出于自身健康和党内反对声音的考虑而作出的让步。② 可是，就在决定宣布之后不到一周奥利就反悔了，表示自己同样是党的“执行主席”，双方的矛盾冲突进而持续。2020 年 4 月 20 日，奥利政府颁布了一项有关放宽分裂政党条件的法令，引起尼共党内的普遍反对，虽然几天之后就被政府撤回，但也暴露出奥利不惜走上分裂的道路。③

奥利和达哈尔的争斗持久不息，将越来越多的党员干部卷入派别斗争之中。双方都在争取尼共中央书记处成员、中央委员及地方党委的支持，不过达哈尔逐渐获得了多数的支持。除了曾经的毛派战友，达哈尔还获得了来自内帕尔的关键支持。内帕尔拒绝了奥利开出的“第三党主席”的许诺，坚持他提出的“专人专职”④主张。2020 年 6 月 24 日，尼共中央常务委员会召开会议，会上达哈尔、内帕尔、贾拉·纳特·哈纳尔、巴姆德夫·高塔姆和纳拉扬·卡吉·什雷斯塔以及其他 11 名常委都发言要求奥利辞去总理和党主席职务，奥利处于明显的劣势。⑤ 面对一个大多反对自己的中央常务委员会，奥利采取了拖延的策略，而达哈尔、内帕尔及其支持者则要求奥利尽快辞职，于 7 月 28 日单方面召开了有约 20 名常委出席的会议，会议认为仍然需要争取同奥利的谈判，避免党的分裂。⑥

8 月 14 日，双方终于打破僵局，奥利和达哈尔同意组建特别工作组来处理分歧，该工作组由奥利的支持者、尼共中央书记处总书记毕斯努·保德尔任组长，其他五人

① “Dahal brings up deal with oli again, leading to suspicion among party members”, https://kathmandupost.com/politics/2019/05/31/dahal-brings-up-deal-with-oli-again-leading-to-suspicion-among-party-members.

② “Dahal to command party while oli will remain prime minister for the full term”, https://kathmandupost.com/politics/2019/11/21/dahal-to-command-party-while-oli-will-remain-prime-minister-for-the-full-term.

③ “Cabinet decides to recommend repealment of two ordinances that were promulgated on Monday”, https://kathmandupost. com/politics/2020/04/24/cabinet-decides-to-recommend-repealment-of-two-ordinances-that-were-promulgated-on-monday.

④ 即一个领导人只能负责一块事务。这意味着奥利不能既做政府总理，又担任党的联合主席。

⑤ “Leaders call for Oli's resignation as both prime minister and party chair”, https://kathmandupost.com/politics/2020/06/30/leaders-call-for-oli-s-resignation-as-both-prime-minister-and-party-chair.

⑥ “Dahal-Nepal faction convenes Standing Committee meeting unilaterally in the absence of Oli”, https://kathmandupost. com/politics/2020/07/28/dahal-nepal-faction-convenes-standing-committee-meeting-unilaterally-in-the-absence-of-oli.

为中央常务委员，这一决定于8月17日得到中央书记处的批准。8月22日，尼共中央书记处讨论了工作组提交的报告，并基本就解决分歧达成了共识：奥利将继续领导政府至任期结束，达哈尔将作为党主席领导党的工作；奥利虽然不需要辞职，但必须对内阁进行改组；需要尽快召开党的全国代表大会以彻底完成合并工作，时间初步决定在2021年4月。[①] 2020年9月20日，尼共召开中央书记处会议讨论改组内阁等事宜，这是会议首次在前毛派中央党部所在地巴黎丹达(Paris Danda)召开[②]，这是一个十分明显的标志，说明奥利同意履行承诺，由达哈尔主管党的事务。

然而，事实证明这只是为双方的宗派斗争按了一下“暂停键”。进入2020年10月，奥利单方面决定了部分内阁部长和外交使节的任免，引起了达哈尔方面的强烈不满。达哈尔拒绝同奥利进行会面，要求奥利“改正错误”，并召开党的书记处会议、常委会和中央全会；相反，由于自身处于少数，奥利并不愿开会，并声称将采取“反制行动”。11月13日，尼共中央书记处终于得以开会解决争端，达哈尔在会上作了长达19页的报告，报告指责奥利的“个人主义、宗派主义和专断主义”是造成政府治理诸多失败的主要原因，要求奥利作出自我批评，主动为错误承担责任，为党和国家作出“必要的牺牲”[③]。在11月28日的党中央书记处会议上，奥利针对达哈尔的报告发表了自己的答复，历数达哈尔的“历史问题”和“思想混乱”。达哈尔和奥利的两份会议文件，事实上是双方的“摊牌”。此后，达哈尔一方不顾奥利的强烈反对，坚持要将两份文件由书记处提交常委会和中央全会讨论。于是，奥利选择不出席12月7日的中央常务委员会会议，但他出席了16日的会议并作出了缓和的举动，可后来的事情表明，这是奥利的“缓兵之计”。20日上午，尼泊尔总统班达里根据奥利内阁的建议解散众议院，并宣布在2021年4月底5月初举行提前选举；尼共中央常务委员会在奥利缺席的情况下决定向中央全会建议对奥利给予纪律处分。12月22日，奥利和达哈尔分别召开了各自派别的中央委员会全体会议，标志着尼泊尔共产党在政治上[④]重新陷入分裂。

奥利和达哈尔的斗争，同样是一场宗派色彩十分浓厚的斗争。矛盾的核心所在，是奥利试图独占党政大权，激起了达哈尔和党内其他力量的反抗。在这场斗争中，同样不涉及理论原则和路线分歧，相反，指导思想问题反而成了一个筹码：奥利曾试图用让出党主席权力来换取达哈尔承认“人民多党民主”作为党的指导思想。达哈尔实际上在斗争中扮演了一个所有对奥利不满的力量的代表人，这些力量之所以支持达哈尔，并不一定是由于赞同达哈尔的立场主张，而主要是出于对奥利的反抗，而事实证明这股反对力量是很强大的，一度将奥利一派逼到了自立新党的边缘。

---

① “In Nepal Communist Party, the two chairs are the party”, https://kathmandupost.com/politics/2020/08/28/in-nepal-communist-party-the-two-chairs-are-the-party.

② “Ruling party Secretariat starts discussions on Cabinet reshuffle”, https://kathmandupost.com/politics/2020/09/20/ruling-party-secretariat-starts-discussions-on-cabinet-reshuffle.

③ “At secretariat meet dahal asks oli to sacrifice for saving party and republic”, https://kathmandupost.com/politics/2020/11/14/at-secretariat-meet-dahal-asks-oli-to-sacrifice-for-saving-party-and-republic.

④ 在法理上，根据尼泊尔《政党法》，尼泊尔共产党仍然是一个统一的党派。

3.小结

毫无疑问,无论是尼共内部的哪一个派别都深知宗派主义对党和人民事业所造成的巨大危害。2018 年尼共合并后不久,党中央就下发通知,向全党呼吁停止派别政治,加强巩固党的合并成果。① 但是,有关各派仍然陷入了围绕党、政府等权力分配的宗派斗争,并且互相指责对方是首先破坏原则或协议的一方。当然,从尼共这两次典型的宗派斗争事件来看,即使真心从大局出发、希望实现党的团结统一和秩序的党员干部,也不得不卷入派别之内。这样看来,宗派斗争的发展逻辑并不一定是一个随心所欲的过程,而更像是一个在各派的有目的活动之中为自己开辟道路的"客观"过程。

第一,这两次党内危机并不涉及根本原则和路线问题,都是完全可以且应该避免的。奥利、达哈尔和内帕尔争执的焦点在于现时党政权力的分配,而并不在于党的指导思想和基本路线,他们都同意把这些问题留待党的首次全国代表大会解决,也就是说,这些在他们看来属于"次要的"问题。而党政权力的分配,奥利和达哈尔各自承担的角色以及其他党政职位的人选,在两党谈判和合并后的党中央书记处、常务委员会的会议上早有决定,但有关方面从宗派利益出发,企图获得中央决定之外的更大权力,从而招致激烈的派别斗争。

第二,尼共尝试化解两次危机所采取的主要方法,是派别领导人的谈判和讨价还价。在这两次宗派斗争中,最重要问题的商定和利益上的让步都是在奥利和内帕尔、奥利和达哈尔之间的一对一会谈中完成的,党中央的书记处、常务委员会和中央委员会的会期根据派别领袖的谈判结果确定,如果双方"谈不拢",那么这些党的决策机构的会议就需要一拖再拖,甚至被束之高阁。这样一来,党的会议被宗派斗争所掌控,反倒成为确认派别谈判结果的场所,而非解决党内分歧的平台。当党的相关会议终于召开时,它所作出的决议却没有实际的约束力,宗派利益最终凌驾于党的决议之上,少数并不服从多数的决定,多数试图以压服的方式使少数就范,为少数戴上"分裂"的帽子。

第三,尼共党内存在着强大的维护党的统一、反对宗派活动的健康力量。从形式上看,党的活动似乎完全被派别的斗争所主导,但在实质上,宗派活动不利于任何党员干部的长远利益,更不符合尼泊尔共产党和尼泊尔革命与建设事业的整体利益。在这两次宗派斗争中,尤其是两名联合主席的斗争中,越来越多的书记处成员、中央常委、中央委员和各级党员干部站了出来,对宗派斗争进行批评,尽力维护党的团结统一。而且,随着党的整合进程的加快,党的中央书记处、常务委员会、中央委员会慢慢地开始发挥它们的功能,尽管这种功能还不够理想,但这些机构的作用确实在增大,已经不再是宗派能够简单控制的工具了。尽管实践证明这股力量没能成功阻止党的分裂,但从整个过程中看来,维护党的团结统一的观念已深入人心,这也是无论是奥利还是达哈尔—内帕尔一方都没有公开宣布组织新政党的一大重要原因。

---

① "NCP leaders tell party members to refrain from factional politics", https://kathmandupost.com/national/2018/06/02/ncp-leaders-tell-party-members-to-refrain-from-factional-politics.

三、尼共克服宗派主义探索的现实启示

尼泊尔共产党仅成立两年多就发生了至少两次严重的宗派斗争，还时刻面临着来自大会党等政治反对党的攻击，以及巨大执政挑战，还有来自印度方面的压力。在多重困难面前，要将党和人民的事业持续推向前进，需要党的领导人的高超政治智慧和高度的团结一致。越是在这种危急困难的时刻，克服宗派主义、巩固党的团结统一的要求也就越加紧迫。可惜的是，实践最终证明，党内整合进程和化解宗派主义没能取得根本的成功，但亦给尼泊尔共产主义运动未来克服宗派主义留下了现实的启示。

1.坚定理想信念，从整体利益、大局利益和长远利益出发

宗派主义发生的思想根源就在于，宗派成员从狭隘的派别利益出发，争夺派别一时的权力和利益，而这样的后果往往是真正需要考虑的根本问题得不到解决，党的长期事业和团结统一成了派别相互攻击的“帽子”。但是，尼共的各种派别都已更加深刻地认识到，如果哪一方真的迈出分裂这一步，那么不仅会失去对未来事务的参与权，同时自身的那一点宗派利益也难以保全，必须承担相应的责任和承受道义指摘。这会给各个宗派造成一股压力，使其不得不作长远考虑，为通过协商达成妥协从而保证党的统一创造了可能性。遗憾的是，派别的利益还是最终占了上风，但即便分裂已经成为既成事实，不论是达哈尔—内帕尔派还是奥利派，都竭力避免使己方成为承担分裂责任的一方。

作为无产阶级政党，尼泊尔共产党代表着尼泊尔工人阶级和劳动人民的根本利益，也承担着实现尼泊尔民族繁荣的责任。尼泊尔共运不胜枚举的由宗派斗争导致惨重失败的历史教训，是每一个尼泊尔共产党人都深有体会的。列宁指出：“任何派别活动都是有害的，都是不能容许的，因为即令个别集团的代表人物满心想要保持党的统一，派别活动事实上也必然会削弱齐心协力的工作，使混进执政党内来的敌人不断加紧活动来加深党的分裂，并利用这种分裂来达到反革命的目的。”①尼泊尔共产党的合并建立，确实有为了应付立法选举之嫌，对合并确实缺乏深思熟虑，但合并进程之所以能够得到比较顺利的推进，归根结底在于它符合尼泊尔革命和建设事业的要求，符合尼泊尔劳动人民的普遍期望，符合尼泊尔共产主义事业的整体利益，具有十分坚实的群众基础。应该说，尼共的再度分裂，虽然造成了比较重大的不良后果，并没有改变尼泊尔共运走向整合的长远趋势。

要长期解决宗派主义问题，必须使尼泊尔共产主义运动的各个政党、各个派别都深刻认识到宗派主义的严重危害，把维护党的团结统一作为根本的政治准则，加强马克思列宁主义的理论教育和尼泊尔共产主义运动的历史教育，阐释维护党的团结统一的重要性、必要性和紧迫性，在党内确立起广泛的思想共识。特别是尼共的党内斗争已经引起民众的失望和不满，大会党等政治反对派也乘机向共产党政府施压，化解派

① 《列宁选集》第4卷，人民出版社2012年版，第469页。

别分歧一致对外就显得更加重要。另外，尤其显得必要的是，在今后，尼泊尔共产主义党派的整合必须尽快确定具体的指导思想，回答当前尼泊尔革命和建设急待解决的问题，确立党的基本路线以及向社会主义、共产主义前进的长远规划，通过适当的组织程序统一党的思想。

2.完善党的建设，严守党的纪律

直至尼泊尔共产党再度分裂，党的合并与整合工作实际上没有全部完成。一方面，作为党的重要决策机构的中央政治局迟迟没有产生。2019 年 5 月，尼共曾通报"即将产生"包括 147 名委员的中央政治局，委员的名单已经基本确定，但很快又传出消息，由于担心引起争夺政治局委员席位的分歧，两位党主席奥利和达哈尔决定延迟成立政治局。① 此后由于二者派别斗争的开始以及新冠肺炎疫情的冲击，直到 2020 年 9 月，没有任何关于该党政治局组建的消息。如此重要机构的缺失，必将在一定程度上削弱集体领导的贯彻。另一方面，在党的第一次全国代表大会还没有召开的情况下，无法确定正式的党章和党纲，以及明确党的指导思想及对其的理论阐释，这些都为宗派斗争留下了空间，延缓了党的整合进程。

尼泊尔共产党在 2019 年下半年制定并发布了临时党章和党纲，可是党章的有关规定并没有完全得到遵守。一个最明显的事实是，本应定期召开的党的中央书记处会议、中央常务委员会会议和中央委员会全体会议并没有按时举行，而是经常变换时间，已经发布的会期多次推迟。原因正如上文所述，是由于派别之间没有达成妥协，召开相关机构的会议可能将导致矛盾的激化，这样做的结果实际上是使中央机构服膺于派别争斗，而不是成为解决问题的平台。在奥利与达哈尔的斗争期间，就发生了 441 名中央委员中多达 152 名要求尽快召开中央全会以解决冲突的事件。② 作为除党的全国代表大会以外最有权力的党内机构，中央委员会自组建以来至今只召开过两次会议，而不是按党章规定的那样每六个月召开一次，而且没有讨论什么实质的问题。③ 所以，按照党章定期有序地召开党的各级机构会议是十分必要的，是一个组织完善的马克思主义政党的应有做法。

3.践行民主集中制，妥善解决党内分歧

从尼共成立到分裂的两年多来看，该党践行民主集中原则的情况是不够理想的。一方面，在实行共和制之前，尼泊尔是一个曾实行过君主立宪制的国家，有着一定的议会制传统。前尼共(联合马列)有着很长时期参加议会斗争的历史。而在议会制度之中，通过争取多数选票取得执政地位是其固有的政治规则，同民主集中制的马列主义

① "Fearful of displeasure, Oli and Dahal reluctant to form NCP politburo", https://english.onlinekhabar.com/fearful-of-displeasure-oli-dahal-reluctant-to-form-ncp-politburo.html.

② "As ruling party standoff continues, over 150 members demand Central Committee meeting", https://kathmandupost.com/politics/2020/07/30/as-ruling-party-standoff-continues-over-150-members-demand-central-committee-meeting.

③ "NCP leadership calls on cadres to stop criticising party on social media", https://kathmandupost.com/politics/2020/09/11/ncp-leadership-calls-on-cadres-to-stop-criticising-party-on-social-media.

政党组织原则有很大的不同，它容易造成过度看重眼前利益，为了选举胜利、迎合时下流行观点不惜放弃理论原则等短视行为。另一方面，作为共产党的鲜明组织原则，民主集中制经受了历史检验，是维护党的团结统一，确保党的先进性、纯洁性的一大“法宝”。民主集中制是要造成一个又有集中又有民主，又有纪律又有自由，又有统一意志又有个人心情舒畅、生动活泼的政治局面。这就要求全党坚持个人服从组织，少数服从多数，下级服从上级，全党服从中央，自觉维护中央权威，严格贯彻中央决定，如有不同意见，可以声明保留，但必须坚决执行。这样才能保证党的战斗力。

不过从尼共的发展上看，比较突出的一面是以中央的名义来实行“个人化”和“宗派化”的决策，集体领导的力量孱弱。多名尼共中央委员、常委和书记处成员在接受媒体采访时都谈到很少有机会能够在党的会议上发表自己的观点，党的会议很少按时召开，联合党主席在决策过程中很少听取其他党员干部的意见，等等。[①] 这种倾向会压制党内正常的组织生活，影响党的活力，并且削弱党在发生决策失误时的纠偏能力，使野心家、机会主义者和堕落腐化分子有机可乘。这就要求严格按照党章党规，根据一定的民主程序产生党中央和各级组织机构，加强党内监督，切实保护党员的权利，发扬批评自我批评的作风，防止滥用职权打击异己，严格保守党的秘密，坚决反对组织生活之外的宗派活动。此外，对于涉及要不要坚持社会主义、要不要坚持民主集中制等根本原则问题，党员干部要运用党章所赋予的权利进行不懈斗争。

4.学习借鉴国际共产主义运动的成熟经验

在国际共产主义运动中，也存在着大量有关宗派主义和宗派斗争的历史，而其中有处理得当、顺利化解宗派主义的成功经验，也有处理失当、宗派斗争愈演愈烈直至造成严重后果的失败经验。尼共在探索克服宗派主义的过程中应该注重国际共运中正反两方面的经验，学习成功的理论和成熟的做法，用以妥善化解党内的宗派斗争。

拿苏联共产党来说，布尔什维克本身就是某种派别的产物，不过这种派别不是宗派主义，而是由于对待俄国社会性质、革命道路和战略等一系列重大理论原则的不同而引起的，并非为满足个人野心或小集团欲望的行为。直到1921年3月俄共(布)十大之前党内一直存在着派别，根据十大所发布的《关于党的统一的决议》，派别活动在俄共党内被禁止。可是斯大林时期利用这一决议，凭借中央权力消灭了布哈林、托洛茨基等反对派，将他们上纲为“反党反革命”。苏共末期，戈尔巴乔夫不经深思熟虑，使党内派别活动合法化，引起党的严重分裂，最终走上了亡党亡国的不归之路。

同样，越南、朝鲜、老挝、古巴等社会主义国家的执政党，也都有着克服宗派主义的正反两方面经验和相应的解决思路和理论，相信都能为尼泊尔共产主义运动未来的探索提供宝贵的借鉴和参考。

---

① “Ruling party wants to gag its leaders to suppress criticism and dissent”, https://kathmandupost.com/politics/2020/09/18/command-and-control-ruling-party-wants-to-gag-its-leaders-to-suppress-criticism-and-dissent.

21世纪日本社会主义运动的新态势

徐　拓

（云南大学马克思主义学院博士研究生）

日本是亚洲最早传播社会主义学说的国家，也是较早开展社会主义运动的国家。[①] 在120多年的斗争浪潮中，日本社会主义运动已由一个弱小的左翼运动发展成为进步力量的代表。21世纪以来，以日本共产党和社民党为主要力量的日本社会主义运动，积极探索符合本国实际的社会主义道路，取得了新发展，呈现出新特征，成为影响日本政治生活的重要力量。

一、日本社会主义运动的历史进程

明治维新后，日本资本主义迅速崛起，随之而来的是日本工人阶级的形成和壮大，并兴起了工人运动。日本共产党创始人片山潜认为："日本近代工人运动，应该说始于中日甲午战后的1897年夏。"[②]此前的工人运动从性质来看，是属于进步知识分子或是由自由主义者、基督教人士、人道主义者发起的运动。所以真正的日本社会主义运动实际上始于中日甲午战争之后，是在冲破重重困难下艰难开辟的前进道路。[③]

1.日本社会主义运动的兴起

1897年是甲午战后日本工人阶级罢工最频繁的一年，该年7月"劳动组合期成会"组建，拉开日本社会主义运动的序幕。1897年12月，日本第一个工会组织"铁工工会"成立，其后发行了最早的工人刊物——《劳动世界》。1898年2月，日本火车司机组成"日铁矫正会"，进行反对延长工作时间、要求改善工资待遇的大罢工，并取得初步胜利[④]，首次显现日本工人阶级的伟大力量。1898年10月，片山潜等人成立了"社会主义研究会"，该会"以研究社会主义原理与日本的实际相结合为目的"[⑤]，在日本社

---

① 参见曹天禄：《日本共产党的"日本式社会主义"理论与实践》，中国社会科学出版社2010年版，前言第1页。

② 片山潜生誕百年記念会编：『片山潜著作集』第1卷，河出書房新社1959年版，第314頁。

③ 片山潜生誕百年記念会编：『片山潜著作集』第3卷，河出書房新社1960年版，第278頁。

④ 塩田庄兵衛：『日本労働運動の歴史』，労働旬報社1964年版，第34頁。

⑤ 辻野功：『明治社会主義史論』，法律文化社1978年版，第7頁。

会主义思想史中占有重要地位。为加强理论与实践相结合，1900年初“社会主义研究会”改组为“社会主义协会”，成为宣传社会主义思想的重要阵地。

随着工人运动的快速发展，1901年5月18日，片山潜等人在“社会主义协会”的基础上建立了日本第一个社会主义政党——社会民主党，主张“土地及资本公有”，“实行社会主义”。[①] 但该党仅存在两天，于5月20日以“违反《治安警察法》”而被取缔。[②] 1906年2月24日，堺利彦等人组建了日本社会党，其吸取社会民主党被镇压的教训，没有制定党纲，只在党章中规定“在国法的范围内主张社会主义”[③]。但在1907年二大上，社会党把党章修改为“以实行社会主义为目的”[④]，随即遭到当局的镇压而解散。此时，日本社会主义运动陷入了“严冬时期”。

俄国十月革命后，马克思主义在日本广泛传播并加快与工人运动相结合，为马克思主义政党的成立创造了条件。1922年7月15日，日本共产党于东京成立，并秘密召开第一次代表大会，选举堺利彦为委员长。1927年7月，日共代表前往莫斯科与共产国际协商制定了《关于日本问题的决议》(即《27年纲领》)，把反对侵略中国及抵制发动战争作为迫在眉睫的任务。[⑤] 二战前，日共因反对侵略战争和天皇专制而屡遭镇压，在艰难中发展。1932年底，日共组织“几乎全面崩溃”，到1933年1月，其“运动陷入萎靡不振状态”。[⑥] 1935年初，日共中央委员会被迫解散，其全国性统一组织直到日本帝国主义战败的十年间实际中断。

2.二战后的日本社会主义运动

二战后，日本通过民主改革恢复了政党的合法地位，社会主义政党相继规复和成立。在时隔19年后，日共于1945年12月召开了四大，开始党的重建。1958年7月，日共七大首次确立独立自主的立场。受中苏论战的影响，1964年日共党内的一些亲苏派党员从该党分裂出去，建立了日共(超越日本)。1969年，日共内部以福田正义为首的亲中派同中央派发生分歧分裂为日共(左派)，并强调“毛泽东思想是马克思主义的最新阶段”，“用武装斗争夺取国家政权”。[⑦] 1976年7月，日共制定的《自由与民主宣言》指出：“不照搬包括苏联和中国在内的任何外国的经验……不断探索建设独立、民主和社会主义的日本的独特道路。”[⑧]所以，日共在探索社会主义的道路中把马列主义与本国实际相结合，逐步形成具有日本特色的“日本式社会主义”。苏东剧变后，日

---

① 「社会民主党の結成(初期社会主義)」，电子展示会：『「史料にみる日本の近代」——開国から戦後政治までの軌跡』，国立国会図書館，https://www.ndl.go.jp/modern/cha2/description20.html。

② 新聞集成明治編年史編纂会编：『新聞集成明治編年史』第11卷，林泉社1940年版，第253頁。

③ 堺利彦：『日本社会主義運動史』，河出書房1954年版，第7頁。

④ 宇野俊一ほか编：『日本全史』，講談社1991年版，第994頁。

⑤ 日本共産党中央委員会：『日本共産党の八十年』，日本共産党中央委員会出版局，2003年，第31頁。

⑥ 「日本共産党運動概況等」，CAJAR(アジア歴史資料センター)Ref.A06030017000，国立公文書館，https://www.digital.archives.go.jp/das/image/F0000000000000216664。

⑦ 「日本共産党(左派)規約」，『革命戦士』理论杂志官网，http://ww5.tiki.ne.jp/～people-hs/index.htm。

⑧ 中共中央党校科学社会主义教研室国外社会主义问题教学组编：《战后日本社会主义理论资料汇编》，中共中央党校科研办公室印，1985年，第244页。

共于1994年7月的二十大上提出“资本主义框架内的民主改革”思想，标志着其对“日本式社会主义”的探索进入了一个新阶段。

日本社会党的前身为1932年7月由安部矶雄建立的社会大众党。1945年11月2日，以社会大众党为中心的战前左翼政党组成日本社会党。在战后日本工人运动声势高扬的背景下，社会党曾在1947年以微弱的优势成为国会第一大党而组阁。但执政不满一年的社会党政权即宣告垮台，之后短暂参与民主党的联合政权。50年代后，社会党长期作为日本第二大党和最大在野党领导人民开展了轰轰烈烈的护宪和平及非武装中立运动。60年代，围绕《日美安保条约》等问题，社会党内出现了严重分裂。1960年1月，社会党右派的西尾末广等人因此与左派产生分歧而脱党，另组民主社会党，1969年11月改称“民社党”。70年代，社会党探索变革之道，又产生了新的矛盾。1978年3月，社会党内江田三郎派及田英夫派主张“渐进式改革”[①]，建立社会民主联合。80年代，随着社会党与社会主义路线的脱离，其组织原则从民主集中制转向“自立、参与、分权型”原则，社会党实际上成为由各派阀组成的政党，其纲领也不过是党内左、中、右三派相互妥协的产物。[②] 这样，社会党在1993～1994年两度参与联合政权时期，在政策上不断右倾并与保守的自民党“接轨”，未能抓住时机、稳住局势，在争取实现社会主义的进程方面力蹙势穷，以至于迅速陨落。1996年1月1日，原社会党左派议员矢田部理等人另组新社会党。1月19日，社会党村山内阁宣布总辞职，而后改组为社会民主党，社会党50年的历史宣告终结。

3.进入21世纪以来的日本社会主义运动

苏东剧变后，日本社会主义力量迅速衰落。曾一度参与细川联合内阁的社民联及民社党分别于1994年5月和12月被其他政党所吞并，逐渐转向保守政党。除日共及改组后的社民党外，其他左翼政党皆因力量弱小而难以发展，长期游离于国会之外。以指导思想为分类标准，21世纪日本社会主义运动的主要力量总体上可分为以下两种类型。

马克思主义政党：日本共产党。面向21世纪，日共在2000年11月召开的二十二大上根本性修改了已拥有42年历史的党章，明确表示“以科学社会主义为理论基础”，主张建立“没有人剥削人，也没有压迫和战争，由真正平等和自由的人际关系组成的共同社会”[③]。2004年1月，日共二十三大对原纲领进行了全面修改，制定了一条更为现实的纲领路线。2020年1月，日共二十八大进一步对纲领进行了部分修改，明确了以“组建在野党联合政府和构建强大的党”为方针的建党百年奋斗目标。当前，日共约有

---

① 「われわれのめざすもの」，『社民連十年史：草の根のロマン』，社民連十年史刊行会，1989年，http://www.eda-jp.com/books/usdp/1-2.html。

② 土居充夫：「戦後革新勢力と大衆運動」，米原謙、土居充夫、山口裕司共著：『日本の政治を考える：構造・運動・思想』，法律文化社1992年版，第163頁。

③ 「日本共産党規約」，日本共产党官网，http://www.jcp.or.jp/web_jcp/html/Kiyaku/index.html。

党员27万人，分布在全国1.8万个党支部中，机关报《赤旗报》的读者超过100万①，是日本第六大政党，第四大在野党，地方议会第三大党，发达国家最大的共产党。

非马克思主义政党：社会民主党。社会党1996年更名为社民党后，选举村山富市为党首，并宣布不再坚持社会主义路线，而明确“以实现社会民主主义理念为基础”。社民党主张建立“和平、自由、平等、共生”的社会，创造性发展宪法所规定的主权在民、永久和平、基本人权、国际协调等理念。② 该党在转型过程中引发大量党员离党，并加入新进党或另组民主党、新社会党，导致社民党的政党版图不断萎缩。1996年10月，日本进行了实施新选举制度③后的第一次众议院大选，社民党仅获得15个议席，远低于改组前的63席。2003年第43届众议院选举中，社民党再次惨败，沦为一个小党。2009～2010年，社民党短暂与民主党组成联合政府后，又因美军普天间基地搬迁问题与民主党发生分歧而退出联合政权。此后，社民党依然难以逆转颓势，逐渐淡出主流政治舞台。当前，社民党拥有党员约1.3万人④，机关报《社会新报》发行量约5万份，已是日本国会中最小的政党。

二、21世纪日本社会主义运动的新发展

进入21世纪以来，美国通过与日本结成全球伙伴关系欲使其卷入全球战略之中，实现自身利益。在日本，陷入金融危机漩涡又在新冠肺炎疫情治理上“力不从心”的执政党，未能带领民众走出内外交困的泥潭。而日本政坛继续“向右看齐”并具外溢影响的政治格局，在短期内很难在政治治理上作出较大改变。在新形势下，日本左翼政党总结世界社会主义运动的经验，并与国内现实相结合，取得了新发展。

1.对资本主义的新批判

2008年金融危机及2020年新冠肺炎疫情的暴发对全球产生了广泛影响，同时也暴露出资本主义制度体系的严重弊端。日本左翼政党继承了对资本主义的批判精神，揭露了当代资本主义的制度危机。日共二十五大指出，资本主义生产的真正局限在于资本自身，资本主义的矛盾就是以生产更大的剩余价值作为生产的动力和目的。这种“利益至上原则”在当今世界引起了种种社会危机。持续的金融危机和生产过剩危机表明，资本主义无论怎样做都无法解决其固有的“致命病”。为应对全球经济危机，世界各国通过国际合作暂时采取了应对措施，但总体上仍未摆脱生产过剩产生的严重后

① 「日本共産党第28回大会　第二決議(党建設)」，日本共产党官网，https://www.jcp.or.jp/web_jcp/html/28th-kaigi/20200118-28taikai-ketsugi2.html。

② 「社会民主党宣言」，社民党官网，http://www5.sdp.or.jp/vision/vision.htm。

③ 日本于1996年起在国会选举中采取小选举区及比例代表并立制，每位选民拥有小选区票与比例代表票各一。这种制度有利于大党，不利于小党和无党籍人士，日本左翼政党在新选举制度下受到严重限制。

④ 数据来源于「社民党収支報告書(2021年2月15日)」，日本总务省，https://www.soumu.go.jp/senkyo/seiji_s/seijishikin/contents/SS20211126/000040.pdf。

果。[①] 日共委员长志位和夫认为,在突如其来的新冠肺炎疫情背景下,资本主义贫富差距扩大和生态环境破坏两大痼疾更加凸显,如果继续坚持资本主义的生产方式,那么下一次更可怕的疫情将不可避免。疫情向人类提出了资本主义制度可否存续的重大命题。[②]

社民党也表示,金融危机暴露了资本主义制度剥削劳动者的本质。新自由主义的本质是运用市场机制促进企业和个人的自由竞争,通过减少政府和公共服务干预来刺激市场。[③] 其试图用践踏劳动者权益、剥夺劳动者生计、削减劳动者工资的方式来缓解危机,最终的后果必将是危机进一步深化,新自由主义走向破产。[④] 自新冠肺炎疫情暴发以来,社民党指出新冠肺炎疫情只不过是今后一定会到来的危机的开始,而世界面临的最大危机是气候变化和新自由主义产生的贫富差距问题。新自由主义无法应对这两个危机,并威胁到整个人类的生存与发展。[⑤]

2.在议会选举中的新进展

在议会选举方面,日本社会主义运动在总体低迷的状况下出现震荡。2000 年众议院大选中,日共获得 20 席,社民党获得 19 席。但在此后的选举中,日共和社民党都出现了大幅下滑。在 2003 年众议院大选中,日共减少 11 席,仅获得 9 席;社民党骤减 13 席,仅获得 6 席。此后的连续两届选举中,日共和社民党都维持在 9 席和 7 席,进入持续低迷状态。由于金融危机等诸多因素的影响,日共在 2014 年的众议院选举中实现短暂跃进,获得 21 世纪以来最多的 21 席,而社民党却未能摆脱颓势,持续衰减至 2 席。昙花一现的选战态势并未持续太久,日共未能维持住良好的成果,犹如“过山车”一般迅速下滑,而社民党又陷入分裂危机。2020 年 11 月,社民党内部分党员决定脱党并加入立宪民主党,其中还包括两名议员。在 2021 年众议院大选中,日共和社民党再度失利,分别比 2017 年大选减少了 2 席和 1 席,只获得 465 个席位中的 10 席和 1 席[⑥],与 21 世纪初的日本社会主义力量相比可谓相差甚远。相对于众议院选举,参议院的选举也出现缓慢下滑趋势。在 2022 年的参议院选举中,日共和社民党分别获得

---

① 「日本共産党　第 25 回大会決議」,日本共产党官网,https://www.jcp.or.jp/akahata/aik09/2010-01-17/2010011701_06_1.html。

② 志位和夫:「日本共産党創立 98 周年記念講演会　コロナ危機をのりこえ、新しい日本と世界を——改定綱領を指針に」,『しんぶん赤旗』2020 年 7 月 17 日,https://www.jcp.or.jp/akahata/aik20/2020-07-17/2020071707_01_0.html。

③ 「資本主義への対案は社会民主主義～新自由主義から脱し社民主義の実践を～」,『社会新報』2022 年 2 月 18 日,https://sdp.or.jp/sdp-paper/social-democracy/。

④ 又市征治:「第 80 回メーデー・メッセージ」,https://www.s-mataichi.com/message/20090501.html。

⑤ 「斎藤幸平さんと福島党首が対談——『人新世の「資本論」』で考える　人類の危機どう乗り越えるか——」,『社会新報』2021 年 10 月 29 日,https://sdp.or.jp/sdp-paper/20211103-simpo-page1/。

⑥ 数据截至 2022 年 7 月 8 日,来源于日本众议院网站,https://www.shugiin.go.jp/internet/itdb_annai.nsf/html/statics/shiryo/kaiha_m.htm。

4席和1席[①]，相比2001年参议院选举的5席和3席来说，席位略有减少。而其他左翼政党自21世纪以来始终没有获得议席，力量处于绝对弱势地位。

在选举策略上，日共和社民党都采取了灵活现实的选举策略，主张以国民的根本利益为出发点，通过制定贴合群众的政策而争取党的知名度和好感。日共认为："国民是日本社会发展方向的决定力量。任何政策只有获得多数国民的理解和支持，才能发挥变革社会的强大力量。"[②]面对自民党、公明党稳固的执政联盟，左翼政党提出政权更替的"共同斗争"，在诸如维护和平宪法、反对提高消费税、保护生态环境等问题上开展广泛的合作。2021年9月8日，社民党与日共、立宪民主党、令和新选组、市民联合达成共识，联合签署了《众议院大选中在野党共同政策的建议——为了保护生命而改变政治》的政策协议[③]，进一步加强了联合斗争的力量。

3.加强党的建设的新举措

针对近年来党员减少和选举衰退的情况，日共在2010年1月通过的二十五大决议中指出：为了建设强大的党，必须从根本上强化党的建设工作，要采取以支部为主体；扩大党员和《赤旗报》读者数；建设以纲领学习为中心的高质量党员队伍等。[④] 在2020年1月召开的二十八大上，日共首次把党的建设列为党代会的独立决议案[⑤]，进一步提出把扩充党员队伍作为党的建设的基础性工作，开展以参加支部会议、订阅《赤旗报》、交纳党费为"三大原则"的党组织生活，实施既要满足国民需求又要加强党的建设的"一车两轮"活动，积极实现党的代际有序传承。[⑥] 同时，日共更加注重互联网在党的建设中的灵活作用，在推进双向宣传和信息传播中明确强调："无论是政策宣传还是组织活动，都要把社交网络作为作战的主战场之一。"[⑦]

社民党于2014年提出"党的重建与再生"目标，围绕"地方组织建设、理论政策研究、议员发掘培养等九个方面"全面加强党的建设。[⑧] 社民党前党首吉田忠智指出，在

① 数据截至2022年7月31日，来源于日本参议院网站，https://www.sangiin.go.jp/japanese/joho1/kousei/giin/208/giinsu.htm。

② 不破哲三：『報告集　日本共産党綱領』，日本共産党中央委員会出版局，2004年，第8頁。

③ 「生存のための政権交代を　市民連合と4野党が政策合意で結束」，『社会新報』2021年9月17日，https://sdp.or.jp/sdp-paper/20210922-simpo-1/。

④ 「日本共産党　第25回大会決議」，日本共产党官网，https://www.jcp.or.jp/akahata/aik09/2010-01-17/2010011701_06_1.html。

⑤ 山下芳生：「可能性とらえ党づくりの新たな躍進の時代開こう——第二決議案　山下副委員長が報告」，『しんぶん赤旗』2020年01月16日，https://www.jcp.or.jp/akahata/aik19/2020-01-16/2020011601_02_0.html。

⑥ 「日本共産党第28回大会　第二決議(党建設)」，日本共产党官网，https://www.jcp.or.jp/web_jcp/html/28th-kaigi/20200118-28taikai-ketsugi2.html。

⑦ 「幹部会決議・全国都道府県委員長会議　第一決議」，日本共产党官网，https://www.jcp.or.jp/web_jcp/2020/10/post-102.html。

⑧ 参见孙小菲、李亚洲：《日本社会民主党的历史演变与前景探析》，载《当代世界与社会主义》2021年第6期。

政策上坚持“以维护宪法第九条和削减消费税为支柱，实现党的重建与再生”[①]。社民党目前宣称“社会民主主义必将取代新自由主义”，但因其组织能力严重落后，未能在国家政策上提出可行性方案。针对上述情况，社民党就提高党员数量、机关报发行量、组织建设提出了具体措施，其中包括：重申扩大年轻党员队伍是当前的紧迫任务，积极搭建与青年对话的平台；强化党的主体性，扩大对青年的教育宣传并强化年轻党员的理论学习；增强向地方组织派送机关报的效率，把阅读机关报作为理论学习的重要载体；密切与群众联系，大力增加地方议员，深化工人运动，组织青年运动。[②]

4.拓宽对外交往的新路径

21 世纪以来，日本社会主义运动在对外交往方面的新路径主要体现在：一是加强与在野党在选举阵线中的合作；二是拓宽区域内政党间的交往；三是深化与其国际联合组织的交流和联系。日共在 1999 年确立了“在野党外交”方针[③]，又于 2017 年二十七大上提出“在野党联合政权”构想。2017 年 12 月，日共二十七届三中全会指出：“在野党之间应相互尊重彼此的政治差异，在选举中团结协作，开展联合行动，最终组建‘在野党联合政权’。”[④]日共二十八大面对新形势进一步强调：“各在野党要构建求同存异的‘多样性统一’局面。”[⑤]在区域层面，自第二届亚洲政党国际会议（ICAPP）以来，日共皆派出代表参加大会，并主张建立“亚洲共同体”和“东北亚和平合作框架”。[⑥]日共还积极深化与世界共产党工人党以及共产党和工人党国际会议的交流和联系。

社民党支持构建“在野党联合斗争”框架，并在反对安保法案等问题上与在野党进行协商。2021 年 8 月，以社民党、新社会党和绿党等自由革新政党为主体，成立了进一步加强在野党合作的“共同协议桌”。[⑦] 在区域层面，社会党曾是“亚洲社会党会议”组织的成员，在“亚洲社会党会议”解散后，社民党针对构建“非核武器地带”“东北亚和平框架”等区域问题与亚洲各左翼政党开展交流合作。作为社会党国际的成员，社民党也不断加强与西方各社会民主主义政党的往来。

---

① 吉田忠智、香村啓文：「社民党前党首吉田忠智参議院議員に聞く　安倍政権と対峙するために　野党共闘で政治状況の変革を：憲法の9 条維持と消費減税を柱に党の再建再生を」，『月刊 times』2020 年 1 月号。

② 松本順次：「参院選総括から党建設の課題を考える　社民党の基盤をどこから再構築するのか」，『社会主義協会』2019 年 11 月号。

③ 「アメリカを訪問して　志位委員長の報告」，『しんぶん赤旗』2010 年 5 月 25 日，https://www.jcp.or.jp/akahata/aik10/2010-05-25/2010052501_07_0.html。

④ 「第 3 回中央委員会総会　志位委員長の幹部会報告」，日本共产党官网，https://www.jcp.or.jp/web_jcp/html/20171202-3chuso-houkoku.html。

⑤ 「日本共産党第 28 回大会　第一決議（政治任務）」，日本共产党官网，https://www.jcp.or.jp/akahata/aik19/2020-01-19/2020011909_01_0.html。

⑥ 「「アジアの共同体」、「核兵器のない世界」　アジア政党国際会議と日本共産党の貢献」，『しんぶん赤旗』2014 年 9 月 28 日，https://www.jcp.or.jp/akahata/web_daily/html/201409-ICAPP-shii.html。

⑦ 「正念場の社民　野党連携へ支援団体が発足　佐高信さんら発起人」，『毎日新聞』2021 年 8 月 18 日，https://mainichi.jp/articles/20210818/k00/00m/010/062000c。

三、21世纪日本社会主义运动的新特征

相较于20世纪的社会主义运动，21世纪以来日本社会主义运动的发展趋势呈现出诸多变化，主要表现为“四化并呈”的新特征。

1.地缘政治色彩鲜明化，呈现“中间大，两头小”发展趋势

日本左翼力量主要分布在日本中部的关东地方、中部地方和近畿地方三大地区，而东北部和西南部地区左翼力量相对较弱。从地方议员分布情况来看[①]，日共和社民党在中部这三大地方的地方议员约占总数的55%，而东北部两大地方及西南部三大地方分别占20%和25%，总体呈现出较为明显的“中间大，两头小”橄榄形的地缘政治格局。

日本左翼力量的地缘政治特征，究其原因，有其独特的社会经济基础。从历史上看，中部地区历来是日本政治经济中心，社会主义思潮兴起较早，工人具有较高的政治觉悟，也是工人反抗资产阶级压迫的中心区域。二战后，日本工业化和城市化迅速发展，逐步在中部沿海形成以东京、名古屋、大阪为核心的三大工业带和三大都市圈。这里不仅工业繁盛、经济繁荣、城市繁华，而且人口稠密，汇集了众多中小企业及产业工人，有利于工人阶级的集中和团结，也为壮大左翼力量奠定了阶级基础。此外，经济的快速发展也带来了诸多城市化问题和社会问题，如居住条件恶化、贫富差距扩大、大企业对中小企业的垄断和压迫等问题格外突出。新冠肺炎疫情的暴发加剧了这一地区的矛盾，日本新自由主义改革的弊端更加明显，甚至有学者坦言，疫情不仅会进一步加大经济层面的贫富分化，而且在后疫情时代会引发社会层面上的价值取向割裂情况。[②] 消费税提高、物价上涨、失业、腐败等问题，激起了中部地区底层人民的严厉声讨，而在反对新自由主义的声浪中，左翼政党在发达的中部地区呼声越来越高。日共指出，“只有在中间地区选举中提高议席和得票，才能在统一地方选举中获得胜利，进而在参议院选举中取得跃进”[③]。

2.社会主义诉求弹性化，呈现原则性与适应性相调和趋势

21世纪后，国际形势和日本国内环境都发生了巨大变化，日本左翼政党也在寻求适合时代要求的社会主义目标。日本社会主义运动中的各左翼政党都试图通过自身的转型来推进社会主义运动的发展。与20世纪日本左翼政党坚持“原则性”的变革方式不同，21世纪以来的日本左翼政党处在政治核心的边缘，只有通过议会斗争“捍卫”原则性，并不断调整适应性，才能防止两者相互脱离。

---

① 根据日本总务省统计数据整理，参见「地方公共団体の議会の議員及び長の所属党派別人員調等(令和2年12月31日現在)」，日本总务省，https://www.soumu.go.jp/main_content/000741469.pdf。

② 野口悠紀雄:「コロナで仕事失う人と何ともない人に映る格差　救済されず不満の蓄積と分断がもたらされる」，『東洋経済』2021年1月10日，https://toyokeizai.net/articles/-/401280。

③ 「第3回中央委員会総会　志位委員長の幹部会報告」，日本共产党官网，https://www.jcp.or.jp/web_jcp/html/20171202-3chuso-houkoku.html。

冷战时期，社会党在议会中拥有重要影响力，可以通过政治权力来推行日本和平化改革，并坚守“非武装中立”的护宪和平立场，与自民党进行了长期对抗。冷战后为了适应内外形势的变化，社会党在获得执政机会的同时却放弃了其一贯立场。1993年7月，社会党、民社党、社民联等签订《八党派备忘录》，明确表示“继承以日美关系为基轴的日美安保条约”①。1994年7月，社会党与自民党联合执政后进一步肯定上述态度，强调“非武装”是超越党纲的人类理想，“中立、非同盟”随着东西方对立的结束已完成历史使命。② 进入21世纪后的社民党因缺乏政治权力的支撑，坚持了后期社会党的立场，不仅承认自卫队合宪，还主张维持日美同盟关系，除维护和平宪法的基本原则外，其社会主义诉求完全趋于现实需要而更富弹性。日共于2004年修改党纲，对其传统政策进行了较大调整，一改以往坚决废除日美安保条约、自卫队、天皇制的立场，而采取了灵活的态度，即“其存废要待将来时机成熟时，依据全体国民的意愿加以解决”③。日共委员长志位和夫公开表示：“将废除天皇制从民主主义革命中删除是现阶段合理的修改。”④从日共2004年和2020年两次修订的纲领中也可以看出，其实现社会主义的路径要根据国民的诉求进行适应性调整，逐步实现社会主义变革。这种“踢皮球”的方式，既保留了左翼政党的革新传统，又适应了当下民众的整体要求，有利于争取选民的支持。相对激进的日共（左派）虽然始终主张武装斗争，但进入21世纪后也积极参与议会选举活动，在地方议会拥有少量议席。因此，进入21世纪以来，日本的社会主义运动停留在议会斗争、争夺群众话语权、维护社会主义既定成果等方面。

3.左翼格局联合化，呈现多党协调合作趋势

日本左翼政党一直缺乏团结性和统一性。导致左翼政治碎片化主要有两方面原因：一是对待日共的态度分歧明显；二是对各种现实问题的看法差异较大。在对待日共的态度上，社会党左派和其右派、民社党、社民联有着两种完全不同的倾向。在各种社会现实及日美关系问题上，各左翼政党的看法也判若鸿沟。仅就左翼政党而言，它们之间纷争不断，没有形成对抗保守势力的阵营。20世纪70年代结成的“社公民路线”把日共长期排斥于主流政治之外。其后，民社党和社民联主张建立“非自民、非共产”联合政权，更是使日共于在野党内被长期孤立。

而随着保守的执政党右倾化不断加剧，引起了国民的强烈不满，各左翼政党开始搁置争议，商讨联合斗争的可能性。2015年8月，大量民众就反安保法案进行了近40年来最大的游行集会。面对自民党破坏宪法与和平原则，社民党、日共等在野党纷纷表示应加强合作，推翻自民党政权。2016年初，日共与社民党初步达成协议，共同维护宪法，两党自20世纪80年代以来第一次建立统一战线。此后，为了迎战2016年7

---

① 塩田庄兵衛ほか編：『日本戦後史資料』，新日本出版社1995年版，第777頁。

② 日本社会党五〇年史編纂委員会編：『日本社会党史』，社会民主党全国連合，1996年，第1168頁。

③ 「日本共産党綱領」，日本共产党官网，https://www.jcp.or.jp/web_jcp/html/Koryo/。

④ 「天皇の制度と日本共産党の立場」，『しんぶん赤旗』2019年6月4日，https://www.jcp.or.jp/akahata/aik19/2019-06-04/2019060401_01_0.html。

月举行的参议院大选，日共集结社民党等四个在野党组成“在野党统一战线”。在选举中，新社会党也积极支持在野党统一候选人，最终统一战线实现了共赢，表明左翼政党的联合初见成效。在2017年的众议院大选中，日共、社民党、立宪民主党通过推举在野党统一候选人，赢得的席位从38席大幅增至69席。① 2019年进行的参议院选举中，“在野党统一战线”联合阻止了安倍政权修改宪法第九条所需的2/3议席，“以共斗的力量痛击了安倍政府的改宪计划，改变了政治局面”②。虽然在2021年的众议院选举中新社会党没有推荐独立候选人，但在全国各地新社会党全力支持在野党统一候选人。③ 这样，通过“在野党统一战线”，日本左翼政党的联合力量加强，而主张“毛主义”的日共(左派)和劳共党等激进的左翼政党由于被排除在议会之外，也只能通过“联合政治”的方式来表达革命诉求，反对保守政党。

4.运动形式多样化，呈现“政治性运动”转向“多样性运动”趋势

在东西方冷战背景下，日本社会主义运动受意识形态的影响具有强烈的政治性。这一时期，日本的左翼政党提出了挑战资本主义政治体制的相应举措和变革愿景。一些激进的社会主义者甚至提出，日本需要在制度上进行社会主义革命。2008年金融危机后，新的社会矛盾凸显，在政府对各种社会运动进行打压干涉和媒体报道极端化情况下，日本社会主义运动逐渐由“政治性运动”转向“多样性运动”。

一方面，与金融危机前日本社会主义运动单纯地把保障人民权益、维护和平宪法等目标作为运动的中心不同，金融危机后日本社会主义运动把保障就业、提高工资、削减消费税、缩小贫富差距、实现两性平等、保护生态环境、构建无核社会等诉求作为运动的主要目标。日共于2017年3月和7月两次派代表参加禁止核武器条约的联合国会议，并指责核大国和日本盟国等坚持的“核威慑论”。在国内，日共积极呼吁“建立一个签署《禁止核武器条约》的政府”④。社会党主张“提高全国最低工资标准到1500日元/小时，消除男女的工资差距，贯彻同工同酬原则，建立良好的工作环境”⑤。另一方面，日本左翼政党认为，在当代资本主义的发展条件下，单纯地从政治领域进行批判已不合时宜，必须要从经济、文化、社会、生态等领域探寻资本主义危机的根源，从而进行整体性批判。与传统的政治运动相比，21世纪的日本社会主义运动“不再从一般的意识形态或某种政治理念出发，而是从具体的生活利益与要求出发；不再以国家或民族

① 「第3回中央委員会総会　志位委員長の幹部会報告」,『しんぶん赤旗』2017年12月4日，http://www.jcp.or.jp/akahata/aik17/2017-12-04/2017120409_01_0.html。

② 「改憲勢力の「3分の2」阻止　共産党比例4、選挙区3議」,『しんぶん赤旗』2019年7月23日，http://www.jcp.or.jp/akahata/aik19/2019-07-23/2019072301_02_1.html。

③ 「総選挙勝利へ奮闘　創意・工夫こらして　新社会党共闘の一翼担い全力」,『今週の新社会』2021年10月6日，https://www.sinsyakai.or.jp/board/detail.cgi? sheet＝hp2&no＝303。

④ 「日本共産党第28回大会　第一決議(政治任務)」，日本共产党官网，https://www.jcp.or.jp/web_jcp/html/28th-kaigi/20200118-28taikai-ketsugi1.html#_01-2。

⑤ 「社民党の基本政策」，社民党官网，https://sdp.or.jp/policies/。

为斗争的立场,而是以地域住民为斗争的立场,因而更具现实性”[①]。

四、21 世纪日本社会主义运动的前景展望

长期以来,日本左翼政党作为制约和抗衡保守势力的主要力量,在限制日本朝军事大国方向发展、保护人民权益等方面起到了左翼政党的作用,是日本政坛上不可忽视的重要存在。当前,日本政治正处于复杂的过渡期,政党的分化重组及在野党统一战线的结成,给社会主义势力以调整发展的机会,左翼政党在日本政治生态中仍将发挥不可低估的作用,但由于整体力量较小,在未来实现复兴仍难有所为。

1.马克思主义政党的发展前景

日本的马克思主义政党在成立伊始就将实现社会主义和共产主义确立为政治目标,并将暴力革命视为革命的唯一路径。20 世纪 70 年代后,面对变化的国内外形势,日共逐渐将议会道路作为实现社会主义的重要途径。日共主张在政治上建立多党执政的“民主联合政府”,在经济上实行生产资料的社会化。[②] 但自“2017 年以来,日共对我国、我们党的批评走向公开化,不仅批评越来越多,而且有不断升级的趋势”[③];不仅煽动“中国威胁论”,舍弃侵华战争的历史背景而主张“领土固有说”,而且在涉港、涉藏、涉疆等所谓“人权”问题上对我国进行无端指责。2017 年 1 月,日共二十七大将中国描述为“表现出新大国主义、霸权主义的国家”[④];2020 年 1 月,日共二十八大修改党纲的一个重大变化是彻底删除了中国是“以社会主义为目标的新探索”国家,否定中国社会主义道路。虽然日共在其党章第二条中规定“党以科学社会主义为理论基础”,但这种做法已经违背了无产阶级的国际主义与和平主义立场。因此,从性质上看,当前日本的马克思主义政党是科学社会主义理论发展进程中国别化或日本化的一个社会主义流派,是夹带民族主义色彩的社会主义。

目前日共已成为日本革新势力的代表,并在维护政治民主和政策相对平衡上发挥重要作用。在选举中,日共以结成“在野党统一战线”为选举策略,提出“在野党联合政权”的构想。在未来,日共仍将以统一战线为重点开展选举活动,并在选举策略和选举方法上会采取更加灵活的方式。但也要看到,党势弱小的现实决定马克思主义政党在今后的选战中将以第三极力量出现在政党政治中并充分发挥均衡作用。从当前的日本政治形势来看,自民党与公明党的联合政权还将持续下去,而与之对抗的另一极仍在形成中。也就是说,正在形成的另一极在野党势力也在寻求与之合作的第三方力量,通过联合其他在野党力量获取政权。正因此,作为第三极的马克思主义政党可以把握机会与之合作,实现联合执政的目标,“在野党统一战线”策略也有了广泛合作的

---

① 林尚立:《日本政党政治》,上海人民出版社 2016 年版,第 343 页。

② 「日本共産党綱領」,日本共产党官网,https://www.jcp.or.jp/web_download/2020/02/2020-manifesto.pdf。

③ 谭晓军:《百年历程:日本共产党的发展困境及启示》,载《马克思主义与现实》2021 年第 4 期。

④ 「日本共産党第 27 回大会決議」,日本共产党官网,https://www.jcp.or.jp/web_jcp/html/27th-taikai/20170118-27taikai-ketsugi.html。

可能性。不过在这个过程中，马克思主义政党为了团结和巩固统一战线，可能会丢掉一些固有的社会主义原则，不断淡化意识形态色彩，甚至会失去一些忠实选民的支持。但是在“自公政权”占绝对优势的形势下，马克思主义政党将继续在保守化日益严重的政治生态中扮演极其重要的第三极角色，而在其中的牵制作用也会越来越重要。从现实发展形势来看，日本的马克思主义政党无法从外部得到任何实质性的援助，其社会主义前景不容乐观，挑战大于机遇，短期内达到执政的可能性微乎其微。

2.非马克思主义政党的发展前景

非马克思主义政党的社会主义反映了日本一部分有卓识的中小资产阶级的政治诉求。非马克思主义政党在探索这一理论与实践的过程中，既希望吸收社会主义和资本主义的某些合理要素，又不能全盘托出，不愿完全接受社会主义和照搬资本主义，而是根据日本的实际情况和历史传统将二者进行融合，走一条“中间道路”。因此，非马克思主义政党的社会主义道路实际上接受了多元主义思想，也导致其内部思想分歧甚至多次出现分裂，政党版图不断缩小。日本政治学者新川敏光将这种社会主义归纳为三个特征：第一，肯定资本主义框架内改革的可能性；第二，要求改革政治（国家和议会）的可能性；第三，制定超越产业工人横向支持的福利国家政策。[①] 这些特性在经济高速增长期后或多或少与自民党政策有所雷同，而没有显示出非马克思主义政党政策的独特性。可以看出，非马克思主义政党的社会主义带有改良主义的色彩，并难以走出自民党化的框架，但毕竟在一定程度上把维护中下层劳动人民的权益纳入视野范围内，在护宪和平、自由平等、保障人权等原则上具有革新政党的社会合理性和历史进步性。不过也要看到，日本非马克思主义政党在政治上主张走资本主义议会民主道路；在经济上反对新自由主义，主张“通过社会的规制形成公正的市场经济”；在对外关系上主张建立“与世界人民和平共生的日本”。[②] 因此，当前日本非马克思主义政党的社会主义实质上是政治上接受资本主义的议会民主制度、经济上采取某些社会主义政策、对外交往上贯彻和平主义原则，并结合自身实际情况的改良主义。

就其前景来看，非马克思主义政党的社会主义是以现实政策为导向，全力为选举政治服务的。苏东剧变前，社会党高举“护宪和平主义”的旗帜，坚持“非武装中立”政策，与自民党进行了长期而激烈的较量，虽未取胜，但“非武装中立”已成为社会党的独特标志，得到广大国民的支持和认可。苏东剧变后，面对世界社会主义的低迷和日本右翼势力的抨击，社会党也将“非武装中立”路线视为获取政权的最大政治包袱[③]，从而为了达到执政目的全盘否定其基本政策，走向现实主义路线。这种饮鸩止渴的方式使社会党不仅丢掉了革新力量的符号，而且在选举中失去了多数选民的支持，“变节”、改组后的社民党也从此一蹶不振，沦落为现今日本国会中无足轻重的小党。从未来的发展看，“左右逢源”的非马克思主义政党难以恢复实力，其社会主义主张既非政治理

① 森裕城：『日本社会党の研究——路線転換の政治過程』，木鐸社 2001 年版，第 210 頁。

② 「社会民主党宣言」，社民党官网，http://www5.sdp.or.jp/vision/vision.htm。

③ 参见上住充弘：『日本社会党興亡史』，自由社 1992 年版，第 1—7 頁。

念，也非长久目标，在很大程度上只是其根据形势迎合选举的需要，今后有继续被边缘化甚至被其他保守政党吞并的危险。

五、结语

日本社会主义运动经过120余年的发展，从兴起到壮大历经坎坷与挫折，逐渐形成了具有日本特色的社会主义模式，已然成为世界社会主义运动的一个典型案例。21世纪以来，日本社会主义运动在继承其20世纪下半叶已出现的碎片化发展态势外，在重大理论与实践问题、空间格局、政治格局、运动诉求及运动形式方面均呈现出共同的发展新动态。同时，日本社会主义运动也存在着类型化的发展差异，其中，日共经历了“大起大落”，已成为日本革新力量的代表，也是发达国家社会主义运动中的亮点之一；社民党已完全退化为“边缘政党”，早已失去了往日的荣光。在保守化日益严重的政治生态下，左翼政党虽是制约和影响右翼势力的重要一方力量，在夹缝中仍有一定的发展空间，但由于整体实力不够强大，未来生存和发展条件依旧严峻，短期内迎来复兴的希望渺小。

总的来说，日本社会主义运动既具有世界社会主义运动的普遍性，又具有亚洲社会主义运动的特殊性；既具有争取民主与维护和平的进步作用，又具有改良资本主义、阻碍社会主义实现的消极作用。当前的日本左翼政党正处于变革与转型的关键时期，而“在发达资本主义国家的社会主义变革，既具有特殊的艰巨性，又是一项具有巨大潜力的事业”①，其前途不会一帆风顺，道路充满挑战。正如日本学者濑户宏教授所指出：“由于日本政府不支持甚至打压社会主义研究，再加上日本的年轻人普遍不关心政治，社会主义研究在日本被冷落、社会主义运动在日本处于低谷是一个现实。”②不过，考虑到21世纪日本左翼政党不断调整与蓄力发展的大趋势，而且其团结合作的稳定性也超过20世纪中后期，因此21世纪日本社会主义运动取得了一定的成就，但在发达资本主义国家内探索社会主义道路仍任重而道远。

---

① 「日本共産党綱領」，日本共产党官网，https://www.jcp.or.jp/web_download/2020/02/2020-manifesto.pdf。

② 晓东：《中日学者眼中的社会主义运动及其在日本的实践——中国社会科学院马克思主义研究院代表团赴日研讨交流综述》，载《马克思主义研究》2017年第12期。

从近年来地方选举看印度左翼政党发展新态势

胡　月

（云南大学马克思主义学院博士研究生）

近年来，印度左翼政党呈现逐步复苏的态势。其中，以社会党（Samajwadi Party）、人民党（联合派）[Janata Dal（United）]、人民党（世俗派）[Janata Dal（Secular）]为代表的温和左翼在卡纳塔克邦、比哈尔邦、北方邦等表现亮眼，取得不俗成绩。以印度共产党（马克思主义）[CPI(M)]为代表的激进左翼不仅在2021年再次赢得喀拉拉邦的议会选举，打破该邦的"历史惯例"，还在同年泰米尔纳德邦的议会选举中获得突破。而以印度共产党（毛主义）[CPI(Maoist)]为代表的极端左翼继2014年之后2017年又开辟了一条红色走廊，使南北分离的毛主义运动推向全国。① 总体而言，印度左翼政党的发展表现出"地缘政治特征鲜明化、社会主义诉求弹性化、左翼力量联合化"等新特征，具有渐趋复苏的迹象。但在印人党"藏红花浪潮"、自身发展受限等重重挑战下，印度左翼政党短期内还无法有太大的作为，不过，从长远来看，其发展态势值得肯定和关注。

一、印度左翼政党发展历程回顾

近代以来，印度诞生了印度国民大会党和印度人民党等中右翼党派，同时，也诞生了印度共产党（马克思主义）、国大社会党（Congress Socialist Party）、印度共产党（毛主义）等不同类型的左翼政党。20世纪20年代以来，印度左翼政党把社会主义、马克思主义、毛泽东思想与本国的具体实际相结合，持续进行斗争实践，是百年来印度政党政治发展的重要影响者，也是使印度政治生活日趋活跃、渐趋成熟的参与者和贡献者，更是影响印度政治生态的重要力量。同时，在这些左翼政党的推动下，印度社会主义运动也跌宕起伏。

1.印度左翼政党的诞生

在印度争取民族独立与国家解放中诞生的左翼政党是印度社会主义共产主义运

① 参见张淑兰：《21世纪以来南亚社会主义运动的态势分析》，载《马克思主义研究》2021年第7期。

动的中坚力量。1757年,印度开始沦为英国的殖民地。1858年,英国政府直接统治印度。1947年,印度宣布独立。在反对帝国主义和资本主义的斗争中,印度涌现出了众多左翼政党,这些左翼政党在现今成为印度政党生活中反对资产阶级统治、争取社会主义目标的诸多社会主义政党的发源地。其中,独立前最具影响力的左翼政党有印度共产党、国大社会党和全印度前进集团。

印度共产党正式成立于1925年12月[①],是印度创立时间最早的马克思主义政党,主要创立者是罗伊(Manabendra Nath Roy),但因对共产国际第六次代表大会制定的路线不满,他在1929年被开除共产国际。之后一直至1947年,该党实际领导者为约希(Puran Chand Joshi),约希担任总书记长达13年,这一时期俗称为"P.C.约希时代"。1925～1942年,印共基本上被当局认定为非法政党,这一时期尚处于印共的发展初期,其组织力量、政治影响力都较小,政治活动也主要是依附于颇具影响力的国大社会党和工农党(Workers and Peasants Party),来组织工人、农民和学生运动,谋求利益诉求和加强党的建设。1942年7月,在内外因素的影响下[②],印共被当局宣布为合法政党。1943年5月23日,印度共产党在孟买召开了第一次代表大会,拟定了党的策略路线。之后,印共便进入了快速发展期,其党员数量也从1942年的2500人增至1945年的25000人。

国大社会党是这一时期具有重要影响力的左翼政党,也是印度独立后众多左翼政党的母体。其前身是印度国民大会党内的一个社会主义团体。1934年10月,受社会主义思潮的影响,激进的纳拉扬(J. P. Narayan)、洛希亚(R. M. Lohia)和德瓦等人脱离国大党(The India National Congress),成立国大社会党。1942年被当局禁止后转入地下活动。之后,由于路线分歧,历经多次分裂与重组,逐步走向衰落。

全印度前进集团(All India Forward Bloc)是成立于1939年5月3日的激进左翼政党,由印度国民大会党分裂出的成员构成。1940年6月,该党召开了第一次代表大会,其崇尚的是利用阶级斗争理论实现社会主义,并最终走向无产阶级社会的革命行动,曾在1946年号召"联合印度左翼力量,实现自由、民主和社会主义的目标"而被人们熟知[③],现仍然活跃在印度的政治舞台。

2.独立后印度左翼政党在震荡中发展

1947年,印度正式宣布独立,左翼政党的发展进入快车道。从1947年至20世纪末,诞生了印度共产党(马克思主义)、印度共产党(马克思列宁主义)、印度社会主义统

---

① 关于印度共产党的成立时间有一定争议。1920年10月,罗伊在塔什干创立了印度第一个共产主义小组,之后,印度各地相继成立多个共产主义小组;1925年12月,印度各地的共产主义小组在坎普尔召开会议,决定正式成立印度共产党。有的学者认为印度共产党成立于1920年,有的认为是1925年,不过印度共产党(马克思主义)的官方网站认为印度共产党成立于1920年10月。参见CPI(M),https://cpim.org/documents/100-years-communist-party。

② 1942年,英国和苏联加入了反法西斯主义的斗争,为了加强在印度的斗争力量,克里普斯代表团同印度各政党开始谈判。后在印共总书记约希的努力下,1942年7月,印共被当局宣布为合法政党。

③ AIFB,"History of AIFB",https://forwardbloc.org/history/.

一中心(共产主义)、社会党、人民党等诸多左翼力量。这一时期,左翼政党发展虽有震荡,但仍然表现出色。

20 世纪 60 年代前,印度左翼政党格局主要是以印度共产党和国大社会党为主,这一阶段左翼政党的发展可圈可点。在 1952 年和 1957 年的人民院选举中,印度共产党分别竞得 16 席和 27 席,国大社会党分别竞得 12 席和 19 席。[①] 在印度共产党分裂前,该党在人民院的选举中一直仅次于印度国民大会党,位居第二。60 年代后,印度左翼政党格局发生重大变化。1964 年,印共(马)脱离印共成为独立政党,1967 年印共(马)再次分裂出印共(马列)。1964 年,尼赫鲁去世,国大党内矛盾重重,左翼政党发展面临重大机遇。然而,政党内部之间的分歧大大削弱了左翼力量,分散了左翼在议会中的席位。在 1967 年的印度大选中,印度共产党竞得 24 个席位,印共(马)竞得 19 个席位,普拉亚社会党竞得 12 个席位,社会党竞得 23 个席位,各势力未能对国大党造成威胁。

1977 年,左翼政党发展迎来转机,受"全面革命"政治危机的影响,印度进入紧急状态。受此次事件的影响,重组后的人民党在该年的大选中一举战胜国大党,成功问鼎中央政府。但之后人民党不断分裂,力量不断削减,政治影响力每况愈下。而新成立的印共(马)则成为政治明星,不仅在 1977 年中央选举中竞得 22 个席位,排名第三[②],同年还在西孟加拉邦议会选举中率领左翼阵线取得开门红,拿下 294 个席位中的 231 席,开启了左翼联盟在该邦连续执政 34 年的神话。

苏联解体后,左翼政党解体的魔咒未曾在印度这个神奇的国家上演,左翼政党反而表现更加卓越。在 1996 年的印度大选中,以印共(马)为首的左翼阵线在议会中形成与国大党、印度人民党三足鼎立的局面。由于此次大选没有一个政党获得议会半数席位,国大党在联合印共(马)、人民党为首的其他 12 个政党才得以组建新的政府。印共(马)中央政治局委员、西孟加拉邦首席部长巴苏甚至曾先后两次被推举入阁出任总理,但均遭印共(马)拒绝。[③]

3.21 世纪以来印度左翼政党的主要力量

进入 21 世纪,印度左翼政党影响力整体下滑,但仍然是印度政坛中的主要力量。目前,按照意识形态划分,可以将印度左翼分为三种类型:主张走"议会道路"的温和左翼、激进左翼、主张走"暴力革命"道路建立无产阶级政权的极端左翼。

目前,活跃在印度政坛中的温和左翼主要包括人民党(联合派)、人民党(世俗派)、社会党等左翼力量。这些政党几乎都源于 1977 年问鼎中央政府的人民党,该党在 1988 年并入社会党,之后分裂为多个派别。其中,社会党成立于 1992 年,在 2004 年举行的印度第十四届人民院大选中获得 40 个席位,仅次于印共(马),排名第四;该党

---

① Rakesh Dubbudu, "History of Indian Parliament Elections (Lok Sabha)", https://factly.in/history-indian-elections/.

② "Sixth Lok Sabha, Party wise List," http://loksabhaph.nic.in/Members/partyar.aspx? lsno=6&tab=10.

③ 参见张淑兰:《印度议会左翼:发展历程、衰落原因与前景展望》,载《当代世界》2021 年第 2 期。

还于 2012 年在北方邦的立法议会选举中大获全胜，赢得 224 个席位，成功组阁[①]，目前主要在北方邦、中央邦和马哈拉施特拉邦活动。人民党（联合派）成立于 2003 年，在 2019 年的印度大选中竞得 16 个席位，排名第七[②]，是当前温和左翼中政治影响力最大的政党，目前主要在比哈尔邦等邦活动。人民党（世俗派）成立于 1999 年，在 2019 年的印度大选中竞得 1 个席位，目前主要在卡塔纳克邦等邦活动。

激进左翼有印共（马）、印共、全印度前进集团、革命社会党等。比起印共（马），另外几个党派政治力量较小。印共（马）曾在西孟加拉邦连续执政 34 年，在特里普拉邦连续执政 23 年，更是创造了举世闻名的“喀拉拉邦模式”，曾是印度议会政治中的第三大党，南亚地区最大的共产党。在 2004 年的印度大选中，该党获得 44 个席位，其党员查特吉成为 2004 年第十四届人民院的发言人。[③] 不过，2009 年以后逐渐走向衰落，在 2014 年和 2019 年的印度大选中只获得 9 席和 3 席；目前，其党员数量为 1000520 人[④]，喀拉拉邦是其唯一主政地。

极端左翼有印度共产党（毛主义）。印共（毛）是印度极端左翼政党中的代表。它发端于 1967 年的纳萨尔巴里运动，于 2004 年由印度共产党（马列—人民战争）和印度毛主义共产主义中心合并正式成立，主张通过武装斗争实现社会主义和共产主义的目标。2017 年，印共（毛）继 2014 年后又开辟了“新的红色走廊”，将南北分离的武装斗争推向全国。2022 年 5 月 1 日，印共（毛）中央委员会发表声明：“世界无产阶级的首要任务是摧毁帝国主义，建立社会主义！”[⑤]

二、近年来印度左翼政党在地方选举中的表现和特点

印度共有 28 个邦，地方邦的议会选举每 5 年举行一次，但时间又不相同。本文选取 2018～2022 年的地方选举数据，除吉拉特邦和喜马偕尔邦的选举在 2022 年 12 月举行而未选取外，其余数据已涵盖印度 90％的邦，分别是 2018 年的恰蒂斯加尔邦、卡纳塔克邦、中央邦、梅加拉亚邦、米佐拉姆、那加兰邦、拉贾斯坦邦、特伦甘纳邦、特里普拉邦，2019 年的安得拉邦、奥利萨邦、锡金、哈里亚纳邦、贾坎德邦、马哈拉施特拉邦，2020 年的比哈尔邦，2021 年的阿萨姆邦、喀拉拉邦、泰米尔纳德邦、西孟加拉邦，2022

---

① “Fourteenth Lok Sabha, Party wise List”, http://loksabhaph. nic. in/Members/partyar. aspx? lsno=14&tab=2; Election Commission of India, “Uttar Pradesh 2012,” https://eci. gov. in/files/file/3262-uttar-pradesh-2012/.

② “Seventeenth Lok Sabha, Party-wise List All Members”, http://loksabhaph. nic. in/Members/PartywiseList.aspx.

③ 参见“Fourteenth Lok Sabha, Party wise List”, http://loksabhaph.nic.in/Members/partyar.aspx? lsno=14&tab=2；张淑兰：《21 世纪以来南亚社会主义运动的态势分析》，载《马克思主义研究》2021 年第 7 期。

④ “Seventeenth Lok Sabha, Party-wise List All Members”, http://loksabhaph. nic. in/Members/PartywiseList.aspx; “Sixteenth Lok Sabha, Party wise List”, https://loksabha. nic. in/Members/partyar. aspx? lsno=16&tab=0; CPI(M), “About Us”, https://cpim.org/page/about-us.

⑤ Communist Party of India (Maoist) Central Committee, “Long Live May Day”, http://www.bannedthought.net/India/CPI-Maoist-Docs/Statements-2022/2022-05-01-CC-StmtOnMayDay-Eng.pdf.

年的果阿邦、曼尼普尔邦、旁遮普邦、北方邦、北阿坎德邦。

2019年以来，印度左翼政党相继在喀拉拉邦、泰米尔纳德邦的选举中取得历史性突破，在北方邦、比哈尔邦也获得重大进展，在特伦甘纳邦、卡纳塔克邦、曼尼普尔邦皆有不俗表现，在马哈拉施特拉邦还与中右翼组建联合政府，整体力量呈现出逐步复苏的态势。

1.喀拉拉邦、泰米尔纳德邦取得历史性突破

2021年是左翼政党斩获颇丰的一年，印共(马)率领的左翼阵线不仅再次在喀拉拉邦获胜，取得连任，还在泰米尔纳德邦与达罗毗荼进步联盟(DMK)等政党组成世俗进步联盟(SPA)，战胜印人党的全国民主同盟(NDA)，成功组阁。

喀拉拉邦是左翼政党的传统根据地，具有强大的群众基础和政治影响力，喀拉拉邦还在2020年率先走出新冠肺炎疫情危机，取得经济社会快速发展。在2021年喀拉拉邦的议会选举中，印共(马)、印共等左翼政党组成的左翼民主阵线(LDF)以99席再次战胜国大党的联合民主阵线(UDF)，前首席部长、印共(马)中央政治局委员维贾扬(Pinarayi Vijayan)获得连任，而印人党未获一席。[①] 此次左翼政党的胜利颇具政治意义。首先，自1977年以来未有任何一个政党或政党联盟在该邦的议会选举中连续获胜，而印共(马)打破了这一历史惯例，从目前的趋势看，左翼联盟的发展持续向好。其次，印共(马)分别在2011年和2018年丢失西孟加拉邦和特里普拉邦的执政权，喀拉拉邦是其仅剩的执政据点，若此次失败，印度国内最大、南亚地区影响力最大的马克思主义政党将迎来历史至暗时刻，这不仅不利于国内左翼政党的团结，还会大大削弱共产主义的力量和限制社会主义运动的发展，但印共(马)最终扛住了压力，成功获胜。最后，左翼民主阵线的胜利，使得印人党的“藏红花浪潮”受阻，给予右翼政治势力打击。

泰米尔纳德邦是印度第二大经济体，是历年来左翼与右翼角逐最为激烈之地。长期以来，该邦的政治主要由两个相互对立的达罗毗荼政党把持，即全印安纳达罗毗荼进步联盟(AIADMK)及其印人党等盟友组成的全国民主同盟，与达罗毗荼进步联盟、印共(马)等左翼政党组成的世俗进步联盟竞争，但前几次的选举基本都是由全国民主同盟取胜。在2021年议会选举中，世俗进步联盟以159席的总席位大胜全国民主同盟的75席，其中，达罗毗荼进步联盟贡献133席，印共(马)、印共均贡献2席，分别比2016年新增44席、2席、2席，而印人党仅获4席。[②] 这也证明了莫迪政府在该邦推行的“印度教民族主义特性”遇挫[③]，而达罗毗荼进步联盟及其左翼盟友取得历史性成就。

---

① Election Commission of India,“Kerala General Legislative Election 2021”, https://eci.gov.in/files/file/13827-kerala-general-legislative-election-2021/.

② Election Commission of India,“Tamil Nadu General Legislative Election 2021”, https://eci.gov.in/files/file/13680-tamil-nadu-general-legislative-election-2021/; Election Commission of India, “Tamil Nadu General Legislative Election 2016”, https://eci.gov.in/files/file/3473-tamil-nadu-general-legislative-election-2016/.

③ 参见许娟、张琳：《“新印度教特性”的泛起、特点与发展困境——以印度人民党在泰米尔纳德邦的实践为例》，载《南亚研究》2021年第4期。

2.比哈尔邦、北方邦获得重大进展,特伦甘纳、曼尼普尔等邦有不俗表现

比哈尔是印度发展最落后的邦,也是农民运动最为活跃的邦,在2020年爆发的农业改革法案群众集会中,该邦是呼声最高的邦之一。在2020年该邦的选举中,印人党和人民党(联合派)组成的全国民主同盟角逐全国人民党(RJD)、印共(马)等左翼政党组成的"大联盟"(MGB)。结果显示,大联盟获得110席,仅以相差14席、得票率落后0.03%的微弱差距落败于全国民主同盟。尽管左翼联盟惜败,但全国人民党仍然以75席的傲人成绩再次登顶比哈尔邦最大政党;印共(马列—解放)、印共(马)、印共同样皆有所获,分别获得12席、2席、2席,其中,印共(马列—解放)比2015年新增9席,比2010年新增2席,而印共和印共(马)都未新增席位。① 而在2010年以前,共产主义力量在比哈尔邦的力量微乎其微。对此,印共(马列—人民战争集团)[CPI(ML)]领导人潘卡尔·巴塔恰亚(Dipankar Bhattacharya)指出,这种联盟在15年前根本无法想象;印共总书记纳拉亚纳(K.Narayana)也认为,比哈尔邦的选举结果表明左翼政党在全国范围内的力量正在增强。②

北方邦2022年的选举由印人党率领的全国民主同盟与社会党、进步社会党[Pragatisheel Samajwadi Party (Lohia)]等党组成的联盟展开。印人党在403个席位中斩获255个席位获得胜利,虽然社会党落败,但其在这次选举中也竞得111个席位,比2017年新增64个席位,取得重大进展。③

特伦甘纳邦是印度最年轻的邦,于2014年从安得拉邦中分离出来,成为独立邦级地区。在2018年的地方议会选举中,以印共(马)、印共等为首的左翼政党积极参与,并皆有斩获。在2014年议会选举中,印共(马)和印共在安得拉邦分别竞得1席;2018年,虽然印共(马)和印共未获席位,但老牌左翼政党全印度前进集团表现亮眼,得票率为1.8%,斩获1席。④ 在2022年的曼尼普尔邦选举中,人民党(联合派)获得6席,而

---

① Election Commission of India,"Bihar Legislative Election, 2020",https://eci.gov.in/files/file/12787-bihar-legislative-election-2020/;Election Commission of India,"Bihar 2015",https://eci.gov.in/files/file/3904-bihar-2015/;Election Commission of India,"Bihar 2010",https://eci.gov.in/files/file/3903-bihar-2010/.

② 参见 Sobhana K. Nair,"Any subservience to Congress will be suicidal for Left in West Bengal, says CPI (ML) leader Dipankar Bhattacharya",https://www.thehindu.com/news/national/other-states/any-subservience-to-congress-will-be-suicidal-for-left-in-west-bengal-says-cpiml-leader-dipankar-bhattacharya/article33082748.ece; The Hindu,"Left parties indispensable in anti-BJP fight: CPI",https://www.thehindu.com/news/national/andhra-pradesh/left-parties-indispensable-in-anti-bjp-fight-cpi/article33154296.ece;张淑兰:《印度议会左翼:发展历程、衰落原因与前景展望》,参见《当代世界》2021年第2期。

③ Election Commission of India,"Uttar Pradesh General Legislative Election 2022",https://eci.gov.in/files/file/14185-uttar-pradesh-general-legislative-election-2022/; Election Commission of India,"Uttar Pradesh General Legislative Election 2017",https://eci.gov.in/files/file/3471-uttar-pradesh-general-legislative-election-2017/.

④ Election Commission of India,"Telangana General Legislative Election 2018-Statistical Report",https://eci.gov.in/files/file/9691-telangana-general-legislative-election-2018-statistical-report/; Election Commission of India,"Andhra Pradesh 2014",https://eci.gov.in/files/file/4055-andhra-pradesh-2014/.

此前在2017年未获一席。[①] 在奥利萨邦、安得拉邦、卡纳塔克邦，左翼政党也有少部分席位。

3.在马哈拉施特拉邦，左翼政党与湿婆军组建联合政府

2019年马哈拉施特拉邦的选举备受关注。马哈拉施特拉邦是印度的经济重镇，在前几届的选举中国大党和印人党平分秋色，此次选举印人党及其盟友湿婆军(Shiv Sena)的印度教民族主义意识形态能否延续、国大党能否卷土重来令人关注。2019年10月，印人党和湿婆军共获得161席，国民大会党和印度国大党分别获得55席和44席，印共(马)、社会党、农工党(Peasants and Workers Party of India)分别获得1席、2席、1席。[②] 印人党在取得胜利后，与湿婆军在担任首席部长一职上存在分歧，导致联盟解散而未能组成政府。之后，由湿婆军联合国大党、农工党、社会党等左翼政党成立阿加迪(MVA)联盟政府，这也是该邦21世纪以来首次组建有社会主义政党参与的联盟政府。不过，2022年6月，因与社会主义政党意识形态产生分歧，加上党内反对派的强势，导致湿婆军内部分裂，执政未满5年的湿婆军领导人、邦首席部长萨克雷辞职。湿婆军重新与印人党结盟，反对派领袖辛德出任首席部长，印人党党员、该邦前首席部长法德纳维斯出任副首席部长。

三、近年来印度左翼政党发展呈现的新特征

近年来，左翼政党在追寻社会主义目标的政治实践中呈现出一系列特征：一是地缘政治的"东、中、南"趋势愈发突出；二是社会主义诉求弹性化，斗争策略更加灵活；三是左翼力量联合化，联合斗争态势更加明显。

1.地缘政治特征鲜明化，呈现"东、中、南"发展趋势

从上文可以看出，目前，印度左翼力量主要分布在印度东部的西孟加拉邦、比哈尔邦和特里普拉邦，靠近中部的北方邦，南部的卡纳塔克邦、泰米尔纳德邦和喀拉拉邦。其中，东部的西孟加拉邦、特里普拉邦和南部的喀拉拉邦是印共(马)和印共等议会左翼的传统根据地，社会党、人民党(世俗派)、人民党(联合派)等温和左翼的地方议员代表主要分布在北方邦、卡纳塔克邦和比哈尔邦，近年来印共(马列—解放)、印共(马)在比哈尔邦力量也有所增加。而极端左翼印共(毛)开辟的"红色走廊"主要分布在印度的中部、东部和南部[③]，左翼力量总体上呈现出较为明显的"东、中、南"走向的地缘政治格局。

---

① Election Commission of India, "Manipur General Legislative Election 2022", https://eci.gov.in/files/file/14166-manipur-general-legislative-election-2022/; Election Commission of India, "Manipur General Legislative Election 2017", https://eci.gov.in/files/file/3713-manipur-general-legislative-election-2017/.

② Election Commission of India, "Maharashtra Legislative Assembly Election, 2019", https://eci.gov.in/files/file/11699-maharashtra-legislative-assembly-election-2019/; Election Commission of India, "Maharashtra 2014", https://eci.gov.in/files/file/3726-maharashtra-2014/.

③ 参见王静：《印度共产党(毛主义者)的理论与实践研究》，社会科学文献出版社2016年版，第62页；张淑兰：《21世纪以来南亚社会主义运动的态势分析》，载《马克思主义研究》2021年第7期。

印度左翼力量分布的地缘政治特征，探其原因，有着深刻的历史和现实条件。首先，从历史上看，东部地区西孟加拉邦的加尔各答长期以来是殖民时期印度的首都，是印度的政治经济文化中心，这里社会主义思潮兴起较早，诸多左翼政党领导人如科纳尔、纳拉扬、约希等人都从这里诞生。另外，繁荣的经济也使工人思想的解放程度较高，成为早期反压迫、反资产阶级的核心力量。而南部的泰米尔纳德邦，也是历史上反抗资产阶级统治者的前沿地带。1806 年 7 月 10 日，发生在这里的印度人第一次反对英国统治的韦洛尔兵变便是最好的例证。其次，从经济上看，印度独立后经济迅速发展，逐步形成了东部加尔各答的麻纺织工业中心、西海岸孟买的棉纺织工业中心和南部班加罗尔的“南亚硅谷”三大工业地带。这些地区工业发达、经济繁荣、文化昌盛，而且人口稠密，其中，比哈尔邦、孟加拉邦、泰米尔纳德邦、卡纳塔克邦在 2011 年印度人口普查数据中分别排名第 3、4、6、8 位，这就为工人阶级的集中和团结创造了条件，壮大了社会主义力量的阶级基础。最后，从社会上看，20 世纪 90 年代后拉奥政府推行的新自由主义政策制造了种种社会矛盾，而在莫迪政府的新自由主义方案下，这种弊端在经济发达的地区更为明显。印共(马)指出，印度就业总人数从 2013 年的 4.4 亿人减少到 2016 年的 4.1 亿人。2017 年进一步减少到 4 亿人，2021 年减少到 3.8 亿人。[①] 而 2019 的《公民身份修正法案》、2020 年爆发的农业危机、腐败、失业等问题激起了底层人民的强烈反抗，加之新冠肺炎疫情在印度的蔓延和肆虐，左翼政党的呼声越来越高。2022 年，印共(马)呼吁坚决与新自由主义政策作斗争，并决定与议会中所有的世俗反对党就商定的问题进行合作，沿着民主发展的道路前进，为所有人创造就业机会和幸福生活。[②]

2.社会主义诉求弹性化，斗争策略趋向灵活

20 世纪 90 年代，随着印人党的崛起，印度国大党一党独大的局面被彻底打破，而苏东剧变也使国际共产主义运动一度陷入停滞。面临新的国内外环境，印度左翼政党都试图追寻适合当下需要的社会主义斗争方式。与 20 世纪和 21 世纪初时的强盛不同，2009 年后左翼政党的政治影响力整体坠入低谷，处在政治权力核心的边缘，只能通过议会道路，辅之以“街头政治”来表达革命诉求，斗争策略更加灵活，社会主义诉求更具弹性化。

20 世纪的印度议会政治中，印度左翼政党曾在议会中扮演重要角色。在 1952 和 1957 年印度大选中，印度共产党和社会党分别为议会中的第二、三大党。在 1969～1971 年的国大党英迪拉政府、1977～1980 年的德赛人民党政府、1989～1990 的 V.P.辛格全国阵线政府和谢卡尔人民党政府、1996～1998 年的联合阵线政府、1977 年西孟

① CPI(M),“23rd Congress Political Resolution”, https://cpim.org/documents/23rd-congress-political-resolution.

② CPI(M),“Resolution on the Massive Crisis of Unemployment”, https://cpim.org/documents/resolution-massive-crisis-unemployment.

加拉邦政府中均有左翼政党的身影[①]，这一时期，左翼政党可以通过政治权力来影响印度的社会主义改革。如1955年国大党通过的"阿瓦迪决议"，将社会主义作为目标写入党章。[②] 印度议会还将"社会主义发展模式"作为官方政策，并积极推行土地改革、工业监管等政策。据统计，到1956年末，通过废除柴明达尔制度，各邦政府共获得1.73亿英亩土地，约2000万佃农和国家建立了直接联系，约580万公顷的土地在佃农和分成佃农中进行了分配。1972年通过了土地最高实施指导原则，规定水浇地的最高占有限额为18英亩，非水浇地为54英亩。[③] 除此之外，印度政府还于1969年颁布《垄断及限制性贸易行为法》，防止经济权力集中危害公众[④]；1992年通过了在潘查亚特制度中为妇女保留1/3席位的宪法第73次修正案。

2004，左翼力量依附于国大党成功组建联合政府，但在2008年因印美核协议的分歧而分道扬镳后开始走下坡路。2009年后，左翼政党陆续丧失了其根据地[⑤]，而草根国大党、湿婆军和泰卢固之乡等地方政党在议会中的崛起，加剧了左翼政党的边缘化现象。在缺乏政治权力的困境下，左翼力量的政治斗争停留在争夺话语权、反对新自由主义向公共领域蔓延等方面。在这样的背景下，左翼政党只能以议会斗争和"街头政治"来谋求政治目标，社会主义诉求更加弹性化。2010年4月27日，包括社会党在内等众多左翼政党呼吁举行全国罢工，反对化肥价格上涨。[⑥] 2019年1月，人民党（联合派）反对比哈尔邦政府推出的"三重塔拉克"法案（Triple Talaq Bill）。2019年1月1日，印共（马）领导的喀拉拉邦政府组织超过550万名女性聚集在一起，建造了一堵从卡萨戈德（Kasargode）的北端到提鲁凡南塔普拉姆（Thiruvananthapuram）的全长620公里的人墙，以此抗议萨巴里马拉神庙（Temple of Sabarimara）判决。[⑦] 2021年12月14日，印共总书记德拉亚发表声明，全力支持提议在16～17日举行的银行罢工，反对莫迪政府将公共部门银行私有化的举措。[⑧] 2022年3月，众多左翼领导人表示支持全印度工会大会（AITUC）发起的印度全国性罢工，反映出左派反对私有化的决心。

3.左翼力量联合化，呈现联合斗争趋势

印度左翼政党数量居世界之最，但影响力却日渐式微，最主要的原因是它们之间

① 参见张淑兰：《印度议会左翼：发展历程、衰落原因与前景展望》，载《当代世界》2021年第2期。

② The India National Congress, "Brief history of Congress", https://www.inc.in/brief-history-of-congress/1945-1955.

③ 参见殷永林：《论印度土地改革的成败和影响》，载《思想战线》1995年第5期。

④ 参见文砚：《独立以来印度经济政策的调整》，载《南亚研究季刊》1988年第3期。

⑤ 2011年、2012年、2015年和2018年左翼力量分别丧失了西孟加拉邦、北方邦、比哈尔邦和特里普拉邦的执政权。

⑥ The Economic Times, "Opposition's nationwide strike hits air, train services", https://economictimes.indiatimes.com/news/politics-and-nation/oppositions-nationwide-strike-hits-air-train-services/articleshow/5862539.cms.

⑦ People's Democracy, "Women Rise up In Kerala", https://peoplesdemocracy.in/2019/0106_pd/women-rise-kerala.

⑧ CPI, "CPI Extends Full Support to Bank Strike", https://www.communistparty.in/post/cpi-extends-full-support-to-bank-strike.

一直缺乏团结性和统一性。导致左翼力量碎片化的因素主要有：一是对待印人党和国大党的态度分歧较大；二是对印度各种现实问题的看法存在差异。1964 年 12 月，因党内在对待国大党态度上存在分歧，造成印共分裂[①]；2011 年，草根国大党与印共（毛）结盟，共同将印共（马）拉下马[②]；2020 年比哈尔邦选举，人民党（联合派）选择与印人党结盟对抗全国人民党、印共（马）的“大联盟”。在各种社会问题和印美关系上，各左翼政党的看法也大相径庭。印共（马）早期领导人南布迪里巴德认为，左翼政党在对待工人阶级的问题上一直存有较大分歧：无产阶级政党正在与一些以工人阶级为目标的政党和组织对立，其中一些政党和组织以工人阶级为目标，但却带有大量非无产阶级的思想，没有致力于维护工人阶级的意识形态和实践。[③] 南布迪里巴德所说的“一些政党和组织”指的是有着工人阶级血统，但却支持资产阶级、宗派主义的左翼力量。

尽管各左翼政党之间存在分歧甚至对立，但他们在实现社会主义的目标一致性上却始终未变，这就为新形势下左翼力量的联合斗争提供了可能。正如马克思、恩格斯所言：“共产党人到处都支持一切反对现存的社会制度和政治制度的革命运动。在所有这些运动中，他们都强调所有制问题是运动的基本问题，不管这个问题的发展程度怎样。”[④]

在印人党“一党独大”趋势的强大压力下，各左翼政党开始摒弃前嫌，加强合作，而近年来的联合行动也明显增多，联合态势越趋明显。2019 年，印共（马）、社会党、印度农工党等左翼力量组成左翼联盟对抗印人党和湿婆军。2019 年末，印度多地爆发了反《公民身份修正案》（CAA）的示威游行，印共（马）、印共（马列—解放）等左翼政党大力反对，人民党（世俗派）为此还袭击了印人党政府。[⑤] 2020 年 12 月，印共（马）、印共、印共（马列）、革命社会党和全印度前进集团发表联合声明，声援反农业改革法案的示威游行活动[⑥]，在众多左翼力量的联合斗争下，莫迪政府最终撤销三项农业改革法案。2020 年 10 月，印共（马）与国大党在内的所有世俗政党就 2021 年 4 月西孟加拉邦立法议会选举达成谅解；12 月，国大党宣布与左翼阵线结盟。[⑦] 2020 年 11 月，印共、印

---

① 20 世纪 60 年代，印共在对待国大党的问题上存在分歧。丹吉等人认为应该选择与国大党合作，而孙达拉雅和南布迪里巴德等人认为资产阶级是党的敌人。1964 年 12 月，双方的矛盾到达顶峰，分裂为两个党派。1966 年，为了区分丹吉派的印度共产党，南布迪里巴德的一派将党的名称更改为“印度共产党（马克思主义）”。

② 参见王静：《印度共产党（毛主义者）的理论与实践研究》，社会科学文献出版社 2016 年版，第 40 页。

③ E. M. S. Namboodiripad, “The Left in India’s Freedom Movement and in Free India”, *The Marxist*, January-June 2021.

④ 《马克思恩格斯文集》第 2 卷，人民出版社 2009 年版，第 66 页。

⑤ Republican World, “RJD Slams BJP, Says Money Spent On CAA-NRC Ad Campaigns Could’ve Restored Enonomy’s Health”, https://www.republicworld.com/india-news/general-news/rashtriya-janata-dal-slams-bjp-over-their-advertisements-campaign.html.

⑥ “CPI(M), CPI, CPI(ML), RSP, ALFB: Left Support to Dec. 8 Bandh”, https://cpim.org/pressbriefs/left-support-dec-8-bandh.

⑦ 参见张淑兰：《印度议会左翼：发展历程、衰落原因与前景展望》，载《当代世界》2021 年第 2 期。

共(马)、印共(马列—解放)等左翼力量还结成大联盟参与比哈尔邦的议会选举,获得巨大进展。

四、印度左翼政党的发展前景

印度左翼政党作为制衡国大党和印人党的重要力量,在限制印度议会政治朝向“一党独大”局面发展,保护人民权益,维护达利特、妇女、儿童等弱势群体利益等方面发挥了重要作用,是印度政治舞台上不可或缺的重要存在。当前,印度的政治生态处于转型过程中,给左翼政党带来调整发展的机遇。未来,左翼力量在印度的政治舞台上仍将发挥不可低估的作用,但在印人党强势打压、地方政党崛起等重重挑战下,印度左翼政党要想在短期内实现复兴仍然存在困难。

1.温和左翼:为“选举政治”服务,未来有被边缘化甚至吞并的危险

就社会党、人民党(世俗派)、人民党(联合派)、大众社会党(BSP)等温和左翼而言,他们推崇的社会主义本质上反映了印度一部分具有远见卓识的中小资产阶级的政治诉求。在印度独立初期,尼赫鲁受西方社会主义思潮的影响,试图带领印度人民建立一种社会主义的发展模式,尼赫鲁希望并努力使印度成为社会主义国家,他的发展模式深受苏联时期各项事业发展模式的启发,他推行的土地改革等措施在初衷上也是为印度广大工人阶级和农民阶级服务,但在具体实践上却有失偏颇,转而扩大了自身在中小地主阶层中的执政基础。20世纪后期社会党在探索社会主义理论与实践的过程中,既希望借鉴社会主义和资本主义的某些长处,又不愿完全接受社会主义或照搬资本主义,而是根据印度的具体实际和历史文化传统将社会主义进行改良,走一条具有印度特色社会主义的“中间道路”。因此,温和左翼政党在社会主义的道路上实际接受了多元主义思想,这造成其内部几乎始终存在意识形态分歧,导致党不断分裂与重组,影响力江河日下。1948年,印度国大社会党与印度布尔什维克列宁主义党(BLPI)合并;1952年,该党再次与农民工人党(KMPP)合并为普拉亚社会党(PSP);1974年,重组为人民党;1988年,并入辛格领导下的人民党;1996年印度大选后逐步解体为社会党(Samajwadi Party)、人民党(世俗)、人民党(联合)、全国人民党(Rashtriya Janata Dal)等党派。

20世纪90年代后,印度政党政治进入“联盟政治”时代。温和左翼政党为了迎合“联合政府”政治,其社会主义政策也逐步向以选票为导向的选举政治服务。为了达到执政目的不惜采取与印人党等右翼政治势力结盟的措施,如2019年在马哈拉施特拉邦,社会党与右翼势力湿婆军组成联合政府;2020年比哈尔邦选举,人民党(联合派)与印人党组成政治联盟来对抗全国人民党、印共(马)等组成的“大联盟”。这种饮鸩止渴的路线方针不仅使人民党(联合派)丢掉了社会主义的符号,甚至在选举中失去了选民的支持。从未来的发展看,“左右逢源”的温和左翼政党难以恢复实力,其现在的社会主义理念在很大程度上只是根据现实条件迎合选举需要,今后有继续被边缘化甚至被右翼政党吞并的危险。亚布拉马尼·斯瓦米(Subramanian Swamy)领导的人民党

就曾在2013年被印人党吞并。

2.激进左翼:保持自身独立性的同时积极调整斗争政策,但挑战大于机遇,短期内难有太大作为

以印共(马)、印共、印共(马列)、革命社会党、全印度前进集团为代表的激进左翼一直以来都是国内外左翼人士关注印度社会主义共产主义运动的焦点,也是印度左翼政党中的典型代表。这些政党在建党伊始就将实现社会主义和共产主义确立为党的最终目标,并带领工人阶级孜孜不倦,不懈努力,曾在20世纪取得重大成就。进入21世纪,因未能顺应联盟政治的时代发展潮流,加之在地方执政邦采取新自由主义的经济政策发展经济而相继丧失西孟加拉邦和特里普拉邦的执政权,陷入衰落。

2010年以来,面对话语权日趋衰减的政治现实,激进左翼开始思考自身的问题,积极在党内开展关于民主路线的大讨论①,逐步调整党的政策路线,并通过领导农民和学生运动等来扩大党的群众基础。2012年,印共(马)指出,争取与世俗政党采取联合行动以便扩大运动。在具体的政策问题和人民问题上,可以与这些政党进行合作,在需要时可以与其中一些政党达成选举谅解。2015年,印共(马)又提出,要建立一个由各阶级和群众组织组成的左翼和民主阵线共同平台,并制定一个共同的要求宪章。2018年重申要建立统一的左翼平台。

印共全国委员会也在2017年呼吁建立一个世俗民主的左翼平台,在2018年又提出建立广泛的、世俗的平台。② 在这样的背景下,左翼政党开始向联合行动的趋向发展。印共(马)不仅加强与印共、全印度人民集团的合作,还加强了与地方政党的合作。2021年,印共(马)、印共与泰卢固之乡党结成联盟,共同应对安得拉邦的议会选举;印共还请求泰卢固之乡党不要去印共(马)正在竞选的邦。③ 而2018年以前,泰卢固之乡党一直是印人党的盟友。④ 此外,左翼政党的政治联盟在2018年的特伦甘纳邦选举和2020年的比哈尔邦选举中都取得不俗成绩;在马哈拉施特拉邦邦,印共(马)与社会党、印度农工党等温和左翼共同进军大选。2021年,以印共(马)、印共为代表的左翼民主阵线甚至再次赢得喀拉拉邦的选举,打破该邦从未连胜的“历史惯例”,呈现出逐步复苏的态势。从现实发展形势来看,激进左翼长期在印度政治格局中扮演第三角色,对20世纪的国大党和21世纪的印人党具有牵制作用。不过,当前印人党“藏红花浪潮”越趋汹涌,国大党的政治影响急转而下,而泰卢固之乡党、草根国大党等地方政党强势崛起,给左翼政党带来重重挑战。激进左翼的联合行动和世俗平台究竟能走多远,还要看其对待国大党和地方政党上的态度及其自身政策路线的调整,长远来看,挑

---

① Shikha Mukerjee,“Distinctively different: The challenge for CPM”, https://www.asianage.com/opinion/columnists/011217/distinctively-different-the-challenge-for-cpm.html.

② 参见张淑兰:《印度议会左翼:发展历程、衰落原因与前景展望》,载《当代世界》2021年第2期。

③ The News Minute,“CPI ties up with TDP to contest local body polls in Andhra Pradesh”, https://www.thenewsminute.com/article/cpi-ties-tdp-contest-local-body-polls-andhra-pradesh-119871.

④ Hindustan Times News,“CPM ties up with TDP for Andhra bypolls”, https://www.hindustantimes.com/india/cpm-ties-up-with-tdp-for-andhra-bypolls/story-q2URCLPdxAotohnRNz8kYK.html.

战大于机遇，短期内复兴的可能性微乎其微。

3.极端左翼：燎原之火抑或分崩离析？

印度极端左翼的发展可以追溯到1969年从印共(马)分裂出来的印共(马列)。当时的印共(马列)一经成立，就被中国承认为印度唯一真正的革命力量，其时任总书记查鲁·马宗达(Charu Majumdar)在1970年1月的《解放》月刊上撰文指出，中国革命的道路也是印度革命的道路，“战无不胜的毛泽东思想不仅完全适用于印度，而且是印度人民获得解放的必由之路”①。之后，印共(马列)分裂为多个派别。2004年9月，印度毛主义者共产党中心和印共(马列)人民战争集团合并为印度共产党(毛主义者)，比起历史上的革命者，这支印度共产党拥有成型、规模的军队，代表着印度的共产主义运动进入一个新的历史阶段。2014年，印共(毛)与印共(马列—纳萨尔巴里)再次合并。② 据统计，截至2009年，印度境内的“红色走廊”贯穿印度28个邦中的22个。③ 2016～2017年，印共(毛)在马哈拉施特拉邦、中央邦和恰蒂斯加尔邦三个邦的交界处又开辟了一条“新的红色走廊”。④ 不过，印共(毛)也一直在遭受政府军的打击和威胁，其未来的发展有四种走向：第一，放弃革命道路，向政府军投降，转而走“议会道路”；第二，有生力量被歼灭，在边远地区从事小股武装斗争；第三，与印度政府军保持战略僵持，进入长期拉锯阶段；第四，有效应对危机，夺取全国性胜利。⑤ 从目前的形势来看，第三种可能性最大。

① 《热烈欢呼纳萨尔巴里斗争的道路》，载《人民日报》1970年2月7日。

② Communist Party of India(Maoist) Central Committee, “Merger Declaration of CPI(Maoist) and CPI(M-L) Naxalbari”, https://www.satp.org/satporgtp/countries/india/maoist/documents/papers/jointstat.htm.

③ The National Report, “Delhi Prepares to Crush Rural Rrebel Army”, *The National*, November 4, 2009.

④ https://www.hindustantimes.com/india-news/maoist-with-rs-29-lakh-bounty-nabbed-in-chhattisgarh-s-rajnandgaon/story-zrQdd9NznRPzh3YGE7p8eM.html.

⑤ 参见王静：《印度共产党(毛主义者)的理论与实践研究》，社会科学文献出版社2016年版，第65页。

社会党国际分裂以来的政策调整与发展走向

王　昭

（山东大学当代社会主义研究所博士研究生）

社会党国际是奉行社会民主主义理论的各国社会党、社会民主党、工党以及其他一些政党和组织的国际联合组织，是当今世界最大的政党国际组织，是世界社会主义运动和工人运动国际联合的组织载体，致力于加强成员党之间的联系，协调各成员党的观点和行动，促进了社会民主主义思想和运动在全球的发展。2013 年进步联盟的成立标志着社会党国际发生分裂，关于分裂的原因，已有文章予以解读①，但对于社会党国际分裂以来的动态还缺乏全面介绍。追踪社会党国际分裂近十年来所面临的困境、政策调整及发展走向，可以洞悉世界社会民主主义政党在金融危机以来的困境中进行理论转型的尝试及最新发展走向。

一、社会党国际分裂以来面临的困境

金融危机以来，世界社会民主主义政党陷入政治低潮，社会党国际面临诸多挑战：在组织上，内部机制僵化、官僚主义盛行；在理论上，创新性不足，不断受到右翼话语的挤压；在选举中，左右翼民粹主义政党分流了社会党的传统支持群体。但在挑战面前，社会党国际各成员党不仅没有加强联合以应对危机，反而出现了分裂态势。2013 年 5 月 22 日进步联盟的成立标志着社会党国际发生分裂，世界社会民主主义出现了两个平行的政党国际组织，削弱了世界社会民主主义的整体力量，进一步加剧了社会党国际的困境，主要表现在以下方面。

一是财政困境。政党国际组织的运行需要一定的财政保障，社会党国际的资金来源主要是各成员党缴纳的会费，会费不设上限，鼓励多交，因此西欧成员党缴纳的会费

① 参见向文华：《社会党国际的分裂及其内部原因与评价》，载《当代世界与社会主义》2017 年第 1 期；来庆立：《社会民主主义发展的新趋势——以“进步联盟”和社会党国际分裂为视角》，载《当代世界社会主义问题》2017 年第 4 期；高建明：《右翼民粹主义的挑战与社会党国际的分裂》，载《当代世界社会主义问题》2018 年第 3 期。

远远高于发展中国家成员党，其中德国社会民主党以10万英镑年费高居榜首。2012年1月，时任德国社会民主党主席加布里尔宣布要停止向社会党国际缴纳会费。2013年进步联盟成立，社会党国际162个成员中有69个政党宣布加入，而这些政党缴纳的会费占社会党国际总会费的比例高达85%。进步联盟成立后，德国社会民主党缴纳的会费由10万英镑减少到5000英镑，法国社会党将会费减少一半，降至4.5万英镑，瑞士社会民主党由1万英镑降至1000英镑。① 2017年，包括德国社会民主党在内的一大批成员正式脱离社会党国际，完全停止了向社会党国际缴纳会费。有些成员党保留了社会党国际的成员资格，比如英国工党就自动降级为观察员，减少了会费缴纳。成员党的"出走"导致会费严重流失，制约了社会党国际的财政预算，给组织发展带来严重困境。比如，由于经费短缺，代表大会及理事会的会期间隔越来越长。

二是组织困境。首先，在组织规模上，成员党数量急剧下降。2013年进步联盟成立后，社会党国际成员党的变动主要有三种类型：第一类是在保留社会党国际成员资格的同时加入进步联盟；第二类是降低社会党国际的成员资格并加入进步联盟；第三类是完全脱离社会党国际转而加入进步联盟（见表1）。目前，社会党国际的成员党已经减少到132个②，而进步联盟的成员党数量已经达到140多个③，超过了社会党国际，这在一定程度上削弱了社会党国际的影响力。其次，在组织凝聚力上，进步联盟成立导致社会党国际成员党之间产生分化、对立和隔阂，削弱了组织的团结文化。最后，在组织运行上，加入进步联盟的成员党不再积极参与社会党国际的事务，社会党国际的运行陷入低效困境。比如，代表大会会期无限期延长、理事会会议及区域委员会和专题委员会会议明显偏少，社会党国际的活动基本限于对国际热点问题发表看法，在官方网站发布声明和新闻稿，组织机构的正常运行陷入困境，组织协调力和号召力减弱。

---

① "The slow death of the Socialist International", https://snuproject.wordpress.com/2014/07/21/the-slow-death-of-the-socialist-international-by-dan-gallin/.

② "Full list of member parties and organisations", https://www.socialistinternational.org/about-us/members/.

③ "Political Parties and Associated Partners of the Progressive Alliance", https://progressive-alliance.info/network/parties-and-organisations/.

表1　2013年进步联盟成立后社会党国际成员党的变动情况

	保留社会党国际成员资格，同时加入进步联盟	降低社会党国际成员地位，加入进步联盟	完全脱离社会党国际，加入进步联盟
2013年	德国社会民主党、奥地利社会民主党、比利时社会党、加拿大新民主党、智利民主党、智利社会民主激进党、智利社会党、捷克社会民主党、丹麦社会民主党、多米尼加革命党、芬兰社会民主党、法国社会党、泛希腊社会主义运动、匈牙利社会党、爱尔兰工党、以色列工党、以色列梅雷茨党、黎巴嫩进步社会党、立陶宛社会民主党、卢森堡社会主义工人党、马来西亚民主行动党、毛里求斯军事运动、马其顿社会民主联盟、墨西哥民主革命党、克罗地亚社会民主党、蒙古人民党、黑山社会民主党、摩洛哥人民力量社会主义联盟、尼泊尔大会党、波兰民主左翼联盟、葡萄牙社会党、罗马尼亚社会民主党、西班牙工人社会党、瑞典社会民主工人党、瑞士社会民主党、坦桑尼亚革命党、土耳其共和人民党、乌拉圭社会主义党	英国工党、挪威工党	
2014年			澳大利亚工党、拉脱维亚“和谐”社会民主党、荷兰工党、新西兰工党、巴巴多斯工党、格陵兰前进党、布基纳法索争取民主和进步/社会主义党、马耳他工党、波兰劳工联盟、马其顿社会民主联盟、斯洛文尼亚社会民主党
2016年			挪威工党

续表

	保留社会党国际成员资格，同时加入进步联盟	降低社会党国际成员地位，加入进步联盟	完全脱离社会党国际，加入进步联盟
2017年			德国社会民主党、丹麦社会民主党、拉脱维亚"和谐"社会民主党、波兰民主左翼联盟、瑞典社会民主党、瑞士社会民主党、乌拉圭社会党、津巴布韦民主变革运动
2018年			加拿大新民主党
2019年			埃及社会民主党

资料来源：根据《社会主义辞典》和维基百科相关数据制作，参见 Peter Lamb, *Historical Dictionary of Socialism*, 3rd ed., Rowman & Littlefield Press, 2015, p.436；https://en.wikipedia.org/wiki/Socialist_International。

三是思想理论困境。首先，难以提出创新性的思想理论。西欧社会党作为社会党国际的创始成员，是社会党国际的主要思想贡献者，促进了社会党国际思想理论的创新发展。进步联盟的成立和西欧社会党的集体"出走"，给社会党国际的理论创新带来了挑战。其次，议题引领能力下降。在政策议题方面，仍局限于民主与人权、和平与冲突解决、气候变化、平等、可持续发展、移民等传统议题，宣传其民主、自由、公正、团结的价值观，但在国际局势错综复杂、世界经济与数字化发展深度融合、民粹主义政党崛起冲击传统政党格局的背景下，以发展中国家成员党为主导的社会党国际缺乏新兴议题的议程设置能力和议题引领能力，导致社会党国际在重大国际问题上的发言权下降。最后，在社会民主主义转型方面缺乏理论探讨和思想来源。金融危机以来，面对世界范围内社会民主主义的困境，社会党国际在意识形态上试图纠正"第三条道路"对新自由主义的妥协，通过回归左翼传统复兴社会民主主义，但仅限于对新自由主义的批判，并没有提出系统的理论主张，在社会民主主义向何处去的问题上缺乏理论思考和系统观念。

二、社会党国际分裂以来纲领与政策的调整

面对外部环境的变化，组织只有变革自身才能实现更好的发展。社会党国际的分裂固然削弱了组织的影响力，但面对金融危机以来世界经济低迷、政党格局极端化、移民与难民危机、生态环境危机、流行病全球蔓延、战争与能源危机等全球性挑战，社会党国际仍然在价值观和政策层面提出了社会民主主义的主张回应时代挑战，在全球政

治中发出了社会民主主义的声音,希望复兴社会民主主义,担当起左翼领导者角色。

1.坚守基本价值并赋予新的时代内涵

社会民主主义运动否认社会主义的“历史必然性”而主张其“道德必然性”,因此,自由、公正和团结互助等伦理价值在社会党国际的理论体系中占有重要位置。2017年社会党国际二十五大重申:“我们的信心建立在我们运动坚定不移的道德基础和价值观上:以谦卑和善行使权力;通过投资于人类来创造伟大;建立民主以保证良好的决策;认识到资本主义和自由市场不等于自由;确保增长意味着社会增长和更大的平等;解放、维持和鼓励人类的多样性和创造力;认识到战争解决不了任何问题,没有和平就没有任何可能;相信在一个人类起源单一、命运相连的世界里,爱会战胜恐惧。”①社会党国际分裂以来,在金融危机负面效应不断显现的背景下,社会党国际的基本价值观遭受冲击。首次在《哥德斯堡纲领》提出基本价值论的德国社会民主党的“出走”,对社会党国际基本价值的创新发展带来了挑战。但社会党国际仍然在实践中坚守基本价值,并结合时代特点赋予其新的内涵。

第一,认为自由原则应强调责任观念。新自由主义体系下的“自由”,是资本的扩张性对全球市场自由度的要求。只有在市场开放的条件下,资本主义的全球体系才能有效构建。金融危机暴露了新自由主义的弊端,在此背景下,社会党国际重新思考自由原则,认为资本主义和自由市场并不等于自由,自由更应强调个人对社会的责任、社会强者对互助的责任、当代对后代的责任。

第二,把公正和平等原则视为左翼的标志。社会主义者、社会民主党人和劳工运动长期以来一直为解决不平等问题而斗争,公正和平等原则是社会民主主义的显著特色和身份特征。社会党国际指出,公正的基本内涵是平等,平等是公正的基础,同时,公正也承认某些带有公正性质的不平等,以避免绝对平等和平均主义。社会党国际分裂以来,在金融危机负面影响加深、新自由主义持续蔓延、反全球化势力崛起、民粹主义泛滥的背景下,社会党国际更加重视平等价值观,二十五大通过的文件《在国家和全球经济中实现更大的平等》将“平等”上升到组织原则的高度,指出:“对我们来说,平等不是一种崇高的价值或抽象的权利,而是我们未来几十年政治工作的一项令人信服的组织原则。”②社会党国际二十五大以“在国家和全球经济中实现更大的平等”为主题,阐述了新的平等观。首先,在意识形态上向左回调。社会党国际指出,保守派认为不平等是人类状况的自然甚至必要的一部分。经典的自由主义者相信机会平等就足够了,即使很少能实现。新自由主义推行导致不受约束的全球资本加剧了不平等。我们

① “For a world in peace, with equality and solidarity”, https://www.socialistinternational.org/congresses/xxv-congress-of-the-socialist-international-cartagena-colombia/for-a-world-in-peace-with-equality-and-solidarity/.

② “Achieving greater equality in the national and global economy”, https://www.socialistinternational.org/congresses/xxv-congress-of-the-socialist-international-cartagena-colombia/achieving-greater-equality-in-the-national-and-global-economy/.

的道德基础和价值观拒绝这些观点。我们的愿景是在享有尊严、公民身份、经济、公共产品和全球公域方面实现真正的平等。① 其次，把不平等视为复杂和多层次的问题，包括性别、族群和信仰群体的不平等，年轻人和老年人以及各种能力水平的不平等，南方和北方的不平等，等等。最后，为解决不平等问题，社会党国际二十五大设立了国际不平等委员会，并提出了解决不平等问题的方法，如进行全球范围内的政治经济改革、将权力重新分配给人民、投资公共产品和服务实现资源的重新分配、免费的公共教育、实现高质量的发展等。

第三，倡导新的团结文化。首先，强调团结是应对时代挑战的方法。社会党国际二十五大指出，各国人民之间来之不易的团结正在受到民族主义、仇外主义和孤立主义的冲击。“团结”不只是口号，这意味着我们要站在一起，在分裂的力量日益上升、如此强大的时候，我们比以往任何时候都要站在一起。站在一起意味着——人类是一个整体。我们都是全球现实中的公民。我们都是人类生存环境的难民。在这个充满挑战的时刻，我们的政党和运动前所未有地站在一起。② 其次，呼吁多层次的团结。面对“进步联盟”的成立带来的组织分裂，指出国际团结是社会民主特征的核心，需要加强成员党之间的团结；面对因战争和暴力导致的难民以及因国家失败和气候问题导致的移民等全球性挑战需要扩大全球合作和多边组织的团结，比如联合国和社会党国际；呼吁国家内部和国家间的团结。社会党国际二十五大指出，国家内部和国家间的团结是我们国际的一个基本支柱。最后，提出用团结捍卫社会民主主义。社会党国际2022年理事会指出，我们以团结捍卫社会民主主义，捍卫社会主义大家庭之间的友爱，共同努力，不让任何人掉队，促进包容、平等的发展，关注环境，并植根于基于规则的国际秩序。③

第四，把民主作为基本价值的核心。社会党国际分裂以来，始终把实现民主价值作为组织发展的重要目标。社会党国际2022年理事会指出：“有必要重申捍卫和平与民主的价值观是我们集体政治行动的核心，巩固社会主义国际作为扩大权利和对话的场所，以加强民主制度和善治。”④在政治民主方面，支持世界各地的民主化进程。社会党国际认为民主具有压倒一切的重要性，支持世界各地的民主进程是社会党国际的核心议题之一。社会党国际分裂以来，依旧延续了这一传统：通过发表声明积极支持

---

① “For a world in peace, with equality and solidarity”, https://www.socialistinternational.org/congresses/xxv-congress-of-the-socialist-international-cartagena-colombia/for-a-world-in-peace-with-equality-and-solidarity/.

② “For a world in peace, with equality and solidarity”, https://www.socialistinternational.org/congresses/xxv-congress-of-the-socialist-international-cartagena-colombia/for-a-world-in-peace-with-equality-and-solidarity/.

③ “Declaration on the need to strengthen our democracies, fight against reactionary populism and the search for peace”, https://www.socialistinternational.org/councils/meeting-of-the-si-council-in-geneva/declaration-on-the-need-to-strengthen-our-democracies-fight-against-reactionary-populism-and-the-search-for-peace/.

④ “Declaration on the need to strengthen our democracies, fight against reactionary populism and the search for peace”, https://www.socialistinternational.org/councils/meeting-of-the-si-council-in-geneva/declaration-on-the-need-to-strengthen-our-democracies-fight-against-reactionary-populism-and-the-search-for-peace/.

和声援突尼斯、埃及、叙利亚等国的民主化进程；谴责委内瑞拉独裁统治，反对拉美地区司法机构“政治化”等。在经济民主方面，提出“对人民负责”的理念。社会党国际主席帕潘德里欧指出：“在全球经济中，民主的挑战是国家和市场是否对公众的需求负责，为人民的最大利益服务，以及我们的公民是否拥有决定权，而不是把决策、项目和计划强加给他们。”①在国际民主方面，主张建立民主的世界秩序，社会党国际认为民主政治秩序是世界和平得以维系的基础，主张以和平民主方式解决国际冲突。面对恐怖主义，提出民主是恐怖主义的对立面，提出用民主捍卫和平的主张。在组织民主方面，提倡民主的组织文化。帕潘德里欧在 2013 年伊斯坦布尔理事会上指出：“像‘进步联盟’这样的分裂和倡议不会帮助我们赢得选举，也不会加强我们的价值观。我们需要保护我们运动中意见的多样性。与此同时，我们必须在接受我们运动中的民主进程和我们民主程序的结果方面成为榜样。”②

第五，更加注重和平与安全。社会党国际分裂以来的近十年间，国际热点问题持续影响世界和平与安全。社会党国际认为，“社会民主主义的起源是和平运动”，“和平是人类进步与繁荣的根本前提”③，是发展和民主的先决条件。2017 年社会党国际二十五大在哥伦比亚卡塔纳赫召开，会议把和平置于优先位置，以表达对哥伦比亚结束与反政府武装长达 50 多年的冲突而走向和平进程的支持。会议把和平作为基本价值的题中之义，阐释了新的和平观。一是认为在以两极分化和恐惧政治为代表的民粹主义盛行的背景下，民族主义、仇外心理引发新的冲突，民族和解是实现持久和公正和平的道路。二是将战乱产生的根源指向不平等问题，认为和平不仅是武器的沉默，而且需要通过平等加以巩固。三是关注发展中国家的和平问题，将非洲作为和平的首要议程。四是在实现和平的方式上，延续了之前重视联合国作用的主张，呼吁国际社会的建设性参与，倡导多边主义促进和平。

2.坚持政治优先，提出发展进步政治的目标

社会党国际分裂以来，世界范围内的民主政治受到来自各方的压力，以权力集中和限制公民自由为特征的“主权民主模式”正在增加，“阿拉伯之春”引发了威权主义的强烈反弹，世界范围内民粹主义对自由民主造成了冲击。同时，国家层面强大的游说集团和特殊利益集团俘获了民主政治，全球层面的民主机构受到全球媒体、跨国公司、金融机构等部门精英的控制，原有的民主制度已无法应对全球资本的挑战。大数据和社交媒体的兴起影响了议程设置和选举活动的进行，虚假信息对民主构成新挑战，数字时代的民主面临新的威胁。在此背景下，社会党国际提出了政治优先、发展“进步”

① “Address by George Papandreou”, https://www.socialistinternational.org/fileadmin/uploads/si/Documents/Councils/Istanbul_2013/Speakers/George_Papadreou_Istanbul_Council.pdf.

② “Address by George Papandreou”, https://www.socialistinternational.org/fileadmin/uploads/si/Documents/Councils/Istanbul_2013/Speakers/George_Papadreou_Istanbul_Council.pdf.

③ “Conflict in Ukraine”, https://www.socialistinternational.org/presidium/meeting-of-the-si-presidium-and-heads-of-state-and-government-united-nations-new-york/conflict-in-ukraine/.

政治的目标。一是坚持政治优先。社会党国际主席帕潘德里欧指出，欧洲危机被错误地贴上了“金融危机”的标签，其背后是深刻的政治问题。欧洲正面临民主合法性危机，决策过程越来越有利于有影响力的国家而不利于较小较弱或贫穷的国家。需要坚持政治优先、发展进步政治，为一个民主的社会主义欧洲而战。[①] 二是提倡进步的民主政治，与世界范围内的反民主现象作斗争。呼吁为自由而战，推翻独裁者。推动向民主过渡，加强保护和培养自由的基础和实践，避免新的威权主义。致力于恢复被民粹主义者、威权政治或宗教领袖破坏的民主价值观。三是注重加强民主制度建设。2014 年日内瓦理事会通过的《民主宣言》重申了社会党国际对建立、发展、加强和保护民主的承诺，强调民主制度在民主发展中的重要作用。帕潘德里欧指出，民主是一场持续不断的斗争，民主问题是一个根本的、深刻的政治问题。在选举制度方面，要促进公平透明的选举制度，但仅仅举行选举并不构成一个正常运作或健康的民主制度。在政党制度方面，政党的民主制度对民主国家的正常运作至关重要，要使政党更加开放和包容，以吸引新成员和选民。在议会制度方面，议会要更加强大、更有发言权。在公民参与方面，要开发创新工具，使所有公民参与政治辩论，有能力制定公共政策，并对国家机构进行独立监督。[②] 四是注重发挥进步政党在争取政治民主中的作用，认为参与全球进步运动的政党可以通过最大限度地拥护民主并充当民主进程的捍卫者，来推动积极的社会和政治变革。2018 年日内瓦理事会通过的《关于克服世界民主挑战的宣言》指出，社会党国际的成员作为社会民主政党，是由其对民主及其发展的基本承诺所界定的，社会党国际的成员党是各自国家民主的主要建筑师。[③] 五是注重加强基层民主。社会党国际认为，地方政府在提高民主质量、加强政党与民众的联系等方面发挥重要作用，并在 2013 年葡萄牙理事会上成立地方政府委员会。

3.反思金融危机，批判新自由主义，发展具有左翼特色的经济政策

社会党国际分裂以来，金融危机的负面效应持续显现。国家层面的制度难以规范全球层面的资本，金融市场由于其跨国性质逐步失去了监管和透明度。关于金融危机的原因，社会党国际认为，“金融危机不是由过度的公共支出造成的，不是由公共部门的浪费和效率低下造成的，也不是由社会保障成本或人们工作不够努力造成的，而是对世界经济监管过少的结果，是蓄意的高风险政策和行动导致金融体系几近崩溃的结果”[④]。关于金融危机的解决方案，社会党国际认为应该体现中左翼特色，呼吁世界所有国家不仅要放弃财政紧缩政策，而且要制定一套新的政策来管理全球金融和经济增

---

① “Address by George Papandreou”, https://www.socialistinternational.org/fileadmin/uploads/si/Documents/Councils/Istanbul_2013/Speakers/George_Papadreou_Istanbul_Council.pdf.

② “Address by George Papandreou”, https://www.socialistinternational.org/fileadmin/uploads/si/Documents/Councils/Istanbul_2013/Speakers/George_Papadreou_Istanbul_Council.pdf.

③ “Declaration on overcoming challenges to democracy around the world”, https://www.socialistinternational.org/councils/geneva-2018/declaration-on-overcoming-challenges-to-democracy-around-the-world/.

④ “SI at 129th Assembly of Inter-Parliamentary Union”, https://www.socialistinternational.org/parliamentarians/si-at-129th-assembly-of-inter-parliamentary-union-geneva/.

长。首先，在意识形态上旗帜鲜明地反对新自由主义。在金融危机的负面效应中，最富有的阶层没有受到太大影响，反而是中产阶级和工人阶级为此付出了代价。为此，社会党国际明确反对新自由主义和以美国为主导的全球经济体系，提出要规制全球资本，将政治和民主置于市场之上，终结金融投机，重视发展中国家的利益，为弱势群体发声。其次，提出中左翼全球经济政策的原则和愿景。2013 年葡萄牙理事会通过的《全球经济宣言》指出，全球经济政策应以社会党国际的五项基本原则为导向：团结、平等、新的国际主义、透明度、人与生态平衡。① 2013 年伊斯坦布尔理事会通过的《重申中左翼对全球经济的愿景》指出，社会主义者、社会民主党和所有进步的政治力量应合作支持增长、就业、可持续发展和人类团结的新议程，包括：以可持续增长为导向的结构性改革、通过国际合作防止逃税避税行为、国家和国际层面的金融监管、社会保障系统的结构性改革、全球合作消除贫困及应对气候变化等。② 最后，提出使全球经济民主化的策略。倡导将民主规范纳入全球经济，规范超越国界的资本。呼吁增强国际金融机构的透明度并进行严格监管，强调对全球经济的民主治理和监管。认为经济民主需要团结与合作，进步的经济政策需要在地区、国家和全球层面的协调。

4.完善福利国家制度，保护弱势群体，发展民主的社会政策

在社会政策方面，社会党国际也向左回调，致力于维护社会多元主体尤其是弱势群体的社会民主权利。一是完善福利国家政策。随着经济全球化的发展，资本的力量超越了国界，以往对劳资关系和社会契约的调整无法在全球层面发挥作用。随着金融危机后紧缩政策的推行，福利国家制度遭到破坏。与保守主义和极端自由主义对国家的抵制不同，社会党国际倡导进步的替代方案，将福利国家视为摆脱危机的条件。社会党国际认为，全球化带来的主要挑战是如何将民主政策贯彻于全球层面的福利国家。为此需要国家层面、超国家层面和全球层面实行多级治理。③ 社会党国际 2022 年理事会也指出，COVID-19 大流行及其影响已经证实，只有通过加强福利国家的公共政策，才能以坚决的方式克服危机，不让任何人掉队。④ 二是捍卫多元主体的社会民主权利。金融危机以来，随着紧缩政策的推行以及反动的民粹主义的崛起，弱势群体的权利遭到破坏，社会—文化议题获得关注，多元群体的民主权利成为各政党关注

---

① "Declaration on the Global Economy—Our vision for growth, jobs and sustainable development", https://www.socialistinternational.org/councils/portugal-2013/declaration-on-the-global-economy-our-vision-for-growth-jobs-and-sustainable-development/.

② "Resolution Reaffirming the centre-left vision for the global economy with an emphasis on growth, jobs and equality, and for a new development agenda", https://www.socialistinternational.org/councils/istanbul-2013/resolution-reaffirming-the-centre-left-vision-for-the-global-economy-with-an-emphasis-on-growth-jobs-and-equality-and-for-a-new-development-agenda/.

③ "Setting the global economy on a new path", https://www.socialistinternational.org/congresses/xxiii-congress-of-the-socialist-international-athens/setting-the-global-economy-on-a-new-path/.

④ "Declaration on the need to strengthen our democracies, fight against reactionary populism and the search for peace", https://www.socialistinternational.org/councils/meeting-of-the-si-council-in-geneva/declaration-on-the-need-to-strengthen-our-democracies-fight-against-reactionary-populism-and-the-search-for-peace/.

的焦点。为此，社会党国际提倡社会中的机会平等，认为从进步的角度来看，机会平等是民主的一部分，民主必须具有社会的内容，必须能够消除贫困、不公正和不平等。在妇女权利方面，社会党国际指出，赋予女性权利是争取民主斗争的关键，不针对种族、民族出身、宗教信仰或性取向的歧视也是民主的内涵。为实现组织内的男女平等原则，2017年纽约理事会决定成立性别平等委员会。面对世界移民和难民危机，成立移民委员会，并在2015年纽约理事会上通过《移民权利宪章》，保障移民和难民的民主权利。新冠肺炎疫情大流行凸显了国家和公共基础设施的重要性，为此，社会党国际呼吁加强社会民主，反对疫苗民族主义和大企业对疫苗的垄断，呼吁疫苗公平分配，重申需要以社会民主的方式重建社会和保护民众。

5.提倡全球治理的进步替代方案，主张建立公正合理的世界秩序

随着全球化所带来的全球性问题的凸显，社会党国际将政策重点转向和平、发展、民主、人权、环境、金融、气候变化、流行病、能源危机等关系人类社会发展的共同问题上，致力于用社会民主主义应对时代挑战，在影响世界的国际热点问题上发出自己的声音。一是提倡全球治理的进步替代方案，提出使全球民主化的新政策。全球治理思想是社会党国际所倡导的具有标志性意义和全球影响力的理念。帕潘德里欧指出："我们一直在推动一种全球治理的进步替代方案——能够使全球人性化或民主化的新政策。""我们需要重塑民主，在人民之间建立更多的团结，并使全球民主化，以应对我们社会中和我们社会之间日益加剧的不平等。"①二是倡导改革国际机构，注重发展中国家的利益。主张在全球层面建立更加民主的联合国系统，发挥联合国在构建国际民主秩序中的作用。突出发展中国家的利益，认为联合国安理会中发展中国家的代表偏少，必须发扬国际民主，建立更加有效的全球组织。倡导改革国际机构，确保拉丁美洲、非洲和亚洲人民在各种国际组织中有公平的代表权。认为民主的代议制原则需要超越国界，以便在面对环境、人类安全、经济、移民等超国家问题时建立真实和真正的政治决策机构，让拥有民主合法性的代表为全球公共利益作决定。指出腐败是全球民主体制的障碍，因此要推动全球透明度议程。三是争取世界公民的民主权利。社会党国际一贯致力于争取世界民主，认为这是一场基于自由和平等价值观的斗争。"我们的目标是使地球上的每一位公民都有同样的机会在民主条件下生活，行使其自由权利，结束压迫、威权主义、腐败和滥用权力。"②四是以国际主义和多边主义应对时代挑战。社会党国际2022年日内瓦理事会指出，气候危机、大流行病以及粮食和难民危机等全球危机是相互关联的，现在比以往任何时候都更需要用国际主义和多边主义来应

---

① "Address by George Papandreou", https://www.socialistinternational.org/fileadmin/uploads/si/Documents/Councils/Istanbul_2013/Speakers/George_Papadreou_Istanbul_Council.pdf.

② "The struggle for rights and freedoms: Strengthening representative democracy and gaining new democracies around the world", https://www.socialistinternational.org/congresses/xxiv-congress-of-the-socialist-international-cape-town/the-struggle-for-rights-and-freedoms-strengthening-representative-democracy-and-gaining-new-democracies-around-the-world/.

对相互依存的世界中的全球挑战。①

6.增强组织民主性,通过组织变革激发组织活力

适应性变革是组织适应环境、保持活力的源泉。面对组织分裂带来的困境,社会党国际不断革新组织机构和运行方式。一是将竞争性选举引入领导层选举过程。社会党国际二十四大首次通过无记名投票和竞争性选举的方式选出社会党国际的所有官员。此后,社会党国际虽然发生分裂,但竞争性选举作为组织原则被确立下来。社会党国际秘书长阿亚拉指出:"只要国际组织是由其成员民主自治的,它就会继续取得成功。"②二是增强成员党的地域代表性。组织内部民主的关键是来自所有区域的会员国的积极参与,这是一个面向所有成员的国际交流活动,每个人的声音都可以被听到。作为一个民主组织,社会党国际遵循相互尊重的原则,每个正式成员,不论其规模大小,都享有平等权利。三是倡导男女平等原则。社会党国际二十五大通过的章程修正案将第五条修改为:"我们的目标是在我们组织的各个级别上拥有同等数量的男性和女性。男女平等是我们运动的人权问题。"③四是开放个人成员。2013 年,社会党国际葡萄牙理事会决定增设"个人成员"类别,扩大了社会党国际的联系范围。五是注重成员党自身的民主性。社会党国际道德委员会负责审查成员党对民主价值观的遵守情况。比如,2022 年 3 月 7 日,社会党国际基于其所坚持的自由民主价值观终止了公正俄罗斯党的成员资格。④

三、社会党国际分裂后发展演变的特点

金融危机标志着以自由放任为特征的新自由主义的破产,这本应给社会民主主义的发展带来机遇,因为社会民主党把规制市场作为政策目标。但 20 世纪 90 年代后期采取"右转"战略的社会民主党深陷结构性危机,在政策空间缩小的背景下只能采取紧缩政策,而这又会损害底层群众的利益,社会民主党陷入两难境地,社会党国际面临向何处去的困境。社会党国际的分裂从深层次反映了不同成员党对社会民主主义理论转型与走向的分歧。社会党国际分裂以来的政策调整反映了以发展中国家社会党为主体的成员党对社会民主主义理论转型的探索与尝试,展现出以下特点。

1.成员党结构发生变化,逐渐发展成发展中国家成员党占主体的组织

社会党国际成立之初被称为"欧洲社会党人的俱乐部",1976 年社会党国际十三

---

① "Meeting of the SI Council in Geneva", https://www.socialistinternational.org/councils/meeting-of-the-si-council-in-geneva/.

② "XXV Congress of the Socialist International", https://www.socialistinternational.org/congresses/xxv-congress-of-the-socialist-international-cartagena-colombia/.

③ "Change to the statutes agreed by the Congress", https://www.socialistinternational.org/congresses/xxv-congress-of-the-socialist-international-cartagena-colombia/change-to-the-statutes-agreed-by-the-congress/.

④ "Decision regarding membership of A Just Russia-Patriots-For the Truth Party", https://www.socialistinternational.org/news/press-releases/decision-regarding-membership-of-a-just-russia-patriots-for-the-truth-party-1998/.

大确立"国际化"战略以来，社会党国际放宽了成员准入资格，吸收了不少发展中国家的成员党。进入21世纪以来，发展中国家成员党在数量上已经占据优势。2013年进步联盟成立后，随着发达国家成员党的相继退出，社会党国际逐渐发展成发展中国家社会党占主体的国际组织。从成员构成看，发展中国家成员党占比超过80%，成为参与社会党国际活动的主力军，发达国家成员党如英国工党虽保留了社会党国际观察员地位，但几乎不再参与社会党国际的活动。从领导层看，社会党国际秘书长一职自1989年以来一直由来自智利的阿亚拉担任，社会党国际二十五大产生的32位副主席中有25位来自发展中国家，8位名誉主席中有6位来自发展中国家。从活动重点看，社会党国际的活动重点已经转向发展中国家。社会党国际分裂以来，共召开了以下委员会会议：不平等委员会会议1次(2016年6月)、移民委员会会议3次(2014年5月和11月、2015年6月)、地中海委员会会议2次(2015年2月、10月)、库尔德人委员会会议1次(2021年5月)、中东委员会会议1次(2019年7月)、独联体高加索和黑海委员会会议7次(2013年6月、2014年9月、2015年6月、2017年2月、2018年5月、2019年11月、2020年12月)、非洲委员会会议6次(2014年3月、2015年4月、2016年10月、2017年12月、2019年11月、2021年6月)、拉美和加勒比委员会会议12次(2013年7月、2014年5月和12月、2015年8月、2016年4月、2017年1月和11月、2018年5月、2019年12月、2020年12月、2021年10月、2022年6月)。从会议情况可以看出，社会党国际的活动重点已经转向独联体、非洲和拉美地区。从政策主张看，代表发展中国家的利益。比如，在难民问题上，认为应公平分摊世界各地的难民，"特别是最发达的经济体，对世界上的难民负有集体责任和义务"①。

2.意识形态向"左"转，回归传统社会民主主义但尚未形成系统理论

金融危机以来，全球进步政治处于衰落状态②，以社会民主党为代表的传统主流政党面临选举与执政困境、思想理论困境等挑战。在20世纪90年代后期采取"第三条道路"的社会党国际努力回归传统社会民主主义，在意识形态上向"左"回调，试图通过回归传统、发展进步政治实现社会民主主义的复兴。在思想纲领上，社会党国际淡化"自由"理念，更多从发展中国家的利益出发，重新倡导平等、公正、和平等价值理念，反映了发展中国家希望摆脱战乱、改变在全球分配格局中不合理地位的关切。在政治纲领上，倡导政治优先性，从中间化战略向"左"回调，突出社会民主党人为弱势群体发声的传统和公平公正代言人的形象。在经济纲领上，旗帜鲜明地反对新自由主义，致力于解决全球不平等。社会党国际认为，左翼和右翼向中间立场的偏移导致了极端主义分子或民粹主义崛起并获得影响力，因此，应当将经济政策从中间化立场向"左"偏移，体现中左翼的鲜明特色，2013年伊斯坦布尔理事会通过了《重申中左翼对全球经

① "Meeting of the SI Presidium and Heads of State & Government", https://www.socialistinternational.org/presidium/meeting-of-the-si-presidium-and-heads-of-state-government-united-nations-new-york-2016/.

② "progressive side of politics must not retreat into comfort zone, Albanese warns", https://www.theguardian.com/australia-news/2018/nov/15/progressive-side-of-politics-must-not-retreat-into-comfort-zone-albanese-warns.

济的愿景》的文件，制定了具有左翼特色的经济政策。在社会政策上，改革“第三条道路”的福利国家政策，发挥国家在保护弱势群体中的作用，为多元利益群体发声。在国际政策上，从发展中国家的利益出发，希望改变不合理的全球分配体系，构建公正合理的全球治理体系。意识形态的“左”转是社会党国际在自身面临困境的背景下试图进行理论转型的尝试，但是尚未形成完整的理论体系。

3.理论创新不足，政治引领力不断下降，难以抓住全球治理的话语权

作为世界社会民主主义运动的重要力量，社会党国际历来非常重视理论创新，并对国际问题的解决提出社会民主主义的新观点、新主张。1951 年社会党国际重建时首次系统阐释民主社会主义理论，由于放弃制度替代、追求伦理价值，放弃马克思主义、坚持指导思想多元化，《法兰克福宣言》被视为社会民主主义第二次理论转型的标志。[①] 冷战结束以来，社会党国际十八大将“和平”纳入社会党国际的基本价值观，进一步丰富了社会民主主义基本价值理论。进入 21 世纪以来，随着全球化的深入推进，社会党国际二十二大系统阐述了“全球治理”思想，对国际社会的发展产生了深远影响；并把“可持续发展、人权和民主”作为社会民主主义新的三原则，进一步发展了社会民主主义理论。金融危机以来，社会党国际二十四大提出了应对金融危机、改革世界金融体系的系列举措。但是，自社会党国际分裂以来，社会党国际在全球治理中的话语优势逐步丧失。一是在议题设置方面，创新性不足，实用主义倾向明显，话语引领能力下降。面对左右翼民粹主义的普遍兴起，社会党国际只是重提平等原则，未能提出具体的应对之策。面对世界难民危机，社会党国际的关注点仍然放在移民问题上，未能就难民问题提出有影响力的主张。面对新冠肺炎疫情，社会党国际只是发表了声明，主张团结、关注弱势群体，未能提出世界大变局之下的理论主张。面对俄乌冲突，只是限于站在西方立场上谴责俄罗斯，未能对和平这一基本价值观作出新的阐释与发展。二在议题探讨方面，社会党国际也存在组织与协调不足。社会党国际所探讨的议题往往聚焦于民主与人权、和平、可持续发展等传统议题上，内容较为宽泛，在会议议题的讨论上缺乏有效引导，缺乏自由发言和互动环节，代表们往往各说各话，难以围绕具体问题进行富有成效的讨论。

4.改革不彻底，进行适应性变革但收效甚微

社会党国际分裂的原因之一是西欧成员党认为社会党国际需要改革。尽管社会党国际进行了改革，但仍然存在诸多问题。首先，领导层的民主性和代表性不足，存在领导层固化问题。在社会党国际二十五大的选举中，主席职位只有一名候选人即现任主席帕潘德里欧参与竞选，大会以鼓掌方式通过。秘书长一职有两名候选人，即现任秘书长路易·阿亚拉和来自南非的韦利勒·恩拉波，但在投票时，南非非国大秘书长

① 社会民主主义理论自产生以来共进行过三次理论转型：第一次以伯恩施坦修正主义的提出为标志，其特点是修正马克思主义；第二次以《法兰克福宣言》或《哥德斯堡纲领》的提出为标志，其特点是抛弃马克思主义；第三次以“第三条道路”的提出为标志，其特点是告别社会主义。（参见王学东、曹军：《第三条道路与社会民主主义的转型》，载《当代世界与社会主义》2000 年第 3 期）

格韦德·曼塔什宣布，这位南非候选人因家庭原因退出竞选，阿亚拉在无人竞争的情况下以鼓掌方式再次当选秘书长。副主席的产生也是在选举委员会提名后未经选举程序以鼓掌方式当选。截至2022年，帕潘德里欧已连续担任主席16年，阿亚拉连续担任秘书长33年。领导层的固化降低了组织活力，增加了官僚主义的倾向。对此，南非非国大总书记曼塔谢指出："对任何一个组织来说，领导层长期连任不利于该组织推进改革、创新和发展。"①其次，组织运行缺乏灵活性和创新性。相比于进步联盟，社会党国际的组织运行缺乏灵活性和创新性。自2013年以来，社会党国际依旧沿袭之前的组织运行，并没有太大的创新性举措。相比之下，进步联盟显示出活动的灵活多样性和创新性。比如，联合相关联系组织举办各种形式的活动，如非洲活动周、巴勒斯坦团结日、举办形式多样的主题论坛、设置进步联盟奖等。反观社会党国际，除了各种常规性会议并没有太多的活动。

四、对世界社会民主主义和社会党国际发展走向的认识

社会党国际的分裂标志着世界社会民主主义出现了两个平行的政党国际组织，世界范围内左翼政党的国际联合出现挫折，世界社会民主主义的发展出现了两种不同的趋势，社会党国际的影响力在下降。

1.社会党国际仍然是世界社会主义运动中的重要力量，但影响力下降

社会党国际作为具有悠久历史的政党国际组织，虽然发生了内部分裂，但仍然是世界社会主义运动中的重要政治力量，是广义上的世界社会主义运动的重要组成部分。其提出的理论与政策对规制资本主义、完善全球治理体系、促进世界和平与发展、推动世界政治经济新秩序的构建具有积极意义。但不可否认的是，社会党国际分裂以来，由于面临一系列困境，其影响力正在下降，主要表现在以下方面：一是理论与实践的断裂。社会党国际的理论主张仍然带有乌托邦色彩，提出的很多措施仍然限于理论宣传层面。在实践方面，社会党国际的政策话语难以转化为政策优势，在当今世界"资强社弱"的大背景下，很难取得对全球政策改革和规则制定的主导权。从国内政治来看，社会党国际各成员党坚持多党民主原则，因此，只有赢得选举才能将政策付诸实践，但总体来看，社会党国际成员党的选举状况不佳，目前只有35个成员党参与执政，且多数为联合政府成员。② 此外，社会党国际成员党中存在众多边缘性小党，无法作为建设性反对党发挥作用，这极大地限制了社会党国际的政策转化力和影响力，如何将理论付诸实践仍然面临挑战。二是国际主义与国家利益的冲突。社会党国际虽然倡导建立新的国际主义和新的团结文化，但各成员党作为社会主义政党的国际主义使命和作为国内工人阶级代表的本国利益之间存在冲突，民族国家利益仍然是社会民主党理念与政策的立足点。由于成员党众多，利益难以协调，组织内部仍然存在诸多分

---

① 郭业洲主编：《当代世界政党形势(2017)》，党建读物出版社2018年版，第115页。

② "SI Member Parties in Government", https://www.socialistinternational.org/news/statements/si-member-parties-in-government-333/, 2022-8-10.

歧。三是作为独立性政治力量的地位在下降。从思想渊源来看，社会民主主义把自己的本源思想理解成“近代自由主义的自由运动和启蒙时期的理想在历史上彻底的继续发展”①，受此启发，社会党国际从建立时起就坚持西方的自由民主观念，即使在西欧成员党退出后依然如此。比如，俄乌冲突爆发后，社会党国际就选择站在西方立场谴责俄罗斯，并取消了公正俄罗斯党的成员资格，而没有就北约东扩对俄罗斯安全造成的威胁发表任何言论，没有看到俄乌冲突背后美国等西方国家的推波助澜。在20世纪80年代美苏争霸的紧张局势下，社会党国际还能保持自身的相对独立性，对美苏双方都提出批评。如今，社会党国际本身的独立性正在下降，作为“第三种力量”发声的地位也在减弱。四是存在“去社会主义化”的倾向。社会党国际分裂以来，“进步”与“民主”的话语占据了社会党国际的政策与理论体系，“社会主义”的提法越来越少见。这似乎是对冷战结束以来“去社会主义化”进程的延续。虽然金融危机以来社会党国际进行了政策调整，出现了向“左”回调的趋势，但社会主义色彩依然暗淡。

2.社会党国际的分裂标志着世界社会民主主义的发展出现了新趋势

面对进步联盟的成立，社会党国际主席和秘书长曾联名发表公开信，对分裂行为进行回应。社会党国际二十五大上，部分成员党提议从社会党国际主席团挑选三名代表组成“对话协商小组”，与进步联盟加强沟通，化解矛盾，避免分裂态势，促进两个组织走向统一。但随着进步联盟2017年柏林代表大会及系列专题会议的召开，进步联盟逐渐形成了完整的组织架构和运行机制，已经成为与社会党国际平行的政党国际组织。社会党国际的分裂是社会民主主义理论转型过程中产生的理论分歧所致，以西欧社会党为代表的发达国家社会党和亚非拉发展中国家社会党对社会民主主义的未来走向作出了不同的回答，世界社会民主主义运动内部出现了两个不同的流派和组织实体：一个是以西欧发达国家为主导的进步联盟，另一个是以发展中国家社会党为主导的社会党国际。虽然两者仍有部分成员党的交叉，但观点主张的差异日趋明显。一是从国际联合策略看，社会党国际所联合的政党是传统社会民主党、民族主义政党，属于传统左翼阵营。而进步联盟则联合了更广泛的中左翼，扩大了社会民主党联盟的范围，甚至包括美国民主党这样的资产阶级政党。二是从组织运行看，进步联盟采取了灵活多样的组织形式对社会民主主义理论进行交流与辩论。而社会党国际组织机制僵化，难以有效地组织和协调成员党开展活动。三是从宣传机制看，进步联盟更加注重网络平台的宣传，经常在官方网站更新活动信息和声明，不定期组织线上会议，并开设了推特和脸书的社交账号。而社会党国际的官方网站更新较少，在对新媒体和现代信息技术的运用上“落后”于进步联盟。四是从理论关注点看，从社会党国际分裂以来近十年的会议情况可以看出，社会党国际仍然聚焦于传统民主与人权、社会正义、平等、可持续发展、和平解决冲突等传统和宽泛议题，在对新兴议题的把握上明显不足，缺乏前瞻性。反观进步联盟，已经将关注的议题拓展到数字化、网络化对民主政治、就

① [德]托马斯·迈尔：《社会民主主义的转型》，殷叙彝译，北京大学出版社2001年版，第8页。

业的影响等问题，并对社会民主主义的未来进行前瞻性的讨论。

3.世界范围内的“大左翼”国际联合任重道远

社会党国际的分裂体现出世界范围内左翼政党的国际联合困难重重。从国际联合的视角看，实现世界范围内的“大左翼”国际联合任重道远。《共产党宣言》曾发出“全世界无产者联合起来”的号召，无产阶级国际联合的组织载体体现为世界工人阶级政党的国际联合。从国际工人运动的历史看，世界范围内的无产阶级政党曾相继建立了共产主义者同盟、国际工人协会、第二国际等政党国际组织。第一次世界大战爆发导致第二国际破产，世界工人阶级政党出现了第一次大的分裂，即布尔什维主义和社会民主主义的分裂。此后，共产主义政党相继建立了第三国际、共产党和工人党情报局、共产党和工人党国际会议，社会民主主义政党则相继建立了伯尔尼国际、维也纳国际、社会主义工人国际以及社会党国际。社会党国际由于奉行不干涉成员党内政以及松散的组织原则，成为左翼力量中最具影响力的政党国际组织，自 1951 年成立以来，社会党国际已经走过了 70 余年的历程，其成员数量、活动范围和影响力遍及世界各大洲，在推动世界和平与发展、促进南北合作、倡导全球治理等方面发挥了积极作用，堪称战后新崛起的国际行为主体。但金融危机以来，社会党国际内部出现了分裂态势。世界社会民主主义的发展出现了两种趋势，削弱了社会民主主义政党作为整体力量发声的影响力。可以看到，当今世界无产阶级与左翼政党的国际联合并未很好地实现，反而是资本主义在全球化的背景下实现了国际联合，这一现象值得我们深思。如何实现世界社会民主主义政党的团结、如何实现世界共产党的团结以及如何实现世界范围内的“大左翼”国际联合，仍然面临理论与实践困境。

后　记

为深入学习贯彻党的十九届六中全会精神，迎接党的二十大召开，2022年8月，教育部人文社科重点研究基地山东大学当代社会主义研究所举办了主题为“百年中国共产党新征程与世界社会主义新发展”的学术年会暨第五届全国科社与共运专业博士生论坛。与会专家学者分别围绕“马克思主义·科学社会主义中国化的百年历程”“中国共产党百年奋斗史的成就与经验”“中国特色社会主义的创新发展”“世界社会主义运动的新发展”四个专题进行了发言交流。

本次会议亮点纷呈，与会专家学者回顾总结了中国共产党百年来的历史经验，展望百年大党的未来新征程，并结合世界政治经济变迁、社会主义发展和我国深化改革开放、全面推进社会发展的新形势，回应了我国在社会主义现代化强国建设、高质量发展新征程上面临的一系列重大理论和实践问题，为迎接党的二十大召开献上了一份厚重的学术之礼。

本届博士生论坛共收到全国各高校和科研机构博士研究生提交的学术论文70余篇，经论坛筹备组专家评审，其中28篇优秀论文入选本届论坛。论坛期间，由与会专家组成的论文评奖小组，从入选论文中评出一等奖论文11篇，二等奖论文17篇。

为了全面、系统、完整地反映“百年中国共产党新征程与世界社会主义新发展”主题及各专题，本文集除博士生论坛获奖论文外，特收入了山东大学当代社会主义研究所学术年会部分优秀论文，以飨读者。

编　者

2022年9月